2014 解读浙江经济

李学忠　洪　玉　主编

浙江工商大学出版社
ZHEJIANG GONGSHANG UNIVERSITY PRESS

图书在版编目(CIP)数据

2014 解读浙江经济 / 李学忠,洪玉主编. —杭州:
浙江工商大学出版社,2014.7

ISBN 978-7-5178-0577-9

Ⅰ.①2… Ⅱ.①李… ②洪… Ⅲ.①区域经济发展—
研究—浙江省—2014 Ⅳ.①F127.55

中国版本图书馆 CIP 数据核字(2014)第 160029 号

2014 解读浙江经济

李学忠 洪 玉 主编

责任编辑	刘	韵
封面设计	流	云
责任校对	丁兴泉	
责任印制	包建辉	
出版发行	浙江工商大学出版社	
	(杭州市教工路 198 号 邮政编码 310012)	
	(E-mail:zjgsupress@163.com)	
	(网址:http://www.zjgsupress.com)	
	电话:0571-88904980,88831806(传真)	
排 版	杭州朝曦图文设计有限公司	
印 刷	浙江新华数码印务有限公司	
开 本	710mm×1000mm 1/16	
印 张	28	
字 数	488 千	
版印次	2014 年 7 月第 1 版 2014 年 7 月第 1 次印刷	
书 号	ISBN 978-7-5178-0577-9	
定 价	68.00 元	

版权所有 翻印必究 印装差错 负责调换

浙江工商大学出版社营销部邮购电话 0571-88904970

编辑委员会

目　录

经济监测

专题研究

市县经济

经济监测

2013 年浙江经济发展报告

2013 年,浙江认真贯彻中央和省委省政府决策部署,坚持稳中求进工作总基调,统筹稳增长、调结构、促改革,全省经济运行平稳,稳中有为,稳中提质,稳中有进,转型升级扎实推进,发展质量效益向好,民生保障得到改善。

一、经济运行总体平稳

2013 年,全省生产总值达 37568 亿元,比上年增长 8.2%,实现了年初确定的预期目标。其中,第一产业增加值 1785 亿元,增长 0.4%;第二产业增加值 18447 亿元,增长 8.4%;第三产业增加值 17337 亿元,增长 8.7%。三次产业比例为 4.8∶49.1∶46.1,三产比重比上年提高 0.9 个百分点。人均生产总值为 68462 元,比上年增长 7.9%,按年平均汇率(1∶6.1932)计算,合 11054美元,比上年(10039 美元)增加 1015 美元。[①] 人均生产总值在全国各省市区中,列天津、北京、上海、江苏之后,居第 5 位。

(一)经济运行稳开稳走

平稳增长是 2013 年浙江经济运行的一个显著特征。全省生产总值同比增长率,一季度、上半年和前三季度均为 8.3%,前三季度增幅比上年同期提高0.6 个百分点,由于四季度上年同期基数提高较多,增速环比回落 0.1 个百分点,同比上升 0.2 个百分点。三大产业、三大需求、三大收入也都平稳运行。

1. 三大产业发展平稳。农业生产基本稳定。2013 年,农、林、牧、渔业总产值比上年分别增长 0.8%、1.2%、−3.4% 和 2.3%。加快建设粮食生产功能区和现代农业园区,推进粮食生产结构调整和畜牧业转型升级。粮食播种面积 1254 千公顷,比上年增长 0.2%,粮食总产量 734 万吨,下降 4.7%。药材、花卉苗木等效益农业发展较好,播种面积分别增长 2.2% 和 4.1%。水产品产量 550.8 万吨,比上年增长 2.1%;肉类总产量 174.3 万吨,下降 3.6%。夏季连续高温干旱和"菲特"台风洪涝灾害对晚稻种植生长,秋杂粮作物、茶叶和蔬菜等经济作物生长,水产、禽蛋养殖等影响较大。工业产销平稳增长,用电量

---

① 本文所引用的 2013 年统计数据均为国家统计局核定的跨年报数据和各部门提供的统计数据。

继续回升。2013 年,规模以上工业增加值 11701 亿元,比上年增长 8.5%,增幅比上年回升 1.4 个百分点。销售产值 61837 亿元,增长 7.1%,增幅比上年回升 1.2 个百分点。内销好于外销,内销产值 50237 亿元,增长 8.3%;出口交货值 11600 亿元,增长 2.2%。全社会用电量 3453 亿千瓦时,工业用电量 2545 亿千瓦时,比上年分别增长 7.6% 和 5.9%,增幅比上半年分别回升 2.6 个百分点和 1.3 个百分点。服务业发展稳中有升。2013 年,三产增加值增幅高于 GDP 增幅 0.5 个百分点,对 GDP 的增长贡献率达 47%。其中,批发和零售、房地产、金融、住宿和餐饮、交通运输仓储和邮政业增加值分别增长 9.1%、8.7%、8.1%、6.5%、4.7%,其他服务业增加值增长 10%。全社会铁、公、水路交通货运量和货物周转量分别比上年增长 2.4% 和 7.4%,与上年相比,货物周转量增幅回升 1 个百分点。邮电业务总量 1179 亿元,增长 15.1%。旅游总收入 5536 亿元,比上年增长 15.3%,其中,国内旅游收入 5202 亿元,增长 16.2%,国际旅游(外汇)收入 53.9 亿美元,增长 4.7%。限额以上交通、信息、商务、科技、文化、居民服务等服务业企业营业收入同比增长 13.5%。

2. 三大需求有不同程度的增长。固定资产投资快速增长。2013 年,固定资产投资 20194 亿元,比上年增长 18.1%。其中,民间投资 12396 亿元,增长 17.3%,占投资总额的 61.4%。投资项目推进力度加大。施工项目 4.4 万个,其中新开工项目 2.5 万个,比上年增长 10%。随着"万亿基础设施建设完善工程"的推进,基础设施投资增长较快,全年投资 4715 亿元,增长 19%。房地产开发投资 6216 亿元,增长 18.9%,房屋新开工和竣工面积分别增长 19.2% 和 9.3%,商品房销售面积和销售额分别增长 22% 和 26.6%。消费需求平稳增长。2013 年,社会消费品零售总额 15138 亿元,比上年增长 11.8%。汽车类零售额 2713 亿元,增长 10.7%,对社会消费品零售总额的增长贡献率从上年的 10.2% 回升至 16.5%;限额以上贸易企业的建材装潢、五金电料、家用电器类零售额分别增长 40%、26.9% 和 6.2%,金银珠宝类零售额增长 34%;日用品、通信器材、中西药品和服装类零售额继续保持稳定增长,分别增长 20.7%、16.7%、15.8% 和 10.9%。出口较快增长。2013 年,进出口总额 3358 亿美元,比上年增长 7.5%,其中,出口 2488 亿美元,增长 10.8%;进口 870 亿美元,下降 1%。出口增幅分别高于全国、江苏、山东、上海 2.9、10.7、6.3、12 个百分点。传统产品增长势头较好,纺织品、服装、箱包、鞋类、玩具、家具、塑料制品等 7 大类传统劳动密集型产品出口增长 15.5%,占全省出口总额的 37.3%,灯具出口增长 25.7%。利用外资和对外投资量质并举。2013 年,新批外商投资企业 1572 家,合同外资和实际利用外资分别为 243.8 亿和 141.6

亿美元,比上年增长 15.7％和 8.3％。新引进世界 500 强 12 家,新批世界 500 强投资企业 35 家。全年经审批和核准的境外企业和机构共计 568 家,对外直接投资额 55.2 亿美元,增长 41.7％,创历史新高,全省经核准设立的境外营销网络项目共 551 个,中方投资额 47.5 亿美元,占总量的 86.1％。

3.三大价格两涨一跌。居民消费价格上涨。2013 年,居民消费价格总水平比上年上涨 2.3％,涨幅比上年略升 0.1 个百分点,比全国低 0.3 个百分点。12 月环比上涨 0.3％。全年食品、衣着、居住、娱乐教育文化用品及服务、家庭设备用品及维修服务、医疗保健和个人用品类价格分别比上年上涨 3.8％、2.9％、2.5％、2.5％、2.2％、0.3％;烟酒及用品、交通和通信类价格分别下降 0.2％和 0.6％。工业生产者出厂价格和购进价格同比降幅逐步收窄。2013 年,工业生产者出厂价格比上年下降 1.8％,购进价格下降 2.3％,降幅均比上半年缩小 0.5 个百分点。从分月情况看,12 月出厂价格同比下降 1.1％,购进价格同比下降 1.8％,比降幅最大的 4 月分别缩小 1.5 个百分点和 1.4 个百分点。房价总体上涨。据 2013 年 12 月份全国 70 个大中城市新建商品住宅价格监测数据,与上年同月相比,杭州上涨 11.5％,宁波和金华分别上涨 7.8％和 7％,温州则下降 2.8％。与上月环比,杭州上涨 0.1％,连续上涨了 14 个月;宁波上涨 0.5％,金华上涨 0.2％,温州下降 1.7％,温州是唯一一个同比和环比均下降的城市。

4.金融运行平稳。金融机构存款多增,贷款少增。年末金融机构本外币存款余额 73732 亿元,比上年增长 10.6％;新增存款 7051 亿元,同比多增 1262 亿元。本、外币贷款余额为 65339 亿元,比上年增长 9.8％;新增贷款 5705 亿元,同比少增 562 亿元。从境内贷款投向看,短期贷款增长 7.7％,中长期贷款增长 14.3％,票据融资下降 8.7％。

(二)转型升级稳中有进

1.产业结构调整步伐加快。从工业结构看,高新技术、装备制造业增长较快。2013 年,高新技术产业和装备制造业增加值增幅均高于规模以上工业,所占比重分别为 25.6％和 33.8％,均比上年提高 0.3 个百分点;战略性新兴产业增加值比重为 23.5％。从服务业结构看,高技术服务业发展较快。限额以上高技术服务业企业实现营业收入和利润总额分别比上年同期增长 19.8％和 34.1％。从投资结构看,实体投资和大项目投资增长较快。2013 年,工业、制造业和服务业项目(不含房地产)投资分别比上年增长 15.9％、15.8％和 19.5％;工业技术改造投资 4661 亿元,增长 25.8％,占工业投资的比重从上年的 61.1％上升到 66.3％;亿元以上工业投资占全部工业投资的比重由上年的

44.1%上升到45.8%。

2. 创新驱动作用增强。实施"八倍增、两提高"科技服务专项行动,预计全年研究与试验发展经费支出(R&D)占生产总值比重约为2.2%,比上年提高约0.12个百分点。2013年,公共财政科技投入191.9亿元,增长15.6%。专利申请量29.4万件,比上年增长17.9%,其中发明专利申请量4.27万件,增长28.5%;专利授权量20.2万件,增长7.3%,发明专利授权量11139件,下降3.7%。有26项科技成果获国家科学技术奖。规模以上工业科技活动经费支出同比增长12.9%,比主营业务收入增幅高出5.6个百分点;新产品产值率为26.3%,比上年提高3.6个百分点,为近年来最好水平。

3. 重点工作进展良好。加快"四大国家战略举措"相关改革,积极实施治水治污、"四换三名"、扩大有效投资、浙商回归、"个转企、小上规、规改股、股上市""三改一拆""四边三化"和"双清"行动等"组合拳",取得了较好成效。浦阳江流域整治取得阶段性成果。如,在"机器换人"方面,2013年,工业投资中设备工器具购置费用2941亿元,增长17%,占工业投资的41.8%;规模以上工业企业从业人员减少1.3%,劳动生产率同比提高9.9%。在"腾笼换鸟"方面,据省经信委资料,全省25个块状经济和7个重污染高耗能行业共淘汰关停1.8万家企业(作坊),淘汰18个行业1658家企业落后产能。在"电商换市"方面,网络零售发展势头迅猛。2013年,全省共实现网络零售3821亿元,比上年增长88.5%,网络零售额相当于社会消费品零售总额的25.2%,比上年提高10.2个百分点。省内居民共实现网上消费2262亿元,增长73.3%。在"义乌国际贸易综合改革试点"方面,据省商务厅资料,2013年,全省"市场采购"新兴贸易方式出口153.3亿美元,比上年增长1.9倍,直接拉动全省出口4.5个百分点。在"浙商回归"方面,据省经合办统计,全年新引进项目到位资金1750亿元左右,比上年增长34%左右。在新设企业和"小上规"方面,据我省基本单位统计库数据,全年新进入"三上"企业9430家,其中,"三下"升"三上"7288家;新开业(投产)企业2142家。新进入规模以上工业统计库的企业5135家,其中,"规下"升"规上"4732家,新开工投产企业403家;新进入限额以上批零住餐业统计库的企业3299家,其中,"限下"升"限上"2556家,新开工投产企业743家。新开业资质以上建筑业和全部房地产企业996家。据省工商局资料,2013年末,全省市场主体总量372万家,比上年增长8.2%,在册企业108.48万家,增长18%,其中,私营企业93.9万家,增长21.5%。

4. 节能减排取得新成效。加强对重点地区、行业和企业的能耗监测,开展"千吨万家"节能行动,扎实推进水晶、造纸、印染、制革、化工等重污染高耗能行业整治提升。全年单位 GDP 能耗下降 3.5％以上,其中规模以上工业企业单位工业增加值能耗下降 6.0％。

(三)发展质量效益向好

1.财政收入保持增长,民生重点保障有力。2013 年,财政总收入 6908 亿元,比上年增长 7.8％。公共财政预算收入 3797 亿元,增长 10.3％,其中,税收收入 3546 亿元,增长 9.8％,占公共财政预算收入的比重为 93.4％。公共财政预算支出为 4731 亿元,增长 13.7％。财政支出结构继续优化,重点支出的比重达到 70％以上,对交通运输、国土资源气象、节能环保、农林水、住房保障、金融监管、社会保障和就业、医疗卫生、文化体育与传媒、公共安全、教育、城乡社区等事务支出分别增长 29.6％、29.2％、26.3％、25.7％、25％、23％、14.9％、14.7％、12.6％、9％、8.2％、8.2％。而严控"三公"经费后,一般公共服务支出增长 7％,低于全部支出平均增幅 6.7 个百分点,且增幅连续 7 个月回落。

2.企业利润、职工薪酬增幅均高于主营业务收入增幅。2013 年,规模以上工业企业实现利润 3386 亿元,比上年增长 15.2％;应付职工薪酬增长 10.8％,高于 7.3％的主营业务收入增幅。企业亏损面为 13.8％,同比下降 0.2 个百分点,亏损企业亏损额下降 3％。调查的服务业企业利润总额同比增长 24.8％,增幅同比提高 9.7 个百分点。

3.民生进一步改善。城乡居民收支稳定增长,城乡收入差距有所缩小。2013 年,城镇居民人均可支配收入 37851 元,农村居民人均纯收入 16106 元,分别比上年名义增长 9.6％和 10.7％,扣除价格因素实际增长 7.1％和 8.1％,增幅呈逐季回升态势。在城镇居民人均可支配收入中,工资性收入 24453 元,增长 9.2％;经营性、财产性和转移性收入分别增长 9.1％、1.4％和 7.1％;在农村居民人均纯收入中,工资性收入 8577 元,增长 11.7％;家庭经营性收入 5757 元,增长 8.8％;财产性和转移性收入分别增长 9.8％和 13.3％。农村居民人均纯收入和城镇居民可支配收入的比从上年的 2.37 缩小到 2.35。城镇、农村居民人均消费支出分别为 23257 和 11760 元,分别比上年增长 7.9％和 10.4％,扣除价格因素实际增长 5.5％和 7.8％。就业和社会保障积极推进。年末城镇登记失业率为 3.01％,全年城镇新增就业人员 104.3 万人。年末企业职工基本养老、失业、工伤、生育参保人数分别比上年末增加 189.2 万、78.8 万、94.4 万和 88.3 万人;基本医疗保险参保人数为 4120.5 万人,其中,城镇职工医疗险参保人数 1790.5 万人,分别比上年末增加 161.5 万和 119.5 万人;城乡居民养老保险参保人数为 1355.8 万人。保障性住房建设加快推进。据省建设厅资料,2013 年,全省新开工城镇保障性安居工程 19.4 万套,竣工 11.1 万套,分别完成我省年度目标任务的 129.3％、123.3％,提前超额完成年度目标任务。群众安全感满意率上升。2013 年度建设"平安浙江"人民群众安全感满意率抽样调查结果显示,全省 96.09％的被调查者认为在当前社会环境下具有安全感,满意率比上年上升 0.16 个百分点,继续保持较高水平。城市化率提高。2013 年,人口自然增长率为 4.56‰,城镇人口比重约为 64％,比上年提高 0.8 个百分点。

二、经济运行中存在的主要问题

受错综复杂的外部环境和内部结构性、素质性问题制约,经济稳中向好的基础仍需稳固,国内外有效需求对经济增长的拉动力不够强,部分行业企业生产经营困难尚未有效缓解,经济运行的压力和风险值得关注。

1.市场需求制约依然明显。国际市场依然低迷。受外需持续疲软、义乌国际贸易综合改革效应基数消失等综合因素影响,9 月份以来出口增幅由 1—8 月的 12.5％降至全年的 10.8％。从出口市场看,全年对美国、欧盟出口分别增长 8.5％和 6.6％,低于出口平均增幅,对日本出口下降 0.9％。从出口商品看,船舶、高新技术产品、太阳能电池和液晶显示板出口分别下降 39.6％、3.6％、31.6％和 25.5％。

2.部分行业和企业生产经营困难。产能过剩和各类成本持续上升,企业赢利空间被挤压。2013 年,规模以上工业每百元主营业务收入中的成本为 86 元,高于全国平均 0.7 元,按利润总额计算的主营业务收入利润率为 5.5％,低于全国平均 0.5 个百分点。行业、企业分化明显,部分行业利润微增或下降。规模以上工业行业中,服装、食品制造、废弃资源综合利用、船舶、机械设备修理业等行业利润分别下降 3.6％、0.4％、42.7％、5.2％、38.9％,医药、有色金属、饮料等装备制造业利润仅增长 0.3％、1.4％、2.6％。一些周期性行业和船舶、光伏等产能过剩的新兴行业大面积亏损的风险依然存在。全年人民币对美元汇率大幅升值 3.09％,直接削弱我省出口商品竞争力,部分劳动密集型产业企业外迁或订单转移。

3.一些地方财政收支平衡压力加大。房地产相关税收增长趋缓和出让土地收入不稳定,房地产相关税收增幅在 4 月份达到年内高点(累计增长 1 倍多)后持续大幅回落,全年累计增长 31.8％。制造业和金融业税收增长缓慢,全年制造业税收增长 3.1％,金融业增长 4.3％,金融业税收增长贡献率从上年的 34.8％下降到 6.1％。"营改增"试点行业范围扩大,取消和免征多批行政事业性收费等进一步加大今后的增收压力。民生相关重点支出不断增大,一些地方财政收支平衡压力加大。

同时,居民收入增长不快,房地产市场波动,一些地方政府债务压力,银行不良贷款和企业担保互保风险等方面问题也值得关注。

展望2014年,世界经济仍将延续缓慢复苏态势,我国经济具有很大的发展潜力,全面深化改革对浙江经济社会发展将带来新的机遇和挑战,省委省政府确定了以改革统领全局,坚持稳中求进、改中求活、转中求好,"五水共治""五措并举",着力在提质增效上见成效,在改善民生上出实招,在狠抓落实上下功夫等总体要求。预计2014年浙江经济将在全面深化改革中持续健康发展,地区生产总值将在合理区间平稳增长,发展质量和效益将继续有所提高,社会和谐稳定。

一季度浙江经济运行实现"开门红"

一季度,全省上下认真贯彻落实省委省政府干好"一三五"、实现"四翻番"的决策部署,千方百计促增长,全力以赴抓转型,尽心尽力惠民生,花大力气优环境,各项工作都取得了积极成效。经济运行总体延续了 2012 年以来回升向好的态势,积极变化不断增多,实现了一季度经济运行"开门红"。要保持全年经济持续健康较快发展,还需付出更大努力。

一、延续企稳回升向好态势积极变化不断增多

（一）增长回升态势明显

一季度,全省生产总值为 7261.5 亿元,比 2012 年同期增长 8.3%,高于 2012 年同期 1.2 个百分点,也高于 2012 年全年和 2013 年预期目标 0.3 个百分点。与全国一季度增速有所趋缓相比,我省从 2012 年一季度的低于 1 个百分点转为 2013 年一季度高出 0.6 个百分点,是 6 个走势向上的省份之一。其中,一产增加值 258.3 亿元,增长 2.6%;二产增加值 3556.6 亿元,增长 8.6%,增速同比分别提高 1.8 个百分点和 2.2 个百分点;三产增加值 3446.7 亿元,增长 8.2%。除出口外,3 月当月主要经济指标好于 1—2 月。

1. 三大产业平稳增长。农业生产稳定增长,效益农业发展较好。预计春粮播种面积为 270.8 万亩,比 2012 年增长 1.5%。春季蔬菜、药材、花卉苗木播种面积同比增长 0.5%、0.8%、6.2%。油菜籽播种面积 240 万亩,减少 3.3%。一季度肉类总产量和水产品产量分别增长 3.5% 和 5.4%。工业增长有所加快,出口产品生产回升。春节后各地企业开工时间比 2012 年早,开工率较高。一季度,规模以上工业增加值 2433 亿元,比 2012 年同期增长 8.1%,增速同比回升 3.3 个百分点,其中,3 月增长 8.8%,比 1—2 月加快 1.1 个百分点;销售产值 12930 亿元,增长 8.4%,其中,3 月增长 9.4%,比 1—2 月加快 1.3 个百分点;出口交货值 2475 亿元,增长 5.5%,增速同比转降为升(回升 6 个百分点)。全社会用电量增长 0.3%,工业用电量下降 2.2%,降幅比 1—2 月减小 2 个百分点,其中,3 月工业用电量增长 0.8%,比 1—2 月回升 5 个百分点。一季度,规模以下工业实现总产值 3666 亿元,同比增长 9%。服务业发展总体平稳,重点企业增长较好。一季度,服务业增加值增速与 2012 年同期持平。其中,房地产、批发和零售、金融、交通运输仓储和邮政、住宿和餐饮、其他服务业增加值分别增长 17.4%、8.4%、6.6%、5.2%、3.5% 和 7.6%。全社会铁、公、水路交通货运量和货物周转量分别比 2012 年同期增长 3.8% 和 14.3%,增速同比回升 2.3 个百分点和 8.7 个百分点。宁波—舟山港集装箱吞吐量 416 万标箱,同比增长 10%。近 1.3 万家限额以上服务业(不包括批零、住餐、金融和房地产开发,以下简称部分服务业)企业营业收入同比增长 14.3%,增速比 2012 年同期和全年分别提高 2.9 个百分点和 0.5 个百分点。

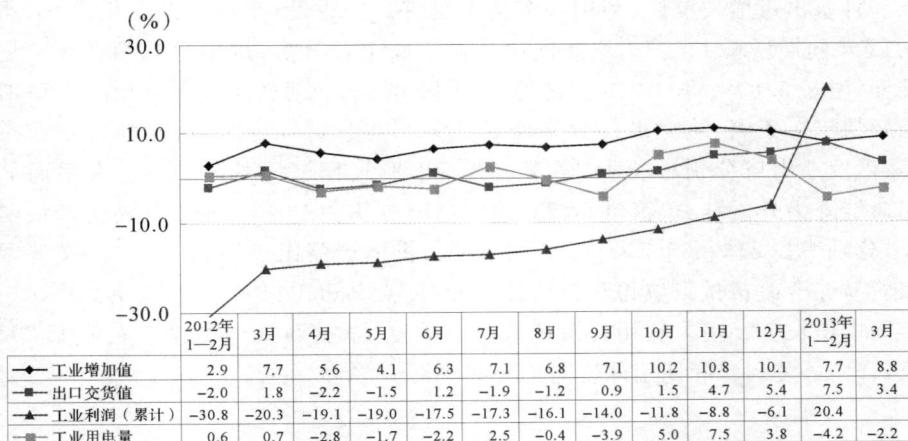

（%）

	2012年1—2月	3月	4月	5月	6月	7月	8月	9月	10月	11月	12月	2013年1—2月	3月
工业增加值	2.9	7.7	5.6	4.1	6.3	7.1	6.8	7.1	10.2	10.8	10.1	7.7	8.8
出口交货值	-2.0	1.8	-2.2	-1.5	1.2	-1.9	-1.2	0.9	1.5	4.7	5.4	7.5	3.4
工业利润(累计)	-30.8	-20.3	-19.1	-19.0	-17.5	-17.3	-16.1	-14.0	-11.8	-8.8	-6.1	20.4	
工业用电量	0.6	0.7	-2.8	-1.7	-2.2	2.5	-0.4	-3.9	5.0	7.5	3.8	-4.2	-2.2

图 1　工业增加值、出口交货值、工业用电量当月增速和工业利润累计增速

2. 三大需求稳定较快增长。投资较快增长,商品房销售大幅增加。一季度,全省固定资产投资 3547 亿元,比 2012 年同期增长 22.8%,增速同比加快 5.8 个百分点,比 1—2 月加快 0.1 个百分点。其中,民间投资增长 20.9%,占投资总额的 62.9%。3 月末,施工项目 2.45 万个,同比增长 18.6%,新开工项目 5399 个,增长 28%,新开工项目计划总投资增长 43.1%。房地产开发投资 1132 亿元,增长 17.9%。商品房销售面积和销售额分别增长 88.7% 和 1.2 倍,增速同比转降为升(2012 年同期分别下降 37.2% 和 38.1%)。据省经合办资料,一季度,浙商回归新引进项目 248 个,到位资金 422.7 亿元,同比增长 61.2%,完成年度计划的 28.2%。消费品市场稳定,住宿餐饮业增速回落。一季度,社会消费品零售总额 3512.8 亿元,比 2012 年同期增长 10.3%,其中,3 月增长 11.1%,比 1—2 月加快 1.1 个百分点;扣除价格因素,一季度实际增长 9.6%,同比加快 0.6 个百分点。限额以上贸易企业建材装潢、五金电料、家具、家用电器类零售额同比分别增长 76.8%、56.8%、41.2% 和 16.3%;服装、金银珠宝、通信器材、体育娱乐用品、化妆品和中西药分别增长 15.6％、21％、16％、13.5％、12.9％和 11.4％。网络消费比重提高。据商务部门资料，一季度，全省实现网络零售 672.5 亿元，同比增长 86.6％，省内居民网上消费 395.3 亿元，增长 53.7％。网络零售占全省社会消费品零售总额的比重从 2012 年同期的 15％提高到 19％。中央倡导勤俭节约和理性消费对全社会的导向效应显现，高档住宿餐饮消费回落。一季度，餐饮业零售额同比增长 12.1％，住宿业零售额下降 9.4％，同比分别回落 2.9 个百分点和 19.5 个百分点。外贸出口增长较快，利用外资情况良好。一季度，出口 528.5 亿美元，比 2012 年同期增长 11.7％，增速同比加快 5.6 个百分点；进出口总额 738.7 亿美元，增长 5.8％；进口 210.1 亿美元，下降 6.8％。对欧美和新兴市场出口增长较快。对美国、欧盟出口分别增长 8.8％和 4.1％，对东盟、非洲、中东、拉美、俄罗斯出口分别增长 16％、35.5％、32.3％、12.8％和 36.2％。大宗商品出口转降为升。鞋类、箱包、服装、纺织品出口从 2012 年同期下降转为较快增长，分别增长 21％、38.5％、13.7％和 8％；机电产品出口增长 7.8％。义乌国家贸易综合改革试点取得积极成效，一季度义乌市出口 36.8 亿美元，比 2012 年同期增长 3.8 倍。利用外资增长。一季度，全省新批外商投资企业家 293 家，合同外资和实际使用外资同比分别增长 15％和 7.3％。

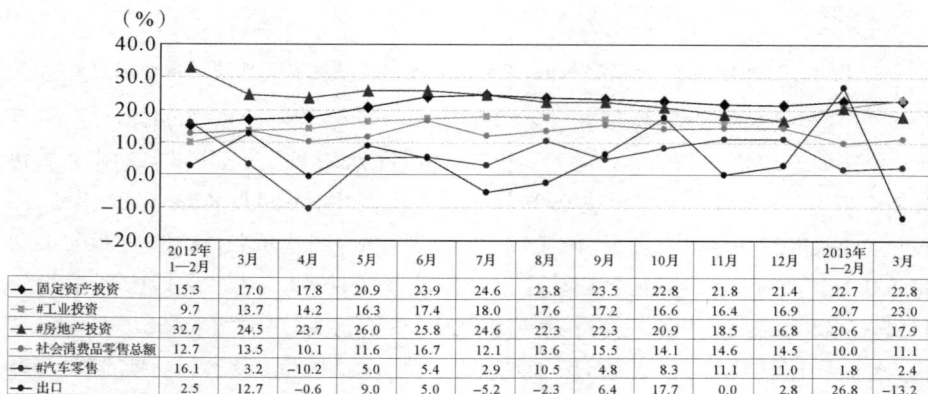

（％）

	2012年1—2月	3月	4月	5月	6月	7月	8月	9月	10月	11月	12月	2013年1—2月	3月
固定资产投资	15.3	17.0	17.8	20.9	23.9	24.6	23.8	23.5	22.8	21.8	21.4	22.7	22.8
#工业投资	9.7	13.7	14.2	16.3	17.4	18.0	17.6	17.2	16.6	16.4	16.9	20.7	23.0
#房地产投资	32.7	24.5	23.7	26.0	25.8	24.6	22.3	22.3	20.9	18.5	16.8	20.6	17.9
社会消费品零售总额	12.7	13.5	10.1	11.6	16.7	12.1	13.6	13.5	14.1	14.6	14.5	10.0	11.1
#汽车零售	16.1	3.2	-10.2	5.0	5.4	2.9	10.5	4.8	8.3	11.1	11.0	1.8	2.4
出口	2.5	12.7	-0.6	9.0	5.0	-5.2	-2.3	6.4	17.7	0.0	2.8	26.8	-13.2

图 2　固定资产和房地产投资累计增速、社会消费品零售额、汽车零售额和出口当月增速

3. 企业数稳定增长，企业家信心指数继续回升。据省工商局资料，3 月末，全省共有各类市场主体 346 万户，比 2012 年同期增长 6.6％，环比增长 0.5％，其中，在册企业 93 万户，个体工商户 248 万户。内资企业 90 万户，注册资本金 4.3 万亿元，同比分别增长 6.4％和 14.3％。私营企业 78 万户，同

比增长 7.5%。一季度,新设企业 3 万户,与 2012 年四季度环比增长 16.5%;新设内资企业注册资本 761 亿元,同比增长 17.7%,规模明显扩大。全省共完成"个转企"4095 家。据企业景气调查,一季度,企业家信心指数为 116.8,同比上升 2.2 点,其中,工业为 128.7,出口企业为 123,环比分别上升 12.1 点和 4.1 点。

4.居民消费价格同比涨幅缩小,工业生产者价格下降。一季度,全省居民消费价格总水平比 2012 年同期上涨 1.9%,涨幅比 2012 年同期和全年分别缩小 1.7 个百分点和 0.3 个百分点,其中,3 月同比上涨 1.4%,环比下降 1.1%。一季度食品价格同比上涨 2.1%,其中,3 月同比上涨 0.3%,环比下降 3.4%。一季度,工业生产者出厂价格比 2012 年同期下降 2.2%,购进价格下降 2.6%,3 月份两项价格环比均下降 0.2%。一季度,9 大类原材料购进价格指数全面下降,其中,黑色金属、有色金属和建材类跌幅较大,分别下降 5.6%、4.3% 和 3.2%,其余各类跌幅在 3% 以内。

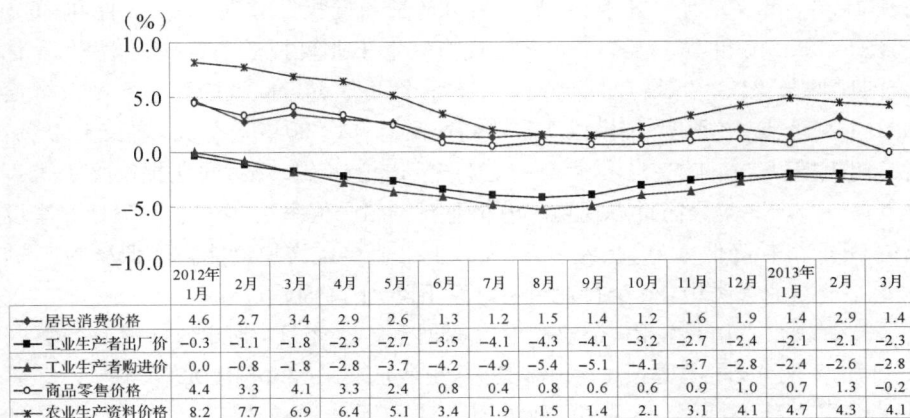

(%)

	2012年1月	2月	3月	4月	5月	6月	7月	8月	9月	10月	11月	12月	2013年1月	2月	3月
居民消费价格	4.6	2.7	3.4	2.9	2.6	1.3	1.2	1.5	1.4	1.2	1.6	1.9	1.4	2.9	1.4
工业生产者出厂价	-0.3	-1.1	-1.8	-2.3	-2.7	-3.5	-4.1	-4.3	-4.1	-3.2	-2.7	-2.4	-2.1	-2.1	-2.3
工业生产者购进价	0.0	-0.8	-1.8	-2.8	-3.7	-4.2	-4.9	-5.4	-5.1	-4.1	-3.7	-2.8	-2.4	-2.6	-2.8
商品零售价格	4.4	3.3	4.1	3.3	2.4	0.8	0.4	0.8	0.6	0.6	0.9	1.0	0.7	1.3	-0.2
农业生产资料价格	8.2	7.7	6.9	6.4	5.1	3.4	1.9	1.5	1.4	2.1	3.1	4.1	4.7	4.3	4.1

图 3　各类价格月度涨幅

5.金融机构存贷款同比继续多增,企业债务融资加速发展。据人行杭州中心支行统计,3 月末,金融机构本、外币存款余额 71666.8 亿元,同比增长 13.9%,新增存款 4985.9 亿元,同比多增 2943.6 亿元。本、外币贷款余额为 61758.3 亿元,同比增长 12.4%,新增贷款 2124.4 亿元,同比多增 409 亿元。从境内贷款投向看,短期贷款增长 13.6%,中长期贷款增长 7.8%,票据融资增长 54.5%。3 月末,全省共注册债务融资工具 212.1 亿元,发行 313.6 亿元,实际发行量同比增长 1.3 倍。

（二）增长质量和效益提高

1.结构调整取得新进展，有效投资增长加快。从工业结构看，一季度，战略性新兴产业、高新技术产业和装备制造业增加值分别为 562.4 亿、594.5 亿和 803.7 亿元，同比增长 9％、10.4％和 9％，快于规模以上工业增速 0.9 个百分点、2.3 个百分点和 0.9 个百分点，比重分别为 23.1％、24.4％和 33％，高新技术产业和装备制造业比重同比均提高 0.3 个百分点；化学（21.7％）、医药（14.9％）、食品加工（12％）、纺织（9.9％）、文教（13.7％）、废弃资源利用（15.6％）等行业也增长较快。14 个省级产业集聚区重点规划区内规模以上工业战略性新兴产业总产值比重达 29％。从投资结构看，工业、制造业和三产投资分别增长 23％、22.4％和 22.4％，工业技术改造投资增长 40.3％，对增强我省经济增长后劲将发挥积极作用。

2.科技创新能力增强，节能降耗成效明显。据科技部门资料，一季度，全省专利申请受理量、授权量分别为 5.23 万和 4.89 万件，比 2012 年同期分别增长 18.6％和 79.2％，其中，发明专利申请量和授权量分别为 8360 件和 2640 件，增长 33.2％和 16.4％。1—2 月，规模以上工业科技活动经费支出 76.4 亿元，同比增长 21.2％，增速同比提高 11.8 个百分点，高于主营业务收入增速 13.1 个百分点；一季度，规模以上工业新产品总产值 3049.5 亿元，增长 19.8％，增速比规模以上工业高 11 个百分点，新产品产值率 22.8％，同比提高 2.1 个百分点，其中，产业集聚区重点规划区内企业新产品产值率达 27.9％。预计一季度单位 GDP 能耗降低率为 5％左右，规模以上工业单位增加值能耗降低率为 5％，38 个工业行业大类中，35 个行业单耗继续下降，下降面超过九成。

3.财政收入增长较快，企业利润大幅回升。一季度，地方公共财政预算收入 1120.8 亿元，同比增长 10.6％，其中，税收收入 1033.8 亿元，增长 10.2％，所占比重达到 92.2％。3 月份，地方财政收入同比增长 17.4％，比 1—2 月加快 9.3 个百分点。在一季度地方税收收入中，增值税和营业税分别增长 8.1％和 8.7％。1—2 月，规模以上工业实现利润 335 亿元，同比增长 20.4％，增速比 2012 年同期和四季度分别回升 51.2 个百分点和 5.9 个百分点，高于全国平均 3.2 个百分点，亏损企业亏损额下降 1.4％。限额以上部分服务业企业实现利润总额增长 45.9％。

（三）民生和社会建设发展良好

1.居民收入稳步增长，就业和社会保险参保人数稳定增加。一季度，城镇居民人均可支配收入 12212 元，同比增长 8.4％，扣除价格因素实际增长 6.4％；农村居民人均现金收入 6716 元，同比增长 9.4％，扣除价格因素实际增长 7.5%。城、乡居民人均收入水平均居各省市区第一,分别为全国平均的 1.64 倍和 2.34 倍。全省城镇单位在岗职工平均工资 13844 元,同比增长 11%。据人力社保厅资料,一季度,全省城镇新增就业 26.1 万人,同比增长 6.75%,3 月末城镇登记失业率为 3.19%。3 月末,企业职工基本养老、失业参保人数分别为 2105.9 万和 1077.1 万人,比 2012 年末增加 22.6 万和 6.96 万人,城镇职工和城镇居民基本医疗保险参保人数分别为 1678.2 万和 637.2 万人,工伤、生育保险参保人数分别为 1706.8 万和 1071.1 万人,城乡居民养老保险参保人数为 1327.55 万人。

2. 财政对民生支出保障有力,民生基础设施投资保持较快增长。一季度,地方公共财政预算支出 953.4 亿元,增长 7%,其中,民生支出占 72.8%,同比提高 2.6 个百分点,农林水事务、住房保障、文化体育与传媒、节能环保、教育、社会保障和就业、医疗卫生等支出分别增长 38.1%、32.8%、30.8%、19.3%、9%、5.6%、4.5%,金融监管等事务支出增长 1.2 倍。基础设施投资 746 亿元,比 2012 年同期增长 25%,增速同比提高 21.9 个百分点。其中,广电、教育、文化艺术、电力、水利环境和公共设施管理业投资分别增长 129.4%、75.7%、66.1%、28.9%、25.3%。

3. 保障性安居工程建设进展良好,商品房价有涨有跌。2013 年全省计划新开工建设各类保障性安居工程住房 15 万余套,一季度开工率达一半以上。自 2012 年二季度以来,杭州、宁波、温州、金华 4 城市新建住宅销价同比降幅一直居全国 70 个大中城市前列。3 月份,杭州、宁波、温州、金华 4 城市新建商品住宅(不含保障性住房)销售价格同比 2 涨 2 跌,杭州、金华分别上涨 0.3%、0.1%,涨幅居 70 城市倒数第 4、5 位,宁波、温州分别下降 3.5% 和 9.8%,跌幅居前 2 位。从环比来看,杭州、宁波、金华分别上涨 1.2%、0.9% 和 0.2%,居并列 21、40、66 位,温州下降 0.1%,是唯一下降的城市。

二、回升基础还不巩固,存在问题值得关注

从一季度浙江经济运行情况看,经济回升向好的态势明显。但国内外发展环境仍然复杂严峻、充满变数,经济回升的基础还不巩固,经济增长动力还不够强,经济回升的协调性不够好,运行中出现的一些问题值得关注。

1. 市场有效需求增长的可持续性有待观察。从外需看,世界经济仍处于深度调整期,整体复苏艰难曲折,国际金融领域仍然存在较多风险,各种形式的保护主义上升,全年出口增长的不确定性较大。虽然 2013 年我省出口预期会明显好于 2012 年,但外贸出口增速已从 1—2 月高于全国 3.2 个百分点转为一季度低于全国 6.7 个百分点。3 月份出口下降 13.2%,比 1—2 月的增长

26.8％回落 40 个百分点。一季度,船舶、高新技术产品和光伏产品出口分别下降 5.9％、10.2％和 45.5％。欧盟市场需求的回升也是在 2012 年同期(下降 5.8％)低基数基础上实现的。

从内需看,一是消费和居民收支增速放缓。一季度,社会消费品零售总额同比名义增速(10.3％)低于 2012 年同期和全年 2.9 和 3.2 个百分点,为 2004 年以来("非典"影响消除后)的新低,2 月仅增长 8.4％。城镇、农村居民人均收入水平虽居全国前列,但名义增速(8.4％和 9.4％)分别低于全国平均 0.9 个百分点和 2.8 个百分点,居省市区 27 和 29 位;实际增速(6.4％和 7.5％)低于全国 0.3 和 1.8 个百分点,也低于我省同期 GDP 增速。城镇居民人均消费支出实际增长 6.3％,同比回落 5.5 个百分点。高端消费热点正在降温,新的消费热点形成尚需时日。一季度汽车销售增速为历史新低,汽车类零售额 575 亿元,增长 1.8％,增速同比回落 9.4 个百分点,为近 3 年来季度增速的新低,对社会消费品零售总额的增长贡献率从 2012 年同期的 14.9％下降到 3.2％;与此相关的石油制品零售额增长 9％,同比回落 13.1 个百分点。高档餐饮、住宿业转型压力加大。一季度,限额以上企业(单位)餐饮业零售额 86.6 亿元,同比下降 2.2％;住宿业零售额 39.4 亿元,下降 14.6％,而 2012 年同期是分别增长 11.9％和 9.2％。汽车、石油制品和限上住宿餐饮类消费占社会消费品零售总额的比重从 2012 年同期的 30.3％下降到 28.2％。用于礼品的部分名优新特农产品和生猪销售及价格下滑,对农民增收和消费增长带来新的压力。中高档礼品茶、甲鱼等价格明显下降;生猪出栏价格持续走低,据省物价局监测,猪粮比价由 1 月中旬的 6.68∶1 下跌至 4 月 15—19 日的 4.92∶1,连续 9 周处于盈亏平衡点(6∶1)以下,连续两周处于生猪红色预警即价格重度下跌区域。H7N9 禽流感对家禽业、餐饮业和旅游业等影响逐步显现,也将对消费的平稳增长带来一定压力。二是进口和工业生产者价格下降反映企业生产需求不够旺。一季度,外贸进口同比下降 6.8％,而 2012 年同期为增长 3.5％。机电产品、高新技术产品、铁矿砂、铜材、钢材、原木、棉花等原材料进口降幅明显,分别下降 14％、18.1％、11.7％、48.3％、25.1％、16％、43％;乙二醇和对苯二甲酸等化工原料分别下降 12.2％和 56.6％。工业生产者出厂价格和购进价格降幅分别比全国大 0.5 个百分点和 0.7 个百分点,降幅均比 1—2 月扩大 0.1 个百分点。从分月指数看,2012 年 9 月份以来降幅连续收窄后 2013 年又重现扩大(见图 3),3 月降幅分别比 1 月扩大 0.2 个百分点和 0.4 个百分点,环比均下降 0.2％。

2. 部分行业和实体企业生产经营困难。部分行业生产仍然下降或低速增长。一季度,烟草、石油加工业、电力增加值同比分别下降 2.6％、5.2％和

1.5%,服装、化纤、通用设备、船舶等运输设备制造行业增加值仅增长 2.4%、6.7%、7.2% 和 3.5%。1—2 月利润的增长是建立在 2012 年同期低基数上(下降 30.8%)的恢复性增长,两年平均仍是下降 8.7%;主营业务利润率仅 4.33%,比全国同期低 0.85 个百分点。新增利润的 90% 以上来自电力(占 62.5%)、石油加工(占 19.5%)以及黑色金属冶炼和压延加工业(占 9.9%)这 3 个行业,共占 91.9%,情况与全国基本相同,主要原因是 2012 年同期基数较低和煤炭、原油、铁矿石价格下降等。31 个制造业中,非金属矿物制品(-46.7%)、通用和专用设备(-7.5% 和 -7.6%)、电气机械(-9.2%)、医药(-2.9%)、烟草(-9.6%)、化纤(-32.8%)、造纸(-8.5%)、橡胶塑料制品(-8.6%)等 9 个行业利润是下降的,船舶行业净亏损 2.5 亿元。2 月末,规模以上工业共有亏损企业 10144 家,亏损面达 27.8%,亏损面仅比 2012 年同期缩小 0.3 个百分点,船舶行业亏损面最大,达 49.2%。

3.财政收支平衡压力加大。从一季度税收的增长结构看,房地产业的增长贡献率较大,其持续性有待观察。由房地产交易比 2012 年同期大幅回升带动,一季度,土地增值税、契税分别增长 52.6% 和 24.4%,房地产营业税增长 67.4%。随着国家继续加大房地产调控力度,"新国五条"地方细则相继明朗,房地产交易将回归正常,房地产业相关税收的高增长态势可能较难持续。同时。企业所得税下降 1.2%。受"营改增"影响,交通运输仓储及邮政业税收下降 39.4%,加上结构性减税、清费减负等政策性减收因素,民生相关支出还将不断增大,财政收支平衡压力加大。

三、完成全年目标仍需努力

2013 年是实施省委提出的干好"一三五"、实现"四翻番"决策部署的第一年,全省上下真抓实干,一季度经济发展实现了"开门红"。据全省企业景气调查,反映企业家对二季度总体运行状况预期的预期指数为 118.7,高于即期指数 4.9 点,表明企业家对未来宏观经济走势持乐观态度。从国际环境看,2013 年一季度经济企稳复苏态势好于 2012 年,亚洲经济增长较为强劲。从国内看,广东、浙江等东部地区经济先于全国回升。综合分析国际国内经济环境的复杂性和可能变化,考虑 2012 年浙江经济"低开稳走向上"的态势,也就是说 2013 年下半年对比基数会提高,要保持全年经济持续健康较快发展,实现经济"稳开稳走向好"的走势,确保完成全年 GDP 增长 8% 以上的目标任务,仍需付出更大努力。

综合处　王美福　傅吉青　范菁雁

附录

浙江省主要经济指标

指标	2013年 一季度 绝对额	一季度 同比增速	2013年 其中:3月 绝对额	其中:3月 同比增速	2013年 1—2月 绝对额	1—2月 同比增速	2012年 一季度 绝对额	一季度 同比增速	2012年 全年 绝对额	全年 同比增速
地区生产总值（GDP）（亿元）	7261.5	8.3					6725	7.1	34606	8
规模以上工业增加值（亿元）	2432.7	8.1	964.8	8.8	1464.2	7.7	2304	4.8	10875	7.1
工业销售产值（亿元）	12930.2	8.4	5190.4	9.4	7737.9	8.1	11814	4.2	56903	5.9
＃出口交货值（亿元）	2475	5.5	945.6	3.4	1521.8	7.5	2263	-0.5	11063.6	1.3
利润总额（亿元）	506.8	-2.2	212.9	0.8	335	20.4	503.7	-20.3	2899.8	-6.1
工业用电量（亿千瓦时）					294	-4.2	518	0.7	2402.7	0.8
GDP能耗降低率（%）	5左右						5.5		6.1	
固定资产投资（亿元）	3547.3	22.8			1740.8	22.7	2888	17	17096	21.4
＃房地产投资（亿元）	1131.8	17.9			652.1	20.6	960.3	24.5	5226	16.8
商品房销售额（亿元）	1174.8	115.6			715.6	140.7	545	-38.1	4263	22.7
社会消费品零售总额（亿元）	3512.8	10.3	1131.6	11.1	2381.2	10	3185	13.2	13546	13.5
进出口总额（亿美元）	738.7	5.8	230.2	-11.8	508.5	16.3	699.5	5.2	3122	0.9
＃出口总额（亿美元）	528.5	11.7	154.8	-13.2	373.8	26.8	473.5	6.1	2246	3.8
财政总收入（亿元）	1940.2	6.6	501.1	12.8	1439.1	4.4	1820.2	6	6408.5	8.2
＃公共财政预算收入（亿元）	1120.8	10.6	311.5	17.4	809.2	8.1	1013.8	7.1	3441.2	9.2
公共财政预算支出（亿元）	953.4	7	306.1	-8	647.3	-8	891	19.6	4161.9	8.3
金融机构本外币贷款比年初新增（亿元）	2124.4	409.3	2124.4	409.3	1313.7	359.4	1715.1	-346.6	6267	-215
居民消费价格（CPI）涨幅（%）	1.9		1.4		2.1		3.6		2.2	
工业生产者出厂价格涨幅（%）	-2.2		-2.3		-2.1		-1.1		-2.7	
城镇居民人均可支配收入（元）	12212	8.4(6.4)					11269	13.0	34550	11.6(9.2)
农村居民人均现金（纯）收入（元）	6716	9.4(7.5)					5828	13.1	14552	11.3(8.8)

注：GDP、工业增加值增加值增速为扣除价格因素的实际增速。贷款同比增速为月末数和同比多（少）增额。城乡居民收入括号内为扣除价格因素的实际增速。

稳中有升　　稳中有进　　稳中有好

——上半年浙江经济运行情况

2013 年以来，全省上下认真贯彻落实省委省政府干好"一三五"、实现"四翻番"的决策部署，坚持稳中有为，稳增长、促转型、惠民生、优环境，经济运行总体呈现稳中有升、稳中有进、稳中有好的态势，生产增长有所加快，投资保持较快增长，消费市场稳中有升，外贸出口、财政收支和存贷款平稳增长，居民消费价格温和上涨。但经济环境仍然错综复杂，经济增长存在下行压力，完成全年目标任务还需付出艰苦努力。

一、经济运行平稳，质量效益提升

（一）三大产业和三大需求稳中有升

上半年，全省生产总值为 16954 亿元，比上年同期增长 8.3%，增速与一季度持平，比上年同期提高 0.9 个百分点，比全国同期高 0.7 个百分点。其中，一、二、三产增加值分别为 680 亿、8440 亿和 7834 亿元，增长 2.4%、8.9%、8.1%。二季度，工业产销和利润、用电量、社会消费品零售额、财政收入等主要经济指标增速略快于一季度，6 月出口额创历史新高。

1. 三大产业平稳增长。粮食生产稳定增长，效益农业发展较好。上半年，农林牧渔业总产值 1086 亿元，比上年同期增长 2.0%，其中，农、林、牧、渔业分别增长 2.3%、0.5%、-1.8%、5.0%。春粮实现"三增"。春粮播种面积 270.8 万亩，单产 236 千克/亩，总产量 63.9 万吨，分别比上年增长 1.5%、0.9%和 2.3%。早稻种植面积在连续两年下降后止跌回升。预计早稻种植面积为 172.7 万亩，比上年增长 4.0%。油菜籽总产量 31.7 万吨，减少 1.3%。上半年，蔬菜、药材、花卉苗木播种面积同比分别增长 0.03%、1.7%、4.5%。肉类总产量 89.9 万吨，同比下降 0.9%；水产品产量 182.6 万吨，增长 5.7%。工业产销增长有所加快，用电量明显回升。上半年，规模以上工业增加值 5475 亿元，比上年同期增长 8.9%，其中，二季度增长 9.6%，增速比一季度加快 1.5 个百分点，增速与全国的差距由一季度的低 1.4 个百分点转为二季度高 0.5 个百分点；销售产值 28868 亿元，增长 8.8%，其中，内销产值 23346 亿元，增长 9.9%；出口交货值 5522 亿元，从上年同期下降 0.7%转为增长 4.1%。全社会用电量 1571 亿千瓦时,比上年同期增长 5％,其中,工业用电量 1173 亿千瓦时,同比增长 4.6％,增速分别比一季度回升 4.7 个百分点和 6.8 个百分点。二季度,全社会用电量和工业用电量分别增长 9.5％和 10.4％,比一季度的 0.3％和－2.2％均大幅回升。服务业发展总体平稳。上半年,房地产、批发和零售、金融、交通运输仓储和邮政、住宿和餐饮业、其他服务业增加值分别比上年同期增长 11.2％、8.7％、6.3％、4.9％、3.9％和 9％。房地产业增加值增速为各行业中增长最快的,商品房销售面积和销售额同比分别增长 56.2％和 70.1％。全社会铁、公、水路交通货运量和货物周转量分别增长 3.4％和 12.9％,增速同比回升 1.2 个百分点和 8 个百分点,宁波—舟山港集装箱吞吐量 853.4 万标箱,增长 6.4％。6 月末,金融机构本外币存款余额 72566 亿元,同比增长 11.1％,增速比 3 月末回落 2.8 个百分点,新增存款 5885 亿元,同比多增 1429.5 亿元。本外币贷款余额为 63238 亿元,同比增长 11.7％,增速比 3 月末回落 0.7 个百分点,新增贷款 3603.7 亿元,同比多增 205.2 亿元。1—5 月,限额以上交通、信息、商务、科技、文化、居民服务等服务业企业营业收入同比增长 14.8％,增速比一季度、上年同期和全年分别提高 0.5 个百分点、2 个百分点和 1 个百分点。企业数稳定增长。据省工商局资料,二季度末,全省共有各类市场主体 357.6 万户,比上年同期增长 7.1％。其中,内资企业 96 万户,注册资本金 4.5 万亿元,同比分别增长 10.8％和 15.3％。私营企业 84 万户,同比增长 12.6％。二季度,新设企业 57836 户,与一季度环比增长 87.9％;新设内资企业注册资本 1123 亿元,同比增长 47.5％,企业规模扩大。

（％）

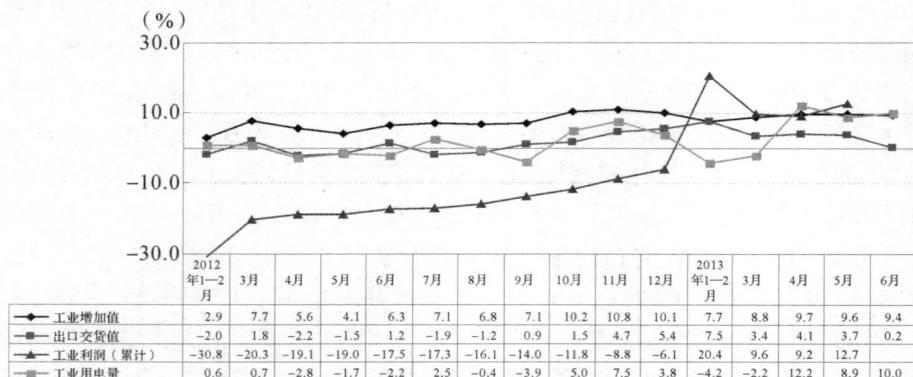

	2012 年1—2月	3月	4月	5月	6月	7月	8月	9月	10月	11月	12月	2013 年1—2月	3月	4月	5月	6月
工业增加值	2.9	7.7	5.6	4.1	6.3	7.1	6.8	7.1	10.2	10.8	10.1	7.7	8.8	9.7	9.6	9.4
出口交货值	-2.0	1.8	-2.2	-1.5	1.2	-1.9	-1.2	0.9	1.5	4.7	5.4	7.5	3.4	4.1	3.7	0.2
工业利润（累计）	-30.8	-20.3	-19.1	-19.0	-17.5	-17.3	-16.1	-14.0	-11.8	-8.8	-6.1	20.4	9.6	9.2	12.7	
工业用电量	0.6	0.7	-2.8	-1.7	-2.2	2.6	-0.4	-3.9	5.0	1.5	3.8	-4.2	0.3	12.2	8.9	10.0

图 1　工业增加值、出口交货值、工业用电量当月增速和工业利润累计增速

2. 三大需求稳定增长。投资增长较快,浙商回归项目增多。上半年,固定资产投资 9234 亿元,比上年同期增长 22％,增速比一季度回落 0.8 个百分点,

比全国高 1.9 个百分点。其中,除房地产外的项目投资 6482 亿元,增长 23.9%。非国有投资 6440 亿元,增长 20.7%,其中,民间投资 5747 亿元,增长 19.3%,占投资总额的 62.2%,比重同比回落 1.5 个百分点。房地产开发投资 2752 亿元,增长 17.8%。6 月末,全省施工项目 32608 个,同比增长 13.7%,其中,新开工项目 13763 个,增长 12.9%。据省经合办资料,上半年,浙商回归新引进项目 722 个,省外到位资金 893.6 亿元,同比增长 26.1%,完成年度计划的 59.6%。消费品市场稳中有升。上半年,社会消费品零售总额 7080.9 亿元,比上年同期增长 11.1%,扣除价格因素,实际增长 10.5%,名义增速和实际增速分别比一季度加快 0.8 和 0.9 个百分点。汽车类零售额 1221 亿元,同比增长 6.7%,增速比一季度回升 4.9 个百分点。月出口额创历史新高,利用外资增长加快。上半年,出口 1171 亿美元,比上年同期增长 11%,增速比 1—5 月和上年同期分别提高 0.4 个百分点和 5.8 个百分点,比全国高 0.6 个百分点;进出口总额 1594 亿美元,增长 6.5%;进口 423 亿美元,下降 4.2%。6 月份出口 221.8 亿美元,创历史新高,同比增长 12.4%,增速比 5 月提高 6.4 个百分点。上半年,新批外商投资企业 717 家,合同外资和实际使用外资同比分别增长 28.5% 和 22.3%,增幅分别比一季度加快 13.5 个百分点和 15 个百分点。

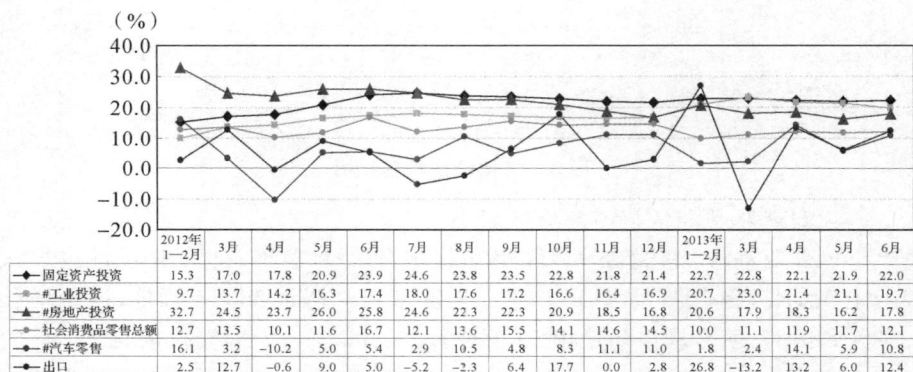

（%）	2012年1—2月	3月	4月	5月	6月	7月	8月	9月	10月	11月	12月	2013年1—2月	3月	4月	5月	6月
固定资产投资	15.3	17.0	17.8	20.9	23.9	24.6	23.8	23.5	22.8	21.8	21.4	22.7	22.8	22.1	21.9	22.0
#工业投资	9.7	13.7	14.2	16.3	17.4	18.0	17.6	17.2	16.6	16.4	16.9	20.7	23.0	21.4	21.1	19.7
#房地产投资	32.7	24.5	23.7	26.0	25.8	24.6	22.3	22.3	20.9	18.5	16.8	20.6	17.9	18.3	16.2	17.8
社会消费品零售总额	12.7	13.5	10.1	11.6	16.7	12.1	13.6	15.5	14.1	14.5	10.0	11.1	11.9	11.7	12.1
#汽车零售	16.1	3.2	-10.2	5.0	5.4	2.9	10.5	4.8	8.3	11.1	11.0	1.8	2.4	14.1	5.9	10.8
出口	2.5	12.7	-0.6	9.0	5.0	-5.2	-2.3	6.4	17.7	0.0	2.8	26.8	-13.2	13.2	6.2	12.4

图 2　固定资产和房地产投资累计增速、社会消费品零售额、汽车零售额和出口当月增速

3. 居民消费价格温和上涨,工业生产者价格下降,房价转降为升。上半年,居民消费价格比上年同期上涨 1.9%,涨幅与一季度持平,同比回落 1 个百分点,低于全国 0.5 个百分点。6 月份,环比上涨 0.1%,同比上涨 2.5%,同比涨幅比 5 月份扩大 0.8 个百分点,主要是翘尾因素影响,为 1.1 个百分点,比上月增加 0.7 个百分点,新涨价因素仅增加 0.1 个百分点。上半年,8 大类消费品及服务项目价格 6 涨 2 跌,衣着、居住、家庭设备用品及维修服务、食品、娱乐教育文化用品及服务、烟酒及用品类价格分别上涨 4.7％、2.7％、2.5％、2.4％、2％、0.2％;医疗保健和个人用品、交通和通信价格分别下降 0.1％和 0.8％。上半年,工业生产者出厂价格和购进价格比上年同期分别下降 2.3％ 和 2.8％,累计降幅虽比一季度分别扩大 0.1 个百分点和 0.2 个百分点,但 5、6 月份降幅呈缩小趋势(详见图 3)。2013 年以来特别是二季度,随着一线城市房价(同比)的快速反弹至两位数,我省杭州、宁波、金华房价逐月回升。6 月份与上年同期相比,4 城市房价 3 涨 1 跌,杭州上涨 7.4％,涨幅在 70 城市中从 3 月的 66 位上升到 19 位;金华上涨 3.2％,居 63 位,宁波上涨 3％,居并列 64 位,分别比 3 月上升 4、5 位;温州是 70 个城市中唯一下降的城市,下降 3％。与上月环比,杭州、宁波、金华、温州分别上涨 1％、0.9％、0.3％和 0.3％,居并列 21、27、57、57 位,宁波和温州分别比 3 月上升 39 位和 13 位。

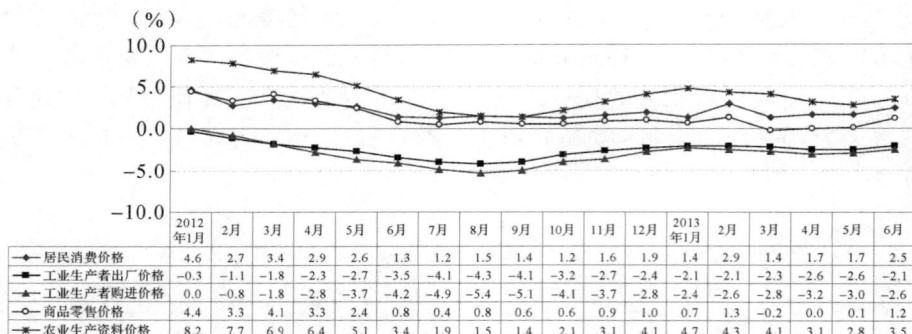

(％)

	2012年1月	2月	3月	4月	5月	6月	7月	8月	9月	10月	11月	12月	2013年1月	2月	3月	4月	5月	6月
居民消费价格	4.6	2.7	3.4	2.9	2.6	1.3	1.2	1.5	1.4	1.2	1.6	1.6	2.1	2.9	1.4	1.7	1.7	2.5
工业生产者出厂价格	-0.3	-1.1	-1.8	-2.3	-2.7	-3.5	-4.1	-4.3	-4.1	-3.2	-2.7	-2.4	-2.1	-2.1	-2.3	-2.6	-2.6	-2.1
工业生产者购进价格	0.0	-0.8	-1.8	-2.8	-3.7	-4.2	-4.9	-5.4	-5.1	-4.1	-3.7	-2.8	-2.4	-2.6	-2.8	-3.2	-3.0	-2.6
商品零售价格	4.4	3.3	4.1	3.3	2.4	0.8	0.4	0.8	0.6	0.1	0.9	1.0	0.7	1.3	-0.2	0.0	0.1	1.2
农业生产资料价格	8.2	7.7	6.9	6.4	3.3	1.6	1.9	1.5	1.4	2.1	3.1	4.1	4.7	4.3	4.1	3.1	2.8	3.5

图 3   各类价格月度涨幅

(二)创新驱动和结构调整稳中有进

1.创新驱动和"机器换人"取得积极成效。上半年,公共财政科技投入 73.2 亿元,比上年同期增长 15.1％。全省专利申请量 14.53 万件,同比增长 22.8％,其中发明专利申请量 1.89 万件,增长 38.5％;专利授权量 9.27 万件,增长 30.2％,其中发明专利授权量 5437 件,同比下降 3.45％。工业技术改造投资增长 35.7％,占工业投资的 62.9％,比重同比提高 7.4 个百分点。1—5 月,规模以上工业科技活动经费支出同比增长 20.7％,高于主营业务收入增速(8.3％)12.4 个百分点;从业人员减少 1.4％,人均资产 82.7 万元,同比增长 9.8％;劳动生产率达 15.4 万元/人(折年率),比上年同期增长 10.3％(可比价),比上年全年提高 0.9 万元,人均创利 3.8 万元(折年率),增长 14.3％;上半年,新产品总产值增长 22.1％,新产品产值率为 24.1％,同比提高 2.6 个百分点,新产品产值对规模以上工业的增长贡献率达 55.1%,处于近年来最好水平。

2.装备制造、实体投资和"电商换市"等成为经济新增长点。从工业和服务业增长结构看,上半年,装备制造业、战略性新兴产业和高新技术产业增加值分别比上年同期增长 9.2%、9%和 11%,均高于规模以上工业,所占比重分别为 33.5%、23.5%和 25.3%,装备制造业、高新技术产业比重同比分别提高 0.2 个百分点和 0.3 个百分点。工业强县(市、区)建设成效明显。上半年,20个县(市、区)规模以上工业增加值合计 2459 亿元,占规模以上工业的 44.9%,同比增长 9.5%,增速比规模以上工业高 C.6 个百分点,对规模以上工业增长的贡献率达 47.7%。1—5 月,装备制造业利润占到利润总额的 36.1%,比增加值比重高 3 个百分点;对利润增长贡献较大的行业有石油加工(占新增利润的 19.7%)、化学原料(18.8%)、电力(13.3%)、纺织(10%)、汽车(9.8%)、黑色金属冶炼加工(7.5%)、金属制品(6.1%);限额以上高技术服务业企业实现营业收入 963.1 亿元,利润 236.7 亿元,分别增长 20.7%和 42.8%,比限上服务业企业增速高 6.4 个百分点和 6.6 个百分点,其中,淘宝商城和淘宝软件两家企业利润同比增长 1.3 倍,占全省被调查服务业企业的近 20%,对利润总额的增长贡献率达 41.9%。从消费增长结构看,与住宅销售较旺相联系的居住类商品和金银珠宝销售增长较快,上半年,限额以上贸易企业的建材装潢、五金电料、家具、家用电器类零售额同比分别增长 55.8%、42.9%、19.1%和 15.5%,金银珠宝增长 42.6%;"电商换市"丰富提升和替换了部分传统市场。据省商务厅资料,上半年,全省实现网络零售 1514.9 亿元,同比增长 80.2%,占全国网络零售总额近 20%,网络零售占全省社会消费品零售总额的比重从一季度的 19%上升到 21.4%。省内居民网上消费 926.5 亿元,同比增长 56.1%。全省在淘宝(含天猫)上开设网店 117.5 万家,占全国 13.9%;义乌国际贸易综合改革试点成效明显,上半年全市集贸市场成交额为 320.8 亿元,增长 13.8%;其中,中国小商品城成交额 227.6 亿元,同比增长 13.5%。市场景气指数处于高位。6 月义乌市场景气指数平均值为 1101.9 点,同比上升 131.4 点。从投资增长结构看,上半年,工业、制造业和三产投资分别增长 19.7%、18.2%和 23.6%,对增强我省实体经济增长后劲将发挥积极作用。从出口增长结构看,对新兴市场出口增长较快,上半年对中东、东盟、非洲、拉美、俄罗斯出口分别增长 42.1%、22.1%、36.8%、12.1%和 21.7%。对美国、欧盟出口分别增长 4.2%和 1.9%。大宗商品出口增长较好。鞋类、箱包、服装、纺织品出口从上年的低增长转为较快增长,分别增长 17.6%、39.4%、12%和 9.1%;机电产品出口增长 5%。

（三）发展质量和民生保障稳中有好

1.财政收入增长,利润、税金和职工薪酬增速均高于收入增速。上半年,财政总收入 3889.9 亿元,比上年同期增长 8％;公共财政预算收入 2182.5 亿元,增长 11.5％,其中,税收收入 2026.5 亿元,所占比重达到 92.8％,增长 11.8％,增速分别比一季度加快 1.4 个百分点、0.9 个百分点和 1.6 个百分点。国内增值税（25％部分）和营业税分别增长 5.4％和 6.9％,改征增值税 53.8 亿元;企业所得税累计增速自上月转降为升后继续增长,上半年增长 6.8％,比一季度回升 8 个百分点。规模以上工业呈现利润、税金和职工薪酬增速均高于主营业务收入增速的较好态势。1—5 月,实现利润 1101 亿元,同比增长 12.7％,增速同比回升 31.7 个百分点,比一季度回升 3.1 个百分点,从一季度低于全国 2.5 个百分点转为 1—5 月高于全国 0.4 个百分点;税金 859.9 亿元,增长 9％;应付职工薪酬 1229.8 亿元,增长 9.4％,均高于 8.3％的主营业务收入增速。亏损企业亏损额仅增长 0.8％。1—5 月,被调查服务业企业利润总额 417.6 亿元,同比增长 36.2％。

2.城乡居民收入稳步增长。上半年,城镇居民人均可支配收入 20461 元,同比增长 8.8％,扣除价格因素实际增长 6.7％,其中,工资性收入 13076 元,增长 6.9％;经营性、财产性和转移性收入分别增长 9.8％、2.4％和 6.6％。农村居民人均现金收入 10878 元,同比增长 9.9％,扣除价格因素实际增长 8％,其中,工资性收入 4914 元,增长 10.3％;家庭经营性收入 4778 元,增长 9.9％;财产性和转移性收入分别增长 6.2％和 9％。上半年,城镇单位从业人员平均劳动报酬为 25935 元,同比增长 9.4％,其中,在岗职工平均工资为 26927 元,增长 10.3％。

3.就业和社会保险参保人数稳定增加。上半年,全省城镇新增就业 51.7 万人,完成全年目标的 73.9％。6 月末,城镇登记失业率为 3.24％,比 3 月末上升 0.05 个百分点,与 3 月末比年初上升 0.18 个百分点相比,上升趋势有所缓和。企业职工基本养老、失业、工伤、生育参保人数分别为 2171.6 万、1098.9 万、1758.7 万和 1108.1 万人,比上年末增加 88.3 万、33.3 万、27 万和 23.3 万人;基本医疗保险参保人数为 3887.7 万人,其中,城镇职工医疗险参保人数 1719.8 万人,比上年末增加 48.8 万人;城乡居民养老保险参保人数为 1324.4 万人。

4.财政对民生支出保障有力,民生基础设施投资保持较快增长。上半年,公共财政预算支出 2005.2 亿元,同比增长 9.9％,其中,对住房保障、商业服务业、医疗卫生、文化体育与传媒、社会保障和就业、教育、农林水事务、节能环保、金融监管等支出分别增长 25.9％、19.9％、16.8％、12.2％、11.9％、11.4％、10％、9％、8.5％。在固定资产投资中,基础设施投资 2055 亿元,比上年同期增长 28.4％,增速比一季度加快 3.4 个百分点。其中,文化艺术、教育设施、水利和环境、电力燃气及水的生产供应、交通运输、仓储和邮政、广电投资分别增长 52.7％、50.4％、47.3％、33.8％、19.4％、9.8％。

5.保障性安居工程建设进展良好。据省建设厅资料,至 6 月底,全省新开工城镇保障性安居工程 14.6 万套,竣工 7.34 万套,新开工公共租赁住房 3.25 万套,分别完成我省年度目标任务的 94.4％、78.5％、83％,完成进度较快。

二、存在问题比较突出,压力和风险增多

从上半年浙江经济运行情况看,总体平稳向好态势明显。但国内外发展环境仍然错综复杂,浙江经济增长动力还不够强、协调性不够好,行业企业分化,贸易摩擦和人民币升值压力增大,企业担保互保风险依然存在,对此要有充分的认识并采取有效的针对性措施。

1.市场有效需求对经济增长的拉动力不够强。据国家统计局浙江调查总队调查,6 月份,浙江制造业新订单指数为 51.0％,比上月回落 0.8 个百分点,连续 4 个月出现回落,显示市场需求总体不足。其中新出口订单指数和进口指数回落幅度较大且跌入 50％荣枯线以下,分别为 47.9％和 46.9％,比上月回落 3.8 个百分点和 7.5 个百分点。从外需看,市场低迷,金融领域仍存在较多风险,各种形式的保护主义上升。上半年与一季度相比,外贸出口增速回落 0.7 个百分点,规模以上工业出口交货值增速回落 1.4 个百分点。从出口市场看,占我省出口市场份额 21.6％的欧元区市场需求仍较低迷,对欧盟出口增速从一季度的 4.1％回落到上半年的 1.9％。受中日关系及日元贬值影响,对日本出口连续 5 个月负增长,累计下降 1.5％。从出口商品看,上半年,船舶、高新技术产品和太阳能电池出口分别下降 30.4％、8.3％和 45％。据省商务厅材料,上半年我省共遭遇 15 个国家发起的贸易摩擦案件 40 起,涉案金额 2.03 亿美元。

从内需看,一是居民收入和消费增速放缓。上半年,我省城镇居民人均可支配收入、农村居民人均收入水平虽居全国前列,但名义增速(8.8％和 9.9％)分别低于全国平均 0.3 个百分点和 2 个百分点;实际增速(6.7％和 8％)低于我省同期 GDP 增速,城镇虽略高于全国 0.2 个百分点,但同比回落 2 个百分点,农村低于全国 1.2 个百分点。城镇居民人均消费支出实际增长 7.1％,同比回落 3.5 个百分点。二是部分高端消费热点降温,新的消费热点形成尚需时日。随着汽车保有量的大幅提高和城市交通比较拥堵,汽车销售自 2012 年

4月以来步入了个位数增长区间,对消费增长的贡献率减小。上半年汽车类零售额增速(6.7%)对社会消费品零售总额的增长贡献率为10.8%,略高于上年全年的10.2%,但大大低于2010年、2011年的31.8%和17.8%。高档餐饮、住宿业零售额下降。上半年,限额以上企业(单位)餐饮业零售额同比下降4.4%,降幅比一季度扩大2.2个百分点;住宿业零售额同比下降13.3%,而上年同期是分别增长10.5%和7.1%。用于礼品的部分名优新特农产品、中高档水产品和礼品茶等价格明显下降,对农民增收和消费增长带来新的困难。三是工业生产者价格同比降幅仍较大,环比下降。上年9月份后工业生产者价格同比降幅连续收窄,但2013年3、4月份又重现扩大(见图3),出厂价格降幅从1月的2.1%扩大到4月的2.6%,购进价格降幅从1月的2.4%扩大到4月的3.2%,5、6月降幅虽有缩小,但2个月环比均分别下降0.3%和0.4%。上半年,出厂和购进价格同比降幅分别比全国大0.1个百分点和0.4个百分点,反映我省企业生产需求不够旺。四是货运量增速减缓。上半年,全社会货运量和货物周转量增速分别比一季度减缓0.4个百分点和1.4个百分点。

2.经济运行压力和风险增加。一是行业、企业明显分化,部分行业和企业特别是外贸企业生产经营困难,投资意愿减弱。据企业景气调查,二季度,企业家信心指数为113.5,企业景气指数为120.9,分别比一季度回落3.3个百分点和1.6个百分点;固定资产投资景气指数94.5,比一季度回落4.7个百分点,处于微弱不景气区间。6月份,浙江制造业采购经理指数(PMI)为50.5%,比上月回落0.5个百分点,该指数在2013年3月份出现阶段性高点(53.2%)后,已连续3个月逐月回落,逼近50%荣枯线,表明制造业复苏态势有所减弱。部分行业增加值和利润仍然下降或低速增长。上半年,规模以上工业光伏设备和船舶制造业增加值同比分别下降21.3%和3.7%。1—5月,规模以上工业主营活动利润率仅4.26%,比全国同期低近1个百分点。31个制造业行业中,饮料(-9.3%)、服装(-1.6%)、造纸(-13.6%)、医药(-5%)、化纤(-7.9%)、非金属矿物制品(-9%)、船舶(-86.2%)、电器机械(-4.2%)、仪器仪表(-0.4%)、废弃资源利用(-77.7%)等10个行业利润是下降的,机械修理业亏损。5月末,有亏损企业7520家,亏损面达20.6%,亏损面同比扩大0.8个百分点。2013年人民币对美元汇率大幅升值直接削弱我省出口商品竞争力,部分劳动密集型产业企业不得不外迁和订单转移。据6月份省商务厅对重点企业的监测数据显示,遭遇客户订单转移的企业面为25.2%。

二是财政收支平衡压力加大。从上半年税收增长结构看,房地产业的增长贡献率最大。由房地产交易比上年同期大幅回升带动,上半年房地产相关税收(契税、土地增值税、房地产营业税、房地产企业所得税)531.3亿元,占地方公共财政预算收入的24.3%,同比增长47.5%,拉动地方公共财政预算收入增长8.7个百分点,增长贡献率达76%。而制造业税收仅增长0.5%,有带动力和稳定税收来源的投资大项目不多。受"营改增"影响,交通运输仓储及邮政业税收下降33.9%,也存在着一些结构性减税、清费减负等政策性减收因素。同时,民生相关重点支出还将不断增大,财政收支平衡压力加大。

三是资金面趋紧,不良贷款和企业担保互保风险犹存。6月末,全省金融机构本、外币贷款增速比3月末回落0.7个百分点,其中人民币短期贷款增长10.8%,比3月末回落1个百分点。不良贷款"双上升",部分地区不良贷款率较高。6月末全省金融机构不良贷款率为1.65%,比年初增加0.06个百分点。银行加强了资金风险防范,可供抵押的资产缩水,企业融资互保难度加大,部分企业只得依靠利率较高的民间融资,企业债券资金一级市场发行利率有所上升。民间借贷风波不良影响还在显露,一些工贸企业借贷资金担保互保风险仍有发生。

3. 节能降耗形势不容乐观。上半年,预计全省单位GDP能耗下降4%左右,降幅比一季度(4.9%)减小近1个百分点。一是高耗能行业生产出现较快增长。上半年,八大高耗能行业增加值同比增速高于规模以上平均增速1.4个百分点,占规模以上工业增加值的37.6%(按可比价计算),比重同比提高0.5个百分点。二是高耗能企业上马或扩产。从上年下半年开始,各地均有一批高耗能企业陆续上马或扩产,带来大量新增能耗。杭州的浙江巴陵恒逸己内酰胺公司,上半年新增能耗28万吨标准煤;宁波的禾元化学上半年新增能耗22万吨标准煤,预计全年新增能耗将达到57万吨标准煤。三是部分市节能目标完成情况不容乐观。上半年,杭州、宁波、嘉兴和湖州4个市的规模以上工业单位增加值能耗同比仅下降1.6%、3.2%、3.4%和3.4%,降幅低于全省平均和一季度。1—5月,上述4个市预警等级为一级,节能形势十分严峻,亮红灯;衢州预警等级为二级,节能形势比较严峻,亮黄灯。四是上年同期能耗基数较低。上年我省工业生产增长较缓,部分高耗能产品生产出现回落,2013年经济运行稳中有升,生产逐渐恢复,低基数将对2013年的节能产生不利影响。上半年,钢铁行业能耗同比上升2.1%,上年同期为下降8.0%,导致该行业单位增加值能耗降低率由上年同期的11.6%回落到8.5%。

三、走势预测

2013 年以来,全球经济增长仍处于疲弱态势。IMF 最新预测 2013 年全球经济增长 3.1%,与上年基本相同,低于 4 月期的预测 0.2 个百分点,主要面临的仍是下行风险,主要新兴市场经济体增长明显减缓,美国经济扩张步伐减弱,欧元区衰退加深程度超出预料。我国经济运行总体上保持平稳,主要指标仍处于年度预期的合理区间,经济结构调整稳中有进,转型升级稳中提质,但经济环境依然错综复杂,有利条件与不利因素并存,经济既有增长动力,也有下行压力,GDP 增速从一季度的 7.7% 回落到二季度的 7.5%,上半年为7.6%。浙江经济经过前两年的深度调整,上年下半年以来已出现企稳回升向好态势,积极变化不断增多,调结构、促转型、惠民生的成效逐步显现,但矛盾和问题也较为突出。综合分析国际国内经济环境的复杂性和可能变化,如果外部环境不发生重大变化,预计下半年浙江经济将继续保持平稳向好态势,考虑到上年同期对比基数渐次提高,下半年经济增速比上半年可能会有回落,完成全年目标任务还需付出艰苦努力。

综合处　王美福　傅吉青　范菁雁

附　录

浙江省主要经济指标

	2013年 上半年		2013年 1—5月		2013年 一季度		2012年 上半年		2012年 全年	
	绝对额	同比增速	绝对额	同比增速	绝对额	同比增速	绝对额	同比增速	绝对额	同比增速
地区生产总值（GDP）（亿元）	16953.9	8.3			7261.5	8.3	15790.4	7.4	34606	8
规模以上工业增加值（亿元）	5474.7	8.9	4420.9	8.8	2432.7	8.1	5073.5	5.2	10875	7.1
工业销售产值（亿元）	28868.5	8.8	23285.4	8.7	12930.2	8.4	26290.1	3.3	56903	5.9
‡出口交货值（亿元）	5522	4.1	4462.8	5.1	2475	5.5	5142.8	-0.7	11063.6	1.3
利润总额（亿元）	1571.2	5.0	1101.4	12.7	555.3	9.6	1209.1	-17.5	2899.8	-6.1
全社会用电量（亿千瓦时）	1172.6	4.6	1285.1	3.8	722.4	0.3	1495.8	2.0	3210.6	3.0
‡工业用电量（亿千瓦时）			950.1	3.4	506.8	-2.2	1121.3	-0.9	2402.7	0.8
全社会货运量（万吨）	95286	3.4	78533	2.8	44109	3.8	92134	2.2	191029	2.9
固定资产投资（亿元）	9233.8	22.0	6778.4	21.9	3547.3	22.8	7568.1	23.9	17096	21.4
‡房地产投资（亿元）	2751.7	17.8	2081.1	16.2	1131.8	17.9	2335.1	25.8	5226	16.8
商品房销售额（亿元）	2216.3	56.2	2070.3	95.0	1174.8	115.6	1468.0	-16.9	4263	22.7
社会消费品零售总额（亿元）	7080.9	11.1	5832.7	10.9	3512.8	10.3	6373.4	13.0	13546	13.5
进出口总额（亿美元）	1594	6.5	1306	6.0	738.7	5.8	1496.5	3.5	3122	0.9
‡出口总额（亿美元）	1171	11.0	949.5	10.6	528.5	11.7	1056.5	5.2	2246	3.8
财政总收入（亿元）	3889.9	8.0	3266.4	7.2	1940.2	6.6	3601.9	5.2	6408.5	8.2
‡公共财政预算收入（亿元）	2182.5	11.5	1839.5	11.2	1120.8	10.6	1957.4	4.4	3441.2	9.2
公共财政预算支出（亿元）	2005.2	9.9	1580.9	11.8	953.4	7	1824.3	10.8	4161.9	8.3
金融机构本外币贷款比年初新增（亿元）	3603.7	205.2	3053.0	336.9	2124.4	409.3	3398.5	-481.2	6267	-215
居民消费价格（CPI）涨幅（%）	1.9		1.8		1.9		2.9		2.2	
工业生产者出厂价格涨幅（%）	-2.3		-2.3		-2.2		-2.0		-2.7	
城镇居民人均可支配收入（元）	20461	8.8(6.7)			12212	8.4(6.4)	18802	11.7(8.7)	34550	11.6(9.2)
农村居民人均现金（纯）收入（元）	10878	9.9(8.0)			6716	9.4(7.5)	9412	11.5(7.5)	14552	11.3(8.8)

注：GDP、工业增加值增速为扣除价格因素的实际增速。贷款同比增速为月末数和同比增速。城乡居民收入括号内为扣除价格因素的实际增速。

稳中有进　转中提质

——前三季度浙江经济运行情况

今年以来,全省上下认真贯彻落实省委省政府干好"一三五"、实现"四翻番"的决策部署,牢牢把握"稳中求进、转中求好"工作基调,稳增长、促转型、惠民生、优环境,打造浙江经济升级版。前三季度,经济运行总体呈现稳中有进、转中提质的态势,经济增速保持在平稳增长区间,转型升级及结构调整积极推进,质量效益和民生保障水平得到提升。但经济发展外部环境仍然错综复杂,矛盾和问题仍较突出。经过努力,预计全年可以完成地区生产总值增长 8% 以上的预期目标。

一、经济运行总体态势

（一）经济增长平稳

前三季度,全省生产总值 26195 亿元,按可比价格计算,比去年同期增长 8.3%,增速与上半年持平,比去年同期提高 0.6 个百分点,比全国同期高 0.6 个百分点,其中,一产增加值 1074 亿元,同比增长 1.8%;二产增加值 13058 亿元,同比增长 8.5%;三产增加值 12063 亿元,同比增长 8.5%。

进入下半年以来,用电量、PMI、企业利润和财政总收入等指标增幅比上半年继续回升;月出口额屡创新高;服务业增加值增幅比上半年明显提高;消费、货运量增幅基本稳定;工业生产者价格同比降幅减小、环比转降为升。由于高温酷暑受让电于民等原因和去年基数走高等影响,7、8 月份工业生产及出口交货值、投资、地方财政收入等增幅比上半年略有回落,但 9 月份明显回升。

1. 三大产业发展平稳。

（1）农业生产基本稳定。农林牧渔业总产值 1707 亿元,比去年同期增长 1.5%,其中,农、林、牧、渔业总产值分别增长 2.2%、0.6%、−2.6% 和 4.7%。春粮"三增",早稻丰收,秋粮播种面积预计减少 0.6%,加上受高温干旱影响,预计秋粮单产水平将比去年有所下降,将导致全年粮食产量小幅下降。前三季度,药材、花卉苗木等效益农业发展较好,播种面积分别增长 1.7% 和 3%,蔬菜面积下降 3.6%。肉类总产量 129.1 万吨,同比下降 2.4%;水产品产量 283.6 万吨,增长 4.4%。但夏季连续高温干旱和"菲特"台风洪涝灾害对晚稻种植生长,秋杂粮作物、茶叶和蔬菜等经济作物生长,水产、禽蛋养殖等影响较大。

（2）工业保持稳定增长态势,用电量继续回升。前三季度,规模以上工业增加值 8454.6 亿元,比去年同期增长 8.6%,增幅比去年同期回升 2.7 个百分点,但比上半年回落 0.3 个百分点,其中,7—8 月增长 8%,高温限电影响约 0.5 个百分点;9 月份增长 8.3%,比 8 月回升 0.7 个百分点。出口交货值 8493 亿元,增长 2.2%,比上半年回落 1.9 个百分点。

前三季度,全社会用电量 2592.6 亿千瓦时,同比增长 8%,增幅比上半年回升 3 个百分点。其中,工业用电量 1878.4 亿千瓦时,同比增长 5.9%,增幅比上半年回升 1.3 个百分点。

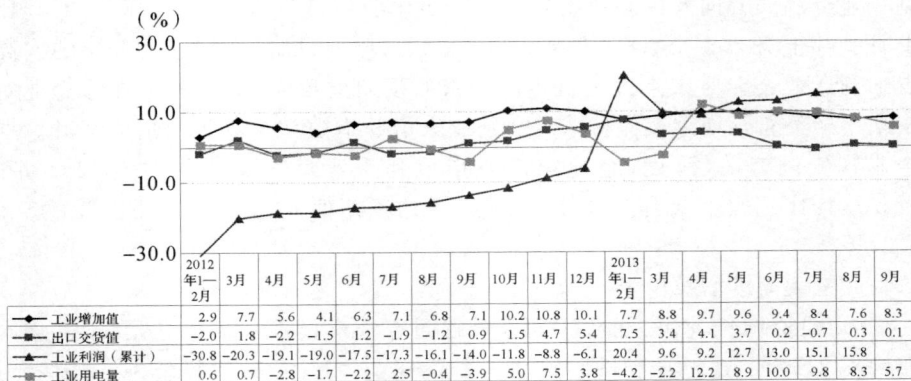

（%）	2012年1—2月	3月	4月	5月	6月	7月	8月	9月	10月	11月	12月	2013年1—2月	3月	4月	5月	6月	7月	8月	9月
工业增加值	2.9	7.7	5.6	4.1	6.3	7.1	6.8	7.1	10.2	10.8	10.1	7.7	8.8	9.7	9.6	9.4	8.4	7.6	8.3
出口交货值	-2.0	1.8	-2.2	-1.5	1.2	-1.9	-1.2	0.9	1.5	4.7	5.4	7.5	3.4	4.1	3.7	0.2	-0.7	0.3	0.1
工业利润（累计）	-30.8	-20.3	-19.1	-19.0	-17.5	-17.3	-16.1	-14.0	-11.8	-8.8	-6.1	20.4	9.6	9.2	12.7	13.0	15.1	15.8	
工业用电量	0.6	0.7	-2.8	-1.7	-2.2	2.5	-0.6	-3.9	1.5	7.8	3.8	-4.2	3.5	3.4	4.2	12.2	10.0	8.3	5.7

图 1　工业增加值、出口交货值、工业用电量当月增速和工业利润累计增速

（3）服务业发展稳中有升。前三季度,三产增加值增幅比上半年提高 0.4 个百分点,高于 GDP 增幅 0.2 个百分点,其中,房地产、批发和零售、金融、交通运输仓储和邮政、住宿和餐饮业、其他服务业增加值分别增长 10.6%、8.9%、7.8%、4.6%、5.1% 和 9.3%。全社会铁、公、水路交通货运量和货物周转量分别增长 3.3% 和 9.2%,同比回升 1 个百分点和 2.5 个百分点,增幅与上半年基本持平。旅游总收入 3875.5 亿元,同比增长 14%,其中,国内旅游收入 3630 亿元,增长 15.1%,国际旅游外汇收入 39.3 亿美元,下降 0.2%,旅行社组织出境游客 140 万人次,增长 28.4%。1—8 月,限额以上交通、信息、商务、科技、文化、居民服务等服务业企业营业收入同比增长 13.2%,增幅比去年同期提高 1.2 个百分点。

（4）企业数稳定增长,PMI 重上荣枯线,企业景气指数回升。前三季度,全省共有 156 家新投产企业(今年新开工生产、主营业务收入已达 2000 万元)进入规模以上工业企业统计库,其中装备制造业企业 51 家。据省工商局资料,三季度末,全省共有各类市场主体 369.9 万户,比去年同期增长 7.7%。其中,内资企业 101.45 万户,注册资本金 4.68 万亿元,同比分别增长 16.3% 和 14.8%。私营企业 89.8 万户,增长 17.2%。三季度新设企业 63797 户,与二季度环比增长 10.3%;新设内资企业注册资本 1349.7 亿元,同比增长 40.9%,企业规模扩大。制造业 PMI 已连续 2 个月站上荣枯线。据国家统计局浙江调查总队调查,浙江制造业采购经理指数继 8 月(52.3%)比上月回升 2.4 个百分点,扭转了连续 4 个月的回落走势,9 月份又比上月回升 0.1 个百分点,为 52.4%,比全国同期高 1.3 个百分点,并创近 5 个月的新高,表明浙江制造业经济回升向好的态势得到进一步巩固。新订单指数继 8 月(55.2%)比上月大幅上升 4.5 个百分点,9 月为 53.8%,比上月略有回落,为今年的次高点。制造业企业对未来 3 个月生产经营的预期指数为 59.3%,大多数企业对未来生产经营预期继续保持乐观。企业家信心指数和企业景气指数回升。据企业景气调查,三季度,企业家信心指数和企业景气指数分别为 117.3 和 124.7,均比二季度回升 3.8 点,两项指数的预期值分别高于即期值 8.1 点和 6.3 点。

2.三大需求增长稳定。

(1)投资增长较快。前三季度,全省固定资产投资 14770 亿元,比去年同期增长 21.1%,比上半年略回落 0.9 个百分点。其中,项目投资 10410 亿元,增长 23.9%。非国有投资 10103 亿元,增长 17.8%,其中,民间投资 9014 亿元,增长 16.7%,占投资总额的 61%。基础设施投资 3466 亿元,增长 31.6%。房地产开发投资 4361 亿元,增长 15%,增幅比上半年回落 2.8 个百分点,商品房销售面积和销售额分别增长 31.4% 和 38.8%。9 月末,全省施工项目 39176 个,同比增长 13.6%,其中,新开工项目 20466 个,增长 13.2%,计划总投资增长 20.3%。

(2)消费品市场基本稳定。前三季度,社会消费品零售总额 10864 亿元,比去年同期增长 11.3%,名义增幅比上半年回升 0.2 个百分点,扣除价格因素,实际增长 10.4%。汽车类零售额 1909.6 亿元,同比增长 8.7%,增幅比上半年回升 2 个百分点,对社会消费品零售总额的增长贡献率从去年同期的 6.9% 回升至 13.9%,其中,9 月份汽车销售 237.9 亿元,为今年新高,同比增长 12.9%;限额以上贸易企业的建材装潢、五金电料、家用电器类零售额同比分别增长 45.1%、34.9% 和 6.9%,金银珠宝零售额增长 40.8%;日用品、中西

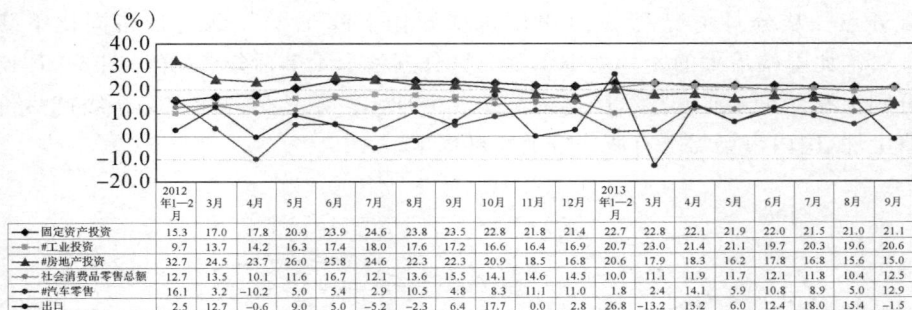

（%）	2012年1—2月	3月	4月	5月	6月	7月	8月	9月	10月	11月	12月	2013年1—2月	3月	4月	5月	6月	7月	8月	9月
固定资产投资	15.3	17.0	17.8	20.9	23.9	24.6	23.8	23.5	22.8	21.8	21.4	22.7	22.8	22.1	21.9	22.0	21.5	21.0	21.1
#工业投资	9.7	13.7	14.2	16.3	17.4	17.6	17.2	16.6	16.6	16.9	16.9	20.7	21.1	21.1	19.7	20.3	19.6	20.6	
#房地产投资	32.7	24.5	23.7	26.0	25.8	24.6	22.3	22.3	20.9	18.5	16.8	20.6	17.9	18.3	16.2	17.8	16.8	15.5	15.0
社会消费品零售总额	12.7	13.5	10.1	11.6	16.7	12.1	13.6	15.5	14.1	14.6	14.5	10.0	11.1	11.9	11.7	12.1	11.8	10.4	12.5
#汽车零售	16.1	3.2	-10.2	5.0	5.4	2.9	10.5	4.8	8.3	11.1	11.0	1.8	2.9	5.9	10.8	8.9	7.5	12.9	
出口	2.5	12.7	-0.6	9.0	5.0	-5.2	-2.3	6.4	17.7	0.0	2.8	26.8	-13.2	13.2	6.0	12.4	18.0	15.4	-1.5

图2　固定资产和房地产投资累计增速、社会消费品零售额、汽车零售额和出口当月增速

药品、服装和通信器材类零售额继续保持稳定增长,分别增长15.3%、13.2%、11.7%和11.6%。

（3）出口规模屡创历史新高。前三季度,进出口2492亿美元,比去年同期增长7%,增幅比上半年提高0.5个百分点。其中,出口1845亿美元,增长10.7%,增幅比上半年回落0.3个百分点;进口647亿美元,下降2.3%。出口增幅分别高于全国、江苏、山东、上海2.7个百分点、9.9个百分点、8.4个百分点、13.4个百分点。出口规模自年初以来屡创历史新高,最高的7月出口233.6亿美元,同比增长18%,增幅为今年3月以来的新高。

（4）利用外资和对外投资并进。前三季度,新批外商投资企业1072家,合同外资和实际利用外资分别为155.9亿和104.9亿美元,同比增长17.3%和22.2%。新审批和核准境外企业和机构405家,中方协议投资额46.4亿美元,增长59.7%,实际对外直接投资预计13亿美元,居全国前列。经审核批准的境外营销网络391个,2008年至今我省已新建各类境外营销网络3473个,中方投资额178亿美元。

3.三大价格总体平稳。

（1）居民消费价格温和上涨。前三季度,居民消费价格总水平同比上涨2.1%,涨幅略高于上半年0.2个百分点,比全国同期低0.4个百分点,9月环比上涨0.7%。八大类消费品及服务项目价格六涨一平一跌,衣着、食品、居住、家庭设备用品及维修服务、娱乐教育文化用品及服务、医疗保健和个人用品类价格分别上涨3.7%、3%、2.6%、2.4%、2.1%、0.1%;烟酒及用品价格与去年同期持平;交通和通信价格下降0.5%。

（2）工业生产者价格同比降幅明显收窄。前三季度,工业生产者出厂价格和购进价格分别比去年同期下降2.0%和2.5%,降幅均比上半年缩小0.3个百分点。从分月情况看,9 月出厂价格同比下降 1.3％,购进价格同比下降 1.8％,比降幅最大的 4 月缩小 1.3 个百分点和 1.4 个百分点(详见图 3),环比分别上涨 0.1％和 0.2％,已连续上涨 3 个月。主要是受国际市场初级产品价格上涨、国内市场需求有所回升的拉动影响。

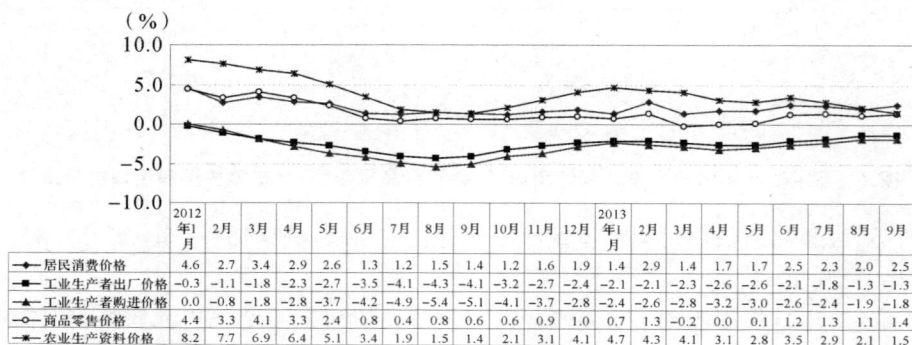

（%）	2012年1月	2月	3月	4月	5月	6月	7月	8月	9月	10月	11月	12月	2013年1月	2月	3月	4月	5月	6月	7月	8月	9月
居民消费价格	4.6	2.7	3.4	2.9	2.6	1.3	1.2	1.5	1.4	1.2	1.6	1.9	1.4	2.9	1.4	1.7	1.7	2.5	2.3	2.0	2.5
工业生产者出厂价格	-0.3	-1.1	-1.8	-2.3	-2.7	-3.5	-4.1	-4.3	-4.1	-3.2	-2.7	-2.4	-2.1	-2.1	-2.3	-2.6	-2.6	-2.1	-1.8	-1.3	-1.3
工业生产者购进价格	0.0	-0.8	-1.8	-2.8	-3.7	-4.2	-4.9	-5.4	-5.1	-4.1	-3.7	-2.8	-2.4	-2.6	-2.8	-3.2	-3.0	-2.6	-2.4	-1.9	-1.8
商品零售价格	4.4	3.3	4.1	3.3	2.4	0.9	0.4	0.8	0.6	0.6	1.4	1.0	0.7	1.3	-0.2	0.0	0.1	1.2	1.3	1.1	1.4
农业生产资料价格	8.2	7.7	6.9	6.4	5.1	3.4	1.5	1.6	2.1	3.1	4.1	4.7	4.3	4.1	3.1	2.8	3.5	2.9	2.1	1.5	

图 3　各类价格月度涨幅

（3）杭、甬、金 3 市新建商品住宅价格继续上涨。今年以来特别是二季度以来,随着北、上、广、深等一线城市房价快速反弹至两位数(9 月同比涨幅均在 20％以上),我省的杭州、宁波、金华房价同比涨幅逐月回升,温州是 70 个大中城市中唯一一个同比和环比均下降的城市。9 月份与去年同月相比,杭州上涨 9.8％,涨幅从 3 月的 66 位大幅上升到并列第 16 位;金华上涨 7.8％,居并列第 42 位;宁波上涨 5.9％,居第 59 位;温州下降 1.8％。与上月环比,杭州上涨 1.3％,居第 8 位,连续上涨了 11 个月;金华、宁波均上涨 0.9％,居并列 19 位,其中,金华连续上涨了 10 个月;70 个城市中环比下降的仅有温州和桂林 2 个城市,温州下降 0.3％,居 70 城市末位。

4.金融运行平稳。

新增贷款首次出现同比少增。9 月末,金融机构本、外币贷款余额为 64446.8 亿元,同比增长 10.8％,增幅比上月末回落 0.4 个百分点,新增贷款 4812.9 亿元,同比少增 121.8 亿元。本、外币存款余额 73558.4 亿元,同比增长 12.2％,增幅比上月末回落 0.6 个百分点,新增存款 6877.5 亿元,同比多增 2194.9 亿元。从境内贷款投向看,短期贷款增长 10.5％,中长期贷款增长 12.7％,票据融资下降 16.6％。前三季度,全省共发行企业债务融资工具 825.3 亿元,同比增长 52.9％,其中,短期融资券 382.9 亿元,中期票据 265.5 亿元。

(二)转型升级加快推进

1.创新驱动和"机器换人"取得积极成效。前三季度,公共财政科技投入108.4亿元,比去年同期增长8.9%。工业技术改造投资增长33.1%,占工业投资的62.5%,比重同比提高5.9个百分点。1—8月,全省专利申请量20.7万件,同比增长26.6%。其中发明专利申请量2.63万件,增长34.5%;专利授权量13.3万件,增长20.4%。规模以上工业科技活动经费支出同比增长17.1%,购置技术成果费用增长8.8%,均高于7.3%的主营业务收入增幅;从业人员减少1.4%,劳动生产率同比提高10.1%;新产品总产值增长23.1%,增幅比规模以上工业总产值高15.7个百分点;新产品产值率为24.9%,同比提高3.2个百分点,为近年来最好水平。

2.装备制造、高新技术产业、实体投资和"电商换市"等成为经济新增长点。前三季度,规模以上高新技术产业增加值比去年同期增长10.2%,装备制造业增加值增长8.9%,增幅分别高于规模以上工业1.6个百分点和0.3个百分点,占规模以上工业的比重分别为25.1%和33.4%;战略性新兴产业增加值增长8%,占规模以上工业的比重为23.3%。1—8月,限额以上高技术服务业企业实现营业收入和利润分别比去年同期增长20.5%和35.8%,比限上服务业企业增幅高7.3个百分点和13.1个百分点,其中,天猫、淘宝、阿里巴巴和支付宝(中国)网络技术有限公司四家企业实现利润151亿元,增长1倍,占全省限额以上高技术服务业的39.9%,利润增长贡献率达75.7%。从投资增长结构看,前三季度,工业、制造业和三产(扣除房地产开发投资)投资分别增长20.6%、15.9%和27.4%,对增强我省实体经济增长后劲将发挥积极作用。投资大项目增多。在工业投资中,亿元及以上项目完成投资的比重由去年同期的43.8%提高到47%。同时,淘汰落后产能、整治两高行业、"三改一拆"力度加大。

"电商换市"丰富提升和替换了部分传统市场。据省商务厅资料,全省共实现网络零售额2466亿元,同比增长约76.2%,省内居民实现网上消费1569.2亿元,同比增长约56.3%;实现网络零售顺差(全省网络零售额与省内居民网络消费额差值)达896.83亿元。全省在淘宝(含天猫)上开设网店117.5万家,占全国的13.9%。义乌国际贸易综合改革试点成效明显,前三季度,全市集贸市场成交额为514亿元,同比增长16.7%。其中,中国小商品城成交额379亿元,同比增长18.3%。

3.单位工业增加值能耗降幅扩大。前三季度,规模以上工业增加值能耗同比下降4.6%,降幅比上半年扩大0.2个百分点。八大高耗能行业中,非金属矿物制品、造纸、纺织和化学纤维业单耗分别下降 9.4%、7.9%、6.1% 和 5.6%,降幅比上半年分别扩大 2.5 个百分点、0.2 个百分点、0.2 个百分点和 0.7 个百分点。据初步测算,前三季度,单位 GDP 能耗同比下降 3.5% 左右,降幅与全年预期目标持平,但比上半年缩小约 0.7 个百分点。主要是受夏季高温天气影响,降温用电增长较快,前三季度三产和生活用电同比分别增长 12.0% 和 15.5%,增速比上半年分别回升 4.9 个百分点和 10.5 个百分点。

(三)增长效益不断提升

1. 财政收入保持增长,民生重点保障有力。前三季度,财政总收入 5491.6 亿元,同比增长 8.6%,增幅比上半年提高 0.6 个百分点。公共财政预算收入 3051.4 亿元,增长 10.6%。其中,税收收入 2838.5 亿元,增长 10.7%,增幅分别比上半年回落 0.9 个百分点和 1.1 个百分点,占公共财政预算收入的比重达 93%,增值税、营业税、企业所得税分别增长 7.5%、3.4% 和 4.3%,改征增值税 81.3 亿元,土地增值税、契税分别增长 27.4% 和 34.1%。公共财政预算支出 3050.2 亿元,同比增长 9.1%,对金融监管、国土资源气象事务、农林水事务、医疗卫生、交通运输、社会保障和就业、公共安全、教育、文化体育与传媒等支出分别增长 41.2%、24.3%、19.1%、13.9%、13%、12.1%、9.4%、8.6%、7.9%。

2. 企业利润、税金和职工薪酬增幅均高于主营业务收入增幅。规模以上工业呈现利润、税金和职工薪酬增幅均高于主营业务收入增幅的较好态势。1—8 月,实现利润 1942.1 亿元,同比增长 15.8%,增幅同比回升 31.9 个百分点,比上半年回升 2.8 个百分点,高于全国 3 个百分点;税金 1418 亿元,增长 8.6%;应付职工薪酬 2036.3 亿元,增长 9.8%,均高于 7.3% 的主营业务收入增幅。企业亏损减少,亏损额下降 8.4%。调查的服务业企业利润总额同比增长 22.7%,增幅同比提高 13.9 个百分点,高于收入增幅 9.5 个百分点。

3. 居民收入稳步增长,就业和社会保险参保人数稳定增加。据抽样调查(未经国家核定),前三季度,城镇居民人均可支配收入 29108 元,同比增长 9.1%,扣除价格因素实际增长 7%;农村居民人均现金收入 16122 元,同比增长 10.3%,扣除价格因素实际增长 8%。两个收入的增幅呈逐季回升态势(详见附表)。前三季度,全省城镇新增就业 74.5 万人,已提前完成全年目标(106.4%)。季末,企业职工基本养老、失业、工伤、生育参保人数分别为 2225.3 万、1122.5 万、1796.2 万和 1136.1 万人,比去年末增加 142.0 万、56.9 万、64.5 万和 51.4 万人;基本医疗保险参保人数为 3973.5 万人。其中,城镇职工医疗险参保人数 1759.4 万人,比去年末增加 88.4 万人;城乡居民养老保险参保人数为 1332.2 人。

4.保障性安居工程建设进展良好。据省建设厅资料,至 9 月底,全省新开工城镇保障性安居工程 18.2 万套,竣工 9.45 万套,新开工公共租赁住房 4.45 万套,分别完成我省年度目标任务的 121.4%、105%、111.4%,已超额完成进度目标。

二、存在问题仍较突出

从前三季度浙江经济运行情况看,总体平稳向好态势明显。但国内外发展环境仍然错综复杂,浙江经济的增长动力还不够强、协调性不够好,消费增长放缓,行业企业分化,贸易摩擦和人民币升值压力增大。

(一)市场有效需求对经济增长的拉动力不够强

1.消费品市场销售增幅明显回落,完成全年预期目标任务难度较大。前三季度,社会消费品零售总额增幅(11.3%)低于全年预期目标和去年同期 1.7 个百分点和 1.9 个百分点,也大大低于 16.7% 的前 5 年平均增幅,为历年来较低水平。主要是居民收支增长放缓,刺激消费政策退出,中央严格控制"三公"经费支出和提倡勤俭节约、理性消费的即期效应集中显现,部分高端消费和礼品消费降温,新的大宗消费热点尚未形成,使今年的消费市场需求处于阶段性趋缓态势。居民收支增长放缓。前三季度,我省城镇居民人均可支配收入、农村居民人均现金收入绝对数水平虽居全国前列,但名义增幅(9.1% 和 10.3%)分别低于全国 0.4 个百分点和 2.2 个百分点,实际增幅(7% 和 8%)低于我省同期 GDP 增幅(8.3%)。城镇、农村居民人均消费支出分别增长 7.5% 和 11.6%。政府消费大幅回落。政府消费占到最终消费的近四分之一(2012 年为 24.3%),其削减效应正在显现。经测算,若不包括政府消费,社会消费品零售总额增幅可提高 2 个百分点左右,可达到 13% 的预期目标。前三季度,限额以上贸易企业的文化办公用品类仅增长 0.7%,其中,第三季度同比下降 7.9%。由于汽车保有量的大幅提高、城市交通拥堵和政府采购控制,汽车销售自去年 4 月以来步入了个位数增长区间(前三季度增长 8.7%)。高档餐饮、住宿业零售额明显下降。前三季度,限额以上企业(单位)餐饮业零售额 247.5 亿元,住宿业零售额 102 亿元,同比分别下降 4% 和 12.8%,降幅分别比上半年收窄 0.4 个百分点和 0.5 个百分点,而去年同期是分别增长 10.6% 和 6.1%。用于礼品的部分名优新特农产品、中高档水产品和礼品茶等价格明显下降,对农民增收和消费增长也带来新的问题。此外,社会消费品零售总额的实际增幅与去年同期相差不大。今年以来商品零售价格基本稳定,前三季度上涨 0.8%,社会消费品零售总额扣除商品零售价格因素后的实际增速为

10.4%，仅低于去年同期 0.4 个百分点。

2. 国际市场依然低迷。9 月份，我省 PMI 中，新出口订单指数为 47.6%，比上月下降 2.8 个百分点，再次回落到荣枯线以下，也低于新订单指数（53.8%）。反映外贸出口的先行指标——规模以上工业出口交货值增长乏力，前三季度仅增长 2.2%，这是在去年同期下降 0.5%的基础上实现的，且 6 月以来呈走低趋势（详见图 1），7—9 月，分别下降 0.7%和略增 0.3%、0.1%。9 月份，海关出口同比下降 1.5%，规模也比 7 月减小 25.3 亿美元。从出口市场看，欧美市场虽有复苏迹象，前三季度，对美国、欧盟出口分别增长 6.3%和4.1%，增幅分别比上半年回升 2.1 个百分点、2.2 个百分点，但低于出口平均增幅 4.4 个百分点和 6.6 个百分点。受中日关系及日元贬值影响，前三季度对日本出口下降 1.7%。从出口商品看，前三季度，船舶、高新技术产品、太阳能电池和液晶显示板出口分别下降 39.1%、5.8%、39.5%和 20.5%。

（二）经济运行压力和风险犹存

1. 部分行业和企业生产经营困难。行业、企业分化明显，产能过剩和各类成本持续上升，导致部分行业利润下降。1—8 月，规模以上工业行业中，服装、食品、饮料、医药制造业利润分别下降 4.6%、4.7%、3.8%和 2.7%，废弃资源综合利用、机械设备修理、水的生产和供应业全行业亏损，分别亏损 0.7 亿、0.1 亿和 1 亿元。今年人民币对美元汇率大幅升值直接削弱我省出口商品竞争力，部分劳动密集型产业企业不得不外迁和订单转移。据 8 月份省商务厅对重点企业的监测数据，遭遇客户订单转移的企业面为 25.3%。

2. 财政收支平衡压力加大。地方财政增收难度加大。一是去年同期基数提高，今年前三季度增长 10.6%是在去年同期增长 6%的较低基数上实现的，而第四季度增幅却高达 24.4%。二是房地产相关税收增幅回落，房地产相关税收增幅在 4 月份达到年内高点（累计增长 1 倍多）后持续回落，9 月降至4.9%，累计增长 37.3%。三是制造业和金融业税收增长缓慢，前三季度，制造业税收增长 3.9%，金融业税收增长贡献率从去年全年的 34.8%下降到1.5%；"营改增"试点行业范围扩大，取消和免征多批行政事业性收费等进一步加大后期增收压力。同时，民生相关重点支出将不断增大。

3. 银行不良贷款和企业担保互保风险化解难度不小。不良贷款"双上升"，部分地区较高。金融机构不良贷款率虽处于可控范围，但比年初增加0.17 个百分点，9 月末为 1.76%。不良资产处置面临着处置时间长、成本高、路径不畅等诸多难题，要在短时间内处置这些不良资产难度较大。民间借贷风波不良影响还在显露，一些工贸企业借贷资金担保互保风险仍有发生。1—

8月,人行杭州中支行监测到全省出险企业443家,比去年同期增加10家,涉及银行贷款243.6亿元,同比增长3.6%。

三、全年走势预测

今年以来,发达经济体增势有所增强,但全球经济增速仍较低。国际货币基金组织(IMF)在10月期的《世界经济展望报告》中,下调了今明两年全球经济增长预期,并警告说世界经济增长仍处于"低速挡"且下行风险持续。预测全球经济今明两年将分别增长2.9%和3.6%,比7月份的预测值分别下调0.3个百分点和0.2个百分点;美欧日等发达经济体增长势头有所增强,而新兴经济体增速正从周期性高峰下滑,面临增长减速和金融市场收紧的双重挑战。我国经济运行总体平稳,稳中有进。今年以来,浙江经济总体保持平稳向好态势,调结构、促转型、惠民生的成效逐步显现,经济增长质量和效益明显改善,但矛盾和问题仍较突出。综合分析国际国内经济环境的复杂性和可能变化,如果外部环境不发生重大变化,预计浙江经济将继续保持平稳向好态势,考虑到去年同期对比基数渐次提高,四季度GDP增速可能略有回落,经过努力,预计全年可以完成8%以上的预期目标。

综合处　傅吉青　范菁雁

附　录

浙江省主要经济指标

指标	2013年 1—9月 绝对额	同比增速	同比增速 1—8月	1—7月	1—6月	1—3月	2012年 1—9月 绝对额	同比增速%	全年 绝对额	同比增速%
地区生产总值(GDP)(亿元)	26195	8.3			8.3	8.3	24214.8	7.7	34606	8
规模以上工业增加值(亿元)	8454.6	8.6	8.6	8.8	8.9	8.1	7852.6	5.9	10875	7.1
工业销售产值(亿元)	44659.1	7.5	7.5	7.8	8.8	8.4	40926.9	3.6	56903	5.9
＃出口交货值(亿元)	8492.7	2.2	2.5	2.9	4.1	5.5	8067.39	−0.5	11063.6	1.3
利润总额(亿元)			15.8	15.1	13.0	9.6	1919.43	−14.0	2899.8	−6.1
全社会用电量(亿千瓦时)	2592.6	8.0	7.6	6.2	5.0	0.3	2400.1	1.9	3210.6	3.0
＃工业用电量(亿千瓦时)	1878.4	5.9	5.9	5.5	4.6	−2.2	1773.9	−0.7	2402.7	0.8
全社会货运量(万吨)	144849	3.3	3.7	3.5	3.4	3.8	140222	2.3	191029	2.9
固定资产投资(亿元)	14770.5	21.1	21.0	21.5	22.0	22.8	12194.5	23.5	17096	21.4
＃房地产投资(亿元)	4360.9	15.0	15.6	16.8	17.8	17.9	3792.1	22.3	5226	16.8
商品房销售额(亿元)	3806.2	38.8	43.5	53.6	56.2	115.6	2742.2	4.8	4263	22.7
社会消费品零售总额(亿元)	10864	11.3	11.1	11.2	11.1	10.3	9763.5	13.2	13546	13.5
进出口总额(亿美元)	2492	7.0	8.2	7.6	6.5	5.8	2328.5	0.9	3122	0.9
＃出口总额(亿美元)	1845	10.7	12.5	12.1	11.0	11.7	1667.3	3.0	2246	3.8
财政总收入(亿元)	5491.6	8.6	8.8	8.7	8.0	6.6	5054.7	5.1	6408.5	8.2
＃公共财政预算收入(亿元)	3051.4	10.6	10.7	11.6	11.5	10.6	2759.4	6.0	3441.2	9.2
公共财政预算支出(亿元)	3050.2	9.1	8.4	8.4	9.9	7	2794.8	12.2	4161.9	8.3
金融机构本外币贷款比年初新增(亿元)	4812.9	−121.8	76.7	196.9	205.2	409.3	4934.6	−199.7	6267	−215
居民消费价格(CPI)涨幅(%)	2.1		2.0	2.0	1.9	1.9	2.4		2.2	
工业生产者出厂价格涨幅(%)	−2.0		−2.1	−2.2	−2.3	−2.2	−2.7		−2.7	
城镇居民人均可支配收入(元)	29108	9.1(7)			8.8(6.7)	8.4(6.4)	26682	11.7(9.1)	34550	11.6(9.2)
农村居民人均现金收入(纯收入)(元)	16122	10.3(8)			9.9(8.0)	9.4(7.5)	13729	11.5(8.4)	14552	11.5(8.8)

注：GDP、工业增加值增速为扣除价格因素的实际增速。贷款同比增速为月末数和同比多(少)增额。城乡居民人均收入括号内为扣除价格因素的实际增速。

我省经济运行情况和 2014 年走势预测

2013 年，全省上下认真贯彻落实中央精神，按照省委省政府干好"一三五"、实现"四翻番"的决策部署，坚持稳中求进、转中求好，着力稳增长、促转型、优环境、惠民生、保稳定，打造浙江经济升级版。1—10 月，浙江经济总体呈现稳开稳走、稳中有进、转中提质的态势，经济在平稳增长和预期目标的区间运行，转型升级及结构调整积极推进，质量效益和民生保障水平得到提升。但受错综复杂的外部环境和内部结构性、素质性问题制约，经济平稳增长基础尚不稳固。经过努力，2013 年完成地区生产总值增长 8％以上的预期目标。预计 2014 年浙江经济仍将保持平稳增长。

一、2013 年经济运行的基本情况和主要特点

（一）经济运行稳开稳走

前三季度，全省生产总值 26195 亿元，按可比价格计算，比 2012 年同期增长 8.3％，增速比 2012 年同期提高 0.6 个百分点，与上半年和一季度持平，呈现少有的一字直线，且是在 2012 年同期对比基数逐季提高（每季恰好提高 0.3 个百分点）基础上实现的（详见图 1）。其中，一产增加值 1074 亿元，同比增长 1.8％；二产增加值 13058 亿元，同比增长 8.5％；三产增加值 12063 亿元，同比增长 8.5％。

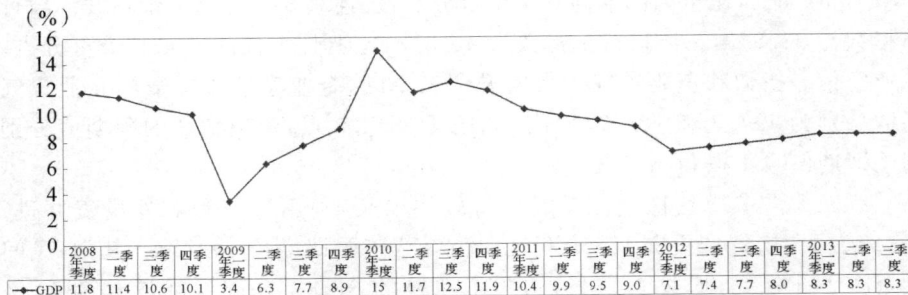

（%）	2008年一季度	二季度	三季度	四季度	2009年一季度	二季度	三季度	四季度	2010年一季度	二季度	三季度	四季度	2011年一季度	二季度	三季度	四季度	2012年一季度	二季度	三季度	四季度	2013年一季度	二季度	三季度
GDP	11.8	11.4	10.6	10.1	3.4	6.3	7.7	8.9	15	11.7	12.5	11.9	10.4	9.9	9.5	9.0	7.1	7.4	7.7	8.0	8.3	8.3	8.3

图 1　GDP 累计增速

从其他主要经济指标看，用电量、PMI、企业利润和财政总收入等指标增幅持续回升；月出口额屡创新高；服务业增加值增幅前三季度比上半年明显提

高;消费、货运量增幅基本稳定;工业生产者价格同比降幅减小、环比转降为升。由于高温酷暑受让电于民和 2012 年基数走高等影响,三季度工业生产及出口交货值、投资、地方财政收入等增幅比上半年略有回落。

1.三大产业发展平稳。农业生产基本稳定。前三季度,农、林、牧、渔业总产值同比分别增长 2.2%、0.6%、-2.6% 和 4.7%。春粮"三增",早稻丰收,秋粮播种面积减少,加上受高温干旱和"菲特"台风洪涝灾害影响,预计秋粮单产水平将比 2012 年有所下降,将导致全年粮食产量小幅下降。药材、花卉苗木等效益农业发展较好。前三季度,水产品产量 283.6 万吨,增长 4.4%;肉类总产量 129.1 万吨,同比下降 2.4%。工业保持稳定增长态势,用电量继续回升。1—10 月,规模以上工业增加值 9450 亿元,比 2012 年同期增长 8.5%,增幅同比回升 2.1 个百分点。全社会用电量 2871.9 亿千瓦时,工业用电量 2089.6 亿千瓦时,同比分别增长 8% 和 6%,增幅比上半年回升 3 个百分点和 1.4 个百分点。服务业发展稳中有升。前三季度,三产增加值增幅比上半年提高 0.4 个百分点,高于 GDP 增幅 0.2 个百分点,其中,房地产、批发和零售、金融、交通运输仓储和邮政、住宿和餐饮业、其他服务业增加值分别增长 10.6%、8.9%、7.8%、4.6%、5.1% 和 9.3%。旅游总收入 3875 亿元,同比增长 14%。限额以上交通、信息、商务、科技、文化、居民服务等服务业企业营业收入同比增长 13.2%。1—10 月,全社会铁、公、水路交通货运量和货物周转量分别增长 3% 和 9.2%,同比回升 0.4 个百分点和 1.3 个百分点。企业数稳定增长,PMI 和企业景气指数回升。三季度末,全省共有各类市场主体 369.9 万户,比 2012 年同期增长 7.7%,其中,私营企业 89.8 万户,增长 17.2%。三季度新设企业 63797 户,与二季度环比增长 10.3%。10 月份,浙江制造业采购制造业 PMI 为 51.8%,比全国同期高 0.4 个百分点,已连续 3 个月站上荣枯线。新订单指数为 53.6%,新出口订单指数为 52.5%,比上月大幅回升 4.9 个百分点。企业家信心指数和企业景气指数回升。三季度,企业家信心指数和企业景气指数分别为 117.3 和 124.7,均比二季度回升 3.8 点,两项指数的预期值分别高于即期值 8.1 点和 6.3 点。

2.三大需求增长稳定。投资保持较快增长,利用外资和对外投资并进。1—10 月,固定资产投资 16570 亿元,比 2012 年同期增长 19.7%。其中,民间投资 10103 亿元,增长 15.3%,占投资总额的 61%。基础设施投资 3862 亿元,增长 27.7%。房地产开发投资 4921 亿元,增长 14.9%,商品房销售面积和销售额同比分别增长 27.2% 和 33.6%。新批外商投资企业 1193 家,合同外资和实际利用外资分别为 170.1 亿和 114.9 亿美元,同比增长 14.7% 和

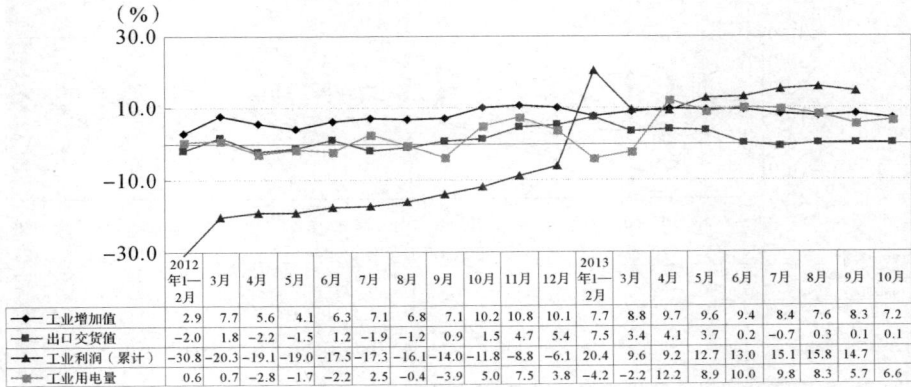

	2012年1—2月	3月	4月	5月	6月	7月	8月	9月	10月	11月	12月	2013年1—2月	3月	4月	5月	6月	7月	8月	9月	10月
工业增加值	2.9	7.7	5.6	4.1	6.3	7.1	6.8	7.1	10.2	10.8	10.1	7.7	8.8	9.7	9.6	9.4	8.4	7.6	8.3	7.2
出口交货值	-2.0	1.8	-2.2	-1.5	1.2	-1.9	-1.2	0.9	1.5	4.7	5.4	7.5	3.4	4.1	3.7	0.2	-0.7	0.3	0.1	0.1
工业利润（累计）	-30.8	-20.3	-19.1	-19.0	-17.5	-17.3	-16.1	-14.0	-11.8	-8.8	-6.1	20.4	9.6	9.2	12.7	13.0	15.1	15.8	14.7	
工业用电量	0.6	0.7	-2.8	-1.7	-2.2	2.5	-0.4	-3.9	7.5	3.8	-4.2	-2.2	12.2	8.9	10.0	8.8	8.3	5.7	6.6	

图2　工业增加值、出口交货值、工业用电量当月增速和工业利润累计增速

24.9%。前三季度，新审批和核准境外企业和机构405家，中方协议投资额46.4亿美元，增长59.7%，实际对外直接投资13.1亿美元，居全国前列。经审核批准的境外营销网络391个，2008年至今我省已新建各类境外营销网络3473个，中方投资额178亿美元。消费品市场基本稳定。社会消费品零售总额12238亿元，比2012年同期增长11.5%。汽车类零售额2132亿元，同比增长9.6%，对社会消费品零售总额的增长贡献率从2012年同期的7.1%回升至14.9%；限额以上贸易企业的建材装潢、五金电料、家用电器类零售额同比分别增长42.2%、34.7%和5.9%，金银珠宝零售额增长39.1%；日用品、通信器材、中西药品和服装类零售额继续保持稳定增长，分别增长15.3%、14.2%、13.3%和10.9%。出口增长较快。进出口总额2743.5亿美元，比2012年同期增长5.9%。其中，出口2028.8亿美元，增长8.9%；进口714.7亿美元，下降1.9%。出口增幅分别高于全国、江苏、山东、上海1.1个百分点、7.8个百分点、6.3个百分点、11.1个百分点。传统产品增长势头较好，圣诞产品迎来高峰。纺织品、服装、箱包、鞋类、玩具、家具、塑料制品等7大类传统劳动密集型产品出口同比增长13.0%，占全省出口总额的39.1%，灯具出口增长20.7%。

3.三大价格总体平稳。居民消费价格温和上涨。1—10月，居民消费价格总水平比2012年同期上涨2.2%，涨幅比前三季度回升0.1个百分点，比全国低0.4个百分点。10月环比上涨0.3%。衣着、食品、居住、家庭设备用品及维修服务、娱乐教育文化用品及服务、医疗保健和个人用品类价格分别上涨3.5%、3.4%、2.5%、2.4%、2.2%、0.2%；烟酒及用品、交通和通信类价格分

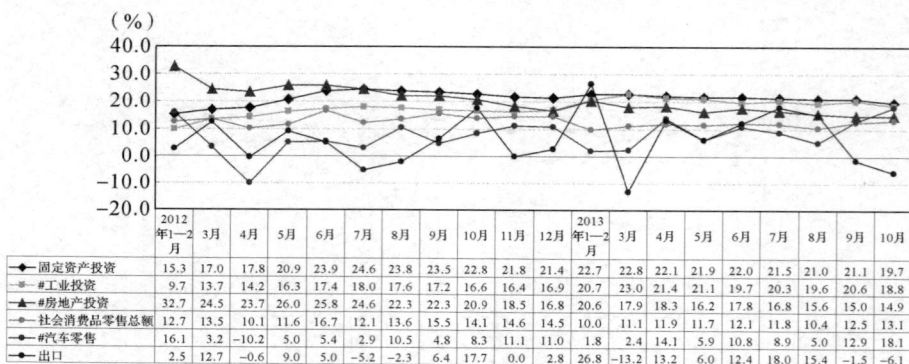

	2012年1—2月	3月	4月	5月	6月	7月	8月	9月	10月	11月	12月	2013年1—2月	3月	4月	5月	6月	7月	8月	9月	10月
固定资产投资	15.3	17.0	17.8	20.9	23.9	24.6	23.8	23.5	22.8	21.8	21.4	22.7	22.8	22.1	21.9	22.0	21.5	21.0	21.1	19.7
#工业投资	9.7	13.7	14.2	16.3	17.4	18.0	17.6	17.2	16.6	16.4	16.9	20.7	23.0	21.4	21.1	19.7	20.3	19.6	20.6	18.8
#房地产投资	32.7	24.5	23.7	26.0	25.8	24.6	22.3	22.3	20.9	18.5	16.8	20.6	17.9	18.3	16.2	17.8	16.8	15.0	14.9	
社会消费品零售总额	12.7	13.5	10.1	11.6	16.7	12.1	13.6	15.5	14.1	14.6	14.5	10.0	11.1	11.9	11.7	12.1	11.8	10.4	12.5	13.1
#汽车零售	16.1	3.2	-10.2	5.0	5.4	2.9	10.5	4.8	8.3	11.1	11.0	1.8	2.4	14.1	5.9	14.0	8.9	5.0	18.1	
出口	2.5	12.7	-0.6	3.0	-5.2	-2.3	6.4	17.7	0.0	2.8	26.8	-13.2	13.2	6.0	18.4	15.4	-1.5	-6.1		

图 3　固定资产和房地产投资累计增速、社会消费品零售额、汽车零售额和出口当月增速

别下降 0.1% 和 0.6%。工业生产者价格同比降幅收窄。1—10 月,工业生产者出厂价格同比下降 2%,购进价格同比下降 2.5%,降幅均比上半年缩小 0.3 个百分点。从分月情况看,10 月出厂价格同比下降 1.4%,购进价格同比下降 1.9%,比降幅最大的 4 月缩小 1.2 个百分点和 1.3 个百分点(详见图 4)。商品住宅价格继续上涨。新建商品住宅价格 10 月份与 2012 年同月相比,杭州上涨 11%,涨幅从 3 月的 66 位大幅上升到第 14 位;金华上涨 8%,居第 47 位;宁波上涨 6.6%,居并列第 57 位;温州下降 1.5%,是 70 个大中城市中唯一一个同比下降的城市。与上月环比,杭州上涨 0.8%,居并列第 16 位,连续上涨了 12 个月;宁波上涨 0.4%,居并列第 51 位;金华上涨 0.2%,居第 65 位;70个城市中环比下降的仅有温州和秦皇岛,均下降 0.1%,并列末位。

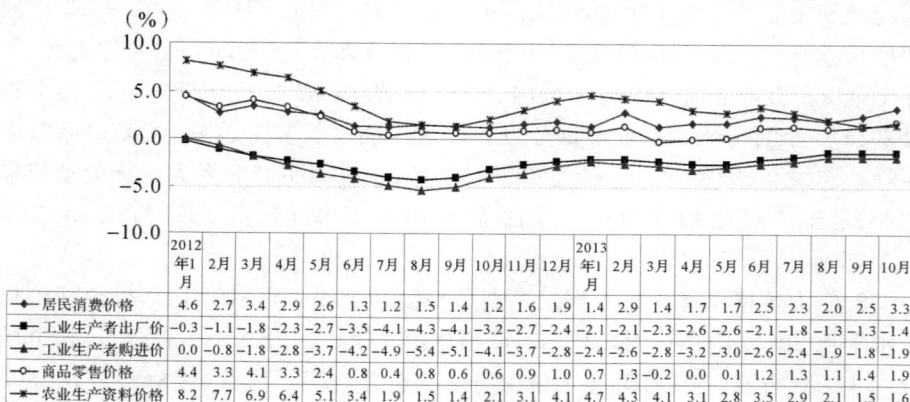

	2012年1月	2月	3月	4月	5月	6月	7月	8月	9月	10月	11月	12月	2013年1月	2月	3月	4月	5月	6月	7月	8月	9月	10月
居民消费价格	4.6	2.7	3.4	2.9	2.6	1.3	1.2	1.5	1.4	1.2	1.6	1.9	1.4	2.9	1.4	1.7	1.7	2.5	2.3	2.0	2.5	3.3
工业生产者出厂价	-0.3	-1.1	-1.8	-2.3	-2.7	-3.5	-4.1	-4.3	-4.1	-3.2	-2.7	-2.4	-2.1	-2.1	-2.3	-2.6	-2.6	-2.1	-1.8	-1.3	-1.3	-1.4
工业生产者购进价	0.0	-0.8	-1.8	-2.8	-3.7	-4.2	-4.9	-5.4	-5.1	-4.1	-3.7	-2.9	-2.4	-2.6	-2.8	-3.2	-3.0	-2.6	-2.4	-1.9	-1.8	-1.9
商品零售价格	4.4	3.2	4.1	3.3	2.4	0.8	0.6	0.9	0.6	0.6	1.0	1.3	1.3	-0.2	0.0	0.1	1.2	1.3	1.1	1.1	1.4	1.9
农业生产资料价格	8.2	7.7	6.9	6.4	5.1	3.4	1.9	1.5	2.1	3.1	4.1	4.7	4.3	4.1	3.2	3.5	2.9	2.1	1.5	1.6		

图 4　各类价格月度涨幅

4. 金融运行平稳。新增贷款继续同比少增。10月末,金融机构本外币贷款余额为64716亿元,同比增长10.8%,增幅与上月末持平,新增贷款5082.5亿元,同比少增111.8亿元。本外币存款余额72859亿元,同比增长12.2%,增幅与上月末持平,新增存款6177.7亿元,同比多增2122亿元。从境内贷款投向看,短期贷款增长9.9%,中长期贷款增长13.3%,票据融资下降11.2%。前三季度,全省共发行企业债务融资工具825.3亿元,同比增长52.9%,其中,短期融资券382.9亿元,中期票据265.5亿元。

（二）转型升级稳中有进

1. 创新驱动和"机器换人"取得积极成效。1—10月,公共财政科技投入比2012年同期增长8.0%。工业技术改造投资增长31.6%,占工业投资的63.6%,比重同比提高6.2个百分点。前三季度,专利申请量22.5万件,同比增长23.2%。其中发明专利申请量2.98万件,增长32.9%;专利授权量14.9万件,增长9.8%;发明专利授权量8521件,同比下降1.1%。规模以上工业科技活动经费支出同比增长16.3%,购置技术成果费用增长13.6%,均高于7.2%的主营业务收入增幅;从业人员减少1.4%,劳动生产率同比提高10.1%;1—10月,新产品产值率为25.2%,同比提高3.2个百分点,为近年来最好水平。

2. 装备制造、高新技术产业、实体投资和"电商换市"等成为经济新增长点。1—10月,规模以上高新技术产业增加值比2012年同期增长10.4%,装备制造业增加值增长9.1%,增幅高于规模以上工业,占规模以上工业的比重分别为25.2%和33.5%;战略性新兴产业增加值增长8.1%,占规模以上工业的比重为23.3%。工业、制造业和三产项目（不含房地产）投资分别增长18.8%、14.9%和24.8%。前三季度,限额以上高技术服务业企业实现营业收入和利润分别比2012年同期增长20.5%和35.8%。网络零售额2466亿元,同比约增长76.2%,省内居民实现网上消费1569.2亿元,同比增长约56.3%。在淘宝（含天猫）上开设网店117.5万家,占全国的13.9%。

3. 单位工业增加值能耗降幅扩大,减排指标基本达到进度要求。前三季度,单位GDP能耗同比下降3.7%,降幅与全年预期目标持平。1—10月,规模以上工业增加值能耗同比下降5%,降幅比上半年扩大0.6个百分点。除氮氧化物外,化学需氧量、二氧化硫、氨氮排放量均减少2%,排放量减少4%的年度预期目标有望完成。

（三）发展效益转中提质

1. 财政收入保持增长,民生重点保障有力。1—10月,财政总收入6142.9亿元,同比增长8.6%,增幅与前三季度持平。公共财政预算收入3383.4亿元,增长 10.5%,其中,税收收入 3157 亿元,增长 10.5%,占公共财政预算收入的比重为 93.3%。公共财政预算支出为 3350.4 亿元,增长 9.1%,对金融监管、国土资源气象事务、农林水事务、交通运输、医疗卫生、社会保障和就业、文化体育与传媒、商业服务等事务,公共安全、科学技术、教育等支出分别增长50.4%、20.6%、19.3%、17.8%、15.7%、10.6%、9.3%、9.1%、8.1%、8.0%、7.7%。

2.企业利润、税金和职工薪酬增幅均高于主营业务收入增幅。前三季度,规模以上工业实现利润 2227 亿元,同比增长 14.7%,增幅同比回升 28.7 个百分点,高于全国 1.2 个百分点;税金增长 7.5%;应付职工薪酬增长 9.3%,均高于 7.2%的主营业务收入增幅。企业亏损减少,亏损额下降 7.2%。调查的服务业企业利润总额同比增长 22.7%,增幅同比提高 13.9 个百分点。

3.民生进一步改善。前三季度,城镇居民人均可支配收入 29108 元,农村居民人均现金收入 16122 元,同比分别增长 9.1%和 10.3%,扣除价格因素实际增长 7.0%和 8.0%,增幅呈逐季回升态势。前三季度,城镇新增就业 74.5万人,已提前完成全年目标。城镇登记失业率为 3.01%。社保参保面进一步扩大。企业职工基本养老、失业、工伤、生育参保人数分别比 2012 年末增加142.0 万、56.9 万、64.5 万和 51.4 万人;基本医疗保险参保人数为 3974 万人,其中,城镇职工医疗险参保人数 1759 万人,比 2012 年末增加 88.4 万人;城乡居民养老保险参保人数为 1332 人。保障房建设提前超额完成年度任务。据省建设厅资料,前三季度,全省新开工城镇保障性安居工程 18.2 万套,竣工9.45 万套,新开工公共租赁住房 4.45 万套,分别完成我省年度目标任务的121.4%、105%、111.4%,已超额完成进度目标。

二、经济运行中存在的问题仍较突出

从前 10 个月浙江经济运行情况看,总体平稳向好态势明显。但国内外发展环境仍然错综复杂,经济平稳增长基础尚不稳固,结构性、素质性问题仍较突出,行业企业分化,出口压力增大,消费增长放缓。进入三季度之后,与全国三季度 GDP 增长率回升到 7.8%不同,我省大多数经济增长指标出现回落,主要受 2012 年同期对比基数大幅走高的影响。规模以上工业增加值同比增长率,上半年为 8.9%,其中二季度最高,为 9.6%,但 7—10 月分别回落至8.4%、7.6%、8.3%和 7.2%。投资、出口、财政收入、新增贷款等也都有不同程度的回落。

(一)市场有效需求对经济增长的拉动力不够强

1.消费品市场销售增幅明显回落,完成全年预期目标任务难度较大。受居民收支增长放缓,刺激消费政策退出和集团消费大幅减少等多重因素影响,1—10月社会消费品零售总额仅增长11.5%,低于2012年同期和2013年预期目标(13%),更低于前5年平均增长16.7%的增幅,为历年来较低水平。城镇居民人均可支配收入、农村居民人均现金收入绝对数水平虽居全国前列,但名义增幅分别低于全国0.4个百分点和2.2个百分点,实际增幅低于我省同期GDP增幅。城镇、农村居民人均消费支出分别增长7.5%和11.6%。1—10月,限额以上企业(单位)餐饮、住宿业零售额同比分别下降4.3%和13.6%。用于礼品的部分名优新特农产品、中高档水产品和礼品茶等价格明显下降,对农民增收和消费增长也带来新的问题。政府消费大幅回落。我省政府消费占到最终消费的近四分之一(24.3%),其削减效应正在显现。经测算,若不包括政府消费,社会消费品零售总额增幅可提高2个百分点左右,可达到年度预期目标。2014年集团消费削减这一不可比因素将逐步消失,消费增幅将可能回升。

2.国际市场依然低迷。受外需持续疲软、义乌国际贸易综合改革效应基数消失等综合因素影响,进入9月份后出口同比下降,9、10月份出口同比分别下降1.5%和6%,使累计出口增长率由1—8月的12.5%降至1—10月的8.9%。从出口市场看,1—10月,对美国、欧盟、日本出口分别增长6.0%、3.8%和3.4%,低于8.9%的出口平均增幅。从出口商品看,船舶、高新技术产品、太阳能电池和液晶显示板出口分别下降37.5%、5.9%、36.8%和23.1%。反映外贸出口的先行指标即规模以上工业企业出口交货值也不乐观,7—10月,分别下降0.7%和略增0.3%、0.1%、0.1%。1—10月累计仅增长1.7%,而且是在2012年同期仅上涨0.2%的基础上实现的。

(二)经济运行压力和风险犹存

1.部分行业和企业生产经营困难。行业、企业分化明显,产能过剩和各类成本持续上升,导致部分行业利润下降。前三季度,规模以上工业行业中,服装、饮料、医药、废弃资源综合利用行业利润分别下降6.5%、2.9%、4%和97%,机械设备修理、水的生产和供应业全行业亏损,分别亏损0.4亿和0.8亿元,一些周期性行业和产能过剩的新兴行业可能出现大面积亏损的风险。2013年人民币对美元汇率大幅升值直接削弱我省出口商品竞争力,部分劳动密集型产业企业不得不外迁和订单转移。据9月份商务厅对重点企业的监测数据,遭遇客户订单转移的企业面为25.2%。

2.财政收支平衡压力加大。地方财政增收难度加大。一是2012年同期对比基数提高,2013年前三季度增长10.6%是在2012年同期增长6%的较低基数上实现的,而第四季度增幅却高达 24.4%。二是房地产相关税收增长趋缓和出让土地收入不稳定,房地产相关税收增幅在 4 月份达到年内高点(累计增长 1 倍多)后持续回落,10 月降至 1.3%,累计增长 34.3%。三是制造业和金融业税收增长缓慢,1—10 月,制造业税收增长 4.0%,金融业增长 3.5%,金融业税收增长贡献率从 2012 年全年的 34.8%下降到 4.9%;"营改增"试点行业范围扩大,取消和免征多批行政事业性收费等进一步加大后期增收压力。同时,民生相关重点支出将不断增大,一些地方财政收支平衡压力加大,地方政府融资平台债务风险也在增大。

3.银行不良贷款和企业担保互保风险化解难度不减。不良贷款"双上升",部分地区较高。金融机构不良贷款率虽处于可控范围,但比年初增加 0.17 个百分点,10 月末为 1.83%。不良资产处置面临着处置时间长、成本高、路径不畅等诸多难题。一些城市房地产泡沫仍在膨胀与一些城市泡沫开始破裂并存,房地产调控政策收效不明显与一些房地产企业资金链紧张并存,加大了房地产市场可能出现波动的风险。受近几年信贷供给偏紧和地方融资平台、房地产企业资金紧缺的双重影响,实体经济流动性紧张,少数企业资金链断裂和民间借贷风险仍有显露。1—9 月,人行杭州中支行监测到全省出险企业 507 家,比 2012 年同期增加 37 家,涉及银行贷款 278 亿元,同比增长 14.9%。

三、主要经济指标全年预测

目前,全省上下贯彻落实省委省政府的决策部署,奋战第四季度,努力确保全年主要目标任务的完成。综合分析国际国内经济环境的复杂性和可能变化,如果外部环境不发生重大变化,预计浙江经济将继续保持平稳向好态势,考虑到 2012 年同期基数提高,四季度 GDP 等主要经济指标增速可能略有回落。总体上看,经过努力,全年主要经济指标预期目标基本能够如期实现,为"一"画上圆满句号,为干好"三"和"五"打下良好基础。

全年主要经济指标初步预计:全省生产总值可达 3.7 万亿元以上,比 2012 年增长 8%以上,规模以上工业增加值增长 8%以上,固定资产投资增长 18% 左右,社会消费品零售总额增长 11.5%左右,出口增长 8%左右;城镇居民人均可支配收入实际增长 7%以上,农村居民人均纯收入实际增长 8%左右;地方财政收入增长 8%;研究与试验发展经费支出占生产总值比重可达 2.19%;城镇新增就业已超过 70 万人的预期目标,城镇登记失业率可控制在 4%以内;人口自然增长率可控制在 5‰以内;居民消费价格涨幅可控制在 2.5%左右;单位生产总值能耗下降 3.5%左右;化学需氧量、二氧化硫、氨氮排放量均减少 2%,氮氧化物排放量减少 4%的年度预期目标有望完成(详见表1)。

表 1　2013 年浙江主要经济和社会发展指标预计

单位:%

指标名称	全年预期目标	前三季度	全年预计
全省生产总值	8 以上	8.3	8 以上
地方财政收入	8	**10.5**	8
研发经费支出占生产总值比例	2.19	—	2.19
固定资产投资	12 以上	**19.7**	18 左右
社会消费品零售总额	13 以上	**11.5**	11.5 左右
外贸出口总额	力争 8	**8.9**	8 左右
居民消费价格指数	103.5 左右	**102.2**	102.5 左右
城镇居民人均可支配收入	8 以上	7	7 左右
农村居民人均纯收入	8 以上	8	7.6 以上
城镇登记失业率	4 以内	3.01	4 以内
城镇新增就业人数	70(万人)	74.5(万人)	超额完成目标
人口自然增长率	5‰以内	—	5‰以内
单位生产总值能耗	−3.5	−3.5 左右	−3.5 左右
化学需氧量排放量	−2		完成目标
二氧化硫排放量	−2		完成目标
氨氮排放量	−2		完成目标
氮氧化物排放量	−4		完成目标

注:表中加粗的为 1—10 月统计数据。

四、走势预测与 2014 年预期目标建议

2014 年世界经济仍处于危机后的恢复期,仍处于增长乏力、摩擦加剧和复杂多变的阶段,国际贸易总体低迷成为常态。国际货币基金组织(IMF)在 10 月期的《世界经济展望报告》中,下调了 2013—2014 年两年世界经济增长预期,并警告说世界经济增长仍处于"低速挡"且下行风险持续。预测世界经济 2013—2014 年两年将分别增长 2.9% 和 3.6%,比 7 月份的预测值分别下调 0.3 个百分点和 0.2 个百分点,2013 年增速低于 2012 年的 3.2%。其中,发达经济体增长 1.2%,低于 2012 年 0.3 个百分点;新兴市场和发展中国家增长 4.5%,低于 2012 年 0.4 个百分点,增速正从周期性高峰下滑,面临增长减速

和金融市场收紧的双重挑战。发达经济体总体趋于好转,美国经济复苏势头较为稳固,GDP连续10个季度增长,第三季度环比折年率增长2.8%,高于第二季度的2.5%;欧元区经济逐步走出衰退,金融市场趋于稳定;日本刺激政策收到一定成效,内阁认为经济正在复苏,9月份先行指数和同步指数分别升至109.5和108.2,比8月上升2.7点和0.6点。但主要发达经济体失业率水平仍居高不下,不仅抑制居民收入增长,也严重打压消费能力和意愿。欧元区失业率已连续8个月维持在12%的高位,美国失业率尽管已由国际金融危机后的10%降至10月份的7.3%,但高于9月份的7.2%,远高于6.5%的目标水平,劳动参与率降至62.8%,为1978年8月以来的最低水平。美国量化宽松的退出对美国经济复苏的影响和对新兴经济体的冲击有待观察,新兴经济体面临困难增大,经济增长减速格局仍将维持。展望2014年,世界经济有望逐步走出国际金融危机阴影,经济复苏总体趋于改善。IMF预计,2014年世界经济增速比2013年略快0.7个百分点,发达经济体经济增长势头可望持续,预计增长2%,好于2013年。其中,美国经济将增长2.6%,比2012年加快1个百分点;欧元区经济触底回升,增长率将达1%;日本经济后续动力可能减弱,增长率预计为1.2%。新兴经济体和发展中国家增长5.1%,略好于2013年,印度、俄罗斯等新兴国家经济增速从前几年的6%—8%左右回落到3%—5%左右(详见表2)。

表2   2011—2014年世界经济增长趋势

单位:%

	2011	2012	2013	2014
世界经济	3.9	3.2	2.9	3.6
发达国家	1.7	1.5	1.2	2.0
美国	1.8	2.8	1.6	2.6
欧元区	1.5	−0.6	−0.4	1.0
日本	−0.6	2.0	2.0	1.2
新兴市场和发展中国家	6.2	4.9	4.5	5.1

在世界经济复苏动力不足的形势下,全球贸易增长不乐观,特别是发达国家进口萎缩,拖累全球贸易增长。世界贸易组织(WTO)统计数据显示,2013年上半年世界货物贸易量同比仅增长1.2%,其中欧盟进口下降2%,严重拖累其主要贸易伙伴包括中国的出口。WTO最新预测,2013年全球贸易量将

增长 2.5％，较 4 月份预测下调 0.8 个百分点，而且下半年的增长率要达到 3.8％才能实现这一目标。2014 年全球贸易量增长有望加快，预计增长 4.5％，但仍将低于过去 20 年 5.4％的平均增速。由此可见，2014 年外需状况有可能将小幅改善，但考虑到削弱出口竞争力的因素短期内难以改变，预计我国包括浙江出口维持相对低速增长。

我国经济运行总体平稳，稳中有进。2013 年以来，国家出台的加快城市基础设施建设，加快中西部地区铁路建设，加快发展环保产业，加快发展养老服务业，促进光伏、船舶产业调整升级，促进信息消费和健康服务业发展，促进进出口稳增长调结构、金融支持结构调整和转型升级的指导意见、金融支持小微企业发展的实施意见等宏观政策效应显现，市场预期有所改善。前三季度我国经济显现出"总体平稳、稳中有升、稳中向好"的积极变化，经济增长、就业、物价、国际收支四大指标一致向好，速度、结构、效益同向改善，企业景气度提升、信心增强、预期向好，经济扭转了前 2 个季度持续下滑的态势，同比、环比增速均稳中有升，前三季度国内生产总值同比增长 7.7％，其中，一季度增长 7.7％，二季度增长 7.5％，三季度增长 7.8％，三季度环比增长 2.2％。PMI 指数连续 3 个月回升，工业增加值及利润、投资、消费、城乡居民收入等主要经济指标增幅比上半年明显回升，粮食再获丰收，就业和物价基本稳定。但回升持续性仍面临挑战。总体上看，我们认为，我国经济处于短期的周期性回落和长期的潜在经济增长率下降并存的阶段。就经济周期的角度来看，其实，某个季度、月度的增长变化，忽上忽下，还是次要的，重要的还是整个周期走势。正如许多经济界所分析的，2013 年三季度的小幅回升，与 2012 年第四季度那样，带有很大的政策刺激因素，还不能得出周期低谷拐点已经过去的结论。更重要的是，从更长的经济大势看，我国经济正处于从 10％高速增长阶段向 7％左右的中速增长阶段转换的时期。从中长期看，我国经济都将面临下行压力。而且增长阶段转换不仅仅是增长速度的调整，更重要的是增长动力和发展方式的实质性转变。因此，增长速度下台阶，增长质量上台阶，才能使这种增长阶段转换顺利实现。即使从我国经济增长的阶段性特征、现阶段资源禀赋的支撑条件看，从保就业、保稳定、确保到 2020 年全面实现小康目标的要求看，全国经济下阶段保持在 7％—8％左右的增速也是可以承受的。

2013 年以来，我省坚持以科学发展观为指导，深入实施"八八战略"，全省上下干好"一三五"，实现"四翻番"，实施创新驱动发展战略，推进"四大国家战略举措"，打造浙江经济升级版，在加快行政审批制度改革，大力推进"四换三名"工程，扩大有效投资"411"行动计划、浙商回归、"个转企、小上规、规改股、

股上市""三改一拆""四边三化"和"双清"行动、城市治堵、保障和改善民生等
方面取得了积极成效,为干好"三"和"五"打下良好基础。随着"机器换人"力
度的加大,就业情况改善。同时,也要清醒地看到,经济运行中不确定和风险
因素较多,外部经济环境依然错综复杂,加速改革对部分领域可能会有短期
阵痛,受需求增长不稳定和结构性、素质性矛盾制约,保持我省经济平稳健
康发展仍面临许多挑战。在国际国内经济发展的大背景下,考虑到改革开
放以来,我省连续多年的高速增长时期已经过去,GDP 不可能再维持两位数
的高增长。

制定 2014 年经济发展预期目标应考虑的几个因素:一是要认真贯彻落实
十八届三中全会全面深化改革的总目标,充分体现以提高经济增长质量和效
益为中心的指导思想;二是要充分考虑上述国际国内宏观经济大环境;三是要
充分考虑实现我省经济社会中长期发展目标的要求,特别要充分考虑城乡居
民收入增长必须高于 GDP 增长的要求,才能同时实现"四翻番"的目标。由于
"十二五"规划要求城乡居民收入增速分别要达到 8.5％和 9％,而前三年年均
增长仅 7.9％和 8.6％,有所欠账,要如期完成"十二五"规划,后两年必须年均
增长 9.4％和 9.6％。再则,按照往年惯例,各地在制定预期目标时往往要在
全省目标的基础上再提高一步,自我加压。全省的目标定得比实际略低一点,
可以给各地制定目标预留空间,反映实实在在和没有水分的经济增长,反映有
效益、有质量、可持续的增长。

对 2014 年主要经济指标预期目标的建议。制定 2014 年经济发展目标时
要为经济转型升级预留空间。建议 2014 年全省经济社会发展的主要预期目
标制定为:生产总值增长 7.5％,规模以上工业增加值增长 8％,固定资产投资
增长 10％,社会消费品零售总额增长 11％,出口适度增长,城镇居民人均可支
配收入实际增长 8％左右,农村居民人均纯收入实际增长 8％以上,地方财政
收入增长 7.5％以上,研究与试验发展经费支出占生产总值比重 2.3％以上,
人口自然增长率控制在 5‰左右,居民消费价格总水平涨幅控制在 4％以内,
单位生产总值能耗下降 3.4％左右。就业、减排等其他指标由职能部门制定
提出。

对 2014 年经济工作的建议。要认真学习贯彻落实党的十八届三中全会
精神,增强进取意识、机遇意识、责任意识,抓住全面加速改革对我省的经济社
会发展带来新机遇,进一步抓改革、促转型、治环境、惠民生,破解发展中面临
的难题,化解来自各方面的风险挑战,推动经济持续健康发展与社会和谐
稳定。

1. 狠抓改革创新。按照十八届三中全会精神,推进重点领域的改革创新。不断深化行政审批制度改革,深入推进义乌国际贸易综改、温州金改等重大改革试点。大力实施创新驱动发展战略,全面开展"八倍增,两提高"科技服务专项行动。

2. 力推结构调整。加快城市化建设、海洋经济发展步伐,拓展我省转型升级空间,培育经济增长新引擎。要以"四换三名"工程为抓手,常抓不懈做好转型升级各项工作,培育和淘汰并重,淘汰落后产能,化解过剩产能,腾出空间发展新兴战略性行业。促进服务业与工业、农业融合发展、联动发展。按照生态功能区规划,分类指导,积极推进。加快发展现代农业。

3. 力促消费提速。把加强"三公经费"管理与促进消费区分开来,消除不敢消费观念。督促落实好国务院出台的扩大消费的政策措施。加快发展信息消费,推进"智慧城市"建设。进一步扩大网络消费,支持网络零售平台做大做强,发展社区网络商品投送设施。尽快跟进国家对房地产调整的政策,出台地方配套政策措施,挤出部分居民在房地产上的投资资金,用于扩大消费。

4. 稳定有效投资。把扩大投资与经济结构的增量调整结合起来,规划引导投资投向新兴战略性行业、节能减排行业和现代服务业。按照十八届三中全会的精神,加强对民资投资的引导和指导,改善有资金无合理项目、有项目难进入的投资环境,进一步规范民资有序运作,增强民间投资后劲。建议将投资效果系数纳入评价考核。

5. 稳定外贸出口。在促进内需的同时,稳定外贸出口,加强对外贸生产型企业的指导,研究外贸退税机制,保护企业在外营销利益。加大反垄断反倾销工作力度。

6. 确保城乡居民增收。对城乡居民增收的困难与问题进行全面分析,进一步完善收入分配和居民增收等有关政策,采取有效措施,促进城乡居民增收。着力构建和谐劳动关系,促进企业职工工资合理有序增长。没有每一年的居民收入与经济发展的同步增长,就不可能实现居民收入的翻番目标,没有农村居民收入增速高于城镇居民,就不可能缩小城乡居民收入差距。

附　录

浙江省主要经济指标

	2013年						2014年目标建议增速%	2012年	
	1—10月		全年预计	同比增速（%）				同比增速（%）	
	绝对额	同比增速		1—9月	1—6月	1—3月		1—10月	全年
地区生产总值（GDP）（亿元）			8以上	8.3	8.3	8.3	7.5		8
规模以上工业增加值（亿元）	9449.9	8.5	8以上	8.6	8.9	8.1	8	6.4	7.1
工业销售产值（亿元）	49943.4	7.1		7.5	8.8	8.4		4.3	5.9
#出口交货值（亿元）	9444.6	1.7		2.2	4.1	5.5		0.2	1.3
利润总额（亿元）				14.7	13	9.6		−11.8	−6.1
全社会用电量（亿千瓦时）	2871.9	8.0		8.0	5.0	0.3		2.2	3
#工业用电量（亿千瓦时）	2089.6	6.0		5.9	4.6	−2.2		−0.2	0.8
单位GDP能耗（吨标准煤）			−3.5左右	−3.7	−4.2	−4.9	−3.4左右		−6.1
全社会货运量（万吨）	161741	3.0		3.3	3.4	3.8		2.6	2.9
研发经费支出占生产总值比例（%）			2.19				2.3以上		
固定资产投资（亿元）	16570.4	19.7	18左右	21.1	22	22.8	10	22.8	21.4
#房地产投资（亿元）	4921.1	14.9		15	17.8	17.9		20.9	16.8
商品房销售额（亿元）	4220	33.6		38.8	56.2	115.6		11.7	22.7
社会消费品零售总额（亿元）	12237.7	11.5	11.5左右	11.3	11.1	10.3	11	13.3	13.5
进出口总额（亿美元）	2743.5	5.9		7.0	6.5	5.8		1.7	1
#出口总额（亿美元）	2028.8	8.9	8左右	10.7	11	11.7	适度增长	4.4	3.8

续表

	2013 年						2014 年目标建议增速%	2012 年	
	1—10 月		全年预计	同比增速（％）				同比增速（％）	
	绝对额	同比增速		1—9 月	1—6 月	1—3 月		1—10 月	全年
财政总收入（亿元）	6142.9	8.6		8.6	8	6.6		6.2	8.2
＃公共财政预算收入（亿元）	3383.4	10.5	8	10.6	11.5	10.6		7.3	9.2
公共财政预算支出（亿元）	3350.4	9.1		9.1	9.9	7		11.8	8.3
金融机构本外币贷款比年初新增（亿元）	5082.5	−111.8		−121.8	205.2	409.3		−249.1	−215
居民消费价格（CPI）涨幅（％）	3.3		2.5 左右	2.1	1.9	1.9	4 以内		
工业生产者出厂价格涨幅（％）	−2.0			−2.0	−2.3	−2.2			
城镇居民人均可支配收入（元）			7 以上	7（9.1）	6.7（8.8）（6.7）	6.4（8.4）（6.4）	8 左右		9.2（11.6）（9.2）
农村居民人均现金（纯）收入（元）			8 左右	8（10.3）	8（9.9）（8.0）	7.5（9.4）（7.5）	8 以上		8.8（11.3）（8.8）

注：GDP、工业增加值增速为扣除价格因素的实际增速。贷款同比增速为月末数和同比多（少）增额。城乡居民收入括号内为未扣除价格因素的名义增速。

2013 年浙江城镇居民收支情况分析

2013 年,浙江全省上下认真贯彻中央和省委省政府决策部署,坚持"稳中求进、改中求活、转中求好"目标,全省经济总体运行平稳,在年初开门红后持续稳定增长,并逐步实现稳中向好、稳中有进。同时随着就业和社会保障措施的积极推进,城乡居民收入继续增长,民生方面得到进一步改善,生活质量也得到进一步提升。

一、2013 年浙江城镇居民人均可支配收入实际增长 7.1%

2013 年浙江城镇居民人均家庭总收入 41241 元,比上年增长 8.5%。其中,人均可支配收入 37851 元,同比增长 9.6%,扣除价格上涨因素后,实际增长 7.1%,名义增幅和实际增幅同比分别回落 2.0 个百分点和 2.1 个百分点。分季度看,2013 年 1 季度、上半年、前 3 季度和全年浙江城镇居民人均可支配收入名义增速分别为 8.4%、8.8%、9.1% 和 9.6%,实际增速分别为 6.4%、6.7%、7.0% 和 7.1%,不论是名义增速还是实际增速都呈逐季回升走势。

(一)工资性收入平稳增长

2013 年浙江城镇居民人均工资性收入 24453 元,比上年增长 9.2%,增幅比上年回落 0.9 个百分点。工资性收入占家庭总收入的比重为 59.3%,拉动家庭总收入增长 5.4 个百分点,仍是拉动总收入增长的主要因素。分季度走势来看,工资性收入增长总体呈平缓上升走势,2013 年 1 季度、上半年、前 3 季度和全年增速分别为 7.0%、6.9%、8.4% 和 9.2%。浙江整体经济的平稳健康发展是推动工资性收入稳定增长的主要原因。

(二)经营净收入增速加快

2013 年浙江城镇居民人均经营净收入 5123 元,比上年增长 9.1%,增幅比上年提高 2.0 个百分点,经营净收入占家庭总收入的比重为 12.4%,拉动家庭总收入增长 1.1 个百分点。分季度走势来看,经营净收入增长总体呈低开高走、震荡上升趋势,2013 年 1 季度、上半年、前 3 季度和全年增速分别为 5.1%、9.8%、5.5% 和 9.1%。

(三)财产性收入转降为升

2013 年浙江城镇居民人均财产性收入 1486 元,增速从 2012 年同比下降 6.8％转变为 2013 年同比增长 1.4％,提高了 8.2 个百分点,占家庭总收入的比重为 3.6％,由于增长绝对值小,2013 年拉动家庭总收入增长效果甚微,只有 0.05 个百分点。分季度走势来看,财产性收入在年中增长相对较快,2013 年 1 季度、上半年、前 3 季度和全年增速分别为 1.3％、2.4％、4.2％和 1.4％。

（四）转移性收入稳开稳走

2013 年浙江城镇居民人均转移性收入 10179 元,比上年增长 7.7％,增幅比 2012 年下降 10.8 个百分点。转移性收入占家庭总收入的比重为 24.7％,拉动家庭总收入增长 1.9 个百分点。分季度走势来看,转移性收入增长总体波动不大,呈稳开稳走态势,1 季度、上半年、前 3 季度和全年增速分别为 7.1％、6.6％、8.1％和 7.7％。2013 年浙江城镇居民人均养老金或离退休金 8622 元,比上年增长 10.4％,占转移性收入的比重高达 84.7％。

表 1　2013 年城镇居民分季度收入及增幅

	1 季度		上半年		前 3 季度		全年（2013）		2012 年	
	人均（元）	增长（％）	人均（元）	增长（％）	人均（元）	增长（％）	人均（元）	增长（％）	人均（元）	增长（％）
家庭总收入	12944	6.5	8344	7.0	31525	7.8	41241	8.5	37995	10.9
♯ 可支配收入	12212	8.4	7491	8.8	29108	9.1	37851	9.6	34550	11.6
（一）工资性收入	7762	7.0	4887	6.9	18697	8.4	24453	9.2	22385	10.1
（二）经营净收入	1457	5.1	1081	9.8	3759	5.5	5123	9.1	4694	7.1
（三）财产性收入	591	1.3	298	2.4	1235	4.2	1486	1.4	1465	−6.8
（四）转移性收入	3134	7.1	2079	6.6	7834	8.1	10179	7.7	9450	18.5
♯ 养老金或离退休金	2314	10.2	1833	12.1	6582	12.1	8622	10.4	7809	26.0

（五）人均可支配收入中位数为 33860 元

2013 年浙江城镇居民人均可支配收入的中位数为 33860 元,比上年增长 10.6％。人均可支配收入的中位数比人均可支配收入 37851 元低 3991 元,收入在平均水平（37851 元）以下的家庭占总数的 61.5％,比上年增加了 0.8 个百分点。

（六）低收入家庭收入增长较快,高低收入差距继续缩小

2013 年,占被调查家庭 20％的城镇低收入户人均可支配收入 17093 元,比 2012 年增长 21.8％,明显快于全省 9.6％的平均水平增速。20％的城镇最高收入户人均可支配收入 76291 元,20％高、低收入家庭人均收入的倍数由

2012 年的 4.92 倍缩小到 2013 年的 4.46 倍,收入差距延续 2012 年良好态势继续缩小。

（七）收入水平连续 13 年位居全国 28 个省（区）第一

2013 年浙江城镇居民人均可支配收入 37851 元,比全国平均水平的 26955 元高 10896 元,居全国 31 个省（区、市）第 3 位,省（区）第 1 位,是自 2001 年以来连续第 13 年位居全国前列。收入水平名列第一、二位的分别是上海市（43851 元）和北京市（40321 元）,排在第四至八位的依次是广东省（33090 元）、江苏省（32538）、天津市（32294 元）、福建省（30816 元）和山东省（28264 元）。

二、2013 年浙江城镇居民人均消费支出实际增长 5.5%

据对浙江城镇居民家庭的抽样调查,2013 年浙江城镇居民人均消费支出 23257 元,同比增长 7.9%,扣除价格因素,实际增长 5.5%,名义增幅和实际增幅分别比 2012 年同期提高 2.5 个百分点和 2.4 个百分点。其中通过互联网购买的商品和服务人均 343 元,同比增长 48.9%,实惠方便的网络消费模式越来越被城镇居民所接受。具体来看,八大类消费呈"七增一减"趋势。

（一）食品和衣着支出平稳增长,恩格尔系数有所下降

2013 年浙江城镇居民人均食品支出为 8008 元,同比增长 6.0%,增幅比上年下降 0.9 个百分点,拉动消费支出增长 2.1 个百分点。2013 年城镇居民恩格尔系数（食品支出占消费总支出的比重）为 34.4%,比上年下降 0.7 个百分点。

2013 年浙江城镇居民人均衣着支出 2235 元,增速从上年的同比下降 1.4% 转变为 2013 年的同比上升 6.0%,提高了 7.4 个百分点,拉动消费支出增长 0.6 个百分点。

（二）居住和家庭设备用品及服务支出增长快速

2013 年浙江城镇居民人均居住支出 2005 元,同比增长 29.2%,增速为 8 大类消费之首,比上年整整提高了 27.0 个百分点,拉动消费支出增长 2.1 个百分点。调查数据显示,租赁房房租的大幅上涨是推动城镇居民居住消费快速增长的最重要因素。

2013 年浙江城镇居民人均家庭设备用品及服务支出 1401 元,同比增长 20.6%,增速仅慢于居住支出,比上年提高 15.9 个百分点,拉动消费支出增长 1.1 个百分点。随着收入的增长,城镇居民对家具和家庭设备的数量和品质都有了更高的要求,相应的开销也是越来越高。

（三）交通和通信及其他商品和服务支出增长较快

2013 年浙江城镇居民人均交通和通信支出 4568 元,同比增长 10.5%,增

幅较上年下降 0.4 个百分点,拉动消费支出增长 2.0 个百分点。

2013 年浙江城镇居民人均其他商品和服务支出 947 元,同比增长 16.6%,增幅比上年提高了 16.5 个百分点,拉动消费支出增长 0.6 个百分点。

(四)医疗保健支出转降为升,但仍缓慢增长

2013 年浙江城镇居民人均医疗保健支出 1244 元,仅比上年多了 16 元,同比增长 1.3%,但相比 2012 年的同比下降 1.7%,2013 年的增速提高了 3.0 个百分点。由于 2013 年医疗保健支出增加的绝对值过小,对拉动消费支出增长的影响微乎其微,基本可忽略不计。

(五)教育文化娱乐服务支出增速同比下降 4.9%

2013 年浙江城镇居民人均教育文化娱乐服务支出 2849 元,反而比上年减少了 148 元,同比下降 4.9%,影响消费支出下降 0.7%,是八大类消费中唯一一项同比下降的。调查数据显示,2013 年人均上培训班费用为 257 元,比上年整整减少了 227 元,成为文教娱乐消费支出下降的最主要原因,说明大部分家长或学生本人对培训班的热情有所下降,相比前几年的持续热度,大家对于是否需要参加培训班和补习班的态度和行为都渐渐回归理性。

表 2　2013 年城镇居民消费支出情况与 2012 年对比

指　标	2013 年	2013 年增长(%)	2012 年	2012 年增长(%)
消费支出(元)	23257	7.9	21545	5.4
1.食品(元)	8008	6.0	7552	6.9
2.衣着(元)	2235	6.0	2110	−1.4
3.居住(元)	2005	29.2	1552	2.2
4.家庭设备用品及服务(元)	1401	20.6	1161	4.7
5.医疗保健(元)	1244	1.3	1228	−1.7
6.交通和通信(元)	4568	10.5	4134	10.9
7.教育文化娱乐服务(元)	2849	−4.9	2997	6.4
8.其他商品和服务(元)	947	16.6	812	0.1

三、亟须关注的两个问题

(一)城镇居民收入增速放缓

2013 年,浙江城镇居民收入增长有很多突破,除了 41241 元的人均家庭总收入数据首次"破 4"外,收入水平也持续 13 年走在全国各省(区)前列,但从收

入增速来看,还是有些不尽如人意的地方。首先,和上年相比,收入名义增速和实际增速双双下降,同比分别回落 2.0 个百分点和 2.1 个百分点。其次,和其他省(区)相比,浙江的名义增速和海南、河南以及江苏并列全国倒数第 4,低于浙江的还有天津(9.0%)、上海(9.1%)和广东(9.5%)。最后,和本省 GDP 相比,2013 年浙江 GDP 增速为 8.2%,高于城镇居民人均可支配收入实际增速 1.1 个百分点,和全国情况一样,收入增长还是未能跑赢经济增长。

(二)居民生活消费持续疲软

从近几年情况来看,浙江城镇居民人均消费支出增长总体呈下降趋势。2010—2013 年,人均消费支出名义增速分别为 7.0%、14.4%、5.4%和 7.9%,年均增速为 8.6%,扣除价格上涨因素后,实际增速分别为 2.9%、8.6%、3.1%和 5.5%,年均增速仅为 5.0%。消费的持续疲软必然会影响浙江经济的发展,亟须采取积极措施加以应对。

居民收支调查处　盛　飞

2013 年浙江工业生产者价格变动特点和 2014 年走势分析

2013 年浙江工业生产者出厂价格同比下降 1.8%，与上年相比，降幅缩小 0.9 个百分点；2013 年浙江工业生产者购进价格同比下降 2.3%，与上年相比，降幅也缩小 0.9 个百分点。全年工业生产者购进价格降幅大于出厂价格降幅 0.5 个百分点，2013 年工业生产者价格走势继续保持 2012 年 3 月以来的出厂价格降幅小于购进价格降幅的"低进高出"态势（见图 1）。

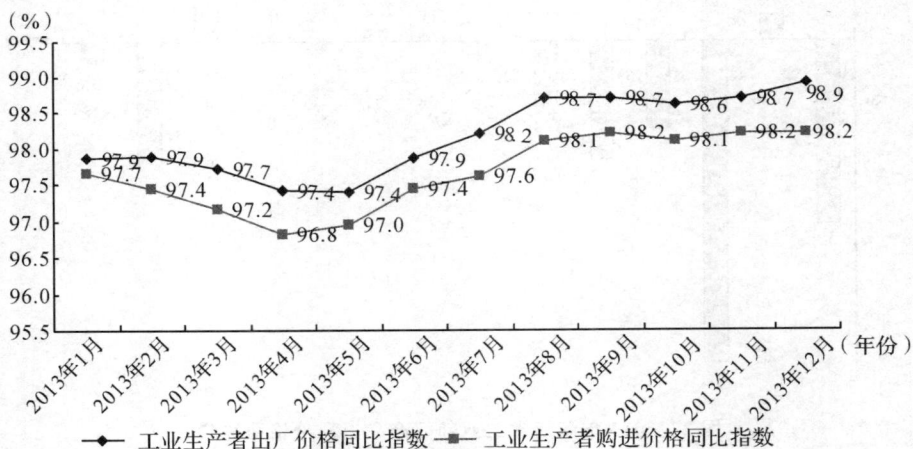

图 1　工业生产者价格指数走势

一、浙江工业生产者出厂价格运行的特点

（一）生产资料类产品出厂价格降幅高于生活资料类产品出厂价格降幅 2.0 个百分点

生产资料类产品出厂价格与上年相比下降 2.4%，其中采掘类产品出厂价格与上年持平，原料类产品出厂价格下降 2.7%，加工类产品出厂价格下降 2.2%。生活资料类产品出厂价格与上年相比下降 0.4%，其中食品类产品出厂价格上涨 0.1%，衣着类产品出厂价格上涨 0.5%，一般日用品类产品出厂价格下降 1.4%，耐用消费品类产品出厂价格下降 0.6%。

(二)15 个工业部门产品出厂价格"六升九降"

15 个工业部门产品出厂价格有升有降。9 个工业部门产品出厂价格呈不同程度的下降,降幅居前三位的是:煤炭及炼焦工业、冶金工业和造纸工业产品出厂价格同比分别下降 9.4%、5.4%和 3.6%,石油工业、化学工业、机械工业、纺织工业、文教艺术用品工业、建筑材料工业产品出厂价格降幅在 0.2%——3.5%之间;六个工业部门产品出厂价格呈不同程度的上涨,电力工业、森林工业、食品工业、皮革工业、缝纫工业和其他工业产品出厂价格涨幅在 0.2%——1.8%之间(见图 2)。

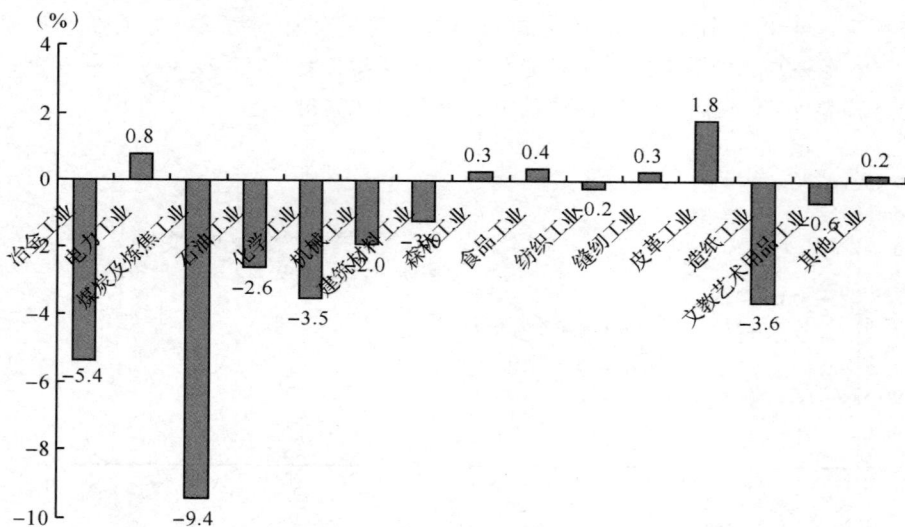

图 2   2013 年浙江省工业部门产品出厂价格涨跌幅

(三)全省七成以上工业大类行业产品出厂价格下降

与上年相比,浙江 37 个工业大类行业除农副食品加工业产品价格持平外,26 个大类行业产品出厂价格呈不同程度下降,下降面比上年扩大 13.6 个百分点,降幅居前三位的是:废弃资源废旧材料回收加工业产品出厂价格同比下降 12.3%,煤炭开采洗选业产品出厂价格同比下降 9.6%,黑色金属冶炼及压延加工业产品出厂价格同比下降 7.3%;10 个大类行业产品出厂价格呈不同程度上涨,涨幅居前三位的是:非金属矿采选业、皮革毛皮羽毛(绒)及其制品业和食品制造业产品出厂价格同比分别上涨 2.6%、2.1%和 1.0%(详见下表)。

表1 2013年浙江分行业工业生产者出厂价格指数

行　业	指数	行　业	指数
全部工业品	98.2	医药制造业	96.7
煤炭开采和洗选业	90.4	化学纤维制造业	95.4
黑色金属矿采选业	95.3	橡胶制品业	94.0
有色金属矿采选业	94.5	塑料制品业	99.0
非金属矿采选业	102.6	非金属矿物制品业	98.5
农副食品加工业	100.0	黑色金属冶炼及压延加工业	92.7
食品制造业	101.0	有色金属冶炼及压延加工业	94.2
饮料制造业	100.1	金属制品业	97.3
烟草制品业	100.4	通用设备制造业	98.0
纺织业	99.9	专用设备制造业	99.3
纺织服装、鞋、帽制造业	100.0	交通运输设备制造业	98.7
皮革、毛皮、羽毛（绒）及其制品业	102.1	电气机械及器材制造业	97.7
木材加工及木、竹、藤、棕、草制品业	100.7	通信设备、计算机及其他电子设备制造业	97.3
家具制造业	99.3	仪器仪表及文化、办公用机械制造业	98.1
造纸及纸制品业	96.4	工艺品及其他制造业	100.4
印刷业和记录媒介的复制	99.7	废弃资源和废旧材料回收加工业	87.7
文教体育用品制造业	99.4	电力、热力的生产和供应业	100.7
石油加工、炼焦及核燃料加工业	97.0	燃气生产和供应业	100.5
化学原料及化学制品制造业	95.9	水的生产和供应业	100.2

（四）工业生产者购进价格一升八降

除纺织原料类与上年相比上涨0.3％外,其余8大类工业生产者购进价格呈不同程度下降,降幅居前三位的是:有色金属材料电线类、黑色金属材料类和燃料动力类购进价格同比分别下降5.7％、4.5％和2.6％,化工原料类、建筑材料及非金属矿类、农副产品类、其他工业原材料及半成品类和木材及纸浆类5大类购进价格降幅在0.5％—2.6％之间。

二、工业生产者价格指数变动的主要原因分析

（一）主要行业产品出厂价格影响工业生产者出厂价格指数的波动

由于市场需求不振，企业生产能力利用不足，中低端传统制造行业的产能明显过剩，水泥企业在濒临亏损的边沿不得不限产保价，加之四季度雨季持续时间较短，在建工程的持续施工稳定了市场需求，1—6月份浙江水泥出厂价格同比降幅逐月收窄，7月份开始由降转升，8—12月份水泥出厂价格各月同比指数连续上涨，四季度非金属矿物制品业产品出厂价格同比上涨3.8%，全年同比下降1.5%，对工业生产者出厂价格总指数的下拉作用明显减弱；国内钢材产能过剩及铁矿石价格缺少支撑不断下滑，浙江钢材价格持续低迷，已连续25个月负增长，2013年黑色金属冶炼及压延加工业产品出厂价格同比下降7.3%，影响工业生产者出厂价格总水平下降0.3个百分点；钢材价格的下跌连带了下游行业的不景气，电气机械及器材制造业产品出厂价格同比下降2.3%，影响工业生产者出厂价格总水平下降0.2个百分点。

（二）原料价格的下跌拉动PPI下行

2013年浙江省工业生产者购进价格与上年相比下降2.3%，1—4月份工业生产者购进价格各月同比降幅呈逐月扩大态势，5—9月份各月同比降幅逐月缩小，9—12月份各月同比指数小幅波动，同比降幅也呈缩小态势。九大类原材料购进价格除纺织原料类价格上涨0.3%外，其余八大类原材料购进价格均呈不同程度下降，降幅在0.5%—5.7%之间。从报表反映出来的数据看，浙江工业企业烟煤购进价格同比下跌10.6%，对浙江资源小省的贡献比较大，特别是我省的火电企业，由于煤炭成本一直占火电成本的70%以上，因此煤价自2012年5月呈断崖式下跌之后，"相当于把煤炭降的那部分利润转移到火电企业了"，浙江火电企业效益方面感觉非常明显。另外，浙江工业企业原油购进价格同比下降6.6%，铁矿石购进价格同比下降5.9%，有色金属铜、铅、锌、银购进价格同比分别下降14.9%、7.0%、5.6%和7.8%。原材料购进价格下降直接降低了企业的生产成本，从而助推出厂价格的下跌。

（三）上年同期基数的影响

2012年全年工业生产者出厂价格总指数的走势呈"高低高"的态势，2012年三季度工业生产者出厂价格总指数是全年的最低点，2012年四季度工业生产者出厂价格各月同比降幅呈逐月缩小的态势，并延续到2013年初，之后由于全球经济并不十分活跃，经济仍处危机后的调整期，国际环境充满不确定性和复杂性；国内经济运行处在寻求新平衡的过程中。浙江工业生产者价格继续呈负增长的态势，但2013年三季度工业生产者价格各月

同比降幅呈逐月缩小态势,四季度各月同比指数平稳运行,同比降幅继续呈逐月缩小态势。

三、2014 年一季度浙江工业生产者出厂价格走势预测

（一）推动工业生产者出厂价格上涨的主要因素

一是中东地区持续不稳定,国际地缘政治的不确定性可能会引起原油等国际大宗商品价格高位波动,从而带动相关产业链上生产资料价格的上涨。二是 2013 年,全省固定资产投资 20194 亿元,全省施工项目 4.4 万个,其中,新开工项目 2.5 万个,增长 10.0%；基础设施投资 4715 亿元,增长 19.0%,房地产开发投资 6216 亿元,增长 18.9%。这些都将拉动市场对钢材、水泥等重要生产资料的需求,同时也推动工业生产者出厂价格的上涨。三是劳动力成本持续上升,资金成本、流通成本、知识产权保护成本等企业运营成本过高,工业生产者出厂价格上行的压力在增加。

（二）抑制工业生产者出厂价格上涨的主要因素

一是世界经济仍处于危机后的恢复期,受美国 QE 退出和全球需求温和增长的影响,大宗商品价格上涨的压力不大。二是市场不活跃,终端需求不振,中低端传统制造行业产品产能过剩仍会制约其价格的上升。三是发达国家政策调整的不确定性可能对新兴经济体的资本市场、汇率和贸易等多方面产生较大冲击,国际市场份额缩减,出口竞争力有所下降,对以加工贸易出口为主的低附加值劳动密集型企业的影响较大,从而影响工业生产者出厂价格的上涨。

综上所述,国际经济总体趋稳,国内在实施"双稳健"财政、货币政策的同时,努力释放改革红利,激发市场活力和社会创造力,切实降低企业运营成本,促进经济运行向新常态平稳过渡。预计 2014 年一季度浙江工业生产者出厂价格继续呈负增长的态势,如果一季度的工业生产者出厂价格各月环比指数走势呈正增长,一季度工业生产者出厂价格同比指数降幅有望继续缩小。

生产投资价格调查处 李 莉

2013 年浙江固定资产投资价格变动简析

2013 年浙江固定资产投资价格同比持平,价格指数与 2012 年相比回升了 0.8 个百分点。各季度价格指数走势如图 1 所示。

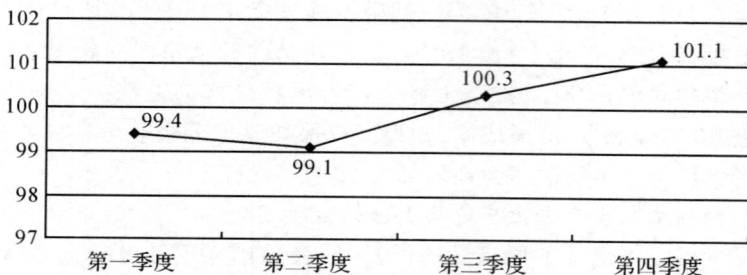

图 1　2013 年各季度固定资产投资价格指数走势

一、固定资产投资价格变动的主要特点

（一）建筑安装、装饰工程价格降幅趋缓

2013 年构成固定资产投资实体的建筑安装、装饰工程价格同比下降 0.5%,降幅比 2012 年缩小了 0.9 个百分点。在建安工程费中,人工费价格继续保持上涨之势,但涨幅略有缩小,同比上涨 9.6%,涨幅比 2012 年缩小 1.3 个百分点。其中工程管理人员人工费同比上涨 7.5%,工程技术人员人工费同比上涨 8.6%,普通工人人工费同比上涨 10.3%;材料费价格同比下降 3.6%,降幅比 2012 年缩小 1.4 个百分点;机械使用费价格同比上涨 2.0%,涨幅比 2012 年缩小了 1.2 个百分点。

（二）设备、工器具购置价格降幅趋缓

2013 年浙江设备、工器具购置价格同比下降 1.3%,降幅比 2012 年缩小 0.2 个百分点。

（三）其他费用投资价格涨幅扩大

2013 年浙江其他费用投资价格同比上涨 2.3%,涨幅比 2012 年扩大 0.8 个百分点。分类看,土地取得费价格同比上涨 1.6%,涨幅比 2012 年扩大 1.2 个百分点;前期工程费价格同比上涨 2.1%,涨幅比 2012 年扩大 1.0 个百分点;施工工作费价格同比上涨 2.4%,涨幅比 2012 年扩大 1.3 个百分点；建设单位其他费用价格同比上涨 3.1％，涨幅比 2012 年回落 0.2 个百分点。

二、主要投资品价格变动分析

2013 年浙江建筑材料价格同比下降 3.6％，降幅比 2012 年缩小 1.4 个百分点。从被调查的七大建筑材料看，价格呈"3 跌 3 涨 1 平"的态势。其中钢材价格同比下降 7.2％，水泥价格同比下降 3.4％，电料价格同比下降 0.2％；上涨的分别是木材价格同比上涨 1.2％，化工材料价格同比上涨 0.7％，其他材料价格同比上涨 0.5％；地方建筑材料价格同比持平。

（一）钢材、水泥价格降幅趋缓

2013 年浙江建筑用钢材价格同比下降 7.2％，降幅比 2012 年缩小 2.1 个百分点。其中螺纹钢价格同比下跌 7.6％；大型钢材价格同比下跌 7.3％；中型钢材价格同比下跌 5.2％；小型钢材价格同比下跌 7.8％；钢筋价格同比下跌 7.5％。钢材价格大幅下跌的原因主要是：国内建筑业受房地产调控影响，对钢材的需求不足，而钢材行业生产能力过剩，导致市场呈现供过于求的格局，再加上部分经销商资金链断裂低价抛售，导致钢材价格下降。不过从三季度开始，国内房地产市场有所回暖，建筑业对钢材的需求有所增加，所以钢材价格降幅有所趋缓。

2013 年浙江水泥价格同比下降 3.4％，降幅比 2012 年缩小 4.7 个百分点。水泥价格下跌主要原因也是供过于求：由于房地产调控引起房地产工程量减少，导致对水泥的需求大幅度减少，而国内水泥行业的生产能力也过剩严重，供过于求导致价格下降。针对这种局面，浙江部分水泥企业开始限产保价，三季度开始，随着房地产交易的回升，水泥的价格也开始慢慢回升，四季度水泥价格同比上涨 2.3％。

（二）电料价格由升转降

2013 年，电料价格同比下降 0.2％，价格指数比 2012 年回落 0.4 个百分点。电料价格的下降主要是受其原材料——铜、铝等有色金属价格下降所致。

（三）木材、化工材料和其他材料价格涨势趋缓

木材、化工材料和其他材料作为建筑装修的主要材料，虽然也受到了房地产市场调控的冲击，但 2013 年它们的价格仍然保持了一定幅度的上涨，不过与 2012 年相比，涨幅均出现不同程度的回落。

与 2012 年相比，2013 年浙江木材价格上涨 1.2％，涨幅比 2012 年回落 2.0 个百分点。

化工材料价格同比上涨 0.7％，涨幅比 2012 年回落 1.9 个百分点。

其他材料价格同比上涨 0.5％,涨幅比 2012 年回落 1.0 个百分点。

这三个大类材料价格能保持小幅度的上涨,原因有两个方面:一是高企的劳动力成本对其价格的支撑。近几年来,劳动力成本不断提高,企业用工成本的增加最终转移到产品价格中。二是受工业,尤其是制造业的需求影响。前 3季度,全国 GDP 增速达到 7.7％,经济稳中向好,对这些材料保持了一个较高的需求水平。

三、2014 年一季度浙江固定资产投资价格走势预测

(一)国际环境存在着一些影响固定资产投资价格走高的因素

从国际环境看,发达国家经济增长动力不足,尤其是欧元区至今仍未走出债务危机阴影,经济萎靡,失业率居高不下;新兴经济体 2013 年的经济走势也不容乐观。总体来看,世界经济增长仍较乏力,下行风险依然存在。2013 年,人民币兑美元汇率中间价累计升值近 3％,对出口影响程度较大。所以,外需的拉动依然有限。

(二)传统节日春节对建筑行业的影响

由于一季度是中国传统节日春节的所在区间,随着年底结算和部分工人返乡过节的影响,相当一部分项目将存在开工不足甚至停工的状况,从而影响对建筑产品的需求。

(三)房地产市场回暖推动固定资产投资价格走高

2013 年,政府不断重申继续严格调控房地产市场和房地产价格,并出台了一系列措施。但是受市场需求影响,2013 年下半年以来房地产市场开始逐步回暖。各大房企拿地热情高涨,据统计,全国前十大房企 2013 年前三季度拿地金额已超 2012 年全年。受此影响,建筑企业开工率必将有所增加,对相关建筑品的需求将直接推动固定资产投资价格走高。

(四)城镇化建设将推动市场对建筑产品的需求

城镇化建设已经写入党的十八大报告,和新型工业化、信息化、农业现代化一起成为未来中国发展的方向。2013 年 12 月中共中央政治局会议指出,要继续坚持"稳中求进"工作总基调,把改革贯穿于经济社会发展的各个领域、各个环节,保持政策连续性和稳定性,出台实施新型城镇化规划,积极稳妥推进土地管理制度改革。据国家开发银行预计,未来 3 年我国城镇化投融资资金需求量将达 25 万亿元。国开行表示,今后每年要把 60％以上的贷款投入新型城镇化领域。在城市房地产调控政策依然较严的形势下,新一轮的城镇化建设无疑是推动市场经济发展的强大动力。各行各业,尤其是建筑业的发展与城镇化建设密切相关。市场对建筑产品的需求将推动固定资产投资价格的回升。

（五）劳动力成本高企成为稳定浙江固定资产投资价格的重要因素

2013 年人工费保持了 9.6％的高涨幅，由于同期材料费同比下降 3.6％，实际上人工费已成为支撑浙江固定资产投资价格的一个相当重要的因素。随着一季度春节的来临，部分建筑项目赶工和建筑工人返乡的矛盾，建筑企业不得不提高工资来留住工人，劳动力成本将继续高企。

综合以上分析，预计 2014 年一季度浙江固定资产投资价格将保持上涨之势。

生产投资价格调查处　朱章勇

2013 年浙江农村居民收支情况分析

2013 年经济运行总体呈现稳中有进、转中提质的态势,经济增速保持在平稳增长区间,浙江农民收入增长的变化基本与浙江经济运行态势同步,呈现出逐季回升的良好态势。

一、浙江农村居民收入继续增长

据对浙江农村居民家庭的抽样调查,2013 年浙江农村居民人均纯收入 16106 元,同比增长 10.7%,扣除价格因素,实际增长 8.1%,农村居民收入继续增长,并呈现以下四个特点:

（一）农村居民收入增幅同比回落,但增速逐季加快

2013 年浙江农村居民人均纯收入名义增幅和实际增幅同比双双回落,回落幅度分别为 0.6 个百分点和 0.7 个百分点。收入增速虽较上年同期有所减慢,但分季度看呈现逐季加快的态势,一季度、上半年和前三季度浙江农村居民人均现金收入分别增长 9.4%、9.9%和 10.3%。

（二）工资性收入是推动农村居民收入增长的主要动力

农村居民的工资性收入主要来自于在各类企事业单位从业或在当地或外出地的其他各种劳务活动所获得的收入。2013 年浙江农村居民人均工资性收入 8577 元,同比增长 11.7%,增幅比上年同期回落 2.6 个百分点;工资性收入占农村居民纯收入的 53.3%,拉动纯收入增长 4.9 个百分点。由于工资性收入具有刚性增长的特征,并且 2013 年浙江部分地区用工形势良好,甚至有些工种出现供不应求的局面,如浙江农村居民的大工日薪收入从上年的 200 元左右增加到 220 元左右,小工日薪收入从 100 元左右增加到 120 元左右,即分别有 10%—20%的增幅。此外,服务业价格不断走高等多方面原因的共同作用也在一定程度上带动了浙江农村居民工资性收入的增长。

（三）家庭经营纯收入呈一减两增态势

2013 年浙江农村居民人均家庭经营纯收入 5757 元,增长 8.8%,增幅比上年提高 2.3 个百分点。分产业看,农村居民家庭人均经营纯收入一减二增,

其中来自第一产业经营纯收入人均 2125 元,同比下降 3.5%;来自第二产业经营纯收入人均 1659 元,同比增长 15.0%;来自第三产业经营纯收入人均 1973 元,同比增长 19.8%。

2013 年浙江农村居民人均三大产业经营纯收入增幅与上年同期相比,一产经营纯收入增幅回落 1.8 个百分点,二、三产经营纯收入增幅同比分别提高 2.3 个百分点和 6.2 个百分点。一产经营收入回落主要是由于 2013 年浙江接连遭到不利自然条件等的影响,如受上半年 H7N9 禽流感的影响,家禽养殖及出售量大幅下降;7、8 月的高温干旱及 10 月台风"菲特"影响,影响了晚稻种植生长,以及秋杂粮作物、茶叶和蔬菜等经济农作物的生长,浙江全年粮食减产。而二、三产业收入增速跟全省总体经济运行息息相关,2013 年浙江的大部分经济指标均在上年的增长水平上有了稳步提升。从态势上来看,2013 年浙江经济运行呈现年初开门红、各季度逐步回升的态势,其中对农村居民家庭影响相对较大的工业生产状况也呈现出稳步回升的态势。因而受益于宏观经济环境的影响,浙江农村居民家庭从事二、三产业经营的收入在上年增长势头上有所加快。

(四)非经营性收入增长 12.0%

2013 年浙江农村居民人均非经营性收入 1772 元,同比增长 12.0%,增幅同比回落 1.8 个百分点。其中人均财产性收入 646 元,增长 9.8%;人均转移性收入 1126 元,增长 13.3%。农村居民人均转移性纯收入的持续增长得益于政府转移支付力度的提高,一方面是从 2006 年开始,浙江农村社会保障的覆盖面不断提高,经过几年的时间,农村领取养老金的人数也不断增加,有部分走在前面的市县开始将农村新型养老保险同城镇养老保险合并,农村享受养老金的人员不断增多,保障水平也不断提高。此外农村低保标准的有序提高和低保人员物价补贴的发放也进一步推动了农村居民转移性纯收入的增长。另一方面政府对农业生产经营的补贴持续加大,如早稻补贴、牧业补贴、柴油补贴等也使农村居民转移性纯收入增长速度保持在较高水平。

二、浙江农村居民消费支出增长有所加快

据对浙江农村居民抽样调查,2013 年浙江农村居民人均生活消费支出 11760 元,同比增长 10.4%,扣除价格因素,生活消费支出实际增长 7.8%。名义增幅和实际增幅比上年同期提高 4.6 个百分点和 4.3 个百分点,2013 年浙江农村居民生活消费支出增长有所加快。其中 2013 年浙江农村居民人均服

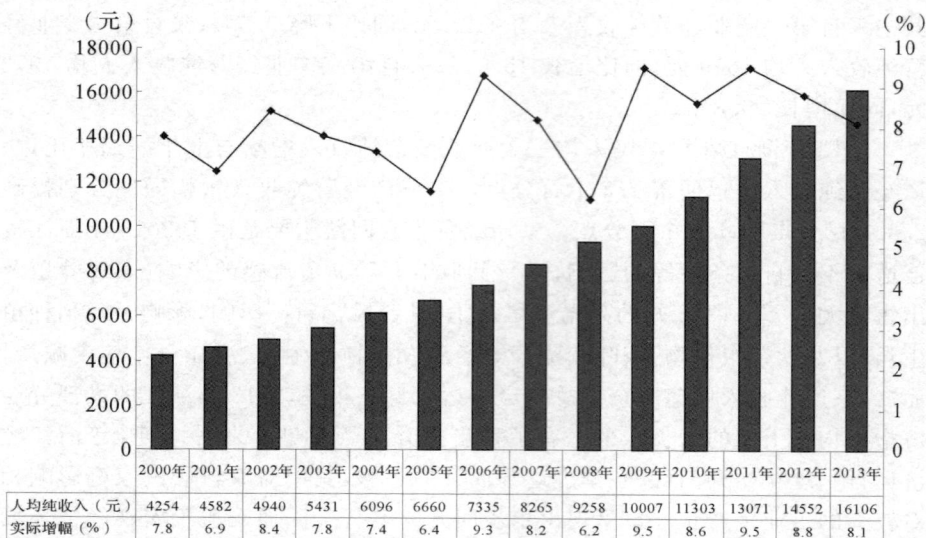

	2000年	2001年	2002年	2003年	2004年	2005年	2006年	2007年	2008年	2009年	2010年	2011年	2012年	2013年
人均纯收入（元）	4254	4582	4940	5431	6096	6660	7335	8265	9258	10007	11303	13071	14552	16106
实际增幅（%）	7.8	6.9	8.4	7.8	7.4	6.4	9.3	8.2	6.2	9.5	8.6	9.5	8.8	8.1

图1　历年浙江农村居民人均纯收入及增长情况

务性消费支出 3493 元,同比增长 16.2%,增幅同比提高了 10.8 个百分点,农村居民的生活质量进一步提高。

分八大类消费支出看,呈现六增两降的态势。

(一)交通通讯支出、医疗保健支出、其他商品和服务支出增长较快

2013 年浙江农村居民人均交通通讯支出 1891 元,同比增长 26.1%,增幅比上年同期提高了 10.6 个百分点。其中交通和通讯用品支出增长 34.2%,交通通讯服务支出增长 6.7%。通讯服务支出成为浙江农村居民的一大消费亮点,增长 23.1%。

2013 年浙江农村居民人均医疗保健支出 944 元,同比增长 26.5%。其中人均保健用品支出 72 元,增长 1.8 倍;人均医疗保健服务支出 682 元,增长 27.3%。人均其他商品和服务支出 339 元,同比增长 35.2%。其中人均首饰、手表、化妆品等其他商品支出 225 元,增长 22.1%;人均其他消费服务支出 112 元,增长 67.6%。

(二)食品支出、衣着支出、文化教育娱乐支出平稳增长

2013 年浙江农村居民人均食品支出 4191 元,同比增长 6.2%,增幅比上年同期提高 0.3 个百分点,恩格尔系数为 35.6%,比上年同期的 37.7% 下降了 2.1 个百分点,农村居民的膳食结构进一步改善。其中,人均用于蔬菜、肉禽蛋奶及制品和水产及制品的消费分别为 363 元、966 元和 472 元,增长

5.0％、5.1％和5.0％。人均在外饮食693元,同比增长24.3％。

2013年浙江农村居民人均衣着支出848元,同比增长12.8％,增幅比上年同期提高了5.1个百分点,其中服装和鞋类分别增长14.0％和13.0％。人均文化教育娱乐支出1048元,同比增长16.2％,增幅同比提高了10.2个百分点,其中人均教育服务消费支出604元,增长27.3％;人均文化体育娱乐服务支出274元,增长27.1％。

(三)家庭设备用品支出和居住支出负增长

2013年浙江农村居民人均家庭设备用品支出565元,同比下降6.5％。其中包括家电、床品、家具和室内装饰品等的家庭设备消费品支出减少,人均支出529元,同比下降8.4％;人均家庭设备用品服务支出30元,增长14.3％。

2013年浙江农村居民人均居住支出1934元,同比下降0.8％。其中用于建筑、维修、装修住房的居住消费品支出人均1321元,同比增长3.0％;人均居住服务支出611元,同比下降8.5％。居住支出的下降主要是建筑维修生活用房的农村家庭减少,使得该部分雇工支出同比下降58.5％。

表1 浙江农村居民生活消费支出表

农村居民	2013年绝对值(元)	2013年增幅(％)	2012年增幅(％)
生活消费支出	11760	10.4	5.8
1.食品消费支出	4191	6.2	5.9
2.衣着消费支出	848	12.8	7.7
3.居住消费支出	1934	−0.8	7.1
4.家庭设备.用品消费支出	565	−6.5	6
5.交通和通讯消费支出	1891	26.1	15.5
6.文化教育.娱乐消费支出	1048	16.2	6
7.医疗保健消费支出	944	26.5	−13.1
8.其他商品和服务消费支出	339	35.2	7.1

三、浙江农村居民收入排位居全国前列,城乡收入比进一步缩小

2013年浙江农村居民人均纯收入16106元,比全国平均水平的8896元高7210元,居全国31个省(区、市)第3位,已连续29年居全国各省(区)首位。收入水平前两位的分别是上海市(19595元)和北京市(18337元),排在第四至八位的依次是天津市（15841 元）、江苏省（13598 元）、广东省（11669 元）、福建省（11184 元）、山东省（10620 元）。

2013 年浙江城镇居民人均可支配收入和农村居民人均纯收入的差距比（即城乡居民收入比）为 2.35，比上年 2.37 的收入比下降了 0.02 倍，比 2010 年的 2.42 下降了 0.07 倍，城乡居民收入差距进一步缩小。

居民收支调查处　黄　程

2013 年浙江省规模以下工业生产
与效益同步增长

2013 年,浙江规模以下工业努力克服经营成本上升、资金紧张等诸多不利因素的影响,全年生产实现平稳增长。但规模以下工业企业还面临生产经营成本高、流动资金紧张、融资困难等问题,政府部门应进一步加大对小微企业扶持力度,优化小微企业发展环境,引导企业加快转型升级。

一、规模以下工业经济运行的主要特点

(一)生产平稳增长

2013 年,浙江规模以下工业实现总产值 21129.96 亿元,比上年增长 7.7%,扣除价格因素,实际增长 9.2%。从各季情况看,一季度、上半年、前三季度的生产增速分别为 9.0%、8.9%、9.1%,总体平稳增长。其中,规模以下工业企业实现工业总产值 10481.85 亿元,同比增长 8.4%,扣除价格因素,实际增长 9.9%。

1. 多数行业生产实现增长。分行业看,2013 年浙江规模以下工业生产涉及的 39 个行业中,有 33 个行业实现不同程度增长。主要行业中,纺织业,通用设备制造业,纺织服装、服饰业,橡胶和塑料制品业,金属制品业,电气机械和器材制造业,皮革、毛皮、羽毛及其制品和制鞋业,文教、工美、体育和娱乐用品制造业分别增长 5.0%、5.7%、26.6%、15.9%、19.9%、20.4%、8.5%、15.1%。

2. 私营企业生产保持增长。2013 年,全省规模以下各种经济类型工业企业中,私营企业实现工业总产值 8970.22 亿元,比上年增长 8.6%,占全部规模以下工业企业的 85.6%,其中私营独资企业、私营合伙企业、私营有限责任公司、私营股份有限公司分别实现主营业务收入 2102.13 亿元、470.37亿元、6305.16 亿元和 92.56 亿元,比上年增长 3.9%、7.9%、10.4%和 11.4%。

3. 规模以下工业经济总量在全国继续领先。2013 年,浙江省规模以下工业主要经济指标在全国占比继续保持首位。截止到 2013 年底,浙江规模以下工业单位数 88.52 万家,占全国的 15.3%;年末从业人数 772.29 万人,占全国

的 15.5%;全年规模以下工业总产值 21129.96 亿元,占全国的 21.5%;年末资产总计 1284.61 亿元,占全国的 18.6%。

（二）企业税收负担减轻、效益提升

受惠于各级政府对小微企业的扶持政策,2013 年浙江规模以下工业企业税收负担减轻,效益有所提升。

1. 多数行业实现盈利。2013 年浙江规模以下工业企业实现营业利润453.26 亿元,比上年增长 11.0%;营业利润率为 4.4%,比上年同期提高 0.1个百分点。规模以下工业企业生产涉及的 37 个行业大类中,有 25 个行业利润增长,其中专用设备制造业,计算机、通信和其他电子设备制造业,木材加工和木、竹、藤、棕、草制品业,造纸和纸制品业,化学原料和化学制品制造业,纺织业的营业利润增幅均在 20% 以上。

2. 盈利企业比重提高,亏损面逐季下降。2013 年,浙江规模以下工业企业中实现盈利的企业占 88.5%。从企业亏损面看,一季度、上半年、前三季度、全年分别为 17.1%、14.5%、13.5%、10.6%。

3. 企业税金总额增速逐季下降,企业所得税增速出现负增长。2013 年,浙江规模以下工业企业实现税金总额 422.53 亿元,比上年增长 3.6%,增幅比上年同期回落 1.9 个百分点。分季度看,一季度、上半年、前三季度、全年的税金总额同比增速分别为 10.6%、9.4%、5.3%、3.6%。2013 年浙江规模以下工业企业实现所得税 56.93 万元,同比下降 2.9%。企业负担减轻,主要得益于政府税收减免的扶持政策。

（三）企业出口实现较快增长

2013 年我省规模以下工业企业实现出口产品销售收入 1215.06 亿元,比上年增长 11.7%。分行业看,2013 年出口规模列前八位的行业分别是纺织服装、服饰业(211.15 亿元),文教、工美、体育和娱乐用品制造业(131.62 亿元),通用设备制造业(125.17 亿元),纺织业(125.02 亿元),皮革、毛皮、羽毛及其制品和制鞋业(92.91 亿元),橡胶和塑料制品业(86.52 亿元),电气机械和器材制造业(83.89 亿元),金属制品业(63.19 亿元),同比分别增长 5.0%、7.5%、26.2%、17.8%、13.8%、19.3%、25.6%、12.6%,八大行业合计出口产品销售收入占全部规模以下工业企业的 76.5%。

（四）企业生产能力利用率逐季提高

2013 年浙江规模以下工业企业生产能力利用率为 80.5%,比上年提高1.5 个百分点。从分季情况看,一季度、上半年、前三季度和全年我省规模以下工业企业生产能力利用率分别为76.9％、78.6％、79.9％和80.5％,呈逐季上升趋势,表明我省规模以下工业企业生产经营状况持续向好。

(五)企业从业人数减少,薪酬增长较快

2013年末,浙江规模以下工业企业从业人数349.84万人,同比减少1.7％,但降幅比上年同期收窄2.9个百分点。企业应付职工薪酬为1032.35亿元,同比增长7.4％;企业员工月人均薪酬为2459元,同比增长11.1％。

1.近七成从业人员集中在十大行业。分行业看,从业人员最多的十个行业,从业人数占全部规模以下工业企业的69.9％,人数变化呈现五升五降:通用设备制造业,专用设备制造业,皮革、毛皮、羽毛及其制品和制鞋业,文教、工美、体育和娱乐用品制造业,汽车制造业,从业人数分别增长2.4％、1.0％、0.8％、1.5％和2.0％;纺织服装、服饰业,纺织业,橡胶和塑料制品业,电气机械和器材制造业,金属制品业,从业人数分别下降11.1％、2.4％、4.4％、1.1％和2.8％。

2.专用设备制造业从业人员劳动报酬较高。从主要行业情况看,专用设备制造业、汽车制造业、电气机械和器材制造业、通用设备制造业等主要行业企业员工月人均薪酬高于平均水平,分别为2692元、2585元、2552元、2490元。

二、当前规模以下工业企业面临的主要问题

(一)生产经营成本高,企业经营压力大

浙江规模以下工业企业以传统制造业为主,企业利润率较低,面对复杂多变的市场环境,承受着较高的成本压力。据2013年末的抽样调查统计,当前浙江规模以下工业企业面临的主要困难中,用工成本上升快占第一位,比例达71.6％。2013年,全省规模以下工业企业主营业务成本8523.67亿元,占主营业务收入的82.1％;企业主营业务成本同比增长10.4％,增速比主营业务收入高2.0个百分点。

(二)应收账款普遍较多,流动资金紧张

在成本不断攀升的情况下,企业生产经营利润较薄,往往依靠资金的快速周转来维系企业的运作。而规模以下工业企业规模普遍较小,在市场竞争中往往处于劣势,资金被拖欠情况比较严重,货款回笼周期较长。到2013年末,浙江规模以下工业企业的应收账款为1896.20亿元,同比增长6.4％;90.1％的企业存在应收账款;企业户均应收账款为148.71万元,占企业户均主营业务收入的23.3％。相对于大企业而言,规模以下工业企业经济实力较弱,在应收账款较多的情况下,企业因资金不能及时回笼而造成流动资金被占用,增加了企业经营风险。2013 年末,有 25.9% 的浙江规模以下工业企业流动资金紧张,其中 4.4% 的企业资金缺口在 20% 以上。

（三）企业融资依旧困难

融资问题一直是困扰规模以下工业发展的难题。由于小企业经营风险较大,金融机构放贷意愿很低,造成贷款成本较高,因此据抽样调查,当前浙江规模以下工业企业融资仍然较为困难。调查显示,规模以下工业企业中分别有 13.8% 和 20.3% 的企业认为融资难和资金紧张是目前最主要的困难;有 37.5% 的企业向银行申请贷款,这些企业中,仅有 25.2% 的企业全部借到了所需借款,有 21.1% 的企业未能得到任何银行借款,还有 20.0% 的企业只借到了少部分所需借款。

三、促进规模以下工业发展的几点建议

（一）进一步落实和加大对小微工业企业的政策扶持力度

2013 年以来,各级政府对小微企业的扶持效应逐渐显现,浙江规模以下工业企业生产经营情况有所好转,生产实现平稳增长。建议政府部门进一步加大扶持小微企业发展的政策力度:一是进一步降低扶持政策门槛、加大宣传力度;二是进一步简化办理手续、加大优惠力度;三是进一步细化扶持政策的操作规则和配套措施,提高扶持政策的实施效果;四是加强对各项扶持政策的落实情况检查,杜绝人为的懈怠与推诿影响政策的落实效果。

（二）优化产业结构,积极引导企业转型升级

随着省委省政府提出"五水共治",通过治水来实现转型升级,各级政府都把环境治理作为首要工作来抓,从浦阳江畔的"小水晶加工"到瓯江沿岸的"电镀基地",不少曾经为地方经济发展做出贡献的行业,由于环境压力而成为必须转型升级的行业。各级政府要进一步加强对小微工业企业发展模式的引导,鼓励和支持企业向新兴产业发展,向高附加值、高技术含量、低消耗、低污染的产业发展,制定更加科学、细化、适合小微工业企业发展的产业政策,对符合浙江发展的产业、产品在政策、技术、资金等方面给予更大力度支持,鼓励企业转型升级,尽快在新兴产业中占得先机,引领浙江小微工业高质量发展。

（三）进一步完善金融服务,破解小微企业融资难题

融资困难一直是规模以下工业发展的难题,出于资金安全以及运作成本的考虑,金融机构更青睐于大企业,小企业很难获得贷款。政府部门要进一步

督促金融机构建立符合小企业的信用评估制度,完善小企业的贷款担保体系;引导各级商业银行通过金融创新加强对小企业的信贷支持,多渠道解决资金难题;要规范企业财务制度,努力增强企业诚实信用的意识,履行借贷款合同,树立良好的信用形象,保持良好的信用记录。

工业调查处 邢田华

2013 年浙江省居民消费价格运行情况分析

　　2013 年浙江省紧密围绕深化改革主旋律,加快转型升级,推动经济平稳健康发展,维护物价总水平基本稳定,实现了涨幅控制在 3.5% 以内的价格调控目标。全年全省居民消费价格总水平上涨 2.3%,涨幅较上年(上涨 2.2%)扩大 0.1 个百分点。

一、全省居民消费价格运行总体情况

　　全省居民消费价格总水平上涨 2.3%,其中城市上涨 2.3%,农村上涨 2.4%;食品类价格上涨 3.8%,服务项目价格上涨 3.3%,工业消费品价格上涨 0.3%。

　　(一)月同比价格涨幅呈两头高中间低的 U 型分布

　　受 2012 年前高后低的价格走势影响,2013 年前 5 个月居民消费价格同比涨幅运行在较低区间。仅 2 月份由于春节与上年"错月"因素影响,出现 2.9% 的上涨,其余四个月均在 2% 以下运行。6 月份起,随着新涨价因素的增强,月同比涨幅重回"2 以上区间",特别是 10 月份受台风灾害影响,创出 3.3% 的年内最高涨幅。11、12 月涨幅小幅回落。全年总体呈现温和上涨的运行态势。

　　(二)月环比价格以涨为主

　　与上月相比,1—12 月全省居民消费价格环比"9 涨 3 降",其中环比价格下降的月份分别是:3 月份下降 1.1%,表现为节后价格正常回落;5 月份受季节性因素及 H7N9 禽流感疫情影响,价格下降 0.4%;11 月份受台风"菲特"过后鲜菜价格回落带动,价格下降 0.4%。在环比价格上涨的 9 个月中,1 月份和 2 月份受元旦、春节节日需求增加因素影响,分别上涨 1.2% 和 1.3%;4 月份上涨 0.4%;6—10 月份受禽类价格恢复性上涨、猪肉价格触底回升、夏季持续高温和台风灾害拉动蔬菜价格上涨等因素的共同影响,环比价格连续 5 个月逐月攀升,涨幅分别为:0.1%、0.3%、0.3%、0.7%、0.3%;12 月份环比上涨 0.3%(见图 1)。

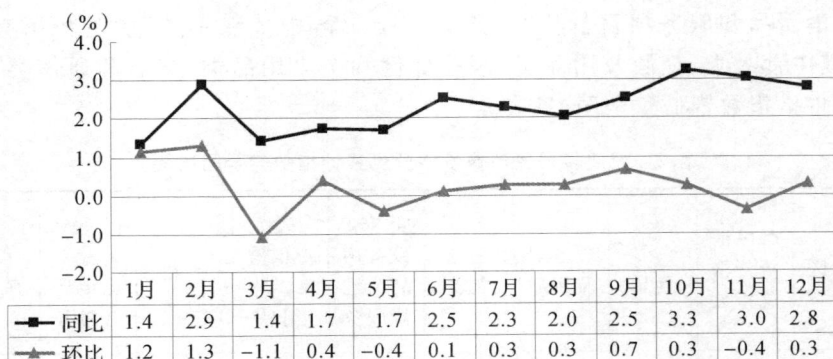

	1月	2月	3月	4月	5月	6月	7月	8月	9月	10月	11月	12月
同比	1.4	2.9	1.4	1.7	1.7	2.5	2.3	2.0	2.5	3.3	3.0	2.8
环比	1.2	1.3	-1.1	0.4	-0.4	0.1	0.3	0.3	0.7	0.3	-0.4	0.3

图1　2013年各月浙江居民消费价格同比、环比变动幅度

（三）食品类和居住类价格上涨是拉动居民消费价格总水平上涨的主要原因

所调查的八大类消费品和服务项目价格呈现"6涨2跌"的运行格局。其中食品类价格上涨3.8%，涨幅居首；居住类价格上涨2.5%。两者共拉动居民消费价格总水平上涨1.7个百分点，涨价贡献率达73.9%（见表1）。

表1　2013年浙江省居民消费价格分类指数及涨跌构成

项目	上年=100	涨跌率（%）	对总指数涨跌构成（%）
居民消费价格总指数	102.3	2.3	2.3
一、食品	103.8	3.8	1.2
二、烟酒	99.8	-0.2	0.0
三、衣着	102.9	2.9	0.2
四、家庭设备用品及维修服务	102.2	2.2	0.1
五、医疗保健和个人用品	100.3	0.3	0.0
六、交通和通信	99.4	-0.6	-0.1
七、娱乐教育文化用品及服务	102.5	2.5	0.3
八、居住	102.5	2.5	0.5

（四）浙江CPI低于全国平均水平

2013年浙江居民消费价格总水平上涨2.3%，比全国平均涨幅2.6%低0.3个百分点，在全国31个省（市、区）中与江苏、上海并列第26位。在华东六省一市中，与江苏、上海并列第3位，分别比江西、福建、安徽低0.2个百分点、0.2个百分点和0.1个百分点，高于山东0.1个百分点。所调查的八大类消费品和服务项目价格"6 涨 2 跌",与全国"7 涨 1 跌"的走势稍有差异,其中食品类、烟酒及用品类、医疗保健和个人用品类、交通和通信类、居住类价格指数皆低于全国(见表 2)。

表 2   浙江省居民消费价格分类累计指数与全国比较

地 区	居民消费价格总指数	一、食品	二、烟酒及用品	三、衣着	四、家庭设备用品及维修服务	五、医疗保健和个人用品	六、交通和通信	七、娱乐教育文化用品及服务	八、居住
全 国	102.6	104.7	100.3	102.3	101.5	101.3	99.6	101.8	102.8
浙江省	102.3	103.8	99.8	102.9	102.2	100.3	99.4	102.5	102.5
差距	0.3	0.9	0.5	—0.6	—0.8	1.0	0.2	—0.8	0.3

二、主要商品(服务)价格运行特点

(一)食品类价格普遍上涨,但涨幅回落

全省食品类价格上涨 3.8%,涨幅比上年(5.3%)收窄 1.5 个百分点。所调查的 16 类食品价格"15 升 1 跌",涨价面与上年相同。

1.粮油价格平稳运行,鲜菜鲜瓜果价格双双走高。受国家继续提高小麦和稻谷最低收购价政策以及农业生产成本增加等因素影响,粮食价格维持 2006 年以来持续上涨的势头,同比上涨 2.8%,但涨幅比上年缩窄 0.9 个百分点。其中面粉价格上涨 7.9%,粮食制品价格上涨 5.0%,大米价格上涨 1.9%。受国际大豆、玉米等原料价格回落影响,油脂价格下降 1.8%;受极端天气频发,尤其是夏季持续高温和强台风"菲特"带来暴雨灾害影响,鲜菜价格上涨 6.6%;受需求增加和储运成本上升影响,鲜瓜果价格上涨 5.4%。

2.肉禽蛋、水产品价格集体攀升。食用畜肉及副产品价格上涨 3.4%,禽类价格上涨 5.3%,蛋类价格上涨 2.8%,水产品价格上涨 4.8%。猪肉价格受生猪生产周期性影响,年初起连续 6 个月出现较大幅度下跌后,三、四季度持续反弹,全年同比价格下降 0.7%,降幅比上年缩小 4.4 个百分点。牛羊等畜牧养殖受资源条件约束,养殖数量受到限制,加之繁育周期长,饲料和人工费用上涨推动养殖成本逐年攀升,拉动全年牛肉价格上涨 30.6%,羊肉价格上涨 14.4%,涨幅分别比上年扩大 5.3 个百分点和 0.2 个百分点。上半年受"禽流感"影响,禽类销售一度停滞,下半年价格趋于稳定,全年禽类价格上涨 5.3%。蛋类价格上涨 2.8%。受养殖和捕捞成本上升影响,水产品价格上涨 4.8%,

其中鱼类价格上涨 4.2％,虾蟹类价格上涨 5.5％。

3.液体乳及乳制品、在外用膳食品价格上涨明显。受国内奶源紧缺等因素影响,下半年主要奶企两次提高定价,全年液体乳及乳制品价格上涨 5.5％,其中巴氏杀菌乳价格上涨 5.9％,乳粉价格上涨 6.1％。受房租、人工等经营成本上升影响,在外用膳食品价格上涨 2.9％。另外糕点、饼干、面包价格上涨 2.8％,茶及饮料价格上涨 2.2％,调味品价格上涨 1.7％。

(二)服务项目价格涨势增强

服务项目价格同比上涨 3.3％,涨幅比上年(1.2％)扩大 2.1 个百分点。

全社会劳动报酬增长机制作用不断显现,影响人力成本为主的服务项目价格持续走高。全省家庭服务及加工维修服务价格上涨 10.5％,衣着加工服务费价格上涨 8.8％,个人服务价格上涨 4.5％,旅行社收费价格上涨 5.5％。

受浙江公立医院综合改革推进实施的影响,医疗保健服务价格上涨 4.6％,挂号诊疗费、手术费、理疗费等涨幅较大。

全省教育服务价格上涨 3.1％。部分市县调高了幼儿园及民办中学的收费标准,受此影响学前教育价格上涨 4.0％,中等教育价格上涨 1.7％。受办学成本上涨及需求增加等因素影响,专业技能培训费价格上涨 2.6％,课外家教费价格上涨 9.8％。

受租房市场需求旺盛拉动,全省私房房租价格上涨 6.0％,涨幅比上年扩大 3.3 个百分点。租房中介费与维护修理费用分别上涨 3.2％和 7.5％。

(三)工业消费品价格小幅走高

全省工业消费品价格上涨 0.3％,涨幅比上年(0.5％)缩小 0.2 个百分点。在价格上涨的工业品中,原材料价格上涨拉动中药材、衣着、床上用品、建房及装修材料、家庭设备耐用消费品价格分别上涨 5.6％、2.9％、2.7％、1.5％和 0.6％;受部分城市实行阶梯水价影响,自来水价格上涨 1.5％;受国际原油价格高位波动影响,液化石油气价格上涨 1.5％。在价格下降的工业品中,高档白酒需求减弱拉动酒类价格下降 0.9％;国际黄金价格持续下跌拉动首饰价格大幅下降 9.1％;受产品更新换代加快、行业产能过剩导致市场供过于求等因素影响,通信工具价格下降 5.2％,电视机价格下降 3.7％,轿车价格下降 1.4％。

三、对当前价格走势的基本判断

(一)物价上涨的内外部环境改善,通胀压力减轻

浙江在加快经济转型升级的同时,注重完善价格形成机制和价格监管机制,健全基本蔬菜品种价格稳定长效机制,出台降低流通费用综合性实施方

案,完善社会救助和保障标准与物价上涨挂钩的联动机制,切实保障困难群众生活,为稳增长、调结构、保民生提供了良好的价格环境。此外,2013 年全球经济增长普遍疲弱,巴西、印度等新兴发展中国家增速回落明显,欧盟经济复苏乏力。同时,国际大宗商品价格普遍下跌:农产品方面,美国芝加哥玉米、小麦、大豆期货价格经历了近三十年来罕见的大跌,分别下降 39.9%、22.7%、8.4%;基础金属方面,伦敦 LME 铜、铝、锌价格分别下跌 7.2%、12.9%、0.6%。内外需增长放缓,加上外部输入性通胀因素减弱,导致 2013 年通胀压力减轻。

(二)展望 2014 年,预计浙江 CPI 继续呈现温和上涨

分析 2014 年的价格走势,存在着若干抑制价格上涨的因素,如工业领域的产能过剩将继续抑制价格向消费终端传导,国内粮食生产的"十连增"一定程度上为食品价格的稳定奠定了物质基础。同时推动价格上涨的因素依然存在,2013 年浙江 CPI 前低后高的走势对 2014 全年翘尾影响约为 0.8 个百分点,比上年扩大 0.5 个百分点。预计 2014 年浙江居民消费价格总水平仍将呈现温和上涨态势。

1.国内流动性仍相对宽松。物价上涨的本质是货币发行过多。截至 2013年底,我国广义货币供给量 M2 达 110.65 万亿元,比上年同期增长 13.6%。2014 年央行强调继续实施稳健的货币政策,保持适度流动性,实现货币信贷及社会融资规模合理增长,改善和优化融资结构与信贷结构。考虑到目前我国金融机构特别是"影子银行"信贷杠杆率较高,2014 年、2015 年两年是地方政府性债务偿还的高峰期,据测算到 2015 年末需要偿还的债务占比达到 53.9%。预计 2014 年我国流通货币供应量仍将保持一定程度增长,由流动性充裕引发的物价上涨压力依然存在。

2.成本上升仍是推动浙江中长期物价水平上涨的主要因素。经济持续多年发展后,人口红利趋于终结,劳动力与资源品价格合理回归,成为我国经济结构调整的重要切入点。劳动力价格上涨对浙江服务项目价格和农业生产成本提高的推动作用将长期存在。浙江阶梯用水定价方案确定在 2014 年实施,天然气等公共产品调价压力也可能随后释放。房地产及土地价格上涨,也对租金、雇工等企业经营成本有持续推动作用。

3.气候因素和生态环境对我国农产品价格影响颇大。极端气候和环境恶化造成的农产品减产,对我国食品价格乃至整体通胀影响较大。特别是对于主要农产品依赖外部输入的浙江省,加强粮食、禽畜生产安全,提高农产品供给能力,降低运输流通成本等方面均需要着力推进。

4.输入型通胀压力走向不明朗。2013年多数大宗商品价格处于下跌通道,2014年变动方向还要看世界经济的复苏程度。由于日本继续实施超宽松的货币政策、美国退出量化宽松政策进展缓慢,世界范围内货币超发状况并未终结。通过国际贸易和资本流动渠道影响国内货币供给及大宗商品和资本价格形成的输入型通胀压力走向仍不明朗。

消费价格调查处　李　波

2013 年浙江小微服务业企业监测调查报告

据对全省 10 个门类①、31 个行业大类的 3619 家小微企业统计监测调查显示：2013 年，浙江小微服务业企业总体上保持了良好的发展态势，发展较快，盈利水平提高，但企业规模小、运营成本上升及融资渠道单一等问题仍较突出。

一、小微服务业企业快速发展

（一）企业资产规模稳步扩大，国有控股企业增长较快

至 2013 年 12 月末，全省小微服务业企业户均资产总计 3282.2 万元，比上年同期增长 11.2％。从企业性质来看，国有控股企业资产增长较快，同比增长 34.4％，其次是港澳台商控股企业，增长 23.2％，外商控股企业和私营企业控股分别增长 16.3％和 14.9％，其他类型控股企业却下降了 30.4％。

（二）营业收入快速增长，主要影响因素是市场需求

推算结果显示，2013 年，全省小微服务业企业实现营业收入 1875.3 亿元，同比增长 19.8％。从样本企业看，有 57.1％的企业营业收入保持增长势头，增幅在 20％以上的占 31.1％，50％以上的占 18.6％。在营业收入变动的主要影响因素中，51％的企业认为是"受市场需求"影响，42.6％的企业认为是"因管理、资金、成本等其他因素"影响，仅有 6.4％的企业认为是"因产品价格变动"影响。

（三）利润增幅快于营业收入，企业亏损面缩小

企业获利能力较强，经济效益良好。从样本企业看，企业利润总额达到两位数的增速，为 46.0％，远远高于营业收入增幅，利润率（利润总额/营业收入）进一步提升，达到 5.1％，比上年同期提升 1.3 个百分点。分门类看，文化体育和娱乐业企业利润率居被调查门类之首，达 13.2％，较上年同期提高 9.6 个百

---

① 10 大门类为：交通运输、仓储和邮政业，信息传输、软件和信息技术服务业，租赁和商务服务业，科学研究和技术服务业，水利、环境和公共设施管理业，居民服务、修理和其他服务业，教育，卫生和社会工作，文化、体育和娱乐业，房地产业（只含物业管理、中介服务业）。

分点,第二、三位依次是科学研究和技术服务业、租赁商务服务业,分别为10.7%和7.9%。在全部样本企业中,全年有53.6%的企业利润总额呈增长态势,66.9%的企业实现盈利,10.8%的企业实现扭亏为盈,亏损面为30.4%,比上年下降1.2个百分点。

(四)就业容纳能力进一步增强,对社会贡献度进一步提高

2013年,全省小微服务业样本企业户均从业人员17.3人,同比增长3.9%,户均从业人员总数较上年增加0.7人。其中,水利环境和公共设施管理业增速提升最快,同比增长13.2%;其次是居民服务修理和其他服务业,同比增长6.8%;交通运输仓储邮政业、信息技术软件和信息技术服务业、教育业分别同比增长6.6%、5.7%和5.3%。从平均单个企业从业人员规模看,教育业平均单个企业从业人员规模最大,户均33.7人,比规模最小的租赁和商务服务业多22.3人,其次是物业管理与房地产中介业,为25.2人。与上年相比,水利、环境和公共设施管理业平均单个企业人员增加最多,户均增加2.2人,教育业、居民服务修理和其他服务业、交通运输仓储邮政业户均分别增加1.7人、1.2人和1.1人。

(五)"营改增"试点成效显著,相关行业税负率有所回落

从全年调查结果来看,"营改增"试点相关主要行业税负率低于上年同期水平。全部被调查企业的税负率(营业税金及附加与增值税合计占营业收入比重)由上年同期的3.75%下降到3.68%,下降了0.07个百分点。其中,水利环境和公共设施管理业下降0.46个百分点,卫生和社会工作下降0.23个百分点,交通运输、仓储和邮政业下降0.2个百分点,科学研究和技术服务业、文化体育和娱乐业分别下降0.15个百分点和0.14个百分点。

二、重点行业持续均衡稳定发展

(一)交通运输、仓储和邮政业:经营状况良好

抽样调查显示,2013年,样本企业营业收入同比增长19.7%。从经营状况看,认为本期营业收入比上期增加、持平和减少的企业分别占42.4%、28.6%和29.0%。有65.3%的企业表示本年取得盈利,而亏损企业仅占有效样本企业的6.7%。从价格方面看,本期销售价格比上期"增加"或"持平"的企业占85.5%,劳动力成本和市场竞争则是影响销售价格变动的主要因素。

(二)信息传输、软件和信息技术服务业:三成企业享受税收优惠政策

抽样调查显示,2013年,有30.3%的样本企业享受了税收优惠政策。企业经营较为平稳,从反映的情况看,企业经营状况较好、持平和不佳的企业分

别占 45.2％、28.6％和 26.2％。从收益情况看,本期盈利增加企业占有效样本的 62.5％。

(三)科学研究和技术服务业:经营状况较好

抽样调查显示,2013 年,样本企业户均营业收入为 409.3 万元,同比增长 17.6％,营业收入增加、持平和减少的企业分别占到 44.9％、23.0％和 32.1％;企业盈利能力强,本期盈利企业占有效样本企业的 69.3％。

(四)居民服务、修理和其他服务业:企业资金较为充裕,资产负债率下降

抽样调查显示,2013 年,样本企业营业收入同比增长 11.3％,营业利润和利润总额分别增长 23.3％和 11.8％,从业人员年平均人数和应付职工薪酬分别增长 6.8％和 22.9％。从资金方面看,有 16.7％的企业认为流动资金比上年紧张,有 28.8％的企业认为融资困难,全年资产总计同比增长 9.0％,负债总计下降 1.7％,资产负债率为 59.4％,比上年同期降低了 5.2 个百分点。

(五)卫生和社会工作:享受税收优惠政策的企业比例最高

2013 年,样本企业实现营业收入大幅增加,月户均营业收入为 21.1 万元,比上年同期增长 13.0％。有 33.0％的企业营业收入增加,比减少的比重高 9.1 个百分点。在调查的十大门类中,样本企业享受税收优惠政策的比例处于最高水平,有 60.2％的样本企业享受税收优惠政策,其中有 43.2％的企业免税。

(六)物业管理、房地产中介服务业:四成多企业营业收入增加,利润总额大幅增长

抽样调查显示,2013 年,有 45.7％的样本企业认为营业收入比上年同期增加,比重比上半年提高 15.1 个百分点,户均营业收入 297.9 万元,同比增长 9.6％,利润总额增长 35.0％,增幅高出营业收入 25.4 个百分点。企业资金紧张状况已经缓解,有 82.9％的企业流动资金没有上年紧张,企业获取资金的来源渠道主要依靠"自筹",比重占 88.6％。

(七)教育业:发展平稳,劳动力需求增加

2013 年,有 23.0％的样本企业综合经营状况良好,经营收入增加的、持平的和减少的均为三分之一,劳动力需求增加的、持平的和减少的样本企业比例分别为 29.8％、68.9％和 1.3％。有 25.7％的样本企业经营收益增加,只有 5.4％的样本企业收益亏损增加。影响企业收益变动的主要因素是受业务量影响和成本费用影响,其影响比重分别为 31.9％和 30.4％。

三、发展基础继续加强,发展质量不断提高

(一)政府优惠政策的有力支持,破除机制体制的障碍

近年来,各级政府高度重视小微企业发展,以改革创新精神,加大政策扶持力度,出台了《国务院关于进一步支持小型微型企业健康发展的意见》《浙江省人民政府办公厅关于促进小型微型企业再创新优势的若干意见》和《浙江省人民政府办公厅关于促进小微企业转型升级为规模以上企业的意见》等一系列扶持和促进中小微企业稳定健康发展的政策举措,并大力进行宣传,帮助广大中小微企业知晓政策、运用政策,切实发挥政策的效用。同时,推进中小企业公共服务平台网络建设,加强公共服务。

(二)服务业有效投资力度加大,有力地带动了企业发展

近年来,浙江服务业投资"热情"一直较高,连续几年服务业投资增速快于制造业。据统计,2013 年,全省第三产业投资 12929 亿元,占比为 64%,增长19.2%,增幅高出第二产业 3.3 个百分点,扣除房地产开发投资外的第三产业投资增长 19.5%,增幅分别高于第三产业投资、全部投资 0.3 个百分点和 1.4个百分点。第三产业中,部分生产性服务业投资快速增长,如租赁和商务服务业、科学研究和技术服务业等行业增速分别为 53.1%和 47.2%。

(三)创业发展空间拓展,催生新企业的产生

据国家统计局反馈,2013 年浙江小微服务业企业数为 13.5 万家,同比增长 30.4%,企业大量"出生"的原因主要有以下三方面:一是小微企业的"入门门槛"不断降低。浙江省工商局与省财政厅、省物价局共同制定规定:注册资本 200 万元以下的第三产业企业,均免收注册(变更)登记费、补(换)营业执照工本费、年检费。二是进一步丰富小微企业的产生"土壤"。全省各类开发区、高新区和工业园区均抓好科技型小企业创业基地的建设,鼓励有条件的地方建设现代都市产业基地,培育科技型的小微企业。三是缓解小微企业资金困扰的"发展瓶颈"。各级政府组织开展成长型小微企业与投融资机构合作对接活动,强化融资支持。据浙江银监局统计数据显示,2013年,浙江省银行业金融机构主动应对困难和挑战,新增贷款近一半投向小微企业。

(四)出台收费减免政策,切实为企业减负

为积极推进实施"创业富民、创新强省"总战略,加快转变全省经济发展方式,切实减轻企业和群众负担,推动全省经济社会又好又快发展,浙江省出台减轻企业和群众负担的收费减免政策,决定取消涉及公安、农业、海洋渔业、卫生、民政、劳动和社会保障、食品药品监督和财政等部门的 25 项行政事业

性收费,暂停征收涉及交通、工商、旅游、农业、质量技术监督等部门的 23 项行政事业性收费,降低涉及企业负担的交通、质量技术监督等 9 项行政事业性收费标准。初步测算,上述取消、暂停征收和降低部分行政事业性收费近 2 亿元。

四、面临的主要困难及问题

(一)企业规模小,实力弱

浙江小微服务业企业总体呈现出规模偏小、经济实力偏弱、科技含量偏低等特点,应对激烈市场竞争的能力不够强。从样本企业看,资产总计在亿元以上的企业仅占 2.4%,从业人员在百人以上的仅占 0.7%,营业收入在千万元以上的仅占 5.4%,年人均营业收入仅为 25.9 万元。

(二)资金来源渠道单一,负债呈上升趋势

企业资金是企业赖以生存和发展的基础,是企业参与市场竞争的必备条件,而小微服务业企业的资金来源单一,主要是自筹,致使部分企业流动资金紧张,负债上升。调查显示,仅有 11.2% 的样本企业流动资金比上年充足,通过银行借款获取资金的企业占 16.6%,转向民间借贷的占 8.9%,来源于政府部门等专项资金的占 4.4%,70% 的企业通过自筹等其他方式获取资金。因流动资金紧张,企业负债随之加大,样本企业户均负债 2040 万元,同比增长 19.1%。

(三)成本压力较大,部分行业和企业生产经营困难

由于职工薪酬和原材料价格的上涨,营业成本增加,企业负担加重,企业赢利空间被挤压。在样本企业中,有 43.1% 的企业营业成本比上期上涨,其中 56.7% 的企业认为是劳动力成本上升影响造成的,17.9% 的企业认为是原材料价格上升影响造成。2013 年,小微服务业企业亏损及没有盈利的企业占 25.7%,盈利能力比上年下降的企业占 33.0%。对样本企业的问卷调查显示,有 61.5% 的企业认为企业的综合经营状况"一般",18.3% 的企业认为"不佳",认为"良好"的企业占 20.2%。

(四)人才短缺现象呈现木桶效应

人力资源是第一资源,人才优势是企业的核心优势。但浙江小微服务业企业普遍存在规模小、人数少、利润低的问题,可利用的资源有限,职工薪酬普遍较低,在发展空间及福利待遇方面很难和大企业抗衡,难以留住人才,一将难求、求才若渴成了制约小微企业成长发展和转型升级的一大瓶颈。调查显示,29.2% 的企业认为招工难是企业当前面临的突出问题。

五、促进小微服务业企业发展的几点建议

（一）加强外部环境对企业的"关爱"，推动企业发展

小微服务业企业在社会经济发展中越来越发挥推动就业、促进经济发展的重要作用，各级政府部门要进一步加强重视、引导、推动和扶持，帮助企业不断解决发展过程中的融资渠道狭窄、高新技术缺乏等不足，不断推动服务业小微企业逐步发展、成熟、壮大，为经济社会发展发挥更重要的作用。调查显示，企业对政府政策的期待主要体现在以下两方面：

一是加大政策扶持及落实力度。近年来，各级政府陆续出台了有针对性的相关政策，加大政策落实力度，对于增强企业发展信心、提升发展能力有重要推动作用。但调查中发现，虽然针对小微企业有许多的优惠政策，但由于企业财务、规模、管理等方面的不足，真正能满足条件的企业不是很多，企业对政府加大政策扶持及落实力度有较强期待。从调查数据来看，"政府加大政策扶持及落实力度"的占比达到 58.3%，居各选项首位。

二是减免税收。税收减免优惠对规模不大、盈利能力不强的小微企业来说，具有较重要的直接减负、帮扶作用。据调查数据，2013 年，有 33.2% 的企业享受到税收优惠政策，没有享受税收优惠政策的占比将近七成。从企业对政府期盼来看，"减免税费"占比达到 23.4%，居各选项第二位。

（二）企业应练好"内功"，不断提高竞争力

融资难、进入市场难以及技术进步难，是小微企业较为普遍的困难，要解决这些困境，根本上还是要增强企业自身的竞争力，减税以及政府扶持政策能够提高企业创新的积极性，但企业的发展壮大，依靠的仍然是"内功"。

一是提高企业领导者素质。在一个企业的发展历程中，领导者的思维决定了一个企业的方向，老板的自身价值决定了整个企业发展的未来。尤其是进入发展阶段后，不需要创业初期时的事必躬亲，利用个人的魅力力争把市场做大，要吸收经验，逐步走向制度化和完整的企业规划，想方设法把品牌做响，经营企业文化，增强员工的社会认同感和自豪感。

二是重视人才建设，完善用人机制。人力资源是第一资源，人才优势是企业的核心优势。这句话放在小微企业身上更为贴切。小微企业想要成为吸引人才的磁铁、聚拢人才的洼地，进而做大做强，必须首先要在管理制度和工资待遇上走上正轨，保障员工的合法权益，其次要从情感上来留住人才，最后要注意企业精神和文化的养成与营造，让员工渐渐从心理上对企业产生依赖。只有这样，才能"栽得梧桐树，引得凤凰来"。

三是提高企业技术创新能力。由于企业利润空间狭小，很难吸引和留住

具有创新能力的人才,创新投资较少,研发风险偏高,也是许多企业创新发展迈不过去的一道坎。因此,要发挥企业创新主体的作用,鼓励企业积极与大专院校、科研院所联合,完善"产学研"创新体系建设。健全小微企业培训机制,完善人才培养体系,加强管理人员和技术人员等创新方面的培训。同时,加强宣传培训引导,积极搭建企业、政府、学校、科研机构相结合的科研平台,畅通企业研发渠道,增强企业创新能力。

服务业调查处   丁建红

2013 年浙江省农民工监测调查报告

农民工监测调查是由国家统计局住户办负责、国家统计局各调查总队组织实施的一项国家调查,在分省住户调查样本点中进行调查。调查对象为农村户籍外出打工的人员(通常称输出地农民工监测调查)。通过定期收集农民工相关信息,准确反映农民工数量、流向、结构、就业、收支、生活、社会保障及创业等情况,从宏观上把握农民工发展变化情况,为制定科学的农民工政策、加强和改善农民工工作提供科学依据。2013 年浙江共调查 47 个县(市、区)383 个村近 4000 户家庭。

一、2013 年浙江农民工规模

(一)2013 年浙江农民工总量达 1313 万人

据抽样调查结果推算,2013 年浙江省农民工总量达到 1313 万人。其中,外出农民工 537 万人,本地农民工 776 万人。外出农民工中,举家外出农民工 257 万人,住户中外出农民工 280 万人。

表 1 2013 年浙江省农民工构成情况

指标名称	数量(万人)	比例(%)
农民工总量	1313	100.0
(一)外出农民工	537	40.9
1.住户中外出农民工	280	21.3
①外出务工	238	18.1
②外出自营	42	3.2
2.举家外出农民工	257	19.6
(二)本地农民工	776	59.1
1.本地非农务工	569	43.3
2.本地非农自营	207	15.8

(二)农民工近六成选择本地就业,近九成的外出农民工选择在省内就业

调查数据显示,本地农民工占浙江农民工总量的 59.1%。其中,本地非农

务工 569 万人，占农民工总量的 43.3%；本地非农自营 207 万人，占农民工总量的 15.8%。外出农民工中 86.0% 的人选择在省内就业。其中，乡外县内就业的比重为 55.1%，县外省内就业的比重为 31.0%。省外就业仅占 14.0%，以东部地区为主，占省外就业农民工的比例为 67.8%，中部和西部地区的占比分别为 13.2% 和 14.1%，另有 4.6% 的省外就业农民工在港澳台等其他地区就业（详见图 1）。

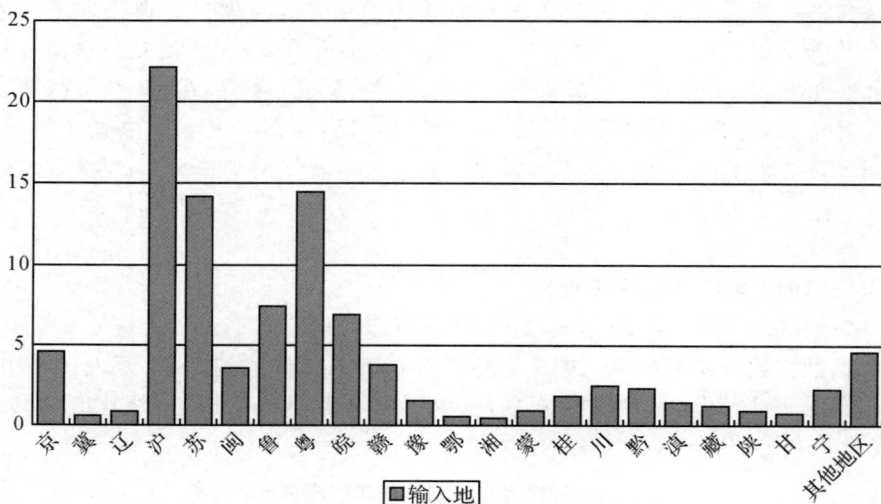

图 1   2013 年浙江省省外就业农民工输入地分布

从外出地区类型看，浙江外出农民工主要在县级城市就业，占外出农民工人数的 48.7%，其次是地级市，占比为 16.4%。在省会城市就业的农民工比例为 12.5%，而在直辖市工作的外出农民工所占比例较小仅有 5.0%。

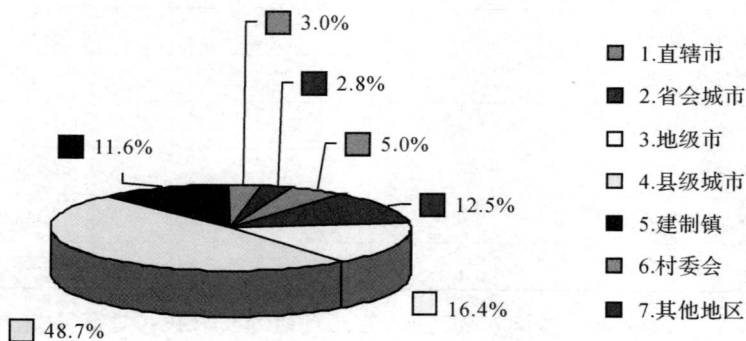

图 2   2013 年浙江省农民工分地区类型外出比例

二、2013 年浙江农民工基本情况

（一）农民工中男性较多，年龄主要集中在 35—60 岁

据抽样调查数据显示，浙江农民工中男性占比为 58.5％，女性为 41.5％，男性比女性高出 17.0 个百分点。分年龄段看，20—29 岁占比为 16.9％，30—40 岁占比为 23.0％，41—50 岁的比例为 33.6％，51—60 岁的比例为 18.6％。农民工以六七十年代出生的人为主。35 岁以下的新生代农民工占比为 26.6％，相对较少。

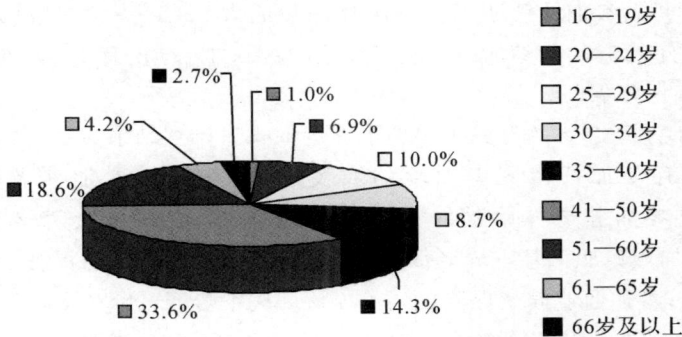

图 3　2013 年浙江省农民工年龄结构

（二）农民工文化程度较低，以初中和小学为主

调查数据显示，浙江农民工及其家庭成员的文化水平普遍较低，文化程度为初中的近五成，占比为 47.8％；其次是小学，占比为 23.6％，两项合计 71.4％；高中占比为 16.7％，仍有 2.4％的农民工未上过学。

表 2　农民工家庭 6 周岁以上住户成员受教育程度

指　　标	比例（％）
1.未上过学	2.4
2.小学	23.6
3.初中	47.8
4.高中	16.7
5.大学专科	6.9
6.大学本科	2.5
7.研究生	0.1

（三）农民工接受技能培训比例低

2013 年接受调查的农民工,其就业后接受技能培训的比例低。数据显示,农民工接受过农业技术培训的比例仅为 6.3％。接受过非农技术培训的比例为 25.8％。

（四）农民工医疗保障和养老保险参保率相对较高

1.浙江有 98.6％的农民工享有医疗保险。抽样调查显示,截至 2013 年末,浙江农民工参加医疗保险的比例为 98.6％,其中参加新型农村合作医疗保险的占 62.4％;参加城镇职工基本医疗保险的占 22.4％;参加城镇居民基本医疗保险的占 13.0％;参加商业医疗保险的占 0.3％。仅有 1.4％的农民工没有参加任何医疗保险。

2.浙江有 77.9％的农民工参加了养老保险。调查结果显示,截至 2013 年末,浙江没有参加任何养老保险的农民工占 22.1％,参加养老保险的占 77.9％。在参加养老保险的农民工中,参加新型农村社会养老保险的占 40.1％;参加城镇职工基本养老保险的占 27.5％;参加城镇居民社会养老保险的占 8.1％;参加商业养老保险的占 0.7％。从年龄看,30 岁及以下的参保率只有 65.4％,比 30 岁以上的参保率低了 15.6 个百分点,表明年轻人养老保险参保意识更低。

三、2013 年浙江农民工就业行业分布情况

农民工监测调查资料显示,2013 年,浙江 59.1％农民工集中在本地从业,制造业等五大行业吸纳 82.4％的农民工就业。

（一）59.1％的农民工以本地就业为主

近年来,随着浙江新农村建设的有力推进,农村社会经济快速发展,为农村劳动力提供了大量就业岗位,多数农村劳动力无须外出打工就可实现充分就业。

（二）五大行业吸纳了 82.4％的农民工

从产业结构看,从事第一产业的占 1.1％;从事第二产业的占 55.3％;从事第三产业的占 43.6％。

从就业行业看,最主要的五大行业是制造业占 42.5％;居民服务和其他服务业占 10.4％;批发和零售业占 13.3％;建筑业占 11.2％;交通运输、仓储和邮政业占 5.0％。这些行业一般都具有技术要求不高、门槛相对较低、人员需求较大的特点,农民工便于就业和流动,五大行业一共吸纳了 82.4％的农民工。

表 3   2013 年浙江省农民工全年主要从事行业

本年度从事的主要行业	比例（%）
1.第一产业	1.1
（1）农、林、牧、渔业	1.1
2.第二产业	55.3
（2）采矿业	0.3
（3）制造业	42.5
（4）电力、热力、燃气及水的生产和供应业	1.3
（5）建筑业	11.2
3.第三产业	43.6
（6）批发和零售业	13.3
（7）交通运输、仓储和邮政业	5.0
（8）住宿和餐饮业	4.1
（9）信息传输、软件和信息技术服务业	1.6
（10）金融业	0.9
（11）房地产业	0.3
（12）租赁和商务服务业	1.8
（13）科学研究和技术服务	0.4
（14）水利、环境和公共设施管理业	0.5
（15）居民服务、修理和其他服务业	10.4
（16）教育	1.1
（17）卫生、社会工作	1.8
（18）文化、体育和娱乐业	0.4
（19）公共管理、社会保障和社会组织	2.0
（20）国际组织	0.0

四、2013 年浙江农民工就业时间和收入状况

监测资料显示，2013 年浙江农民工平均从业时间为 10.3 个月，月均非农收入为 3001 元，受性别、行业、就业地点等因素影响，收入水平存在明显差异。

（一）农民工平均从业时间差异不大

2013 年浙江农民工人均从业时间为 10.3 个月，其中本地非农自营、本地非农务工、外出务工和外出自营时间分别为 10.5 个月、10.3 个月、10.2 个月和 10.3 个月。

（二）农民工不同收入层次比重

调查结果显示，2013 年浙江农民工月均非农收入为 3001 元，其中月均收入在 1000 元及以下的占 3.7%；1001—2000 元的占 27.8%；2001—3000 元的占 38.2%；3001—4000 元的占 15.9%；4001—5000 元的占 8.8%；5001—6000元的占 1.8%；6000 元以上的占 3.8%。

（三）男女农民工收入差距明显

从性别看，2013 年浙江男性农民工月均收入为 3467 元，女性农民工月均收入为 2461 元，两者相差 1006 元。2013 年男女农民工月均收入比是 1.4∶1。

（四）文化程度高低与农民工月均收入成正比

从文化程度看，不识字、小学、初中、高中和大专及以上文化程度的农民工月均收入分别为 2196 元、2484 元、3131 元、3387 元和 3448 元，大专及以上文化程度的农民工收入最高。

（五）不同类别农民工的月均收入差异较大

调查数据显示，2013 年浙江农民工中，外出自营的月均收入最高，为 5019元。其次是本地自营，月均收入为 3758 元。外出务工的月均收入为 3157 元，高出本地非农务工 649 元，本地非农务工月均收入最低为 2508 元。

（六）不同行业农民工月均收入差距较大

总体上看，采矿业的平均月收入水平最高，建筑业次之。从农民工主要从事的五大行业看，收入水平由高到低分别是建筑业、交通运输、仓储和邮政业、批发和零售业、制造业和居民服务、维修和其他服务业，各行业的月均收入水平分别为 4796 元、3842 元、3541 元、3191 元和 2932 元。

五、浙江外出农民工居住情况

（一）浙江外出农民工居住类型以乡外就业回家居住为主

2013 年浙江有 35.3% 的外出农民工在乡镇以外从业但每天回家居住，在单位宿舍中居住的占 17.0%，在工地或工棚居住的占 5.7%，在生产经营场所居住的占 7.6%，与他人合租住房的占 13.3%，独立租赁住房的占 15.4%。

表4 外出农民工居住情况

外出农民工居住情况	比例（%）
1.单位宿舍	17.0
2.工地工棚	5.7
3.生产经营场所	7.6
4.与人合租住房	13.3
5.独立租赁住房	15.4
6.务工地自购房	1.0
7.乡外从业但回家居住（老家）	35.4
8.其他	4.7

（二）只有三成的单位或雇主提供住宿，近六成的单位或雇主既不提供住宿也不提供住房补贴

数据显示，只有33.2%的单位或雇主为外出农民工提供住宿；有10.3%的单位或雇主不为外出农民工提供住宿，但住房有补贴；56.5%的单位或雇主既不给外出农民工提供住宿，也不提供住房补贴。

六、浙江外出农民工权益保障情况

（一）近五成外出农民工与用工单位或雇主签有劳务合同

外出农民工中，48.5%的人与用工单位或雇主签有劳务合同，其中，签有无固定期限劳动合同的比例为11.8%，签有一年及以上劳动合同的比例为33.0%，签有一年以下劳务合同的比例为3.7%。仍有34.8%的外出农民工没有与用工单位或雇主签有劳动合同。

表5 外出农民工从业劳务关系

外出从业的劳动关系	比例（%）
1.无固定期限劳动合同工	11.8
2.一年及以上劳动合同工	33.0
3.一年以下劳动合同工	3.7
4.没有劳动合同	34.8
5.自营	15.0
6.其他	1.7

（二）外出农民工参加社会保险的水平偏低

外出农民工社会保险的参保率较低。调查数据显示,单位或雇主为农民工缴纳养老保险、工伤保险、医疗保险、失业保险、生育保险和住房公积金的比例分别为 29.2％、33.4％、31.3％、21.5％、16.8％和 10.0％。

住户专项调查处　　魏永利

附 录

1. 指标解释。

外出农民工：指调查年度内，在本乡镇地域以外从业 6 个月及以上的农村劳动力。

本地农民工：指调查年度内，在本乡镇内从事非农活动（包括本地非农务工和非农自营活动）6 个月及以上的农村劳动力。

举家外出：指农村劳动力及家人离开其原居住地，到所在乡镇区域以外的地区居住。

2. 东、中、西部地区划分。

东部地区包括北京、天津、河北、辽宁、上海、江苏、浙江、福建、山东、广东、海南 11 个省（市）；中部地区包括山西、吉林、黑龙江、安徽、江西、河南、湖北、湖南 8 个省；西部地区包括内蒙古、广西、重庆、四川、贵州、云南、西藏、陕西、甘肃、青海、宁夏、新疆 12 个省（市、自治区）。

制造业经济稳中有升　　转型升级稳步推进

——2013 年浙江制造业 PMI 运行情况简析

2013 年,面对复杂严峻的国内外经济环境和历史罕见的持续高温酷暑、台风洪涝灾害,浙江经济着力稳增长、调结构、促转型,保持了稳中向好的势头,其中,浙江制造业也呈现稳中有进的局面。从制造业 PMI 数据看,2013 年除 7 月份为 49.9%外,其余各月均保持在 50%荣枯线之上,1—12 月 PMI 均值 51.6%,较 2012 年均值高出 2.4 个百分点,制造业经济总体上企稳回升,结构有所优化,效益明显提升。但企业仍面临产能过剩、出口乏力、要素偏紧、信心有所减弱等问题和挑战。

一、2013 年浙江制造业 PMI 运行情况

2013 年,浙江制造业 PMI 整体运行呈稳中趋升、小幅波动态势,年均值高于全国平均水平 0.8 个百分点,总体上好于全国。

（一）PMI 稳中趋升,整体波动较小

2013 年,浙江制造业 PMI 走势最高点 53.2%,最低点 49.9%,波动幅度 3.3 个点,全年均值 51.6%。从分月数据看,2 月份受春节因素的影响,有一个季节性的回落。3 月至 7 月受外需萎缩和国内经济下行压力加大的影响,出现连续四个月扩张收窄的过程,7 月份为全年的最低点 49.9%。8—12 月保持在 51.8%—52.7%区间内平稳运行,10 月份受台风"菲特"带来的罕见洪涝灾害的影响,PMI 指数回落 0.9 个百分点。总体看,2013 年浙江制造业经济的运行呈现逐步企稳温和回升的态势,显示稳增长、调结构的政策措施显现成效,积极的因素正在积蓄,发展态势稳中趋升、稳中向好。

（二）2013 年 PMI 运行情况总体好于全国

2011—2012 年在欧债危机不断反复和蔓延、发达国家经济陷入低迷和衰退的大背景下,由于浙江制造业经济的外向型特点,制造业企业处于艰难调整适应期,PMI 运行低于全国平均水平,2011 年和 2012 年均值分别较全国平均水平低 0.7 个百分点和 1.6 个百分点。2013 年浙江制造业 PMI 运行与全国 PMI 运行态势基本相似,但均值水平好于全国,年均值高于全国平均 0.8 个百分点。表明浙江制造业调整结构转型升级的步伐加快措施成效明显（图 1）。

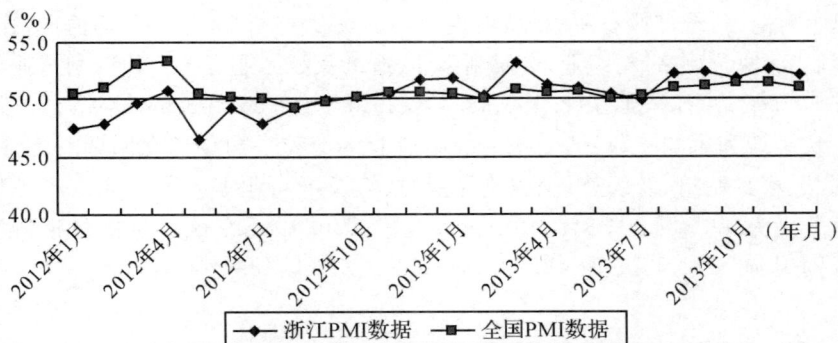

图1 2013年全国制造 PMI 和浙江制造业 PMI 走势图

（三）从应对危机状态转向主动调整阶段

2008 年金融危机使得世界经济遭受重创,2009 年为应对世界金融危机采取了一系列超常刺激措施,以期恢复重振经济。世界金融危机使中国经济从高速发展开始进入到一个中速发展的"换档期",同时也进入到一个转型的发展时期。浙江制造业经济经过三年左右的应对危机状态,2012 年开始进入到稳增长调结构的"转型期"。从 PMI 数据看,2011 年 PMI 均值为 50.7%,2012年 PMI 均值 49.2%,2013 年 PMI 均值为 51.6%,均显示在一个较低的增长速度上运行。在应对危机、稳定增长过程中,大型企业发挥了重要作用,2013年大型企业 PMI 均值为 52.9%,全年均运行在扩张区间。中型企业 PMI 均值为 50.0%,有 7 个月份 PMI 小于 50% 荣枯线。小微型企业 2013 年 PMI 均值为 46.9%,有 9 个月份 PMI 值小于 50%。由此可以看出,大型企业在金融危机阶段中起到重要稳定器的作用,是经济回升的主要动力。数据显示中型企业正逐渐摆脱困境,成为推动经济增长的重要力量。浙江众多的小微型企业生产经营还处于较为困难的境地。

二、PMI 显现转型升级初期特征

2013 年,浙江传统制造业企业正经历转型和升级的艰难过程,生产和采购量出现回调,调整库存回避市场风险;高耗能行业呈加快收缩趋势;一些竞争力较强的优势行业在扩大内需中发展壮大;高新技术产业和装备制造业等行业表现平稳,内生增长动力不断增强。

（一）主动回调,传统制造业生产和采购有所收缩

2013 年,浙江制造业企业生产经营保持增长,PMI 生产指数连续 12 个月运行在扩张区间,年均值 53.8%,是 PMI 平稳运行的主要动力。与之相关的采购量指数也保持较高的水平,全年除 7 月份外均保持在扩张区间,年均值 52.0%。

但是,一部分传统产业有所收缩,出现回调。从 2013 年行业 PMI 均值看,化纤、塑料制品、家具制造、纺织业、金属制品业、造纸及纸品业等 6 个传统制造业行业低于 50％荣枯线,分别为 48.4％、48.4％、49.4％、49.5％、49.6％、49.9％。

从生产和采购指数看,一些传统制造业生产和采购量都在回调。化纤、塑料制品、家具制造、纺织业、金属制品业、造纸及纸品业等 6 个行业生产指数年均值分别为 49.8％、49.8％、45.2％、52.1％、50.9％、49.6％,采购量指数年均值分别为 48.5％、48.5％、45.2％、49.8％、49.4％、46.5％。

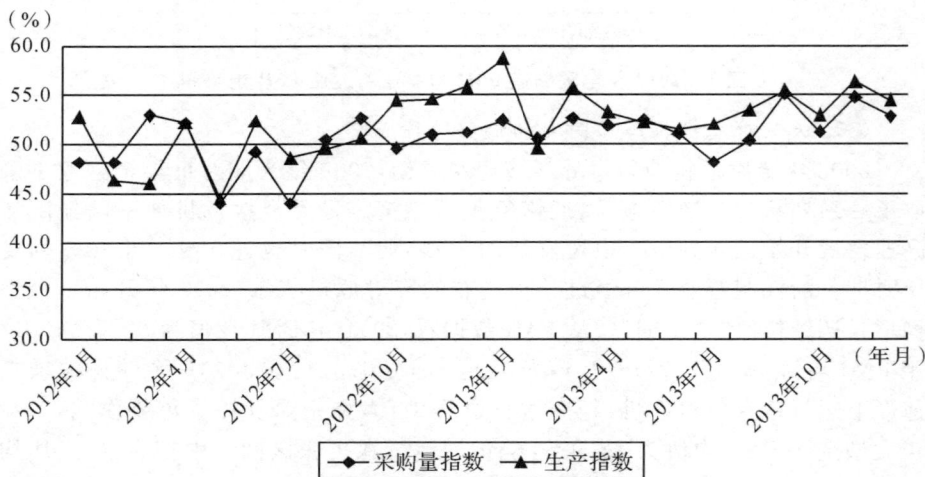

图 2　生产量指数和采购量指数

(二)回避风险,根据市场需求调整库存

原材料库存和产成品库存是反映企业生产经营和市场需求活跃程度的重要参考指标。2013 年,原材料库存指数和产成品库存指数一直处于低位,均值分别为 47.9％和 46.7％,原材料库存指数较产成品库存指数高出 1.2 个百分点。从原材料库存变化看,1—2 月份有一个原材料库存扩张的过程,3—9 月份低于 50％荣枯线,库存收缩,10 月份企业为应对国外圣诞和国内年底消费,扩大库存备货,原材料库存指数达到 50％临界值,11—12 月份又处于收缩状态,12 月份较 11 月份有 1.5 个百分点的回升。

从产成品库存变化情况看,全年都处于缩减库存的状态,12 月份只有 44.5％的水平,呈现加速减少的状态。显示企业主动回避风险,生产维持在较低的水平上,原材料回补库存较为谨慎,产成品则采取缩减库存的措施。

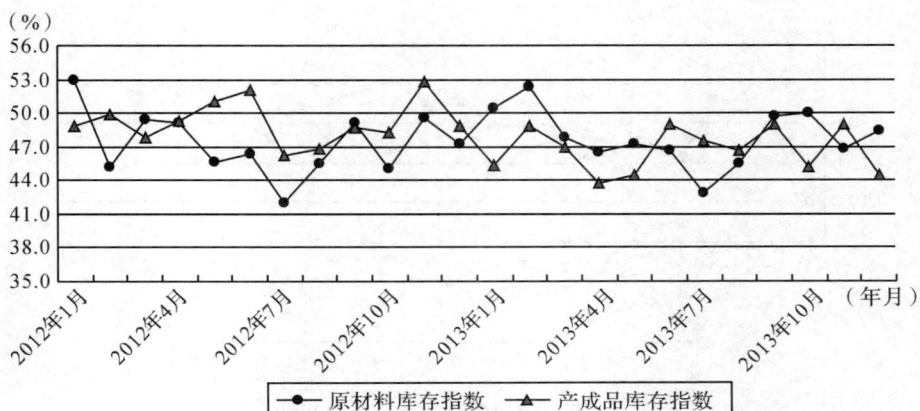

图 3　原材料库存指数和产成品库存指数

（三）需求温和回升，内需好于外需

2013 年，新订单指数运行平稳且处于相对较高的位置。1—12 月新订单指数在 50.7％—55.5％之间运行，全年均值 53.4％，较 2011 年和 2012 年分别高出 2.5 个百分点和 4.6 个百分点，市场需求温和回升。2013 年新订单指数均值较新出口订单指数高出 2.7 个百分点，显示内需状况好于外需。新订单指数的回升，说明扩大内需的成效显现。表明浙江制造业企业正逐渐走出金融危机所带来的困境，市场竞争能力逐步增强。

价格对市场需求变化最为敏感，是企业制定采购计划的重要依据。从制造业原材料购进价格指数变化情况看，2013 年下半年以来持续升高，已连续 5 个月处于扩张区间，12 月份原材料购进价格指数为 54.3％，环比上升 2.3 个百分点。当市场需求增加时，通常原材料购进价格指数会上升，由此来看市场需求将继续回暖。

2013 年，新出口订单指数分化明显，从季度数据看，一季度 53.3％，二、三季度回落至 48.9％和 49.6％，四季度回升至 51.1％的水平；从月度数据看，经过前三个月的扩张后，4 月份出现 4.4 个点的较大幅度回落，5 月份又有 4.4 个点的回升，然后 6 月份再次回落，7 月份回升，表现出明显的上下波动的特点。新出口订单指数的上下波动现象，说明出口订单呈现短期化、小单化倾向，国际市场需求回升缓慢。尽管 2013 年新出口订单指数均值 50.7％，高于 2011 年的 48.5％和 2012 年的 47.5％，但仍显乏力。据对出口企业走访调研了解，部分加工型出口企业因用工短缺和用工成本上涨，主动放弃部分订单，更倾向于接短单、快单。劳动力成本的上升削弱了出口企业的竞争能力，出口企业需要加快转型升级，以应对国际市场竞争压力。

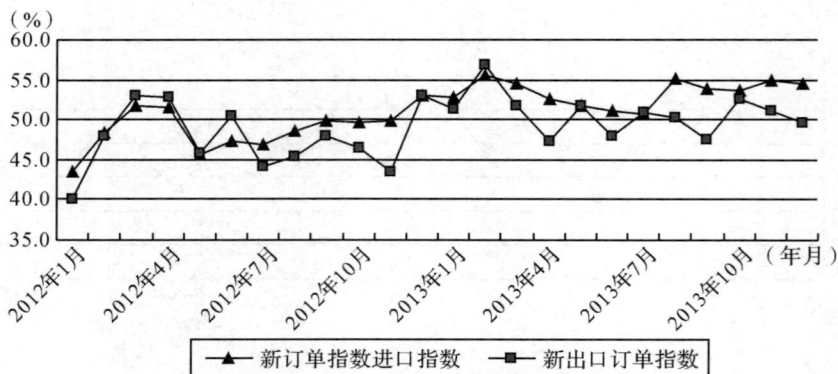

图 4　新订单指数和新出口订单指数

（四）稳中有升，新兴产业表现稳定

从行业 PMI 变化看，2013 年，21 个制造业行业中高于 50％荣枯线以上的有 9 个行业，酒饮料和精制茶制造业、食品制造业，计算机通信仪器仪表和其他电子设备制造业，电器机械及器材和其他制造业，汽车制造业、医药制造业，通用设备制造业，服装服饰业、皮革皮毛羽毛及其制品业，专用设备制造业，农副食品加工业，分别为 58.7％、53.3％、53.3％、52.6％、52.2％、51.9％、51.7％、51.2％、50.5％。其中，高新技术类产业、装备制造业、电子信息产业、食品制造农产品加工等新兴行业表现较为稳定。

（五）稳中向好，内生增长动力增强

从 PMI 看，2013 年装备制造业和高新技术制造业 PMI 均值分别为 52.0％和 52.8％，高出 2013 年制造业 PMI 均值 0.4 个百分点和 1.2 个百分点。从新订单指数看，2013 年装备制造业新订单指数均值 54.1％，高新技术制造业新订单指数均值 54.2％，高于生产指数均值 0.3 个百分点和 0.4 个百分点，全年的订单状况均处于较为扩张状态。与之相对应的高耗能行业 PMI 及其分项指数处于收缩状态，2013 年高耗能行业 PMI 均值 49.2％，生产指数均值 47.2％，新订单指数均值 49.1％。表明装备制造业和高新技术制造业的市场表现和竞争能力好于传统制造业，高耗能行业处于收缩状态，竞争力下降。浙江制造业结构调整的力度显现，新的竞争优势正在逐渐形成。

三、经济下行的压力仍然存在

当前，浙江制造业经济仍然面临产能过剩、市场需求不足、外需增长乏力、要素供给偏紧、小微型企业经营困难和企业信心下降等矛盾和压力，经济下行的压力仍然存在。

（一）产能过剩矛盾突出

积压订单是制造业企业尚未兑现的订货量,通常积压订单指数高于50%,说明企业订单充足,产能利用率较好;如果积压订单指数高于55%,一般认为积压订单的速度快速上升,产能严重不足。积压订单指数低于50%,说明企业订单短缺,产能利用率不足,产能过剩;如果积压订单指数低于45%,一般认为订单减少的速度快速上升,生产能力充足而订单不足,产能严重过剩。从2013年数据看,仅3月份积压订单指数50.4%,其余月份均低于50%荣枯线,最低点42.1%,全年积压订单指数均值45%,说明浙江制造业产能过剩的矛盾仍十分突出。

（二）出口增长乏力

2013年浙江制造业新出口订单指数均值50.7%,较2012年回升3.2个百分点,虽然有所回升,但回升的力度不足,表现在月度间指数的波动较大,出口增长乏力。外需是浙江制造业经济的重要力量,2008年金融危机以来,世界经济恢复缓慢,经济格局正在经历大的调整,过去外需超常增长的"风光"不会再现,国内各种要素价格上涨、人民币汇率持续升值,都直接影响出口企业的市场竞争力。外贸企业如何由外需拉动向内需驱动转变,由加工装配为主的低附加值环节向研发设计、创立品牌等高端产业链延伸,由委托来料加工向自营进料加工为主的运作方式转变,实现外贸企业转型升级、提升市场竞争力还要经历一个磨砺过程,任重而道远。

（三）小微型企业经营困难

2013年,浙江制造业PMI大型企业、中型企业和小微型企业指数均值分别为52.9%、50.0%和46.9%,小微型企业PMI指数要比大型企业和中型企业低6.0个百分点和3.1个百分点。从月度指数看,只有3、4月份PMI在50%荣枯线以上,其余月份均低于50%荣枯线,生产经营总体处于收缩状态。从调查数据来看,困扰小微型企业生产经营的劳动力成本上涨、订单不足、资金紧张等问题并没有出现根本性好转,小微型企业生产经营仍然困难重重。

（四）库存调整尚需时日

库存是反映企业生产经营形势的重要指标。如果短期市场需求增加,企业对未来预期增强,就会扩大生产,原材料库存随之增加,原材料库存指数上升。反之,原材料库存指数则下降。2013年原材料库存指数处在较低水平,年均值47.9%,低于50%荣枯线。从月份看,1、2月企业为新的一年生产进行原材料备货,原材料库存指数为50.5%和52.4%,3—9月份连续7个月原材料库存指数运行在50%荣枯线以下,10月份回升至50%临界点,11、12月又开始收缩,整体处于一个收缩状态。企业生产维持在较低的产能水平上,整体盈利能力并不充分。

产品库存指数是判断当前市场需求活跃程度的主要参考依据,产品库存指数在低于 50% 荣枯线之下运行,是绝对的库存不足状态,如果在 50% 荣枯线以下,库存出现回升则说明部分产能过剩行业又重新投入生产。从产品库存指数运行情况看,2013 年在 49%—43.8% 之间运行,低于 50% 荣枯线,产品库存始终处在收缩状态。企业在需求不旺的环境下,主动减少库存,在一定程度上会导致某些中间产品的短缺及价格上扬,给制造业持续回升带来不利因素。

(五)要素制约偏紧

"劳动力成本上涨"是 2011 年以来制造业企业反映最强烈问题,2013 年有近六成的企业反映劳动力成本上涨是企业生产经营过程中遇到的主要问题。据对制造业企业走访调研,部分企业用工成本年均增长 10%—20%。在劳动力成本上涨的情况下,相当一部分企业招工困难;一些企业为留住技术工人不得不加薪留人;由于制造业企业一般工人流动性大,企业不得不加大新录用人员的培训成本。

"资金紧张"是制造业企业反映较强烈的问题。由于实体经济利润低,前些年相当部分资金脱离实体经济,实体经济"空心化"倾向引起越来越多的关注,国家采取一系列支持实体经济的金融政策,但据企业反映银行往往不太愿意贷款给制造业企业,而且手续特别繁杂,条件也十分苛刻,"口惠而实不至"。2013 年 12 月份反映"资金紧张"的制造业企业占被调查总数的 36.0%,较上月增加 3.5 个百分点,较 2013 年 1 月份反映该问题的企业家数上升 14.0 个百分点,全年呈现出逐步升高的形态,资金紧张的状况呈上升趋势。2013 年 12 月美联储逐步缩减 QE 规模,减少流动性,导致国内银行间同业出借利率连续大涨,流动性紧张。各类银行理财产品利息也在纷纷比高,资金资源配置扭曲加剧,资金价格升高和资金紧张的趋势不可避免,制造业企业的资金成本上升和资金短缺的压力日趋明显。

"劳动力供应不足"造成的招工难,导致制造业企业用工持续减少。从制造业从业人员指数变化看,2013 年从业人员指数年均值 49.0%,低于 50% 荣枯线,除 1、2 月份受季节因素影响外,全年制造业从业人员指数呈下降趋势,制造业从业人员的数量在减少。据对企业调研了解,一是生活费用提高,民工外出打工赚钱难,加之近年来农业、种植业、养殖业比较效应提高,不太愿意外出打工;二是制造业企业一线工人比较辛苦,80 后、90 后怕吃苦,不愿赚辛苦钱;三是就业观影响,每年有几百万大学生毕业,企业缺少技术工人,但是大学生不太愿意到企业就业。劳动力就业问题不仅反映在数量上,而且结构矛盾也十分突出。

2013 年制造业企业反映"运输成本上涨"问题呈上升趋势,认同率超过25％。运输是实现生产到销售的重要环节,近年来,由于油价上涨、劳动力成本上升以及物流企业粗放管理等因素,运输成本呈上升趋势。据调查,"营改增"也增大了运输企业的成本。

此外,在要素供给方面,"人民币汇率波动"所带来的人民币对美元升值压力,在一定程度上削弱出口产品竞争力,也影响出口企业的生存和发展。

（六）市场预期减弱

12 月份制造业企业"未来 3 个月生产经营活动预期"指数为 49.0％,较上月大幅回落 4.9 个百分点。该指数自 2013 年 8 月份以来连续 4 个月回落,从8 月份的 60.7％,回落至 12 月份的 49.0％,月均回落近 3 个点,由乐观转向谨慎。

12 月,生产指数、新订单指数、采购量指数、新出口订单指数均出现不同程度回落,表明在调整结构、化解过剩产能的大背景下,制造业企业转型升级面临多重困难,制造业经济仍有下行压力,企业预期趋于谨慎。

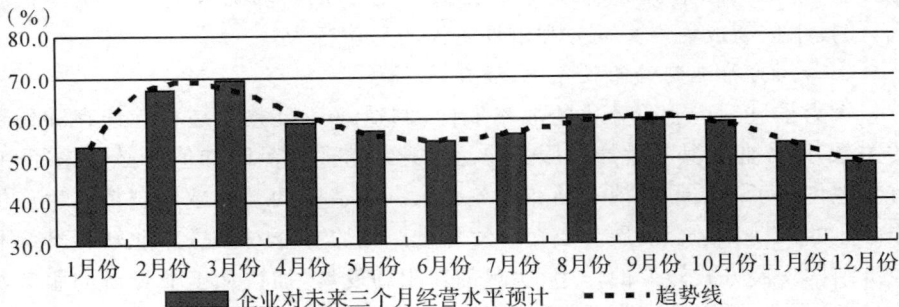

图 5　企业对未来三个月经营水平预计

四、健康持续发展仍需蓄积力量

应该看到,制造业经济依靠传统的比较优势参与市场竞争的局面将难以为继。当前,经济运行中不稳定、不确定因素仍然存在。必须进一步推进改革,改善市场竞争环境;坚持不懈推进制造业转型升级,增强内生增长动力;大力推进制造业服务化,激发市场活力,提升竞争力;以创新驱动破解要素制约难题。

（一）进一步改善市场竞争环境

市场的竞争是企业产品、服务、价格等综合素质的竞争，提高制造业企业的竞争能力，必须进一步改善市场竞争环境。一是着力降低交易成本，激发企业创造活力。二是提高企业管理水平，降低生产成本，提高经济效益。三是推进以企业为主体的创新机制，增强创新的内生动力，提高企业市场竞争力。四是完善公平竞争的市场环境，形成市场倒逼创新的机制，为经济注入新的活力。

（二）坚持不懈推动制造业转型升级

浙江经济正处在转型升级结构调整的过程中，传统产业改造提升、新兴产业培育成长都需要一个艰难的过程。一是要转变发展方式，以往的拼资源、拼环境、拼劳动力便宜的速度型模式已经不能持续，全球制造业竞争已由规模化和低成本转向提高企业整体效率及产品质量，转向服务、网络化以及创新能力上来了，不创新就难以持续发展。二是要更加关注发展质量，浙江制造业已经过了"长身高"的阶段，进入"长肌肉"的阶段，应该是一个质量、效益和速度相统一的阶段。三是充分利用经济"换档期"时机加速化解产能过剩，产业竞争力的核心取决于产品附加值的高低，大力推进传统产业技术改造，使之从低端产业和产业链低端中走出来，提高产品附加值和产品档次，提升传统产业整体素质。四是提高自主创新能力，技术进步和人力资本增长，这是企业发展的内生变量，也是核心竞争力，制造业长远发展必须加大对研发和人力资本的投入，使技术创新成为内生动力和市场主体的普遍行为。

（三）大力推进制造业服务化，提升竞争力

大力推进制造业服务化的战略取向，制造业和服务业是相互依存和促进的关系，服务业尤其是生产性服务业是提升制造业产品附加值的必然途径，它有效地创造了高质量的消费品和服务需求。制造业的升级越来越依靠生产性服务业的推动和融合发展。要充分发挥生产性服务业对推进产业转型升级和经济结构发展方式转变的作用，实现创新驱动发展，加快从工业经济向服务经济的转变。一是发展交通运输业，推动现代物流体系建设；二是加快金融体制改革，提高金融对经济的贡献能力；三是建设研究与开发体系，推动制造业向高端发展；四是信息服务和商务活动配套服务体系建设，降低交易成本，提高便利性。

（四）以创新驱动破解要素制约难题

长期以来，浙江中小企业、传统产业生产规模和发展速度掩盖了其内在的弱点，伴随着原材料成本的上升、要素资源的短缺及环境承载力的削弱等困境的出现，中小企业面临的生存与发展压力不断增大，特别是2008年以来,在国际金融危机的冲击下,不少中小企业陷入困境。依靠低成本劳动力和资源投入的经营模式已经走到尽头,必须转变发展理念和经营模式,从原先低廉劳动力和大量消耗资源的发展方式转向技术创新驱动、产业转型升级的轨道。

成本因素决定增长速度。近年来,劳动力、土地、能源资源、资金技术等各种要素成本越来越趋紧,要素投入的成本越来越高,企业面临的压力越来越大,必须有更高级的生产要素的投入。根据波特钻石理论,高级生产要素对获得竞争优势具有不容置疑的重要性,制造业企业技术模仿的空间越来越小,技术创新的决定性作用变得越来越突出,高级生产要素很难从外部获得,企业必须自己投资创造,这样才能促进企业竞争优势的持久升级。所以,自主创新尤其是在核心技术上的突破是制造业企业破解难题的明智之举。

统计监测处　储小华

专题研究

浙江农村居民收入倍增问题研究

党的十八大提出了居民收入倍增和建成小康社会的宏伟目标。收入倍增问题成为当前政府和社会各界关注的重要民生问题之一,农民收入倍增更是重中之重,难中之难。本文利用农村住户调查资料及统计年鉴,运用统计比较及计量经济方法,对浙江农民收入增长的特点、增收因素、增收难点进行剖析,并对收入水平进行分阶段预测。结果表明,在现有的条件下,提前1—2年实现"农村居民人均纯收入翻一番"的目标是有可能实现的。最后,根据研究结论及浙江经济社会发展的新形势,为确保农民收入翻番目标的实现,实现浙江农民收入又稳又快地增长,提出了"六个突出"的对策建议。

目前全省各地都在积极推进城乡居民收入倍增计划,而农民收入倍增是城乡居民收入倍增计划的难点和重点。促进农民增收,是今后党在农村工作的中心任务,是实现社会和谐稳定的保障,是浙江继续"走在前列"的重要标志。因此,可以预见,浙江继续加大强农、惠农、扶农政策力度,进一步促进农业增产、农民增收,始终是当前以及今后一段时期"三农"政策的主要目标和重要任务。

一、浙江农民收入增长特点分析

(一)浙江农民收入总体增长特点

1.农民收入持续稳定增长。浙江农村居民纯收入已连续28年居全国各省区首位。2012年浙江省农民人均纯收入达到14552元,比1978年增长88倍,年均增长14.1%。1978年以来浙江农村居民纯收入总体呈现稳步增长态势(见图1)。

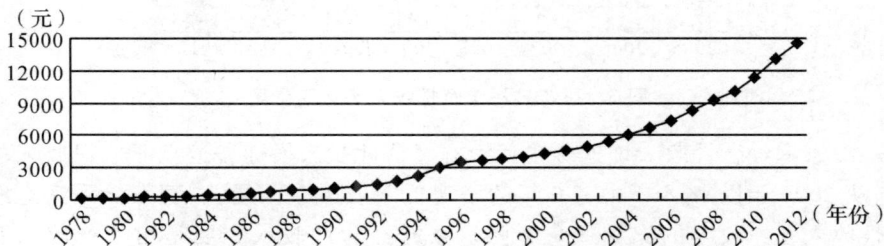

图 1 浙江省农民人均纯收入增长趋势图

2.农民收入增速前高后低。浙江农民收入增速总体呈现前高后低的态势（见图 2），1995 年之前的增速比较快，其中 1995 年达到最高增速 33.3％，1996 年开始增速快速下降，到 2000 年以后增速开始趋缓，达到一个相对稳定的区间。从各个五年计划期来看，"八五"期间农村居民人均纯收入年均增长率达 22.0％，"九五"期间年均增长率 7.5％，"十五"期间年均增长率 9.4％，"十一五"期间年均增长率 11.2％，"十二五"的头二年分别增长 15.6％和 11.3％。

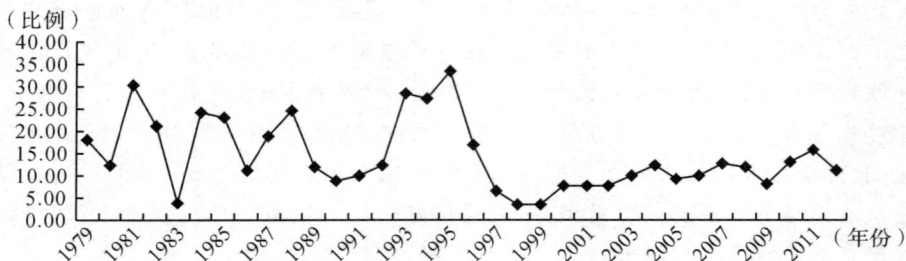

（比例）

图 2　浙江农民纯收入增速分析图

（二）浙江农民收入分项增长特点

1.农民工资性收入比重逐年提高。农民人均纯收入中工资性收入一直占据重要地位，近几年浙江农民纯收入中的工资性收入的比重在逐步增加，从 2005 年的 49.5％到 2012 年的 54.0％（见图 3），已成为农民收入增加最重要的来源。

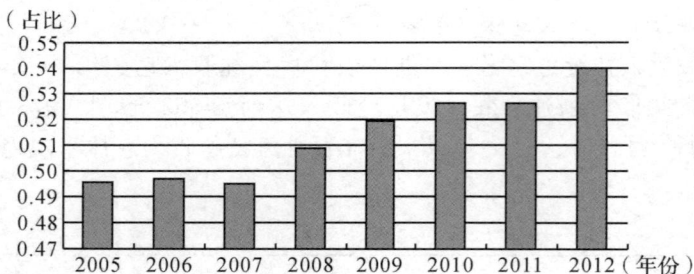

（占比）

图 3　历年农民工资性收入比重变化图

2.家庭经营性收入增速缓慢。家庭经营性收入增速普遍低于农民收入增速，从 2005 年以来，8 年中有 6 年的增速低于农民收入增速，直接导致家庭经营性收入在纯收入的比重逐步下降。家庭经营性收入主要是由一产收入和二、三产业收入组成，其中一产收入增速在过去 8 年中，有 3 年增速低于农民收入增速,尤其在 2012 年增速是-1.7%,二、三产业收入增速在过去 8 年中,有 5 年增速低于农民纯收入增速,(见图 4)。

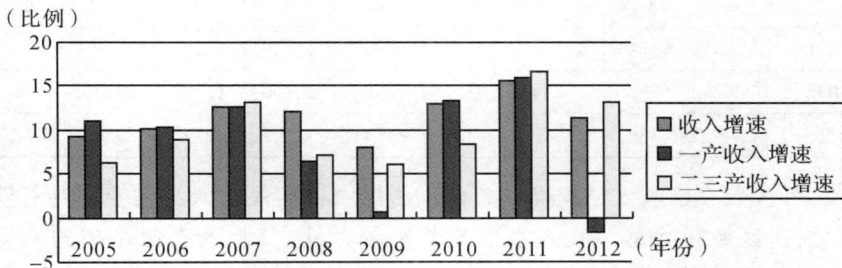

图 4   收入增速比较表

3. 非经营性收入增长较快。非经营性收入包括财产性与转移性收入,非经营性收入作为农民纯收入的新增长点,最近几年趋势良好,增速基本都保持快速增长。从 2005 年开始,只有 2 年非经营性收入增长速度低于农民纯收入增长速度,其余 6 年都快于农民纯收入增长速度(见图 5)。

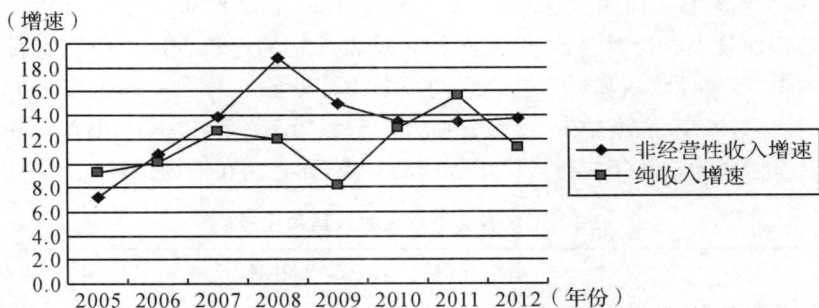

图 5   非经营性收入增速与纯收入增速对比表

(三)浙江不同区域农民收入增长特点

1. 各区域农民收入增速存在差异。我们将全省 11 个设区市按照地域分布、经济发展水平和农村居民收入水平划分为浙东北、浙中南、浙西 3 个区域。按此划分标准,浙东北包括杭州、宁波、嘉兴、湖州、绍兴、舟山 6 个市,浙中南包括温州、台州、金华 3 个市,浙西包括衢州、丽水 2 个市。从表 1 可以看出,目前浙东北的人均收入水平最高,浙西的收入水平最低,但从最近几年的年均增速来看,浙东北的增速位居第二,浙中南位居末位,浙西处在最前列。

表 1　浙江各区域农民人均纯收入和增速比较表

	2005 年（元）	2006 年（元）	2007 年（元）	2008 年（元）	2009 年（元）	2010 年（元）	2011 年（元）	2012 年（元）	年均增速（%）
浙东北	8142	9402	10446	12109	12907	14589	15263	17185	11.3
浙中南	6065	6863	7994	8602	9706	10980	11191	12340	10.7
浙西	4270	5189	5537	6162	6641	7522	8997	9536	12.2

　　2.各区域农民收入结构存在差异。浙江农村居民收入结构变动具有明显的区域性,区域间除总体收入水平的差距较大外,其收入来源结构的差异更大。人均工资性收入浙东北绝对额占优,浙西最少,工资性收入占纯收入的比重,浙东北、浙中南、浙西分别为 57.0%、50.7% 和 43.6%,浙西落后浙东北13.4 个百分点,工资性收入的巨大差距造成了总体收入水平的差异。浙中南家庭经营二、三产业收入具有一定优势,人均比第二位的浙东北地区多了 115元,但占比明显高于其他两个区域,比第二位的浙东北高了 15.9 个百分点;浙西一产收入明显高于其他两个区域,人均比第二位的浙东北地区多了 848 元,占比同样远高于其他两个区域,比第二位的浙东北高了 36.4 个百分点。财产性和转移性收入成为浙西、浙中南农村居民收入新的增长点。目前在农村居民纯收入中,转移性收入和财产性收入两项非生产性收入合在一起占农村居民纯收入的比重,浙东北、浙中南、浙西分别为 9.5%、14.4% 和 12.8%,财产性和转移性收入有望成为这几年农村居民增收的新亮点,而且增长潜力也较大。

表 2　浙江各区域农民收入结构比较表

指标名称	浙东北		浙中南		浙　西	
	绝对额（元）	比重（%）	绝对额（元）	比重（%）	绝对额（元）	比重（%）
全年人均纯收入	17185	100.0	12340	100.0	9536	100.0
一、工资性收入	9786	57.0	6258	50.7	4153	43.6
二、家庭经营纯收入	5762	33.5	4680	37.9	4166	43.7
1.一产收入	2408	41.8	1211	25.9	3256	78.2
2.二、三产业收入	3354	58.2	3469	74.1	910	21.8
三、财产性收入	626	3.6	491	6.2	368	3.9
四、转移性收入	1011	5.9	911	8.2	849	8.9

（四）东部五省农民收入增长比较

1.工资性收入浙江最高，增速山东最快。从 2005 年以来，东部沿海地区农村居民的收入在较高的起点上保持了较快增长，但不同省份之间农村居民收入仍有较大差距，结构差异较为明显。对浙、苏、粤、闽、鲁五省农村居民人均纯收入水平进行分析可以看出，工资性收入一直是农村居民收入增长的主要推动力。从增速来看，五省农村居民工资性收入保持了快速增长的态势，2005 年以来年均增速都在 12% 以上，山东省位居第一，增速达 17.8%，浙江位居最末，增速为 12.9%。从绝对额来看，2012 年浙江省农村居民人均工资性收入达 7860 元，在五省绝对领先，江苏省和广东省的人均工资性收入均超过 6400 元，差距不大，属第二梯队，而福建省和山东省农村居民的人均工资性收入在 5000 元以下，属第三梯队。

2.农村居民家庭经营收入浙江最高，增速江苏最快。2012 年，浙江省农村居民来自家庭经营的纯收入人均达到 5190 元，江苏、广东、福建、山东分别为 4181 元、2566 元、4571 元和 4234 元，仅这一项收入浙江比其他四省分别高出 1009 元、2624 元、619 元和 956 元。但从年均增速看，2005 年以来，浙江的增速位列五省的第二位，达到 9.3%，与第一位的江苏省差 0.2 个百分点，差距不大。

3.非经营性收入江苏最高，增速江苏列五省之首。农村居民的非经营性收入包括财产性和转移性收入两部分，其中财产性收入包含利息、土地征用补偿、租金等收入，转移性收入包含农村外部亲友赠送、退休金、非常住人口寄带回等收入。2012 年，江苏省非经营收入人均达到 1546 元，比浙江高 44 元，差距不明显。但从年均增速看，2005 年以来，浙江的增速位列五省的第四位，为 13.3%，与第一位的江苏省差 9.9 个百分点，差距明显。

二、浙江农民收入影响因素分析

浙江农村居民收入增速特点的形成既有自然环境、社会经济发展水平及农民群体属性等因素影响，也与不同的历史发展阶段有关。为了剖析当前农民收入增长的关键点，我们运用统计方法对各影响因素进行实证分析，找出影响农民收入增长的关键因素。

（一）研究方法及因素确定

考虑到浙江经济环境、社会状况等均存在着显著差异，利用因子—回归分析进行处理，因子分析的基本目的就是用少数几个因子去描述许多指标或因素之间的联系，即将相关比较密切的几个变量归在同一类中以较少的几个公共因子反映原资料的大部分信息，进而发掘影响收入的主要因素，在因子分析消除共线性的基础上,再采用回归分析对公共因子与纯收入关系进行分析。

在影响因素的选择上,基于浙江农村的特征、影响农民收入的关键因素以及数据的可获得性,通过对 1991—2011 年《浙江统计年鉴》和农村住户调查资料进行筛选,从自然条件、社会保障、经济发展、个体特性等多个方面做出决策。如,受灾面积会对产业发展有所限制,从而影响农民收入;财政支农会影响当地农业的产业化水平,进而影响收入水平;产业的发展水平会影响农民的收入结构;农民个体的素质会影响其工资水平及增长的潜力;总的经济发展将会全面影响收入增速和结构。综合各种考虑,对于农民收入的影响因素分析引入如下变量:$X1$ 代表外出劳动力;$X2$ 代表人均 GDP;$X3$ 代表一产产值;$X4$ 代表二产产值;$X5$ 代表三产产值;$X6$ 代表恩格尔系数;$X7$ 代表受灾面积;$X8$ 代表人均生活消费支出;$X9$ 代表农林水事务支出;$X10$ 代表农业机械总动力;$X11$ 代表每百劳动力不识字率;$X12$ 代表人均年末存款余额;$X13$ 代表人均生产性固定资产;$X14$ 代表农业事业机构。

(二)模型分析及初步结果

1.因子分析。

对所选指标数据进行标准化处理,然后建立相关系数矩阵 R 并得到其特征向量,使标准化后的变量均值为 0,方差为 1。因子分析的前提是原有变量之间具有较强的相关关系,否则无法从中综合出能够反映某些变量共同特性的几个较少的公共因子变量来。为了检验变量之间是否具有较强的相关关系,我们对 14 个变量做了相关性分析,可以得到各个变量之间的相关性都比较高(>0.5),且都通过显著性检验,因此保留这 14 个变量运用 SPSS20.0 软件进行因子分析计算。

为了进一步检验这 14 个变量是否适合做因子分析,我们对变量做 KMO 和 Bartlett 的检验,检验结果显示,该组数据 KMO=0.735(>0.7),可以做因子分析。Bartlett 检验统计量的观测值为 849.850;自由度为 91;该模型检验极其显著,P=0.000。

为了对因子提取的效果进行衡量,按指定提取条件(特征根>1)提取特征根时的共同度,可见每一个变量的信息都大于 85%,可被因子解释,这些变量的信息丢失较少,因此,本次因子提取的总体效果十分理想。方差贡献率是衡量公共因子相对重要程度的指标,方差贡献率越大表明该公因子相对越重要。3 个公共因子累计方差贡献率达到 97.042%。这表明 3 个公共因子基本保持了原来 14 个指标绝大部分信息,亦即用这 3 个公共因子代表原来的 14 项指标评价的状况已有 97.042% 的把握。各因子旋转后的方差贡献率说明,公共因子 1、公共因子 2 和公共因子 3,可以解释原始信息的能力分别是 53.440%、31.631%和 11.971%。

为了更好地对所选取的公共因子赋予合理的经济解释,可通过因子旋转的方式使一个变量只在尽可能少的因子上有比较高的载荷,表 3 为旋转后的因子载荷矩阵。

用方差最大法对因子载荷矩阵实施正交旋转以使因子具有命名解释性。由此旋转后的因子载荷矩阵可对 3 个因子做如下命名:

公共因子 1 在人均 GDP、一产、二产、三产、人均生活消费支出、农林水事务支出、人均年末存款余额、人均生产性固定资产投资这 8 个指标上的载荷值较大,因此该因子可命名为经济发展因子。

公共因子 2 在外出劳动力、恩格尔系数、农业事业机构、基尼系数、农业机械总动力、每百劳动力不识字率这 5 个指标上的载荷值较大,因此该因子可命名为外部辅助因子。

公共因子 3 在受灾面积这 1 个指标上的载荷值较大,因此该因子可命名为环境因子。

表 3 旋转成分矩阵

	成 分		
	1	2	3
外出劳动力(万人)	.642	.676	.325
人均 gdp	.867	.448	.216
一产	.824	.488	.239
二产	.876	.433	.203
三产	.896	.383	.223
恩格尔系数	−.534	−.721	−.313
受灾面积	−.281	−.409	−.864
生活消费支出	.826	.506	.237
农林水事务支出	.938	.243	.228
农业机械总动力	.621	.688	.355
每百劳动力不识字率	−.303	−.857	−.373
年末存款余额	.861	.427	.211

续表

	成　分		
	1	2	3
生产性固定资产	.808	.498	.289
农业事业机构	−.520	−.747	−.173

2.回归分析。

对 14 个因素做完因子分析,提取了 3 个公共因子后,以农村居民纯收入为因变量(假设为 Y),以生成的 3 个公共因子为自变量(假设为 F1—F3),进行线性回归分析,模型确定系数的平方根为 0.998,确定系数为 0.997,调整后的确定系数为 0.996,标准误为 212.52711,可以判断该模型与数据拟合度非常好。进一步对该回归模型进行检验,回归平方和为 219561049.617,残差平方和为 767852.128,总平方和为 220328901.745,F 统计量为 1620.337,sig<0.05,可以认为建立该回归模型有效。最后对回归模型中常数及回归系数的值进行检验,因变量农村居民纯收入对三个自变量经济发展因子、外部辅助因子、环境因子的回归非标准化回归系数分别 2770.506、1619.394、824.568,对应的显著性检查的 T 值分别为 58.299、34.076、17.351,三个回归系数的显著性水平 sig<0.05,可以认为自变量 F1—F3 对因变量都有显著影响,故建立回归模型 Y = 5505.661 + 2770.506F1 + 1619.394F2 + 824.568F3(见表 4)。

表 4　回归模型[a]

模型		非标准化系数		标准系数	t	Sig.
		B	标准　误差	试用版		
1	(常量)	5505.661	46.377		118.715	.000
	REGR factor score 1 for analysis 1	2770.506	47.523	.835	58.299	.000
	REGR factor score 2 for analysis 1	1619.394	47.523	.488	34.076	.000
	REGR factor score 3 for analysis 1	824.568	47.523	.248	17.351	.000

a. 因变量:纯收入

3.初步结论

通过以上模型分析,可以发现影响农村居民纯收入的因素主要有三类:一是经济发展因素,二是外部辅助因素,三是环境因素。

(1)经济发展因素对收入的正向影响最大。通过分析我们得出,人均GDP、一产、二产、三产、人均生活消费支出、农林水事务支出、人均年末存款余额、人均生产性固定资产投资这些因素对农民收入都起到了正向作用。

(2)外部辅助因素在农村居民纯收入中也起着重要的作用,其中:外出劳动力数量和农业机械总动力对农村居民纯收入起到了正向作用。说明劳动力的流动和农业的机械化水平是促进农民收入提升的有效途径。而恩格尔系数、每百劳动力不识字率、农业事业机构数在农村居民纯收入中起到了负向作用。社会的富裕,每百劳动力不识字率的下降,农业事业机构数的减少,将有助于农民收入的提高。

(3)环境因素对于农民收入的增长也日趋重要,环境的美化,农林渔面积的稳定,有助于农民收入的稳定增长。

三、浙江农民收入预估

目前各地都在积极推进城乡居民收入倍增计划,而农民收入倍增是城乡居民收入倍增计划的难点和重点。针对浙委发〔2013〕8号文件提出2015年预估收入(2010年不变价)和2017年预估收入(2012年不变价),本部分考虑采用时间序列预估浙江农村居民纯收入,期求用数学模型进行验证。

(一)数据来源与研究方法

本部分分析采用自回归单整移动平均(Auto Regression Integration Moving Average)ARIMA模型进行非平稳时间序列建立数学模型,时间序列预测法利用随机过程分析描述事物的发展趋势,不需对其发展模式做先验假设,同时方法本身保证了可通过反复修正直到获得满意的模型,达到最小方差意义下的最优预测。实证研究表明,收入时序为非平稳过程,不能用样本均值和方差推断随机变量不同时点的分布特征,必须采用适当的方法平稳化之后再建模。目前越来越多研究者倾向认为多数宏观经济时序包含随机性趋势。因此可建立差分模型模拟收入时序波动并进行预测。

本模型采用的数据依据1978—2012年《浙江统计年鉴》得到农村居民人均纯收入来建立时间序列,单位为元。为了方便对预估结果的可行性分析,根据模型结论,匡算未来年均农村消费者价格指数(CPI),从而更清楚地了解收入倍增的可能性。

（二）时间序列模型分析

本部分运用 SAS9.1 统计软件进行分析计算。首先农民纯收入数据呈现明显的指数增长趋势，明显不平稳。为了使得数据能够消除异方差和非平稳性，因此我们对原数据序列采取对数处理，并进行一阶差分。为了进一步验证处理后数据的平稳性，采用 ADF（Augmented Dickey-Fuller）方法检验时序平稳性，通过 SAS 软件计算得到 P 值 0.0386523147（<0.05），我们可以判断处理后的数据平稳，从而可以对数据建立 ARIMA 模型。

我们对处理后的数据进行分析：样本自相关函数在 1 步延迟以后均落入到两倍的标准误，可以认为该序列的自相关系数 1 阶截尾；样本偏自相关函数在 1 步延迟后基本都落入到两倍的标准误之内，该偏自相关系数可认为 1 阶截尾；我们对处理后的数据进行 Ljung－Box 检验，发现 2 阶以下有自相关，说明该数据列是非白噪声，适合于建 2 阶以下的 ARIMA 模型。综合以上分析，为了模型定阶的准确性，下面采用 BIC 准则，对模型进行判断。根据 BIC 准则，我们知道在所有通过检验的模型中使得 BIC 函数达到最小的模型为相对最优模型。为此运用 SAS 输出所有自相关延迟阶数小于等于1、移动平均延迟阶数小于等于 1 的所有 ARMA（p,q）模型的 BIC 信息量，一阶差分序列的 BIC 信息量最小的是 MA(1)模型。BIC 统计量值为－5.52552。可得该模型为 MA(1)模型，如表 5 所示。

表 5   BIC 值判断标准表

Lags	MA 0	MA 1
AR 0	－5.41244	－5.52552
AR 1	－5.52105	－5.43184
Error series model：AR(1)		
Minimum Table Value：BIC(0,1) ＝－5.52552		

由 BIC 准则确定，该模型为 MA(1)模型，运用 SAS 对 MA(1)模型来拟合该数据序列。从表 6 我们可以看到，此时参数显著性结果显示 P 值都小于 0.05，即参数显著。同时残差白噪声检验显示延迟 6 阶、延迟 12 阶、延迟 18 阶、延迟 24 阶 LB 检验统计量的 P 值均显著大于 0.05，说明模型的残差为白噪声序列，即该 MA(1)模型显著有效。进一步计算得出该序列的模型为：$Y_t = 0.13480 + (1+0.65699B)\varepsilon_i$，该式也可写为：$Y_t = 0.13480 + \varepsilon_i + 0.65699\varepsilon_{t-1}$ 且 $\delta_t^2 = 0.060069$。

表 6　参数检验表

Parameter	Estimate	Standard Error	t Value	Approx Pr
>|t|　　　Lag				
MU	0.13480	0.01671	8.07	
<.0001　　　0				
MA1,1	−0.65699	0.13370	−4.91	
<.0001　　　1				

Constant Estimate	0.134796	
Variance Estimate	0.003608	
Std Error Estimate	0.060069	
AIC		−92.8066
SBC		−89.7539
Number of Residuals		34

* AIC and SBC do not include log determinant.

表 7　收入预测表

年	Obs	Forecast	Std Error	95% Confidence Limits		预测纯收入（现价）
2013	36	9.7026	0.0601	9.5849	9.8204	16360.08818
2014	37	9.8374	0.1163	9.6096	10.0653	18720.97814
2015	38	9.9722	0.153	9.6723	10.2722	21422.56318
2016	39	10.107	0.1826	9.7492	10.4648	24514.00829
2017	40	10.2418	0.2079	9.8343	10.6494	28051.57334
2018	41	10.3766	0.2305	9.9248	10.8284	32099.63698
2019	42	10.5114	0.2511	10.0193	11.0036	36731.86818
2020	43	10.6462	0.2701	10.1168	11.1756	42032.56693

　　对于得到的 MA(1) 模型预测未来 8 年的数据,考虑到测算未来纯收入时要涉及不变价的,我们通过对模型预测数据和政府期求数据的对比,分析未来需要控制浙江年均农村消费价格指数(CPI)的范围。对比分析模型预测数据(见表 7)和政府期求数据,得出以下结论:

　　1.如果到 2015 年农村居民纯收入达到 17400 元(2010 年不变价),未来三年浙江年均农村消费价格指数(CPI)需要控制在 104.5 以内。

　　2.如果到 2017 年农村居民纯收入达到 22000 元(2012 年不变价),未来五年浙江年均农村消费价格指数(CPI)需要控制在 105 以内。

3. 对比浙委发〔2013〕8 号文件，浙江提出的力争提前 1—2 年实现"农村居民人均纯收入翻一番"的目标是有能力实现的。

最后，对于以上时间序列模型分析得到的结论是良好的，但由于模型本身有其局限性，现将本模型的缺陷分析归结如下：

1. ARIMA 模型对于短期预测比较准确，但随着预测期的延长，会出现预测误差逐渐增大的情况，不过预测结果在一定程度上还是说明实现增长规划目标是完全可能的。

2. 模型分析虽然能进行悲观估计与乐观估计，但与现实的可变性和多变性之间存在一定矛盾。

3. 影响收入增长的因素很多，包括外部的和内部的，并且这些因素中有相当一部分是不可控的，很有可能影响收入的变化。

4. 该预测只是在国际经济环境和中国内部的经济环境良好的前提下进行的，而这些收入目标只有在经济持续、稳定、高速增长的情况下才能实现。本部分我们能做到的也仅限于以收入的变化为视角，并在这样一个视角下，力求达到对收入增长较为准确的预测。

四、浙江农民收入倍增难点剖析

（一）初次分配比重偏低，农民收入实际增速跑不过 GDP

长期以来，浙江初次分配中劳动者报酬占生产产值的比重偏低，总在 40％上下浮动。按照世界各国的发展经验，个人收入在国民收入分配中的比重在 60％以上才算合理，多数发达国家则达到 70％左右。劳动者报酬占生产总值的比重越高，说明初次分配越公平。2005—2012 年浙江劳动者报酬占生产总值的比重约分别为 39.7％、40.3％、39.7％、41.2％、39.6％、38.9％、40.8％和 42.1％。另外，在岗职工年平均工资与人均地区生产总值之比也由 2000 年的 0.93∶1 不断下降到 2012 年的 0.80∶1。

自 2000 年以来，浙江农村居民收入水平有了大幅度提高，但相对于经济发展速度，差距依然较大。2000—2012 年浙江地区生产总值按可比价计算年均增长 10.1％，农民人均纯收入扣除物价后实际年均增长 8.1％，低于经济增长速度 2.0 个百分点。分年度来看，除 2009 年、2011 年、2012 年农民人均纯收入增速快于经济增速外，其他年份均慢于经济增长，个别年份增速差距超过了 5 个百分点（具体见表 8）。但值得欣慰的是，农民人均纯收入增速快于经济增速的年份发生在最近这几年，这应该归功于近年来政府对民生的重视，当然也有经济增速放缓的因素。这一现象是趋势还是偶然需进一步观察。

表 8　2000—2012 年浙江省农村居民人均纯收入与人均 GDP 实际增幅比较

年份	农村人均纯收(元)	农民收入实际增长(%)	人均 GDP(元)	人均 GDP 增长率(%)
2000	4254	7.8	13415	8.1
2001	4582	6.9	14664	7.7
2002	4940	8.4	16841	11.5
2003	5431	7.8	20149	13.2
2004	6096	7.4	23817	12.7
2005	6660	6.4	27062	11.2
2006	7335	9.3	31241	12.2
2007	8265	8.2	36676	12.8
2008	9258	6.2	41405	8.6
2009	10007	9.5	43842	7.7
2010	11303	8.6	51711	9.5
2011	13071	9.5	59249	7.2
2012	14552	8.8	63374	7.7

（二）居民收入差异化比较明显,低收入人群增收难度较大

一是城乡居民之间的收入差距。近年来,农村居民收入总体呈现了稳步持续增长的态势,但是受长期城乡二元化发展影响,全省城乡居民之间的收入差距依然较为明显,城乡居民收入比由 2000 年的 2.18∶1 扩大到 2012 年的 2.37∶1。二是不同群体收入差异较大。从五等分分组数据看,2012 年浙江农村居民低收入群体的收入占全部收入的比重仅为 5.63%;高收入群体的收入占全部收入的比重为 43.27%。也就是说,占农村居民 20% 的高收入群体获得了农村居民全部纯收入的近 45%,而低收入群体只获得了农村居民全部纯收入的 5% 左右,目前全省 20% 高收入户人均纯收入水平是 20% 低收入户的 7.69 倍,差距巨大。造成此类差距原因主要是低收入户家庭成员一般文化程度低,老弱病残多,就业较为困难,无能力创业,更缺乏创业资金,生活来源主要依靠政府和社会救济,因此他们很难通过提高生产经营收入来提高收入水平,对收入的增长缺乏主动性,所以增收难度很大。

（三）农业增收基础薄弱,农民一产收入发展后劲不足

从浙江的农村实际情况出发,耕地面积少、农业比重小、农业收入占比少、

农业劳动力素质相对低,这"三少一低"意味着浙江农民在农业经营方面取得高效益的难度较大,2012 年全省农村居民家庭人均农业经营收入占家庭纯收入比重为 14.7%,比 2000 年下降了 3.1 个百分点。从当前农村居民家庭的农业生产经营情况来看,主要存在以下问题:一是分散小规模经营、农产品结构不合理。一方面对现有农村绝大部分家庭来说,农业种养较为分散,无规模、无品牌、无秩序,而且容易存在盲目跟风现象,造成供过于求,产品积压,影响农民的基本收益;另一方面随着农业发展逐步进入新阶段,农产品供给由长期全面短缺变成总量基本平衡,许多农产品出现了相对短暂的过剩。二是产业化水平低,赚钱能力不强。虽然目前各类农产品价格在持续上涨,但是赚钱最多的部分并不在农民,这主要是在农业产业的生产、流通、分配和消费环节中,农民只有生产权,由于缺乏专业的农业产业化经营主体,加之农业经营规模小、组织化程度低,所以在流通、分配领域可以获得较大收益,而处于生产环节的农民通过农业增收增效却较难。三是农业经营意愿不高、新技术、新效益难发展。农业科技的推广和应用、农业经营管理水平的改善、农业经营效益的提高,都直接或间接地取决于农民素质的高低。从现状来看,非农产业就业收入普遍高于农业就业收入,大批有文化、技能的青壮农业劳动力转移到非农产业,直接影响了从事农业生产的劳动者素质的提高,从而对农业技术进步、管理水平的提高带来许多不利影响,使得科学技术转化为现实生产能力的效率不高,最终影响了农民收入的增加。

(四)劳动力素质偏低,工资性收入快速增长较为困难

一是工资性收入的增长势必造成企业人工成本的不断增长,因此在目前的经济环境下,作为市场主体的企业持续大幅度增加职工工资比较困难,居民收入增收的主体工资性收入持续快速增长有一定压力。二是招工难与就业难并存,一方面企业转型升级步伐加快,劳动密集型和高新技术行业存在"用工难""招工难""稳工难""技工荒"等现象;另一方面农村转移劳动力就业层次低,劳动生产率提高缓慢,工资收入增长缓慢。三是浙江农村人多地少,土地资源稀缺,农业劳动力向非农行业转移为农民增收做出了重要贡献。2012 年浙江已经转移的农村劳动力占就业劳动力的比重已经达到六成,外出劳动力占到 10.8%,从很大程度上提高了农民的收入。根据农村住户调查资料显示,2012 年农村居民家庭人均工资性收入达 7860 元,比 2000 年增长了 2.93 倍,年均增长 12.1%,占居民家庭收入比重达 54.0%,已经成为农民收入增长的主要动力。但是随着经济的高速发展和经济结构的逐步调整,农村劳动力向外转移的难度不断加大,转移空间越来越小,从而影响农民工资收入的持续稳

步增长。农村劳动力由于文化层次不高,接受新科技、新技术的意识不强,使其在转移过程中面临不少障碍,而且就业岗位选择余地小,难以进入较高层次的产业,只能在低层次产业中形成过渡性就业竞争,即只能干脏、苦、累的工作,从而出现农民工工作强度大、收入低的两难局面。由于集约化程度的提高和经济结构转型升级,企业吸收劳动力的能力较前几年有所减弱,同时产业结构的升级对劳动力素质也提出了更高的要求,部分已经转移进城从事非农产业的农民工,其劳动力素质对产业结构调整升级的不适应性将会凸现出来,导致其面临日益严重的结构性失业问题,部分农民工甚至会因此被迫重新回归农村与农业。另外,附近省份民工的大量涌入,加剧了农民就地转移的难度,每年约有 400 万省外劳动力流入浙江,成为争夺浙江农村劳动力有限就业空间的又一竞争者。以上因素都将使得农村剩余劳动力的转移更为困难。

(五)农民创业就业难度大,制约农民二、三产业经营收入的增长

从农村居民家庭收入来源来看,家庭经营二、三产业收入是除劳务收入以外,支撑浙江农民收入稳步增长的又一原动力。根据农村住户调查资料,2000 年农民从家庭经营二、三产业得到的收入人均为 964 元,到 2012 年该项收入为 3044 元,平均每年递增 10.1%,占家庭纯收入比重已经达 20.9%。家庭经营二、三产业收入在农民家庭经营中的主体地位日益突出,占据了半壁江山。浙江作为民营经济发达的出口外向型大省,经济发展对国际市场的依赖性较大,但受当前全球经济发展速度放缓和国内经济形势的影响,民营企业尤其是小微企业,特别是农村小型作坊式的企业,其经济附加值低,一般以简单的加工为主,缺乏技术的支持,在当前较为不明朗的经济形势下,其发展难度重重。此外,受国内金融环境的影响,企业融资成本上升,尤其是力量微薄的小企业,一方面是享受不到政府的融资优惠政策,不少经营户被迫走上民间借贷道路,造成经营成本上升;另一方面处于上升期的农村小企业,由于缺乏融资资金来源,也难以壮大发展,从而使得农民创业就业增收难度较大,制约了农民居民家庭二、三产业经营净收入的进一步增长。

(六)农民财产性、转移性收入比重偏低,要大幅度增加非经营性收入存在不确定因素

2012 年浙江省农民人均财产性收入和转移性收入分别为 546 元和 956 元,比 2000 年增长了 2.01 倍和 5.21 倍,年均增幅达到 9.6% 和 16.4%。非经营性收入的快速增长,反映出农民家庭来自外部转移支付的增长。国家近几年出台的各种惠农政策,让农民得到了实实在在的好处,例如粮食直补、良种补贴、生产资料补贴等让农民家庭得到实惠,同时也对农业经营户提高生产积

极性具有一定的促进作用。另外随着农村社会保障水平的逐年提高和覆盖面的扩大,使得农村的养老金收入和报销医疗费收入大幅度增长。但是这些政策性补贴的标准依然较低,分摊到人均的金额有限。此外,从农村家庭财产性收入的角度来看,一方面因为农村土地征用补偿收入的增多,给农户的征用土地补偿性收入和房屋拆迁补偿收入增加加快,但从长期来看,土地征用补偿收入不是可持续收入;另一方面从居民家庭拥有社会资本以及利用资本获得效益的情况来看,居民家庭财产性收入的增长依然缺乏突破口,基于教育、养老、失业、看病等一系列生活压力的预期,加之农村投资渠道的偏少,农民家庭往往将积蓄资本投入到安全但收益不高的银行存款上。在目前负利率时期,银行存储带给居民家庭财产性收入的增收依然很有限。从 2000 年到 2012 年来看,非经营性收入占居民家庭收入比重仅由 7.9% 上升到 10.3%,由此可见,农村居民家庭的增收渠道依然有待拓宽。

五、浙江农民收入实现倍增的对策与建议

(一)突出初次分配,提高居民劳动者报酬占生产总值的比重

一是努力提高居民收入水平。以推进"城乡居民收入倍增计划"为重点,把转方式、调结构、促转型和惠民生更好地结合起来,努力使经济结构与收入结构同步优化、产业结构与就业结构协调提升、经济增长与改善民生更趋一致。二是通过税收调节收入分配。加大资源、垄断等行业的税收力度,提高税收额度,同时提高个人所得税的起征点,对高收入者加大税收额度,充分运用税收收入,加大公共事务和社会保障的投入,对弱势群体实施政策倾斜和收入保障。三是充分发挥政府职能。充分扩大就业渠道,建立健全正常工资增长机制,政府要督促企业全面推行劳动合同制度,建立权威的工资指导线、劳动力市场指导价位及行业人工成本信息发布制度,进一步健全工资支付保障机制,完善最低工资和工资指导线制度,逐步提高最低工资标准。

(二)突出农业增效,促进家庭农业经营性收入持续增长

一是整合农村农业资源资产。加强土地流转,将土地配置到最能发挥其效益的经营者手中,提高土地资源配置效率,获得规模效率;整合农业各个环节的专业资源,提高效率,使相互的需求形成一个市场化服务链条。二是打造农业结构的转型升级。以市场需求为导向,以资源优势为依托,以质量效益为中心,重点优化农业品种结构和作物布局,提高农产品的市场竞争力;大力促进农业产业化经营,加强农产品生产基地和龙头企业建设,使农民与龙头企业结成紧密的利益共同体,并注重开发技术含量高、附加值大的名特优产品,促进农业经济结构的转型优化,深入挖掘农业内部增长潜力。三是吸引高素质

的现代农业经营者。加强农民职业技能培训,提高生产者的技术水平,同时支持和吸引大中专毕业生从事现代农业,增强现代农业发展的后劲。四是加大对农业发展的基础投入。各级政府切实把基础设施建设和社会事业发展的重点转向农村,提高现代农业的设施装备水平,大力抓好农田水利建设,提高耕地质量,提高农业可持续发展能力。

(三)突出农民创业,实现农民创业性收入持续增长

随着农村工业化、城镇化的发展以及由此推动的农民非农收入增长是促进农民收入增长的主要力量,因此要大力扩展农民家庭生产经营,促进非农产业和收入增加。一是构建创业服务体系,推进农民创业步伐。通过改善工商注册、税务登记等基础条件,建立金融支持、税收优惠、创业培训等扶持政策,鼓励引导农民创业和自主经营。二是发挥区域特色,培育农村创业主体。紧密结合本地实际,把握区域特色,针对当地条件,提供发展思路,引导农民开展多种生产经营,扶持现有农村中小企业、个体工商户、来料加工经纪人、现代农业和农家乐休闲旅游等创业主体做大做强,并带动广大农民在配套领域创业兴办实体。三是加快技术创新,增强农民创业竞争力。针对当前的实际情况,随着居民收入水平的不断提高,相对应的企业劳动成本居高不下,发展初期原有的成本优势在逐步丧失,以出口型、加工型为特征的民营经济,尤其是农村小规模的民营企业,亟待加快企业转型升级,加快由粗放经营向集约经营、由低成本劳动支撑向科技创新支撑转变,从而以特色占市场、出效益。四是成立专门的创业服务机构,一方面为个体业主不断提供创业创新的方法、途径、信息等;另一方面针对有浓厚的创业情结,但对创业有一定的盲目性的年轻劳动力开展创业指导、经营管理等方面知识的培训。

(四)突出充分就业,推动农民工资性收入快速增长

农村劳动力向非农行业转移为农民增收做出了重要贡献,但受制于自身素质、就业层面等因素,直接影响农民工资性收入的增长,而且从数据分析结果来看,教育信息因子对人均纯收入的增长有显著的正向影响。因此,要推动农民工资性收入快速增长,首先要进一步提升农民素质,提高农民自身发展和就业能力。通过增加经费投入,实现教育资源公平,提高农村孩子义务教育的质量,逐步缩小城乡居民在教育起点上的差距。大力实施"千万农民素质提升工程",坚持以就业为导向,培养与企业、社会需求同步,与就业市场对接的技术性适用人才,大力发展社会需要的技工等专业性人才,让农民工有一技之长,做到学以致用。其次是扩大就业规模,实现充分就业。鼓励和培育龙头企业,吸纳农村富余劳动力,大力开发来料加工业、农家乐休闲旅游业等农民就

地就近就业岗位,同时注重解决各类农村就业困难人员,优先安排公益性岗位给农村低保户、低收入农户。最后是优化就业环境,提升工资水平。加快建立健全乡村两级公共就业服务机构,推进城乡公共就业服务机构信息对接、政策咨询、劳动力交流等服务,引导农民工合理走出农村,同时建立合理的工薪增长机制,落实最低工资标准制度,完善农民工欠薪支付机制,切实逐步提高农民工工资水平。

（五）突出资本利用,确保农民财产性收入增加

农民财产性收入是个亟待扩展的收入项目,蕴藏着巨大的潜力。为此,其一是规范土地征用补偿管理的同时,也要做好土地流转的规范管理,让土地有序流转、高效流转,让农民得到更多的转让承包土地经营权收入。其二需要进一步明晰农民的资本财产,将农村土地、住房、宅基地和农村集体资产的产权量化到户,释放农村资本的增收能力。明晰农民的房屋、土地等产权,让它们成为可以抵押、转让、入股、出租等金融资产,让不能动的财富转变成可以再生更多价值的活资本。扩大持股农民队伍,增加农民的财产增值收益。深化农村产权制度改革,加快推行村经济合作社股份合作制改造,将集体经营性资产量化到农民个体,积极引导和鼓励农民依法以货币、实物、知识产权、承包经营权等作价入股参与农村产业开发项目和各类专业合作社,以分取获得红利。三是发展农村金融性市场,增加农民资本投资收益。构建与农民投资理财相适应的农村金融服务体系,让农民涉足投资理财的诸多领域,鼓励和引导民间资本直接投资,发展为中小企业服务的村镇银行、贷款公司、资金互助社等,活跃农村民间资本市场,增加农民财产性收入。

（六）突出民生均等,稳步提高农民转移性收入

在当前注重民生发展、促进农民增收的大背景下,需要继续提升基本公务服务均等化水平,使得农村居民学有所教、劳有所得、病有所医、老有所养、住有所居,并逐渐缩小城乡差距。首先是加快城市基础设施建设向农村延伸。以农村环境全面整治和农民住房全面改造为基础,进一步改善农民生产生活条件,优化城乡道路交通、供电供水、环境治理等设施的合理配置,尤其是要加大对尚未完成通村公路建设任务的欠发达地区的支持,缩短农民出行距离,提高农民向外转移的效率。其次是加快农村社会保障体系建设。消除城乡二元经济结构对农村社会保障的各种壁垒和障碍,进一步扩大农村居民社会养老保险的人群覆盖面和标准;完善新型农村合作医疗筹资机制,确实减轻农民医疗负担;进一步提高城乡教育均衡发展水平,加快推广城乡学校共同体模式,全面提升农村居民教育素质;同时要加大对农村困难群体的教育、医疗、住房

等救助扶贫力度,要随着经济的发展不断提高扶贫标准,健全和完善政府主导、社会帮扶和自力更生相结合的低收入户扶助增收机制。第三要着力提高城市化质量,及时出台惠及居民的价格补贴政策,增加居民收入,增强居民应对物价上涨的承受能力。同时完善城乡规划、建设、管理和公共服务一体化的体制,支持区域中心城市增强集聚辐射能力,着力提升县城、小城市、中心镇产业发展、公共服务、就业吸纳、人口集聚功能,把县城、小城市、中心镇、中心村培育建设与农民异地搬迁、农房集聚改造、农村土地综合整治等有机结合起来,加快农村人口集聚步伐,从而有效拓展农民增收空间。

课题负责人　梁普明

课题组成员　张荣轩　胡央娣

金怡飞　周众帏

魏永利(总队住户专项调查处)

郦欢欣　费丽娟(湖州调查队)

蔡志祥　刘利华(余杭调查队)

参考文献:

[1] 佟光霁,张林.基于灰色马尔科夫模型的农民收入质与量预测[J].商业研究,2012(9).

[2] 李春林,任博雅.基于面板数据的中国农民收入影响因素分析[J].经济与管理,2009(4).

[3] 苏术锋.江苏农民收入倍增能力实证分析[J].山东纺织经济,2012(6).

[4] 王浩.农民收入预测及 ARIMA 模型选择[J].安徽农业科学,2010(31).

[5] 刘京鹏,张进宝.因子分析模型下影响我国农民收入的因素[J].鲁东大学学报,2011(3).

浙江省城镇居民收入倍增研究

党的十八大提出到 2020 年实现城乡居民人均收入比 2010 年翻一番。这一被称为中国版的"收入倍增计划",第一次写进党的报告,重若千钧,广受关注。本课题针对实现浙江省城镇居民收入倍增的一系列问题进行了深入分析。阐明了城镇居民收入倍增的内涵和实现收入倍增的意义。通过发展趋势测算和统计模型预测,表明浙江省实现城镇居民收入倍增目标并非易事。课题进一步分析了浙江省实现城镇居民收入倍增目标的有利条件和制约因素,并借鉴日本实施居民收入倍增的经验,提出了浙江省实现收入倍增计划的对策与建议。一是要把握重点,确保经济又好又快地发展,夯实收入倍增的基础;二是要突破难点,加快收入分配制度改革,提高居民收入在国民收入中的比重;三是抓住落脚点,千方百计改善民生,确保收入倍增计划的真正实现。

党的十八大提出,到 2020 年实现城乡居民人均收入比 2010 年翻一番。这一被称为中国版"收入倍增计划",第一次写进党的报告,重若千钧,广受关注。它界定了城镇居民收入倍增的起点与涨幅,明确了新形势下全面建成小康社会的宏伟目标,顺应了广大群众对美好生活的热切期盼。

一、城镇居民收入倍增的内涵和实现收入倍增的意义

(一)收入倍增目标的提出

浙江省的收入倍增目标是中共浙江省委十三届二次全会根据党的十八有关实现全国收入倍增目标的要求,结合浙江实际提出的。

1. 全国收入倍增目标。2012 年 11 月党的十八大报告提出,到 2020 年"在发展平衡性、协调性、可持续性明显增强的基础上,实现国内生产总值和城乡居民人均收入比 2010 年翻一番"。这是党的十八大根据十六大、十七大确立的全面建设小康社会目标,在我国经济社会发展新形势下提出的更高要求,是我党第一次提出将居民收入与国内生产总值同步翻番作为全面建设小康的奋斗目标。收入倍增传递出未来的中国将更加注重经济发展的质量,更加注重提高居民收入和改善民生的政策导向。

2. 浙江收入倍增目标。中共浙江省委十三届二次全会根据党的十八大提出的收入倍增目标,结合浙江实际,提出了到 2020 年实现"四个翻一番"的目标,即"实现全省生产总值、人均生产总值、城镇居民人均可支配收入、农村居民人均纯收入分别比 2010 年翻一番,分别达到 55500 亿元、104000 元、55000 元、24000 元以上,促进社会全面进步和人民生活水平不断提高"。实现"四个翻一番"的目标,关键是城乡居民收入的倍增,对建成"两富"现代化浙江具有决定性意义。

（二）收入倍增的含义

1. 收入倍增是实际倍增。在经济社会发展过程中,受价格波动影响的各种经济发展指标,如果要进行同口径比较,都需要考虑价格波动因素。虽然目前尚无法判断未来几年的价格涨幅情况,也很难确定那时的绝对数额,但人们普遍关心价格的上涨会不会缩减居民收入翻番的成效。因此"收入倍增"不仅仅是现有名义收入上的简单倍增,而是剔除了价格上涨因素后的实际收入倍增。

2. 收入倍增是人均倍增。党的十八大报告所指的人均收入要翻一番,是以全面建设小康社会为目标的翻番,是包容性发展的翻番,是平衡性发展的翻番,是可持续性发展的翻番,是全体老百姓共同奋斗和共享发展成果的翻番。但绝对的平均主义也是不切合实际的,从这个意义上讲,党的十八大报告中提出的"收入倍增",并不是人人收入都翻一番,而是人均收入翻一番。

3. 收入倍增要注重缩小贫富差距。目前我国收入分配不公、贫富差距过大、中等收入人群偏低问题比较突出,收入倍增计划要力争通过"托低、扩中、调高",使低收入群体收入增长更多一些,中等收入者的群体扩大,高收入者收入得到调控,这样在整体收入倍增的同时,又合理调整了收入分配关系,达到缩小收入差距、建设"橄榄型"社会的目的。

4. 收入倍增要注重提高民生水平。收入倍增不仅是货币收入的翻番,更要体现居民在养老、教育、医疗、住房等社会保障方面待遇的提高。从现实情况看,随着居民收入的提高,大部分人群对于基本保障方面还是感到"压力山大"。因此,在确保居民收入倍增的同时,政府还必须加强社会保障服务方面的建设,加大政府转移支付的力度,提高社会保障和公共服务水平,确保人民生活真正实现小康。

（三）实现收入倍增的意义

一是贯彻科学发展观的基本要求,也是转变经济发展方式的现实需要。科学发展观的核心是以人为本。经济社会发展的根本目的是使全体人民生活更加美好、更加幸福。居民收入倍增计划,使全面小康的图景在人民心中变得更加清晰、更加温暖,顺应了广大群众过上更加幸福生活的期盼。而当前内需不足,市场不旺,产能过剩,已成为制约经济的重要因素。收入倍增计划的提出,它有利于拉动内需,刺激市场,促进经济发展方式的转变。

二是强国富民的有效举措,也是构建和谐社会的必然选择。国民收入倍增计划蕴含着全方位的社会变革转型的思路。实现居民收入倍增计划,对加快社会发展、国家和平崛起、实现中国梦具有重大的战略意义。当前我国居民收入分配不公,贫富差距过大,给社会和谐稳定埋下重大隐患。努力增加居民收入,尤其是增加低收入居民的收入,是解决当前收入分配差距过大、分配不公问题的重要着力点;有利于理顺国民收入分配关系,实现社会公平正义,构建和谐社会。

三是将发展成果惠及广大人民的重要举措。收入倍增计划的提出,把居民生活水平与经济发展、社会进步紧密联系在了一起。这是我们国家更加重视民生、重视百姓利益的体现。实现收入倍增,能让人民群众共同享受经济改革和发展成果;对于推进城乡统筹发展,保持经济平稳较快发展,促进社会和谐稳定,实现人民物质富裕精神富有,更是具有重大现实意义。

二、实现城镇居民收入倍增目标的测算

(一)从发展趋势测算来看,实现收入倍增目标有难度

以 2010 年为基期年,浙江城镇居民人均可支配收入为 27359 元,实现浙江省城镇居民收入 2020 年比 2010 年翻一番,不考虑价格上涨因素,绝对值需要达到 54718 元,年均增长速度需要达到 7.2%。2000—2012 年全省城镇居民消费价格年平均上涨 1.8%,假设 2010—2020 年消费价格上涨幅度年均为 2%,则实现收入翻番的名义增速需达到 9.3%,绝对值需达到 66701 元。考虑到 2011 年和 2012 年城镇居民人均可支配收入实际分别增长了 7.5% 和 9.2%,因此 2013—2020 年平均实际增幅只要达到 6.9% 就可以实现收入倍增的目标。

近几年,浙江 GDP 和城镇居民人均可支配收入增幅明显回落。2008—2012 年全省 GDP 年均增长 9.6%,城镇居民收入实际增长 7.7%,分别比 2000—2007 年年均增幅低 3.5 个百分点、2.9 个百分点,城镇居民人均可支配收入实际增速比 GDP 低 1.9 个百分点。2013 年上半年全省城镇居民人均可支配收入实际只增长 6.7%,比上年同期的 8.7% 出现了较大幅度的回落。

从趋势上来看,我国 GDP 增速将逐步放缓。未来十几年中国经济将保持 7% 左右的增速。2012 年浙江的 GDP 增速为 8.0%,分别比 2010 年和 2011 年下降了 3.9 个百分点和 1.0 个百分点,预计未来浙江 GDP 增速总体也将继续趋缓。因此,如果没有重大的居民增收措施出台,不能从根本上扭转居民收

入增长低于 GDP 的态势,不能切实提高居民收入占国民收入的比重,那么,2013—2020 年浙江要实现城镇居民人均可支配收入年均实际增长 6.9% 的目标还是有难度的(见表 1)。

表 1　2000—2012 年全国、浙江 GDP 与城镇居民收入增长对比表

年份	全国 GDP 增长率(%)	全国城镇居民人均可支配收入实际增长率(%)	浙江 GDP 增长率(%)	浙江城镇居民人均可支配收入实际增长率(%)
2000	8.4	6.4	11.0	9.1
2001	8.3	8.5	10.6	13.3
2002	9.1	13.4	12.6	13.4
2003	10.0	9.0	14.7	11.9
2004	10.1	7.7	14.5	7.4
2005	11.3	9.6	12.8	10.4
2006	12.7	10.4	13.9	10.9
2007	14.2	12.2	14.7	8.4
2008	9.6	8.4	10.1	5.4
2009	9.2	9.8	8.9	9.7
2010	10.4	7.8	11.9	6.9
2011	9.3	8.4	9.0	7.5
2012	7.8	9.6	8.0	9.2
平均增速(%)	10.0	9.3	11.7	9.5

(二)从时间序列方法预测来看,实现收入倍增目标也并非易事

统计资料表明,大量的经济现象的发展主要是渐进性的,其发展相对于时间呈现一定的规律性。根据统计学原理,当预测对象依时间变化呈现某种上升或下降的趋势,并且无明显的季节波动,又能找到一条适合的函数曲线反映这种趋势时,就可用时间 t 为自变量,时序数值 y 为因变量,建立趋势模型:
$y = f(t)$

当有理由相信这种趋势能够延伸到未来时,给 t 赋值就能够得到未来某个时间的预测值。

这里有两个假设:一是假设事物的发展过程没有跳跃式变化,一般属于渐

进变化;二是假设根据过去的资料建立的趋势外推模型能适合未来,也能代表未来趋势的变化。

根据 2000—2012 年浙江城镇居民人均可支配收入的变化,符合建立模型的假设条件。

根据历年收入数据,绘制图 1,初步确定预测模型。

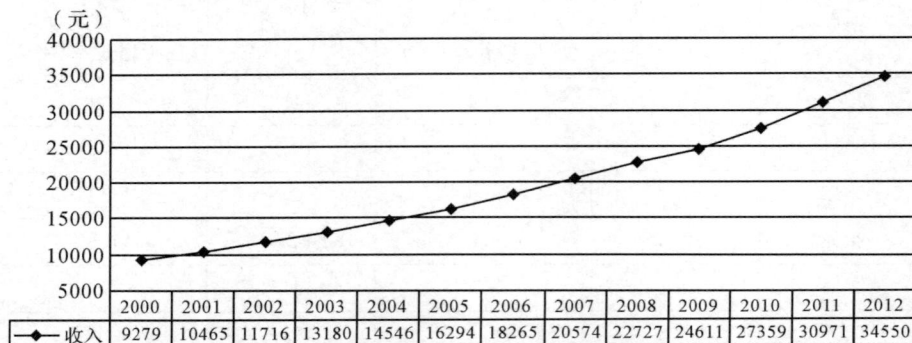

图 1　2000—2012 年浙江城镇居民人均可支配收入分布图

从图 1 可初步判断,从 2000—2012 年人均可支配收入呈二次多项式模型。

二次多项式曲线模型为:

$$\hat{y}_i = b_0 + b_1 t + b_2 t^2$$

表 2　二次多项式曲线模型参数计算表

年份	时序 t	y_t	t^2	t^4	ty	$t^2 y$
2000	−6	9279	36	1296	−55674	334044
2001	−5	10465	25	625	−52325	261625
2002	−4	11716	16	256	−46864	187456
2003	−3	13180	9	81	−39540	118620
2004	−2	14546	4	16	−29092	58184
2005	−1	16294	1	1	−16294	16294
2006	0	18265	0	0	0	0
2007	1	20574	1	1	20574	20574
2008	2	22727	4	16	45454	90908

续表

年份	时序 t	y_t	t^2	t^4	ty	t^2y
2009	3	24611	9	81	73833	221499
2010	4	27359	16	256	109436	437744
2011	5	30971	25	625	154855	774275
2012	6	34550	36	1296	207300	1243800
合计	0	254537	182	4550	371663	3765023

将上述数据代入公式：

$$\sum y = n b_0 + b_1 \sum t + b_2 \sum t^2$$

$$\sum ty = b_0 \sum t + b_1 \sum t^2 + b_2 \sum t^3$$

$$\sum t^2 y = b_0 \sum t^2 + b_1 \sum t^3 + b_2 \sum t^4$$

解方程，求得：$b_0 = 18170.6$　$b_1 = 2042.1$　$b_2 = 100.7$

二次多项式曲线模型为：

$$\hat{y}_t = 18170.6 + 2042.1t + 100.7t（原点为 2006 年）$$

2013—2020 年人均可支配收入预测数见表 3。

表 3　2013—2020 年人均可支配收入预测数

年份	2013	2014	2015	2016	2017	2018	2019	2020
预测数	37400	40952	44706	48662	52818	57177	61736	66497

进行预测和确定预测的置信区间。

经计算，标准差为 SE＝343.4 元。

根据预测 2020 年浙江城镇居民人均可支配收入是 66497 元，在给定 90％的置信度保证下，其近似的预测置信区间为：

$$\hat{y}_t \pm t_{0.1} \mathrm{SE} = 66497 \pm 1.943 \times 343.4$$

即在 65830—67164 元之间。

通过模型预测，在考虑物价上涨因素的情况下，到 2020 年浙江城镇居民名义可支配收入将达到 66497 元左右，距测算目标值 66701 元相差 204 元。

上述预测结果是以浙江 2000 至 2012 年城镇居民人均可支配收入年均实际增长 9.5％这样一个总体增长较快阶段的数据基础上预测的，从测算的结果进一步显示，浙江要实现收入倍增的目标并非轻而易举，要早翻多翻更是难上加难。因此,我们必须正视这一现实,全面深入地分析浙江实现"收入倍增"的有利条件和不利因素,同时借鉴国外的一些好的做法,扬长避短,采取切实有效的措施,确保收入倍增计划的圆满完成。

三、浙江省实现城镇居民收入倍增目标的有利条件

（一）国民经济总量的扩大为收入倍增奠定了物质基础

改革开放以来,浙江经济创造了中国的奇迹,陆地面积和人口仅占全国的1.06％和3.6％,却创造了占到全国7.5％左右的国内生产总值,经济总量从改革前第12位上升到目前的第4位。2000年与2012年相比,GDP总量由6141亿元增加到34606亿元,增长了4.6倍,年均实际增长11.8％;人均GDP由13415元增长到63266元,增长了3.7倍,年均实际增长10.1％。

随着经济总量不断扩大,居民收入也持续增加。2001年全省城镇居民人均可支配收入首次跨过万元大关,经过6年时间,到2007年上2万元台阶,再经过4年,到2011年又跨上了3万元的新台阶。2012年与2000年相比,浙江城镇居民人均可支配收入增长了2.7倍,年均名义增长11.5％,实际增长9.5％（详见图2）。

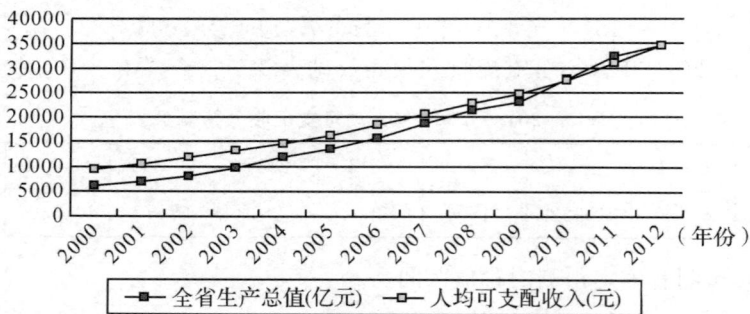

图2　全省生产总值和城镇居民收入的变化图

（二）收入来源结构优化为居民增收拓宽了道路

改革开放以来,随着经济结构的多元化和收入分配制度的改革,浙江省城镇居民收入来源实现了从单一向多元的跨越,居民收入来源结构得到改善,占收入主体的工资性收入比重下降,其他收入比重上升。2012年全省城镇居民人均工资性收入22385元,占总收入比重为58.9％,比2000年下降了10.6个百分点;人均经营性收入4694元,比2000年增长了8.8倍,占总收入比重从2000年的5.2％提高到2012年的12.4％;人均财产性收入1465元,比2000年增长8.4倍,占总收入比重从2000年的1.7％提高到2012年的3.9％;人均转移性收入 9450 元,比 2000 年增长 3.2 倍,占总收入的比重从 2000 年的 23.6% 提高到 2012 年的 24.9%(详见表 4)。

表 4　2000—2012 年浙江省城镇居民收入来源结构表

年份	总收入 (元)	工资性收入		经营净收入		财产性收入		转移性收入	
		绝对值 (元)	占比 (%)	绝对值 (元)	占比 (%)	绝对值 (元)	占比 (%)	绝对值 (元)	占比 (%)
2000	9271	6444	69.5	481	5.2	156	1.7	2190	23.6
2001	10519	7214	68.6	554	5.3	165	1.6	2586	24.6
2002	12682	8534	67.3	761	6.0	202	1.6	3185	25.1
2003	14295	9693	67.8	1172	8.2	374	2.6	3057	21.4
2004	15882	10753	67.7	1336	8.4	384	2.4	3409	21.5
2005	17877	11941	66.8	1922	10.7	553	3.1	3462	19.4
2006	19954	13016	65.2	2172	10.9	889	4.5	3877	19.4
2007	22584	14510	64.2	2612	11.6	1080	4.8	4382	19.4
2008	24981	15539	62.2	3162	12.7	1325	5.3	4955	19.8
2009	27119	16701	61.6	3294	12.1	1415	5.2	5709	21.1
2010	30135	18314	60.8	3641	12.1	1470	4.9	6710	22.3
2011	34264	20334	59.3	4384	12.8	1572	4.6	7974	23.3
2012	37995	22385	58.9	4694	12.4	1465	3.9	9450	24.9

（三）"富民强省"战略为收入倍增提供了政策保障

改革开放 30 多年以来,在经济发展的不同阶段,浙江省委、省政府实施了一系列的"富民强省"战略,实现了经济社会的快速发展和居民收入的大幅度提高。在 2002 年 6 月召开的中共浙江省委十一届一次全会上的报告中指出,要始终把强省与富民结合起来,"小河有水大河满",支持和鼓励人民群众创业致富,富而思源,富而思进,富民强省。2003 年 7 月,中共浙江省委十一届四次全会提出了"进一步发挥'八个方面的优势',推进'八个方面的举措'"的"八八战略"。2007 年以来,浙江又提出了"创业富民、创新强省"的"二创总战略"。一系列富民强省政策的推出,调动了一切积极因素,不断激发社会活力,使浙江的经济抢占了市场化、工业化的先机,乡镇企业、个体、私营企业蓬勃发展,国有企业率先改革,外商投资大量涌入,形成了多种所有制经济相互促进、良性发展的繁荣局面。"富民强省"战略彰显了浙江创业创新的精神风貌,扣准了以人为本的执政理念,昭示着浙江转型升级通往现代化的必由之路,是浙江居民收入增长的政策保障。

(四)城镇化加快推进为居民收入倍增创造了良好机遇

党的十八大提出加快城镇化的发展战略,为小城市加快培育带来了机遇。浙江人对此很快做出了反应,将花大力气培育 27 个小城市、200 个中心镇、1200 个中心村等。城镇化的推进将更有利于培育创业机会,激发创业潜力,拓宽就业领域,增加就业容量,吸纳更多的劳动力就业。城镇化的推进能有效拉动城镇居民第三产业经营性收入的提高,同时也使居民出租房屋等财产性收入有较大提升空间,这都为浙江居民收入倍增创造了良好的条件。

四、浙江省实现城镇居民收入倍增计划的制约因素

虽然经济总量的扩大、系列富民政策的实施、居民财富的不断增加、城镇化建设速度加快等一系列有利因素为浙江城镇居民收入倍增计划的实施奠定了较为坚实的基础,但经济增速趋缓、收入分配制度不完善、就业压力加大、财产性收入偏低以及消费价格上涨等因素仍然在一定程度上制约着收入倍增目标的实现。

(一)经济增速趋缓,居民收入增幅同步回落

居民收入增幅的高低与当地经济发展速度快慢密切相关,虽然浙江省经济持续增长,居民收入水平也在逐年提高,但近年来浙江 GDP 增幅有所趋缓,居民收入增幅也随之回落,对"收入倍增"计划的实现产生的影响已显而易见。

1. 经济增速逐渐减缓,收入增幅同步回落。2001—2005 年,浙江 GDP 年均增长 13%,2006—2010 年年均增长 11.9%,比"十五"时期年均增幅回落 1.1 个百分点,2011—2012 年年均增幅继续回落至 8.5%,分别比"十五"和"十一五"时期回落 4.5 个百分点和 3.4 个百分点。随着经济增速的减缓,城镇居民收入增幅同步回落。2001—2005 年,浙江城镇居民人均可支配收入年均实际增长 11.2%,2006—2010 年年均增长 8.2%,比"十五"时期回落 3 个百分点,2011—2012 年年均增幅为 8.3%,比"十五"时期回落 2.9 个百分点,增幅与"十一五"时期相当基本持平,这十几年总体增幅呈回落态势(详见表 5)。

表 5　GDP 与人均可支配收入增幅回落情况

时期	GDP 年均增长（%）	城镇居民人均可支配收入年均实际增长（%）
2001—2005（十五期间）	13.0	11.2
2006—2010（十一五期间）	11.9	8.2
2011—2012（十二五前两年）	8.5	8.3

2. 经济总量和收入基数较大，持续递增乏力。2012 年，浙江 GDP 总额已达到 34665 亿元，在不考虑可比价格的情况下，每增长一个百分点需要增加近 350 亿元生产总值，同样的原因，城镇居民收入增幅回落除了与经济增长相辅相成外，基数较大也是主要原因之一。2012 年浙江城镇居民人均可支配收入居全国 31 个省（区、市）的第三位，达到 34550 元，在不考虑物价上涨因素的情况下，每增长一个百分点需要人均增加近 350 元。无论是 GDP 还是居民收入，随着基数的不断增大，今后各年在基数不断提高的基础上再递增难度也随之加大。

（二）收入分配制度不完善，居民收入占国民收入的比重偏低

由于收入分配制度不完善，长期以来浙江居民收入增幅一直低于 GDP 的增长。1981—2012 年城镇居民人均可支配收入年均增长 7.7%，比同期 GDP 年均增幅低 4.9 个百分点。初次分配和再分配均存在不公平现象。

1. 初次分配居民收入占 GDP 份额偏低。初次分配是 GDP 总量在国家、企业和个人之间的分配。初次分配是否公平一般用分配率（指劳动者的劳动报酬占 GDP 的比重）来衡量，比重越高表示社会分配越均等、越公平。在市场经济成熟的国家，分配率普遍在 54%—65% 之间，如日本 1999 年为 54.18%，美国 2000 年为 58.31%，德国 2000 年为 53.84%，英国 2000 年为 55.27%。浙江劳动者所得占比整体呈下降趋势，分配率由 1990 年的 53.1% 下降至 2012 年的 42.1%，明显低于市场经济成熟的国家。

2. 再分配制度不完善。政府用于社会保障的支出比重偏低。在发达的市场经济国家，社会保障资金占财政支出的比重一般在 40% 左右。而多年来，浙江地方财政预算支出中，用于社保支出和就业的资金比重均在 8.3% 及以下。政府对城镇居民的转移支付（包括退休金、最低生活保障补贴、失业人员失业保险金、住房公积金等）相对较低。虽然城镇居民转移性收入占总收入的比重在不断提高，但仍未超过四分之一（详见表 6）。

表6　社保支出和转移性收入占相关收支的比重

年份	2007 年	2008 年	2009 年	2010 年	2011 年	2012 年
地方一般预算支出合计(亿元)	1806.79	2208.58	2653.35	3207.88	3842.59	4161.88
社会保障和就业支出(亿元)	107.98	141.52	153.08	206.39	291.82	345.44
社会保障和就业支出占地方一般预算财政支出比重(%)	6.0	6.4	5.8	6.4	7.6	8.3
转移性收入占总收入的比重(%)	19.4	19.8	21.1	22.3	23.3	24.9

（三）失业率上升，就业难度加大，工资性收入增速放缓

20 世纪 80 年代末以来，浙江城镇登记失业率呈现出不断上升态势，1989—1996 年浙江年均失业率为 2.4%，且最低失业率为 2.0%，1997—2011 年年均失业率上升到 3.5%，且最低失业率为 3.1%。失业率的不断上升，在很大程度上影响着城镇居民收入的增长。2008—2012 年浙江省城镇居民人均工资性收入年均增长 9.1%，比 2001—2007 年平均增长 12.3% 低 3.2 个百分点。对于城镇居民家庭来讲，失业人员的不断增加意味着不仅就业者收入水平被拉低，而且会增加家庭就业者负担系数，从而直接拉低人均收入水平。

（四）中低收入家庭就业差，负担重，增收难度大

中低收入家庭由于家庭人口相对较多、就业人员相对较少、收入水平低、用于投资等方式获得的财产性收入有限等原因，增收难度较大。调查资料显示，2012 年浙江城镇居民家庭中，占 60.7% 的家庭人均可支配收入在全省平均水平以下。20% 最高收入家庭人均可支配收入约 7 万元，而 20% 最低、20% 较低和 20% 中等居民家庭年人均可支配收入仅为 1.4 万、2.3 万和 3 万元左右，20% 最高收入家庭人均可支配收入是 20% 最较低家庭的 4.92 倍，人均可支配收入相差 5.5 万元以上。2012 年 20% 最高收入家庭人均财产收入是 20% 最低收入家庭的 8.34 倍。中等及以下家庭年人均财产性收入在 400—700 元之间，而 20% 最高收入家庭年人均已达到 4000 多元。高低收入水平家庭的收入差距大，这必然会在较大程度上影响全体居民收入倍增目标的实现。

表7　不同收入档次家庭收入比较表

	最低20%(元)	较低20%(元)	中20%(元)	较高20%(元)	最高20%(元)	最高是最低的(倍)	最高比最低高(元)
家庭总收入	16350	25571	33115	43760	75125	4.59	58775
其中:可支配收入	14035	23073	30173	40064	69091	4.92	55056

续表

	最低 20%（元）	较低 20%（元）	中 20%（元）	较高 20%（元）	最高 20%（元）	最高是最低的（倍）	最高比最低高（元）
1. 工资性收入	9924	16118	18778	25746	43557	4.39	33633
2. 经营净收入	2508	3117	3514	4322	10502	4.19	7994
3. 财产性收入	496	727	709	1493	4137	8.34	3641
4. 转移性收入	3422	5609	10113	12200	16928	4.95	13506
养老金或离退休金	2428	4460	9050	10618	13351	5.50	10923
提取住房公积金	0.3	15	75	133	1593	5310	1592.7

（五）财产性收入增收机制不全，占居民收入的比重偏低

财产性收入占城乡居民总收入比重的高低，是衡量一个国家市场化和国民富裕程度的重要标志。发达国家的经验表明，当人均 GDP 突破 2000 美元，居民积累一定财富后，财产性收入就会逐渐成为居民新的重要收入来源。以美国为例，财产性收入占可支配收入比重约为 40%，90% 以上的公民拥有股票、基金等有价证券。在浙江，按当年年均汇率折算（人均 GDP/当年人民币对美元年均汇率），早在 2001 年人均 GDP 就已经达到 2001 美元，2012 年已达到 10022 美元，但浙江 2012 年城镇居民总收入构成中，仍是工资性收入占绝对主体，为 58.9%；其次是转移性收入，占 24.9%；再次是经营净收入，占 12.4%，财产性收入最少，只占 3.9%。浙江城镇居民总收入中财产性收入所占比重偏低。同时受社会保障不完善和消费观念等诸多因素影响，多数居民家庭，特别是中低收入水平居民家庭的余钱首先想到的是存入资金安全和收益稳定的银行，进行其他投资取得财产性收入的能力不足。浙江城镇居民目前财产性收入主要集中在出租房收入、股息与红利收入、卖房等投资收入和利息收入，其中近九成来自市场波动较大、风险较高、投资额较多的股权和房地产市场。适合中低收入家庭的安全性、流动性和营利性匹配较好的投资产品较少，中低收入家庭获得财产性收入的途径比较狭窄。

表 8　2005—2012 年浙江省城镇居民财产性收入构成

单位：%

	2005	2006	2007	2008	2009	2010	2011	2012
1. 利息收入	11.1	10.5	10.8	9.2	10.2	11.3	11.7	12.0
2. 股息与红利收入	22.4	25.2	23.0	16.2	15.0	15.8	17.5	16.5
3. 保险收益	0.2	0.6	0.6	0.7	0.5	0.4	0.5	0.3

续表

	2005	2006	2007	2008	2009	2010	2011	2012
4.卖房等投资收入	12.0	21.3	22.6	22.5	21.9	15.6	11.8	8.4
5.出租房屋收入	53.2	41.8	42.4	49.2	50.2	54.4	53.6	61.0
6.知识产权收入	0.0	0.0	0.0	0.0	0.1	0.0	0.0	0.0
7.其他财产性收入	1.1	0.6	0.6	2.2	2.1	2.5	4.9	1.8

（六）消费价格上涨，缩减了居民收入的实际增幅

改革开放以来，随着市场经济的不断发展和深入，浙江同全国其他地方一样，大部分年份的消费价格都呈上涨态势，这在很大程度上制约着居民实际收入水平的提高。

1.消费价格持续上涨。1978年以来的30多年，浙江城镇居民消费价格除一年持平、四年环比增幅下降外，其他年份均呈不同程度地增长，2012年比1978年增长7.3倍，1979—2012年年均增长6.0%，2001年以来增幅虽然有所减缓，但2012年比2000年增长25.5%，平均每年仍以1.9%的速度递增，其中2012年比2010年增长7.6%。2013—2020年若每年消费价格指数能控制在2%的情况下，2020年也会比2012年上涨17.2%。

2.价格上涨缩减居民收入实际增速。在没有消费价格上涨因素影响的情况下，浙江城镇居民到2020年实现收入翻一番只需达到54718元，年均增幅只需达到7.2%即可。如果考虑每年2%价格上涨因素，则2020年实现城镇居民人均可支配收入翻一番需要达到66701元，年均名义增幅需达到9.3%。因价格上涨浙江实现收入翻番，人均需多增加11986元，年均名义增幅需多提高2.1个百分点。

五、日本实施居民收入倍增计划的实践与启示

（一）日本收入倍增计划的实践

日本在20世纪60年代推出的一整套行之有效的国民收入倍增计划，成为日本经济起飞的基础和转折点。

1.实施的背景。日本经济在1955年之后出现了大规模增长的势头，但高投资引发了城乡二重结构和大小企业之间差距巨大，国民收入增长远低于GDP的增速，个人消费增速明显落后于投资与工业的增速。而1957年发端于美英两国的经济危机使日本出口雪上加霜，经济陷入衰退期，社会矛盾全面爆发，整个国家处于动荡状态。

2.实施的目标和内容。在消费低迷、产能过剩、失业率剧增、劳资关系紧

张的背景下,日本政府于 1960 年宣布启动为期 10 年的"国民收入倍增计划",目标是国民生产总值和国民收入年平均增长速度为 7.8%,人均国民收入年平均增长速度为 6.9%。

日本政府在干预与市场经济自由度之间寻找平衡点,明确提出重点实现五大内容:一是充实社会资本;二是产业结构高度化;三是促进对外贸易和国际经济合作;四是培训人才和振兴科学技术;五是缓和二重结构和确保社会安定。

3.实施的成效。通过"国民收入倍增计划",日本仅用 7 年就实现国民收入翻一番,居民收入增长率基本实现了与 GDP 增长同步,国民生产总值和国民收入的实际年平均增长率达到 11.6% 和 11.5%,超过计划规定的目标;人均国民收入按市场价格计算,从 1960 年的 395 美元,增加到 1970 年的 1592 美元;10 年间实际工资平均增长 83%。此外,日本消费与投资共同构成了经济增长的动力源,产业结构合理调整,钢铁、汽车、船舶、家电四大支柱产业发展迅速,国际竞争力大大增强。

收入倍增计划实施的十余年里,日本成为西方世界仅次于美国的第二大经济强国,形成了近 1 亿人口的中产阶级,实现了国民收入与经济同步增长,达到了国强民富的效果。

(二)中日收入倍增计划的主要差异

一是起步时间不同。日本在 1960 年开始实施促进国民收入倍增计划时,人口红利尚未来临,而中国现在的人口红利即将过去。测算显示 2015 年中国的劳动力人口占总人口比重将会达到高峰,这意味着未来的劳动者身上的负担将会越来越重。二是面临的国际环境不同。日本抓住 1960 年全球资本主义进入快速发展的年代这一良好的契机,充分利用国内外市场的需求,发展本国的工业。相反,中国现在所处的国际经济环境是全球经济增长乏力,贸易保护主义在各国抬头,人民币的升值压力仍然较大,使国内难以利用外需进一步带动增长。三是城镇化水平不同。中国现有的城镇化水平为 51%,低于日本 1960 年 65% 的水平。

(三)日本收入倍增实践给我们的启示

虽然由于中日两国国情不同,我们不能照搬照抄,但两国的收入倍增计划的目标还是基本一致的,都是为了提高居民收入,促进经济可持续发展。因此,日本收入倍增计划的一些经验还是值得我们借鉴:

一是努力提高居民的收入水平,保持经济增长与收入增长同步协调地发展,处理好初次分配的关系,是走向人民富裕国家强盛的必经之路。

二是用提高国民收入来带动经济总量的持续增长,以国民收入倍增为第一目标,实现了两者有效的平衡。

三是用提高劳动生产率来提高国民收入,以劳动生产率为核心,以提高收入为目的,以扩大有效需求为增长源,建立国民经济良性循环关系和运行体系。

四是用增加居民收入来带动有效需求,尤其是扩大中低收入阶层收入,这一阶层不仅对扩大需求效果显著,而且有利于社会稳定。

六、浙江省实现收入倍增计划的对策与建议

通过上述一系列实现浙江收入倍增计划有利条件和制约因素的分析,借鉴日本的经验,我们认为,浙江要顺利实现收入倍增的目标,重点在于确保经济又好又快地发展,难点在于推进收入分配体制改革,落脚点在于提高全体居民生活水平。

(一)确保经济又好又快地发展,夯实收入倍增的基础

经济的稳步增长、总量的不断增加是居民收入倍增计划实现的基础,只有在发展平衡性、协调性、可持续性明显增强的基础上,做大国民收入蛋糕,才能为实现收入倍增奠定坚实的基础。

1. 抓投资、保出口、扩内需,促进经济增长主要依靠投资、出口拉动向依靠消费、投资、出口协调拉动转变。要按照转型发展的要求,突出有效投资和实体投资。在投资重点上要加快推动转型升级的产业类、改善民生的社会类、改造提升的基础设施类的投资;在投资载体上,把海洋经济示范区建设、省级产业集聚区作为投资的制高点和主阵地;在投资抓手上,一方面要抓产业投资,以支持浙商创业创新为重点加大产业投入,做强工业,加大新兴产业、浙商回归型项目投资力度,另一方面要抓企业投资,为全省中小企业推出公共服务平台网络,大力支持个体经营户向企业转型类投资,推动企业在应对困难挑战中再上新台阶,同时更要抓环境投资,以提升投资环境为切入点,加强要素优化配置型投资。

目前浙江出口方式以一般贸易为主,出口贸易主体以民营企业为主,出口贸易对象以欧美日为主,出口贸易商品以劳动密集型产品为主,不仅出口风险较大而且竞争力相对较弱。因此,一方面应该采取积极有效措施,着力推进内外贸一体化,另一方面推进出口布局国际化,逐步扩大出口对象,同时最重要的是要通过转型升级生产出更多可供出口的中高端产品,并提高出口产品的服务水平。

在目前投资和出口拉动 GDP 效应减弱的情况下,扩大内需变得尤其重

要。一方面要努力提高中低收入群体收入水平来提高其消费能力,另一方面要通过提高社会保障力度,稳定房价,减少中等收入群体的养老、子女教育和购房的后顾之忧,来提高其现实消费水平,同时还要通过提高产品和服务档次,加强宣传引导等方式吸引高收入阶层更多地购买国产产品和服务。

2. 调结构、转方式、提效益,促进经济增长主要依靠增加物质消耗向主要依靠科技进步、劳动者素质提高和管理创新转变。调整产业结构,着力发展现代服务业。各级政府要加强宣传和组织领导,优化服务业发展环境,深化体制改革,增强服务业发展活力,做强做大物流产业、服务外包、创意产业等,同时要推进服务业领域对外开放,提高国际竞争力。加大科技投入,转变经济增长方式,提高科技创新对经济增长的贡献率,推动产业向中高端升级。大力培育和发展战略性新兴产业、高新技术产业和装备制造业。要在稳定增长中提高质量和效益,大力推进农业产业化经营,发展高效生态农业,加快发展现代农业,提高效益农业发展水平。积极推进工业先进制造业基地建设,加快工业生产从量的扩张向质的提高转变,同时激发社会、企业和个人的创新能力和创造力。要清理束缚生产力发展的障碍,取消不合理的政策和制度规定,鼓励自主创新,提高企业和个人的竞争力。

(二)加快收入分配制度改革,提高居民收入在国民收入中的比重

坚持政府主导和市场调节相结合的原则,按照十八大提出的"努力实现居民收入增长和经济发展同步、劳动报酬增长和劳动生产率提高同步,提高居民收入在国民收入分配中的比重,提高劳动报酬在初次分配中的比重"的要求,调整收入分配关系,形成合理的收入分配格局,提高中低收入群体的收入水平,把迅速扩大中等收入阶层作为改革的核心。

1. 调比例、稳增长,扩大居民收入占 GDP 的份额。一是调整居民收入占 GDP 的比例,逐渐增加居民收入所占份额,逐步改变居民收入占 GDP 份额相对较低的现状。二是本着"居民收入增长和经济发展同步"的原则,在经济持续稳定增长的同时确保居民实际收入与之同步增长,逐步扭转居民实际收入增幅长期以来低于 GDP 增速的状况,实现经济增长与居民收入增加协调共进的良性循环,让居民在参与创造社会财富的同时也能享受到经济发展取得的丰硕成果。

2. 出政策、提标准,增加居民初次分配收入所得。适当提高最低工资标准,特别要尽快提高小时最低工资标准。2012 年浙江小时最低工资标准在全国 31 个省(区、市)中排第 14 位,仅为 10.7 元,比排在首位的北京市(14 元)低3.3 元,仅比小时工资标准最低的海南省高 3.5 元,比安徽、甘肃、河南、陕西、

湖北、湖南、贵州高出 0.7 元及以下。而小时最低工资标准恰恰是针对非常规就业人员而设定的,而非常规就业人员主要集中在中低收入居民家庭。因此浙江需要尽快出台提高最低工资标准,特别是小时工资标准的相关政策,同时要加大对企业最低工资标准执行情况的监督力度,更好地保护中低收入者权益并提高其在初次分配中的比重。实现经济增长与劳动报酬同步。

3.抑垄断、调比例,增加中低收入群体再次收入分配所得。一是遏制垄断性收入带来的收入分配不公,强化税收对贫富差距的调节机制,提高对高收入群体的税收比例,同时用于加大中低收入群体的政策性补贴。二是调整政府对全体居民的转移支付比例,提高社会整体福利水平。三是改革政府和单位对个人社会保障补贴额确定方法,适当提高收入水平相对较低人员补贴比例,特别是住房公积金补贴标准要从保障居民基本居住权的角度出发来确定相应的补贴比例。四是逐年提高企业退休人员退休金水平,缩小因初次收入分配所得较低而带来的二次分配差距。五是建立健全城镇居民最低生活保障线、失业保险金与物价上涨挂钩的增长机制,确保低收入家庭最基本的收入所得不因物价上涨而减少。

(三)千方百计改善民生,确保收入倍增计划的真正实现

要实现收入倍增,除了保持经济持续稳定增长、深化收入分配改革以外,还要注重提高就业、养老、教育、医疗、住房保障水平,提高政府调控价格的能力,提高居民投资理财的水平,让居民获得改善就业并取得更多工资性收入的机会,有确保实际收入水平不缩水的信心和获得更多财产性收入的能力,助推收入倍增目标的顺利实现。

1.强培训、重扶持、挖潜力,提高就业率。一是对下岗、失业有再就业愿望人员要重点从再就业观念和职业技能培训入手,提高其就业能力。可通过提供公益岗位的方式扶持其实现就业和再就业。二是对刚刚毕业的大学生和初次自谋职业人员,通过学校和专门机构重点加强择业理念、职业规划、职业能力、素质拓展、个性化辅导等方面的培训,提供政策支持和经济扶持,提高其就业能力。三是优化就业环境。通过政策引导、职业指导、职业介绍等方式最大限度地搭建求职者与用人单位互动选择的就业服务平台。四是充分挖掘就业潜力,千方百计扩大就业。以政府为主导、企业为依托、社区为平台,通过互动充分挖掘和创造就业岗位,特别是要针对浙江城镇居民家政服务需求面广量多的特点,高度重视服务业领域就业岗位的挖掘和使用。

2.稳价格、抓管理、建机制,确保居民收入不缩水。一是将稳价格作为提高居民实际收入水平的重要工作来抓,严打哄抬物价行为,避免消费品市场乱

涨价现象发生。相关职能部门要努力在生产者和销售者之间起到桥梁和纽带作用,多送信息和服务,避免因信息不对称出现供不应求而导致的物价上涨情况。二是要建立居民收入与消费价格上涨挂钩的动态管理机制,将价格上涨对居民生活产生的影响作为重要监测内容长抓不懈,在价格上涨幅度较高时,根据价格上涨导致居民收入减少的情况,按月对中低收入群体适当发放物价补贴。

3.强保障、转理念、增渠道,增加居民财产性收入。一是进一步完善公共财政分配体制,把更多的资金用于提供公共产品,提高居民的养老、医疗、住房、教育等方面的保障水平,加大社会保障力度,减轻居民参与投资理财的后顾之忧,让更多的城镇居民,特别是中低收入居民家庭能用有限的资金参与投资理财。

二是出举措、增渠道,广开中低收入群体财产收入门路。随着市场经济的发展和居民收入水平的提高,投资理财渠道也随之不断增加,但能适应中低收入群体理财的渠道和产品仍十分有限。而房地产和股票投资不仅需要大量资金而且风险大,中低收入家庭没有能力参与。从目前看,可供中低收入居民投资的低风险产品较少,只有国债、企业债、可转换债等,而且都是限量发行,特别是国债,每次发行都一抢而空。因此,金融部门要加大力度开发出更多的适合中低收入群体的理财产品,同时给中低收入群体更多的参与机会,扩大中低收入群体财产收入门路。

课题负责人　洪　玉
课题组成员　殷柏尧　黄　程
　　　　　　李新钊　邵　震
　　　　　　占　辉(浙江调查总队)
　　　　　　冯显芝(杭州调查队)
　　　　　　章　勤(绍兴调查队)
　　　　　　吕惠钰(新昌调查队)

参考文献:
[1] 严德军,马文龙,刘佑渠.促进居民收入合理分配税收政策的国际借鉴[J].经济研究参考,2012(59).
[2] 分配改革促收入倍增[J].中国企业家,2013(1).
[3] 闻思修.实现"收入倍增"愿景唯有改革[J].中关村,2013(1).

［4］多省市筹划收入倍增计划［J］.共产党员：下半月,2013(1).

［5］如何让收入倍增［J］.中国报道,2013(1).

［6］金铭.收入倍增愿景［J］.金融经济,2013(1).

［7］刘植荣."收入倍增"需要科学统计［J］.金融经济,2013(1).

［8］胡恒芳.收入倍增:强国富民的高明战略［J］.特区实践与理论,2012(6).

［9］陈自芳.贯彻十八大 迈向新征程(二)——浙江要在收入倍增进程中继续走在前列［J］.浙江经济,2012(23).

［10］陈诗达,王萍."收入倍增"与民生幸福［J］.浙江经济,2012(23).

［11］李文学.再谈实现农民收入倍增目标［J］.农村工作通讯,2012(24).

［12］本刊特约评论员.促进城乡居民收入倍增是建设小康社会的基石［J］.武汉金融,2012(12).

［13］徐剑锋.浙江经济保持平稳较快发展的关键［N］.浙江日报,2011-12-26(14).

［14］刘金贺.收入倍增计划三大难点［J］.人力资源,2010(10).

［15］朱荣庆.扬州市江都区城乡居民收入倍增计划实现路径与对策［J］.现代经济信息,2012(9).

浙江工业对城乡居民收入增长的贡献研究

党的十八大提出了到 2020 年实现国内生产总值和城乡居民人均收入比 2010 年翻一番的宏伟目标。省委十三届二次全会提出了"四个翻番"即到 2020 年浙江生产总值、人均生产总值、城镇居民人均可支配收入、农村居民人均纯收入比 2010 年翻番的目标。能否把目标变成现实,保证居民收入倍增计划如期实现,工业发展是其中关键因素之一。因为在未来一段时期,浙江仍然处于工业化时期,工业仍然是浙江经济增长的主体,是推动经济发展和提高城乡居民收入的主要贡献力量。开展"浙江工业对城乡居民收入增长的贡献"课题研究,测算进入新世纪之后工业对城乡居民收入增长的贡献份额,回顾和分析工业在提高城乡居民收入方面取得的成效及存在的问题,进而展望推进工业强省建设给居民收入增加带来的影响,在此基础上提出工业转型升级与提高城乡居民收入紧密结合的相关政策建议,这对于加快建设"物质富裕精神富有"的现代化浙江具有重要的理论意义和现实意义。

本课题的重点是利用现有的各种统计资料,对浙江工业对全省城乡居民收入增长的贡献份额进行测算和估算。这并不是一件轻而易举的事情,也没有可供借鉴的经验。为此,我们以国家统计局浙江调查总队开展的城乡住户调查资料为基础,以省统计局国民经济核算资料和其他省级有关部门业务统计资料为辅助,测算了浙江工业对城乡居民收入增长的贡献。总的测算结果是,2001—2012 年,浙江工业对城镇居民收入增长的平均贡献率为 38.6%,对农村居民收入增长的平均贡献率为 50.4%。这表明,通过增加就业岗位、提高工资水平等方式,浙江工业发展对促进城乡居民收入增长发挥了十分重要的作用,是城乡居民收入增长的主要来源。

一、工业对城乡居民收入增长贡献的测算

(一)测算依据

城乡居民收入由工资性收入、经营性收入、财产性收入和转移性收入四部分组成。城乡居民通过在工业企业就业获得工资性收入,或从事工业行业的生产经营获得经营性收入。工业对这两部分收入增长起到直接拉动作用。同时,工业对城乡居民财产性收入和转移性收入的增长具有间接作用。例如,居民通过来源于工业行业的原始资本积累获得利息、股息、红利等增值收益,通

过出租房屋给工业就业者获得租金收益,以再分配方式分享工业企业上缴的税收、养老金等。因此,测算工业对城乡居民收入增长的贡献,必须以分解测算城乡居民收入各组成部分来源于工业的收入为基础,包括直接和间接来源于工业的收入。

(二)测算原则

一是全面性。要系统分析工业拉动城乡居民收入增长的各种途径及影响方式,综合工业对城乡居民收入增长的直接贡献和间接贡献,做到测算全面覆盖,既不重复,也不遗漏。二是科学性。测算时从每个指标的计算内容到推算过程都要做到科学、合理、准确,推算过程要有充分依据。三是可行性。测算必须能够及时搜集到准确的基础数据和深加工数据,确保数据的可获得性和可靠性。

(三)测算思路

各年度的住户调查是按城镇居民家庭和农村居民家庭分别开展的,因此,我们将分别测算浙江工业对城镇居民和农村居民收入增长的贡献。按总计项与分项合计相等原则,选取城镇居民家庭总收入和农村居民人均纯收入来分别作为城乡居民收入。由于测算过程缺乏可借鉴的已有成果,而现有的城乡住户调查又缺乏直接对应的来自工业的分项收入数据,这给我们的测算带来了很大的难度。我们在测算中根据实际可获得的资料进行了反复论证和探索,最后采用从深度挖掘和开发城乡住户调查的原始数据入手,辅以劳动工资统计、就业统计、工业统计等统计资料,综合运用税收、社保、核算等相关资料进行测算和推算予以解决。根据工资性收入、经营性收入、财产性收入和转移性收入获取的途径和方式不同,分别拟定测算方法。总之,测算的思路是,要以可靠的资料来源、可信的推算依据,获得基本符合实际的推算结果。

(四)测算情况

工资性收入和经营性收入两项合计,占城镇居民家庭总收入的 80％左右,占农村居民家庭人均纯收入的 90％左右。这两部分收入测算的准确性,决定了整个测算结果的合理性,是我们测算的重点。

1. 来源于工业的工资性收入的测算。理论上,住户调查人均收入中来源于工业的工资性收入＝就业于工业行业的职工平均工资×工业就业比重/人口负担系数。[①] 利用城乡住户调查数据,筛选出就业人员,除全部被调查者可

---

① 人口负担系数为农村居民家庭每一劳动力负担人数,城镇每一就业者负担人数。

以获得人口负担系数。根据就业人员个人信息,甄别出工业就业者,获得工业就业比重、工业就业者的职工平均工资等统计资料。但与就业统计资料相比,城乡住户调查得到的工业就业比重明显偏低。这是因为,尽管根据调查方案,城乡住户调查要求按照常住人口进行抽样调查,但由于外来人口流动性强,调查难度大,在 2012 年城乡住户调查一体化改革之前,实际操作上大多是对户籍人口进行抽样调查,抽中外来人口家庭的比例非常低。而事实上,浙江外来人口多,从事工业的比重高,据第六次人口普查资料,2010 年,浙江外来人口占全部常住人口的 21.7%,外来人口中从事工业人员比重达到 67.6%,比全部常住人口的同类比重(44.7%)高出 22.9 个百分点。因此,以户籍人口为主的抽样调查难免产生调查样本的偏差,由此导致调查结果出现人均收入偏高、行业代表性差的情况。针对这一情况,实际测算来源于工业的工资性收入时,我们根据就业统计资料,对住户调查中家庭就业者的工业就业比重进行适当调整,以逼近真实。同时,我们也利用住户调查的工业就业比重测算工业对本省居民收入增长的贡献。

2. 来源于工业的经营性收入的测算。农村住户调查表中,经营性收入下设了"工业收入"一栏,可以直接汇总得到农村居民经营性收入中来源于工业的收入。城镇住户调查中没有单设此项,必须进行推算。一般而言,城镇居民经营性收入主要来自个体户经营。我们试图利用工商登记注册信息,得到工业个体户注册资本的占比,以此来推算工业经营性收入,但计算工作量巨大,而且注册资本的行业比例也不能准确反映经营收入的行业比例。经过反复推敲和征求意见,我们选择了城镇个体从业人员的工业就业比重来推算。以城镇住户调查得到的经营性收入乘以城镇个体从业人员的工业就业比重,得到城镇居民经营性收入中来源于工业的收入。

3. 来源于工业的财产性收入的测算。财产性收入由利息收入、股息与红利收入、保险收益、其他投资收入、出租房屋收入、知识产权收入和其他财产性收入组成。其中,出租房屋收入是城乡居民财产性收入的最重要来源。鉴于外来人口租住率高,如果单纯地以工业就业比重剥离出租赁给工业就业者的房屋租金收入,会出现低估。我们综合考虑外来人口的工业就业比重、本省户籍人口的工业就业比重,来测算出租给工业就业者的房屋出租收入。以当年工资性收入和经营性收入合计来源于工业的收入比重,测算得到其他财产性收入中间接来源于工业的收入。

4. 来源于工业的转移性收入的测算。转移性收入由养老金或离退休金、社会救济收入、辞退金、保险收入、提取住房公积金组成。其中,养老金或离退休金占城镇居民转移性收入的 80% 左右,占农村居民转移性收入的 40% 左右。鉴于社保基金统计的养老金是按照所有制而不是按照行业划分,同时考虑到养老金不仅包括企业退休人员养老金,也包括了机关事业单位退休人员的养老金,所以我们采用工业企业税收缴纳比重(包括国税和地税)来推算养老金中来源于工业的收入。以当年工资性收入和经营性收入合计来源于工业的收入比重,测算得到其他转移性收入中间接来源于工业的收入。

(五)测算的资料来源

测算的资料来源主要包括:①城乡住户调查资料,特别是其中的收入分类和家庭就业者行业分类资料;②国民经济核算资料,包括其中按行业分类、按收入法分类的生产总值资料,以及按支出法计算的生产总值中反映居民消费水平的资料;③规模以上工业企业统计资料,特别是其中的工业企业财务状况资料、工业成本费用调查资料;④劳动工资统计资料,包括从业人员劳动报酬、在岗职工工资总额、平均工资等资料;⑤就业统计资料,主要是全社会从业人员的分行业构成资料、城镇私营和个体从业人员的分行业构成资料;⑥人口普查资料,主要是全部常住人口、户籍人口、外来人口按行业分类的就业构成资料;⑦财政税收统计资料,主要是按行业分类的税收收入构成资料;⑧社会保障统计资料,主要是养老金和离退休金等方面的资料。

二、工业对城乡居民收入增长贡献的测算结果

根据以上测算依据、测算原则、测算思路、测算情况和测算的资料来源,我们对进入新世纪之后的浙江工业对城乡居民收入增长的贡献进行了测算,测算结果如下。

1.工业是推动城镇居民收入增长的重要力量。2001—2012 年,浙江工业对城镇居民家庭总收入增长的平均贡献率为 38.6%。除 2002 年、2009 年和 2012 年这三年之外,浙江工业对城镇居民家庭总收入增长的贡献率都高于 30%。特别是 2003—2006 年,这几年贡献率都在 40% 以上,2003 年和 2004 年甚至超过了 50%。浙江城镇家庭总收入中来源于工业的收入比重比较稳定,在 38% 上下波动(详见表 1)。

表 1   浙江工业对城镇居民家庭总收入增长的贡献率

年 份	城镇家庭总收入(元)	家庭总收入中来源于工业的收入(元)	来源于工业的收入占家庭总收入比重(%)	工业对城镇居民收入增长的贡献率(%)
2001	10519	3832	36.4	33.7
2002	12682	4464	35.2	29.2

年 份	城镇家庭总收入（元）	家庭总收入中来源于工业的收入（元）	来源于工业的收入占家庭总收入比重（%）	工业对城镇居民收入增长的贡献率（%）
2003	14295	5372	37.6	56.3
2004	15882	6226	39.2	53.8
2005	17877	7049	39.4	41.3
2006	19954	8006	40.1	46.1
2007	22584	8865	39.3	32.7
2008	24981	9719	38.9	35.6
2009	27119	10293	38.0	26.8
2010	30135	11491	38.1	39.7
2011	34264	13229	38.6	42.1
2012	37995	14217	37.4	26.5

2.工业对农村居民收入增长的贡献率超五成。随着以工促农、以城带乡、工农互惠、城乡一体的新型城乡关系的逐渐形成，广大农村居民分享了现代化、工业化发展成果。表2显示，浙江农村居民从工业经济发展中获益的收入占农村居民纯收入的比重稳步提高，从2001年的41.5%提高到2004年45.0%、2008年的46.0%和2012年的47.4%。2001—2012年，浙江工业对农村居民纯收入增长的平均贡献率为50.4%。从趋势上看，工业对农村居民纯收入增长的贡献率虽有波动，但总体上比较平稳。

表2 浙江工业对农村居民纯收入增长的贡献率

年 份	农村居民人均纯收入（元）	农村人均纯收入来源于工业部分（元）	来源于工业的收入占人均纯收入比重（%）	工业对农村居民收入增长贡献率（%）
2001	4582	1901	41.5	48.8
2002	4940	2098	42.5	55.1
2003	5431	2402	44.2	61.9
2004	6096	2744	45.0	51.4
2005	6660	2989	44.9	43.5
2006	7335	3295	44.9	45.3

续表

年　份	农村居民人均纯收入(元)	农村人均纯收入来源于工业部分(元)	来源于工业的收入占人均纯收入比重(%)	工业对农村居民收入增长贡献率(%)
2007	8265	3707	44.9	44.3
2008	9258	4256	46.0	55.3
2009	10007	4626	46.2	49.4
2010	11303	5296	46.9	51.7
2011	13071	6196	47.4	50.9
2012	14552	6903	47.4	47.7

3. 小结。从浙江工业对城乡居民收入增长贡献的测算结果,我们可以得到以下几点基本结论:一是浙江工业对城乡居民收入增长的贡献很大,对农村居民收入增长的贡献大于城镇居民。二是近几年浙江工业对城镇居民收入增长的贡献略有下降,城镇居民收入中来源于工业的收入占比也略有下降。三是浙江工业对农村居民收入增长的贡献较为稳定,农村居民纯收入中来源于工业的收入占比稳步提高。四是工业经济形势变化对城镇居民收入的影响更明显。2009 年和 2012 年浙江工业经济增速较快下滑,工业对城镇居民收入增长的贡献随之大幅下降。

需要指出的是,我国住户调查资料需要分级使用的统计体制,大大限制了高收入阶层尤其是最富裕阶层进入住户调查范围。2010 年,全国城镇住户调查样本为 65607 户,浙江省为 4450 户,而到某个县市区一级,一般只有 100 户左右。在市县住户调查样本数量少得可怜的情况下,如果抽到一个非常富裕的家庭,就意味着该县市城镇居民人均收入将被大大高估,必须把它从调查样本户中剔除出去。因此,2011 年浙江省城镇住户调查样本户中,最高收入户的家庭年收入只有 66.5 万元,而现实中超过这一数目的家庭多的是。问题在于,这部分被排除的高收入群体恰恰很多是工业企业经营者。2012 年福布斯中国富豪榜前 100 名中,浙江上榜 11 名,其中 9 名从事与工业有关的生产经营。所以,利用现有的住户调查数据推算浙江工业对城乡居民收入增长的贡献,存在着一定程度低估的可能性。

三、工业对城乡居民收入增长贡献的实证分析

(一)工业在提高城乡居民收入增长方面取得的成效

1. 工业是城乡居民收入的主要来源。在浙江经济发展过程中,工业化始

终是经济运行轨迹的主线,是浙江实现物质富裕精神富有的主要途径。新世纪以来,浙江工业增加值占 GDP 的比重都在 45% 以上,工业发展为城乡居民收入稳定增长提供了坚实保障。按照城乡居民人口比例推算,2001—2012 年,浙江居民收入中来源于工业的收入比重维持在 40% 左右。另一组数据从国民经济初次分配角度验证了这个结果。国民经济核算资料显示,2001—2012 年,浙江劳动者报酬来源于工业的比重也维持在 40% 左右。

2.工业对城乡居民收入增长的贡献主要体现在工资性收入增长。工资性收入是城乡居民收入最重要的组成部分。工资性收入占城镇居民家庭总收入的 60% 左右,占农村居民纯收入的 50% 左右。测算结果显示,2001—2012 年,工业工资性收入对浙江城镇居民家庭总收入中工业收入的提高贡献非常大。除个别年份受工业经济下滑影响之外,大多数年份工业工资性收入对城镇居民家庭总收入中工业收入增长的贡献率在 70% 左右。城镇居民工资性收入中来源于工业的比重前期快速上升,2006—2008 年超过 40% 后小幅回落,之后维持在 38% 上下。2001—2012 年,工业工资性收入对农村居民纯收入中工业收入增长的贡献率除 2003 年外都在 73% 以上,最高甚至达到 86.8%,工资性收入中来源于工业的比重十分稳定,在 69% 左右。

表 3　2001—2012 年浙江工资性收入来源于工业的情况表

单位:%

年　份	工资性收入中来源于工业的比重		工业工资性收入对工业收入增长的贡献	
	城　镇	农　村	城　镇	农　村
2001	32.2	65.5	46.5	75.8
2002	29.7	66.1	33.5	76.7
2003	33.4	67.7	77.8	52.7
2004	36.4	68.6	79.2	81.7
2005	37.7	69.6	70.9	86.7
2006	40.0	68.7	73.1	78.5
2007	40.2	68.6	74.2	73.4
2008	40.3	69.7	50.5	86.8
2009	37.4	69.1	−2.7	82.9
2010	39.0	69.1	74.0	77.3

年　份	工资性收入中来源于工业的比重		工业工资性收入对工业收入增长的贡献	
	城　镇	农　村	城　镇	农　村
2011	38.9	69.8	44.6	77.1
2012	38.3	67.9	67.3	75.0

3. 工业对城乡居民收入增长主要通过增加就业岗位和提高工资水平加以实现。据第六次人口普查,2010 年,浙江工业就业比重居全国各省(区、市)首位,达到 44.7%,是唯一超过 40% 的省份,比江苏、上海和广东分别高出 9.6个百分点、8.5 个百分点和 4.8 个百分点,比全国平均水平和北京、山东要高出一倍以上。大量的工业就业岗位为城乡居民收入增长奠定了坚实基础。另一方面,工业工资水平的稳步提高也为城乡居民收入增长发挥了重要作用。2012 年,浙江城镇单位从事工业的在岗职工工资总额是 2000 年的 11.2 倍,年均增长 22.3%。其中,工业在岗职工平均人数是 2000 年的 3 倍,年均增长9.7%;工业平均工资是 2000 年的 3.7 倍,年均增长 11.4%。

(二)工业在提高城乡居民收入增长方面存在的问题

1. 劳动报酬占初次分配的比重较低。如前所述,无论工业从业人员平均工资,还是城乡居民收入,增长速度都是相对比较快的。但是,如果把他们的收入增长放在整个国民收入分配格局的背景下,则是另外一种情景。因为从国民收入在政府、企业和居民的分配状况看,进入 20 世纪 90 年代中期之后,居民收入增长远远低于财政收入和企业利润的增长,使得居民收入在国民收入分配中比重偏低、劳动报酬在初次分配中比重偏低的问题日益突出。2012 年与 1995 年相比,全省地方财政收入增长 28.5 倍,工业企业利润增长32.8 倍,城、乡居民人均收入仅分别增长 4.6 倍和 3.9 倍。劳动者报酬占GDP 的比重,1990 年为 53.1%,2000 年为 49.4%,2010 年降低到 38.9%,尽管近两年由于人口红利因素减弱的影响,企业员工收入和劳动力成本增长相对较快,劳动者报酬占 GDP 的比重有所回升,2012 年回升到 42.1%,但目前浙江劳动者报酬占初次分配的比重不仅明显低于发达国家水平(大多在 51% 至 57% 之间),而且在全国各省(市、区)位居后列。2010 年浙江劳动者报酬占 GDP 的比重在全国 31 个省(市、区)中居倒数第 4 位,2012 年居倒数第 7 位。

2. 大量雇佣外来人口导致工业发展给本省居民增收实惠减少。进入新世纪之后,由于产业结构调整升级进展缓慢,使得浙江多数制造业企业仍处于全球价值链分工体系的末端,产业层次低,产品档次低,市场定位低,技术含量低,附加价值低,管理水平低,走的是一条低档、低价、薄利的发展路子。这种低端制造,对应的是低成本劳动力的需求。据浙江省人力资源和社会保障厅发布的《浙江省部分市县人力资源市场供求状况分析》,2008 年、2009 年和2010 年三季度的企业用工需求中,低技能要求(包括无技能要求、初级技能和初级专业技术职称)的需求比重分别为 89.6%、93.2%和 89.0%,对求职人员的低学历要求(包括无学历要求和初中及以下人员)分别占 68.0%、72.1%和72.7%。随着"招工难"现象的显现,用人单位对劳动者的文化程度、技能要求更为放宽,2008 年至 2010 年三季度对求职者的学历无要求的用工需求比重分别达到 18.2%、19.8%和 22.0%,无技能要求的岗位比重均在 65%以上。在本省劳动力成本上升、年轻人择业观念和要求提高的情况下,对低成本劳动力快速增长的需求,只能通过大量吸收省外人口加以解决。2010 年浙江外来常住人口比 2000 年增加 813.5 万人,比外来人口第一大省广东省同期外来人口增加数(643.3 万人)还多出 170.2 万人,新增外来人口数居全国第一。2010年,浙江外来人口从事工业的比重为 67.6%;在全部工业就业者中,外来人口的比重为 45.3%。这就使得浙江工业发展给本省居民增收实惠明显减少。据测算,2010 年,浙江本省城镇居民家庭总收入中来源于工业的比重为 28%左右,比按常住人口测算低 10 个百分点;本省农村居民纯收入中来源于工业的比重为 38%左右,比按常住人口测算低 8 个百分点。

3. 依赖低成本竞争导致较低劳动生产率和更低劳动报酬的"双低"现象。浙江工业长期以来过分依赖低端产业,过分依赖低成本劳动力,过分依赖资源环境的消耗,直接制约了其投入产出效益水平的提高。过分依赖低端产业、低成本劳动力和低价格竞争,必然导致工业劳动力素质的低下。2010 年,流入浙江的外来人口人均受教育年限仅为 8.59 年,比全国省际流动人口平均受教育年限低 1.02 年,在全国 31 个省市区中仅高于新疆(8.5 年),与西藏并列倒数第 2 位。较低素质的工业劳动力,必然导致较低的劳动生产率。这造成了浙江"双低"现象,即较低的劳动生产率和更低的劳动报酬。钱雪亚(2010)从单位产出劳动力成本的角度观察得出结论,浙江劳动密集的比较优势,是建立在低劳动生产率和低劳动工资水平之上的。我们搜集的资料也证明了这一点。2010 年,浙江规模以上工业企业全员劳动生产率仅为 13.81 万元/人,只相当于全国平均水平的 73.3%。而 2011 年,浙江规模以上工业企业人均劳动报酬相当于全国平均水平的 90.3%。由于浙江民营中小企业比重高,全部工业企业职工平均工资水平与全国平均水平的差距可能还要更大一些。浙江劳动报酬占 GDP 比重在 31 个省市区中位置居后,也是这种"双低"现象的反映和结果。

(三)工业发展与居民收入增长的相关分析

1. 工业经济增长与居民收入提高存在长期均衡关系。2001—2012 年,浙江规模以上工业企业主营业务收入和职工薪酬总额两者相关性比较高。从绝对值看,规模以上工业企业职工薪酬总额占主营业务收入的比例在 5% 上下波动。从增长速度看,两者走势呈现很强的相似性。国际金融危机以来,规模以上工业企业主营业务收入和职工薪酬总额增速都走出了一个大 V 形,此后又较快回落。经检验,在显著性水平 0.01 的条件下,主营业务收入和职工薪酬总额的相关程度高达 0.994,两者增速也表现为极强的正相关,相关系数为 0.874。相对而言,企业职工平均工资增速变动要平缓一些。

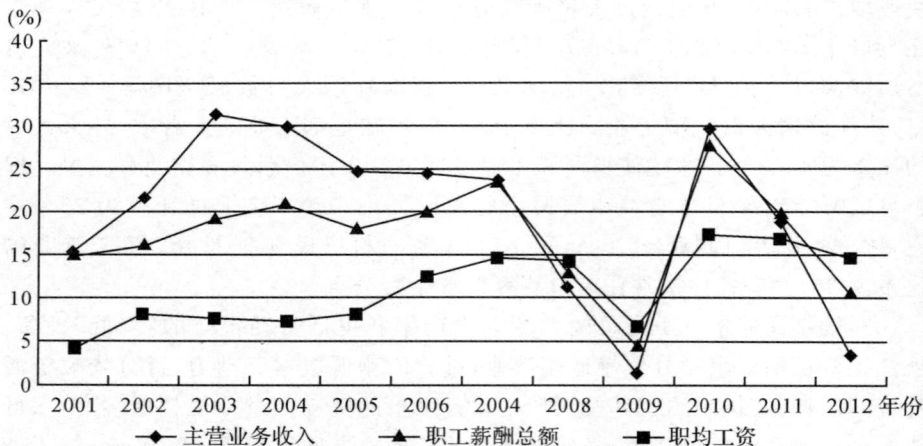

图 1   浙江规模以上工业主营业务收入、职工薪酬和职均工资增速

2. 工业经济增长是居民收入提高的重要原因。对此我们通过统计数据加以验证。变量之间的因果关系通常采用 Granger 提出的因果检验方法。我们对浙江规模以上工业企业主营业务收入和职工薪酬做了 ADF 单位根检验,在确定两者的一阶差分平稳的前提下,进行了 Granger 检验。结果显示,在 10% 显著水平下,主营业务收入增长和职工薪酬总额提高互为因果。这表明,工业经济发展与居民收入增长之间存在紧密的协同联动关系。工业经济繁荣,拉动居民劳动报酬提高;反过来,当劳动报酬增加时,职工劳动积极性和创造性提高,更加积极工作,促进了工业经济的繁荣。

表 4　变量的单位根 ADF 检验结果

变　量	ADF 统计量	1%水平下的临界值	5%水平下的临界值	10%水平下的临界值	检验结论
主营业务收入	−3.5872	−4.4206	−3.2598	−2.7711	平稳
职工薪酬总额	−4.5282	−4.2971	−3.2127	−2.7477	平稳

表 5　Granger 因果关系检验结果

原假设	χ^2	P 值
主营业务收入增长不能拉动职工薪酬总额提高	11.5	0.08
职工薪酬总额提高不能拉动主营业务收入增长	156.9	0.01

3.加快工业转型升级促进居民收入增长。当前浙江工业正处于由高速增长阶段向中速增长阶段的转换时期。增长阶段的转换,不仅仅是速度的调整,更重要的是增长动力和发展方式的转变。只有加快转型升级,才能促进工业发展方式转变,进而促进居民收入较快增长。

从表 6 可以看到,2001—2012 年,浙江规模以上工业、纺织业、装备制造业和高新技术产业主要经济数据存在两个明显高于现象:一是主营业务收入年均增速均高于薪酬总额年均增速;二是企业利润总额年均增速均远高于职工平均工资年均增速。另外,纺织业职工平均工资年均增速要高于规模以上工业平均水平。

但是,以国际金融危机爆发为界,将 2001—2012 年分成 2008 年之前和之后两个阶段后可以发现,前后两个阶段情况发生了很大变化。2001—2007 年,浙江工业仍处于高速增长阶段,各项主要经济指标包括工业从业人员均较快增长,但是相对而言,职工平均工资增长较低,比企业主营业务收入和利润总额增速要低 15 个百分点左右。其中纺织业职工平均工资增长最快,年均增长9.6%,比装备制造业、高新技术产业分别高 0.6 个百分点和 0.3 个百分点。而 2008—2012 年,浙江工业增长明显减缓,主营业务收入和利润的年均增速只相当于前一阶段的一半左右,但是,由于采取提高最低工资标准、健全社会保障体系、打击拖欠职工工资行为和实施结构调整、减员增效等措施,职工平均工资增速却比前一阶段不降反升,而且要高于同期企业主营业务收入和利润的增速。从工业内部看,装备制造业和高新技术产业职工平均工资分别年均增长 14.2% 和 14.7%,增速超过了纺织业(13.9%)。由此可以看出,在工业由高速增长转入中速增长的背景下,只要加快结构调整和转型升级,努力提高经济增长质量和效益,是能够保持城乡居民收入持续增长的。

表 6　浙江规模以上工业主要经济指标年均增长率

单位：%

	主营业务收入	利润总额	薪酬总额	从业人员数	职工平均工资
2001—2012					
规模以上工业	19.2	18.8	17.2	5.6	10.9
纺织业	18.5	19.2	15.9	4.0	11.4
装备制造业	20.1	18.8	18.9	7.0	11.1
高新技术产业	20.1	19.0	17.9	5.8	11.5
2001—2007					
规模以上工业	24.3	23.4	18.9	9.2	8.8
纺织业	23.0	23.8	17.5	7.2	9.6
装备制造业	26.4	24.3	20.9	11.0	9.0
高新技术产业	25.8	23.2	18.3	8.3	9.3
2008—2012					
规模以上工业	12.5	12.5	17.8	0.8	13.9
纺织业	12.5	12.9	13.6	−0.3	13.9
装备制造业	12.0	11.5	16.1	1.6	14.2
高新技术产业	12.4	13.4	17.4	2.3	14.7

四、几点对策建议

1. 推进工业强省建设。2001—2012 年,浙江工业对全省生产总值增长的贡献份额达到近一半,对城乡居民收入增长的贡献份额达到四成左右。现阶段和今后一个时期,浙江正处于全面建设小康社会的决定性时期,处于加快转变经济发展方式的关键时期,处于工业化、城镇化加速推进的重要时期。工业仍然是推动浙江经济发展的重要力量,不仅对稳增长、调结构、促转型,而且对提高居民收入具有十分重要的作用。提高居民收入和生活水平是发展的目的,也是一项紧迫而艰巨的任务。浙江"十二五"规划纲要明确提出,"十二五"时期城乡居民收入增幅不仅要高于"十一五"实绩,而且要高于同期经济增长速度。但从"十二五"前三年的情况看,城镇居民人均可支配收入和农村居民人均纯收入扣除价格因素年均实际增速分别为 7.9% 和 8.8%,其中 2013 年分别为 7.1％和 8.1％,均低于"十二五"规划要求分别年均实际增长 8.5％和 9％的目标。因此,要从战略的高度,正确审视工业强省建设的地位和作用,充分发挥工业在促进居民收入增长中的作用。要围绕"强"字做文章,尽快摒弃旧的工业发展模式,使工业发展转到依靠技术进步、劳动者素质提高和管理创新上来,切实提高工业增长质量和效益,为提高工业劳动者和居民收入奠定基础。

2.加快工业转型升级。从促进居民增收的角度,加快工业转型升级的重点,一是要把产业结构调整与职业结构、就业结构、人口结构调整结合起来,切实改变过分依赖低端产业的状况,大力发展技术密集型、知识密集型的高新技术产业,压缩附加值低、工资水平低的劳动密集型产业,在转型升级中提高高端产业比重,从而带动劳动者报酬水平提升。二是要着力改变企业长期处于低价值链的局面,向创新驱动型企业转变,通过市场创新、组织创新、技术创新、品牌创新和向前端的研发、设计和后端的营销、服务延伸,转向价值链和产业链的较高层次,提高企业竞争力,提高企业经济效益,增加劳动者报酬。三是加大腾笼换鸟和"走出去"的力度。要通过治污治水、"三改一拆"等措施,加快淘汰高污染、高耗能的落后产能,加大对低端产业、低端项目、低效企业的转移力度,扭转省外低端劳动力大量拥入浙江的状况,改变浙江工业企业过多雇佣外来人口的状况,减轻社会管理负担。同时腾出工业发展新空间,着力培育和发展先进制造业,解决大学生就业难问题,使本省居民更多地分享工业发展的成果。

3.调整收入分配结构。国际金融危机之后,在工业由高速增长转入中速增长的背景下,工业企业职工平均工资增长速度却不降反升的事实充分说明,调整工业内部分配结构、提高劳动者报酬占初次分配的比重,既是校正长期以来劳动者报酬占初次分配比重明显下降的需要,也是应对"刘易斯拐点"出现后劳动力供求关系将发生全局性、趋势性变化的需要。其实,提高劳动报酬占初次分配的比重,提高居民收入占国民收入的比重,增强居民扩大消费需求的能力,是解决产能过剩、内需不足、过分对外依赖、经济循环不畅等长期困扰的问题,优化经济发展动力结构的关键所在。当然,劳动力成本上升是一个长期的过程,需要妥善处理好各方面关系。为此,企业要转变竞争观念,走出过分依赖低成本劳动力的传统模式,理性面对劳动力成本上升,通过创新发展、提高效率、"机器换人"等措施加以积极应对。员工要强化奋斗观念,增强工作责任心,确立收入来自贡献的观念,努力提高劳动生产率,主动为企业、为国家多做贡献。政府部门要端正政绩观,落实管理责任。要从增长第一转向以民生为重,把增加就业和提高居民收入水平放在优先位置,同时要根据当前企业劳动力成本上升较快的实际情况,通过减税、让利等措施帮助企业解决实际困难。

4. 多管齐下增加收入。工业对居民收入增长的贡献,包括工资性收入、经营性收入、财产性收入和转移性收入四个部分。从前面测算可以看出,无论是城镇居民还是农村居民,工业工资性收入都是来自全部工业收入的大头,其增长贡献率,城镇居民多数年份占 70% 左右,农村居民基本在 73% 至 87% 之间。因此,促进工业对居民收入增长的贡献,必须紧紧抓住工资性收入增长这一重点,以提高工业工薪收入作为城乡居民收入增长的第一抓手。2012 年,经营性收入占浙江城镇家庭总收入的 12.4% 和农村家庭总收入的 28.9%,工业经营性收入是全部经营性收入的重要组成部分,其中重要的来源是从事工业的个体户经营收入。大力发展个体私营经济是浙江经济的特色之一。据第三次经济普查的清查摸底,2013 年浙江个体经营户为 323.9 万家,其中工业个体经营户为 69.3 万家。要继续发扬浙江人特别能创业特别能吃苦的精神,在进一步发展个体经济的基础上,推动“个转企”“小升规”,由此增加城乡居民收入。工业财产性收入也大有文章可做。浙江民间资金充裕,而工业实体经济的资金需求也很旺盛,要进一步搞活金融市场,拓宽投资渠道,特别是要通过温州金融综合改革试点等举措,促进民间资金向产业资本转化,既充分发挥浙江的金融资源优势,推动转型升级,又能增加居民的财产性收入。要进一步健全社会保障体系,加大对城乡居民尤其是农村居民的转移支付力度,增加居民转移性收入。

王 杰 林 云 徐 璐

"机器换人"促进浙江劳动就业结构转型升级

产业转型升级是大势所趋,通过创新驱动、"机器换人"推动技术红利替代人口红利,是经济继续保持增长的动力之源。2010 年以来,随着我省加快推进转型升级、全面推进"机器换人",产业结构得到明显提升,劳动生产率快速提高,机器红利显现。但同时对浙江劳动就业带来了新的挑战。

一、"机器换人"带来人力资源结构变化

转型升级、"机器换人"是一个资本有机构成快速提高的过程,本质上是资本和技术对劳动力的替代。近两年,以"机器换人"为主要途径,通过现代化、自动化的装备提升传统产业的我省转型升级战略加快推进,在人口、就业上主要表现为:

(一)外来人口的减少,人口增量、增速下降

近两年随着"机器换人"、转型升级大步推进,企业低端人员减少较多,省外劳动力明显回流,全省常住人口增量、增速下降。2005—2010 年,全省常住人口从 4990.9 万人增加到 5446.5 万人,年均增加 91.1 万人,年均增长 1.76%,而 2011 年、2012 年常住人口增量仅为 16.5 万人和 14.0 万人,增速分别为 0.30%、0.26%,下降明显。

(二)工业吸纳就业人员减少

2005—2010 年,工业就业人员从 1160.3 万人增加到 1493.6 万人,年均增加 66.7 万人,而 2010—2012 年从 1493.6 万人增加到 1523.8 万人,年均增加 15.1 万人,其中 2012 年仅增加 1.6 万人,工业新吸纳的就业人员明显减少。根据就业弹性变化测算,2011 年、2012 年两年间,工业经济转型升级、"机器换人",少吸纳就业 60 万人左右。

(三)就业人员素质明显提升

2012 年城镇(含私营规模以上)工业企业就业人员中,大学本科及以上学历人员和大专学历人员占比分别为 6.26% 和 11.17%,比 2009 年提高 1.67 个百分点、2.32 个百分点;高中学历人员和初中及以下人员占比分别为 28.45% 和 54.12%,比 2009 年降低 0.02 个百分点和 3.97 个百分点;经营管理人员、专业技术人员和技能人员占比分别为 10.01%、12.43% 和

35.14％,分别比 2009 年提高 1.53 个百分点、1.46 个百分点和 11.67 个百分点。就业人员学历层次、专业素质明显提升。

二、"机器换人"效应正在显现

转型升级、"机器换人"有力地促进减员增效,同时也对劳动就业带来了挑战。

（一）"机器换人"缓解部分企业用工紧张状况

浙江省为数众多的企业从事传统产业、劳动密集型产业,长期依赖廉价低端劳动力,企业用工缺口较大。随着转型升级、"机器换人"的推进,企业依赖廉价劳动力现状有所改变,用工缺口一定程度得到缓解。根据省就业局企业用工情况监测,企业缺工率从 2011 年 6 月的 4％,降到 2013 年 6 月的 2.18％。

（二）"机器换人"推动工业转型升级效果显现,劳动生产率提升加速

"机器换人"的必然结果是从业人员的人均产值提高,效率提升。2000—2010 年,工业从业人员人均增加值从 4.02 万元增加到 8.78 万元,按可比价格计算劳动生产率年均提高 5.58％。2010—2012 年,工业从业人员人均增加值从 8.78 万元增加到 10.07 万元,按可比价格计算劳动生产率年均提高 5.73％,比 2000—2010 年高 0.15 个百分点。其中,2012 年工业劳动生产率提高 6.29％,比 2000—2010 年提高 0.71 个百分点,劳动生产率加速提升态势初现,企业竞争力增强。

（三）"机器换人"使企业职工工资大幅提高

"机器换人"推动产业转型升级,提升了劳动生产率,使职工工资大幅提高得以实现。2000—2010 年,企业总体用工偏紧,工业城镇单位在岗职工平均工资从 9853 元提高到 29515 元,年均增长 11.60％,2012 年又提高到 40270 元,2010—2012 年间年均增长 16.81％,比 2000—2010 年提高 5.21 个百分点,为居民收入实现翻番打下良好基础。

（四）工业吸纳就业能力明显下降

解决就业问题,主要靠经济发展拉动,浙江作为制造业大省,工业是吸纳就业的主力。2012 年,全省工业从业人员 1523.8 万人,占全社会从业人员的 41.28％。但随着工业"机器换人"、转型升级的推进,工业吸纳就业能力明显下降。2000—2010 年,工业从业人员年均增长 6.25％,但 2010—2012 年年均增长降到 1.01％,其中 2012 年工业从业人员仅增长 0.10％。从工业增加值的就业弹性看,2000—2010 年平均为 0.482,而 2010—2012 年平均为 0.116,其中 2012 年仅为 0.014。

（五）摩擦性失业和结构性失业压力加大

近年来，我省城镇登记失业率一直稳定在 3％左右（如下图），2013 年以来呈明显上升趋势，这有经济增长放缓的因素，但主要还是企业转型升级、"机器换人"带来的影响。根据大城市劳动力调查，当前失业人员中，因经济、产业结构变化导致的结构性失业人数占一半以上，比 2005 年同期高 10 个百分点以上，因劳动者求职与需要提供的岗位存在时间差导致的摩擦性失业占近四成。随着转型升级、"机器换人"的推进，短期失业压力会进一步加大。

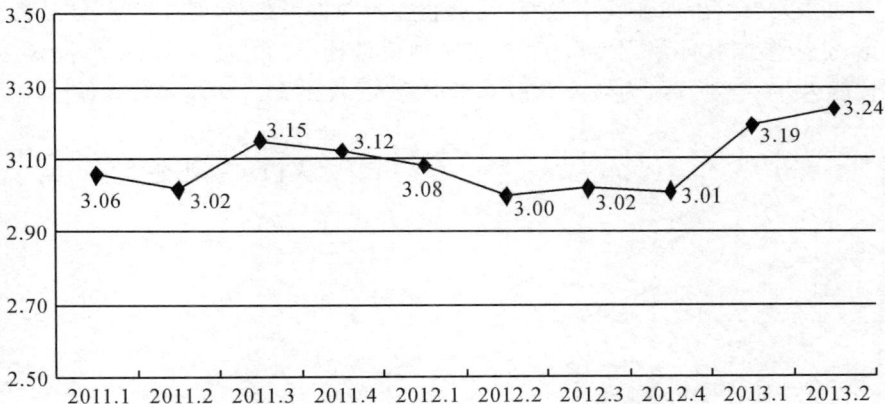

图 1　2011—2013 年分季度城镇登记失业率（%）

（六）就业结构矛盾突出

转型升级、"机器换人"节省大量劳动力，减少了经济发展对省外低端劳动力的依赖，省外劳动力回流明显。但同时，企业对从业人员素质要求明显提高，技术工人、专业技术人员等明显紧缺。劳动力市场数据显示，2013 年 6 月份技术工人、专业技术人员的求人倍率高于整体平均值，差距最大的超过 100 个百分点。省就业局企业用工监测数据显示，技术工人、专业技术人员和管理人员占缺工总人数的 22.22％，呈上升态势。

三、对策建议

转型升级、"机器换人"提高了企业效率，提升了企业竞争力，是大势所趋，但同时短期内对劳动就业带来了挑战。就业是民生之本。因此，在全面推动"机器换人"时，要兼顾稳定就业、扩大就业。解决就业主要靠经济的发展，产业的调整，辅之以社会的积极引导。为此建议：

一要加强对实体经济的支持政策，包括金融、财政税务、科技、人才政策等；

二要培育内需增长点，促进消费较快增长和消费结构升级；

三要积极引导投资，鼓励民间资本投资到实体产业；

四是进一步大力推进产业结构调整，发展服务业，使之成为未来我省吸纳就业的主力；

五是加强对就业人员的教育培训，特别是应用性知识的培训，通过培训和再教育，提升就业人员技能，有效缓解摩擦性失业；

六要大力发展职业技术教育，拓展企业参与办学的深度和广度，鼓励社会力量、企业参与技能培训实践工作，奖励师傅带徒弟的技能培养、传承模式，加大技能人才培养力度，为转型升级、"机器换人"提供人力支撑和智力保障。

人口和就业处　罗　斌

"刘易斯拐点"背景下的农业
转移人口市民化研究

近年来,浙江省农业转移人口中外来人口大量流入、文化素质偏低的特点十分明显。根据"六普"数据测算,全省农业转移人口为2399万人,占全省非农产业从业人员的比重超过四分之三,其中,省外流入劳动力占全部转移人口的近一半(47.3%),平均受教育年限为8.6年,即相当于初中毕业生的水平,比全国平均水平低1.0年,也是北京、上海、江苏、山东、广东等沿海省市中最低的。这主要是经济增长过多依赖低端产业、过多依赖低成本劳动力的结果,而大量低素质劳动力的存在,又强化了低层次粗放型发展模式的路径依赖,两者相互交织、互为因果。劳动年龄人口减少、人口红利逐步消失、劳动力成本上升等现象的出现,预示着"刘易斯拐点"逐步临近,劳动力将从近乎无限供给向短缺转变。这一转变,将倒逼企业转型升级,劳动力需求从重"量"转向重"质",逐步提高劳动者的收入和权益,并对促进农业转移人口市民化有着积极的意义。为此,本文提出了要抓住"刘易斯拐点"的契机,实施统筹兼顾的对策建议,既要加快经济转型升级,降低对低素质劳动力的过度依赖,又要通过建立平等向上流动通道、加强在职技能培训、推进公共服务均等化等途径逐步实现农业转移人口市民化,为浙江的经济社会发展培养并留住优秀人才。

农业转移人口是我国改革开放和工业化、城镇化进程中的一支重要建设力量,为推动经济社会发展、促进城市发展繁荣做出了重大贡献。推进农业转移人口市民化,不仅关乎我国城镇化和现代化的未来,更是实现公平正义和维护社会稳定的需要。当前,农业转移人口市民化存在着不少难题,需要长期而艰巨的努力。随着"刘易斯拐点"的临近,劳动力市场出现转折性变化,必将对推进农业转移人口市民化起到积极的促进作用。

一、农业转移人口的定义

从文字所包含的内容看,在"农业转移人口"中,"农业"是指包括农、林、牧、渔在内的第一产业,与"人口"搭配反映出这一群体的身份,即为我国户籍划分中的农业人口;"转移"体现了该群体就业从事行业的转换,即由农业转移到非农产业。因此,本文将"农业转移人口"定义为"拥有农业户籍,但实际从事非农产业的人口"。①

从转移的地域上看,既有异地转移,也有就地转移。就地转移人口的居住地不变,但就业身份从农民转换为非农,其中包含了大批农业和非农兼业、农村和城镇之间来回流动的农业人口。从雇佣关系看,除了被人雇佣的务工人员和少量的私营业主外,还包括自我雇佣的非农自营劳动者,这些人的工作性质与务工人员没有很大的区别,就业状态不稳定,当经营状况不佳时可能立即会转为受雇状态。

二、浙江农业转移人口的特点

(一)农业转移人口已成为非农产业人员的主要力量,其中近一半来自省外

根据第六次人口普查数据测算,2010 年浙江省农业转移人口为 2399 万人,占全省非农产业从业人员的比重超过四分之三,达到 77.1%。

在全部农业转移人口中,跨乡(镇、街道)范围进行异地转移人口是转移人口的主体,占 60.6%,其中,省外流入劳动力占全部转移人口的近一半(47.3%),乡(镇、街道)内就地转移人口占 39.4%,这其中还包括了不少居住在家里,但工作在其他地方的早出晚归型的转移人口。

表1　浙江农业转移人口的户籍地②分布情况

	本乡镇街道	县内跨乡镇	省内跨县	省外流入
人数(万人)	946	167	151	1135
比例(%)	39.4	7.0	6.3	47.3

(二)年龄特征:青壮年劳动力是主体,但劳动力老化迹象明显

从年龄结构上来看,浙江省农业转移人口以青壮年劳动力为主体,年龄中位数为 36.5 岁,16—49 岁人口占 87.1%,其中,1980 年以后出生的新生代转移人口占 32.8%。在全部农业转移人口中,省外转移人口不但数量大,而且年龄结构相对较年轻,进而延缓了整个农业转移人口的老龄化进度。省外转移人口的年龄中位数为 31.5 岁,比全部农业转移人口年轻 5.0 岁,16—49 岁人口占 95.5%,比全省农业转移人口高 9.4 个百分点。省外转移人口仍处于"年轻时进城、中年后返乡"的流动特点。

---

① 人口的转移包括城乡之间的转移、户籍的变化、就业行业的转化、区域的流动等多个方面,从不同的角度理解"农业转移人口"会有不同的定义。

② 对于一些已经取消按照农业、非农业的户口性质划分的地区的人口,第六次人口普查统一规定,仍按照取消前的户口性质进行填报。

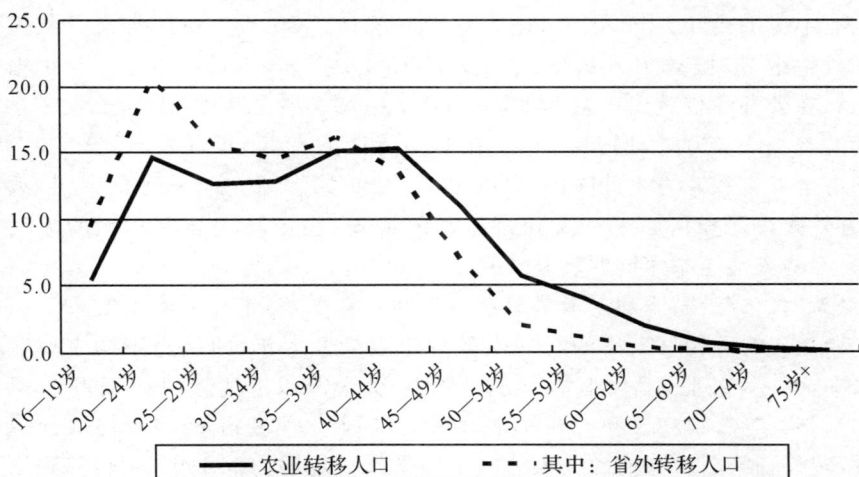

图 1　2010 年浙江省农业转移人口的年龄结构

在农业转移人口的总体年龄仍较年轻的同时,中高年龄组劳动力快速增加,人口年龄结构逐步呈老化趋势。在全部省外流入人口中,2010 年 35—59 岁的中高年龄劳动力组人口占 35.7%,比 2000 年提高 20.7 个百分点,呈现快速增长的发展趋势。

(三)性别结构:男性人口仍占多数,但近年来女性转移人口增速明显快于男性

2010 年,全省农业转移人口中,男性人口占 57.0%,女性人口占 43.0%,性别比(以女性为 100,男性对女性的比例)为 132.8,男性人口仍占多数。

与 2000 年相比,农业转移人口的性别比总体逐渐趋于平衡。从全部省外流入人口来看,虽然两次普查的性别差异最大的仍属于同一群体,即从 2000年 40—44 岁转移到 2010 年 50—54 岁,但经过 10 年时间的变化,其性别比的峰值已从 237.2 下降到 179.8。2010 年的 50—54 岁省外流入人口与 2000 年的 40—44 岁人口相比增加 1.2 倍,其中男性人口和女性人口分别增加 1.0 倍和 1.7 倍,中年女性流入人口增速明显快于男性。

(四)转移模式:随迁家属逐步增多,逐渐呈现家庭化转移模式

2010 年全部省外流入人口中,以随迁家属或投亲靠友的目的来浙江的人口在逐步增多,占 12.4%,比 2000 年的 8.8% 提高 3.6 个百分点。随迁家属的逐步增加,与上述分析的中年女性人口大量流入是一致的。另外,随迁家属

中也有不少的少年儿童人口。据教育部门统计①，2012 年浙江省义务教育阶段在校生中，进城务工人员随迁子女有 130.8 万人，占 26.4%，比上年增长8.2%，在公办学校就读人数为 98.9 万人，占 75.6%。其中，随迁子女在小学就读的有 106.2 万人，增长 7.4%，在初中就读的有 24.6 万人，增长 11.7%，分别占全省在校小学生和初中生的 30.6% 和 16.5%。这一现象表明，近年来，省外人口逐步从原来一人独自流动的模式，逐步转变为家庭化的流动模式，夫妻两人甚至举家同时转移流动。

（五）文化结构：平均受教育程度接近初中水平，总体文化素质偏低

浙江省农业转移人口的平均受教育年限为 8.7 年，即相当于初中毕业生的水平，其中，未上过学、小学、初中、高中、大学及以上的人口分别占 2.3%、24.6%、54.5%、14.3% 和 4.3%，初中及以下文化程度占 81.4%。从分产业来看，转移到第三产业的农业人口的平均受教育年限为 9.1 年，比转移到第二产业的人口高 0.5 年。

浙江省农业转移人口的文化素质总体偏低。从外来人口的受教育程度来看，浙江省外来人口的平均受教育年限仅为 8.6 年，比全国平均水平低 1.0年，也是北京、上海、江苏、山东、广东等沿海省市中最低的。浙江省外来人口中未上过学的比重为 2.1%，比全国平均水平高出 0.6 个百分点，小学文化程度比重达到 26.4%，比全国平均水平高出 9.0 个百分点，而高中及以上人口比重仅为 14.4%，只相当于全国平均水平的一半左右，其中大学专科及以上人口比重为 4.0%，更是只有全国平均水平的 1/3 左右。

（六）行业选择：制造业是农业人口的主要转移目标，部分行业对农业转移人口形成依赖性需求

浙江省是个制造业大省，民营资本和外资主要进入第二产业，农业转移人口主要集中在第二产业就业。2010 年，有 69.7% 的农业人口转移到第二产业就业，其中制造业占 59.5%。在外省农业转移人口中，制造业就业人数更是占了 67.3%。

农业人口的大量转移，也使得浙江省的许多产业对其依赖日益加深，形成了刚性需求。采矿业、制造业、建筑业、住宿餐饮业、居民服务业中，农业转移人口的比重超过或接近 8 成，分别达到 84.3%、87.6%、88.0%、79.8%、82.1%。其中，制造业中的纺织服装业、皮革毛羽制品业、木材加工业、家具制造业、文教体

---

① 数据来源：《2012 年浙江教育事业发展统计公报》，浙江省教育厅网站，2013 年 4 月8 日。

育用品制造业、橡胶制品业、废弃资源回收加工业、工艺品及其他制造业等8大行业，农业转移劳动力的使用更是超过了90％，这些行业基本上是传统的一般加工制造业。农业转移人口已成为浙江经济建设中一支不可缺少的主力军。

三、浙江经济发展方式与农业转移人口的交织影响

随着各种劳动力流动的歧视性制度和地方保护性政策的逐步取消，打破了劳动力市场的行政分割，逐步建立了全国统一的劳动力市场，农业转移人口成为劳动力市场的重要供给来源。在当前人口转移流动仍然以就业为主要原因的情况下，经济增长过多依赖低端产业的发展模式形成了对低成本普通劳动力的依赖性需求，使得大量的外来人口涌入浙江。而大量低文化素质的农业转移人口的存在，又强化了低层次粗放式发展方式的路径依赖，反过来影响我省经济发展方式的转变。

（一）粗放型经济发展方式形成了对低成本劳动力的依赖性需求，进而吸引了外来人口的大量流入

改革开放初期，从发展农村工业和农民创业起步壮大的浙江工业，基础相对薄弱，人才、技术和装备比较缺乏，加上短缺经济尤其日用消费品短缺的推动，形成了典型的粗放型经济发展方式。而30多年的经济高速增长，使得企业对调整转型的紧迫感和危机感不够强，面对市场竞争，习惯于采取在原有技术水平上扩大产能、薄利多销的策略。浙江经济发展仍处在发展方式转变的"爬陡坡"阶段，多数制造业企业处于全球价值链分工体系的末端，产业层次低、布局散、竞争力弱，企业技术含量低、附加价值低、管理水平低，主要依靠低成本、低价格竞争。这种低端制造，就决定了经济发展形成了对低成本劳动力的大量的依赖性需求。2010年，浙江省规模以上工业企业全员劳动生产率仅为13.81万元/人，只相当于全国平均水平的73.3％。由于浙江民营中小企业比重高，全部工业企业与全国平均水平的实际差距可能还要更大一些。低水平的劳动生产率表明，生产同样的GDP，浙江需要更多的劳动力投入。这种经济发展方式形成的农业转移人口的旺盛需求，加上我省各级政府、社会、企业普遍积极营造良好的就业和生活环境，合理解决子女入学难、住房难等问题，吸引了越来越多的外来人口流入浙江。

（二）低层次产业结构需求的劳动力主要是年轻、熟练的普通操作工人和服务人员，而对技能和学历的要求却较低，从而使得农业转移人口的文化素质提高缓慢

长期以来，由于认为中国廉价劳动力供给充裕，浙江的许多劳动密集型企业为了降低成本，提高利润率，普遍使用身体健康、反应灵敏的年轻劳动力代

替技术投入,将工人固定为"流水线"旁进行重复劳动的纯体力劳动者。浙江
传统产业的优势取得,主要通过区域产业集群,推动产业链中间产品的垂直分
工,从而降低产品成本,形成专业化生产的优势,依靠技术创新的份额不大。
从岗位需求的角度来看,主要以年轻、熟练的普通劳动力为主,而对技能和学
历的要求较低甚至不提要求。据浙江省人力资源和社会保障厅发布的《浙江
省部分市县人力资源市场供求状况分析》显示,2008 年、2009 年和 2010 年的
企业用工需求中,低技能要求(包括无技能要求、初级技能和初级专业技术职
称)的需求比重分别为 89.6%、93.2% 和 89.0%,对求职人员的低学历要求
(包括无学历要求和初中及以下人员)分别占 68.0%、72.1% 和 72.7%。甚至
随着"招工难"现象的日趋严重,用人单位对劳动者的文化程度、技能要求更为
放宽,2008 年至 2010 年对求职者的学历无要求的用工需求比重分别达到
18.2%、19.8% 和 22.0%,无技能要求的岗位比重更是均在 65% 以上。用工
岗位对求职者的文化素质和职业技能的普遍较低需求,意味着低文化和技能
素养的普通劳动力都能顺利地在浙江找到工作,这也是农业转移人口的文化
水平提高缓慢的主要原因。

(三)低层次岗位需求和自身低文化素质的双重制约,使得农业转移人口
被锁定在低端职业,难以形成良性的向上流动机制

我省农业转移人口的文化素质和职业技能普遍相对较低,而我省传统产
业中许多就业岗位对劳动者的职业技能和学历需求也不高,农业转移人口很
容易在类似的低技能行业中找到工作,使得农业转移人口既缺乏学习提高技
能的环境,也缺乏努力学习的动力,从而被锁定在低端职业,具有明显的从业
惯性,难以形成良性的向上流动机制。2010 年,88.8% 的农业转移人口从事对
文化技能要求相对较低的职业,其中 64.7% 为生产运输设备操作人员,24.1%
为商业服务业人员。并且从年龄上看,第一代和新生代农业转移人口从事的
职业变化不大,都是以低端职业为主,20—24 岁、30—34 岁和 40—44 岁的农
业转移人口中的生产运输设备操作人员分别占 63.7%、65.7% 和 68.1%,商
业服务业人员分别占 23.4%、23.3% 和 22.6%。

(四)低文化素质农业转移人口的迅速增加,反过来强化了浙江粗放型经
济发展方式的路径依赖,陷入廉价劳动力"比较优势陷阱"

进入新世纪以来,浙江吸引了大量农业人口的转移就业,尤其是省外转移
人口迅速增加。但是,源源不断的、近乎无限供给的大量廉价劳动力的存在,
使得一些企业认为只要不断增加投资、不断扩大规模就能持续发展,而没有动
力去转型升级,不愿意改造传统产业,以技术进步提高劳动生产率。企业员工

的低文化素质、低技能,也让许多企业没有能力消化吸收先进生产技术,没有条件开展产品研发,甚至引进了先进设备却由于缺乏技术人才而无法准确使用。正是部分企业对追求技术进步的既无动力又无能力,强化了浙江粗放型发展方式的路径依赖,陷入了廉价劳动力"比较优势陷阱",无法从根本上转变经济发展方式。根据相关研究成果[①],2001—2011年,浙江资本和劳动力对经济增长的贡献率分别为62.8%和13.9%,全要素生产率对经济增长的贡献率只有23.3%,浙江经济增长仍然延续了过分依赖生产要素投入的惯性,经济发展方式转变依然任重道远。

四、"刘易斯拐点"临近的预示信号

"刘易斯拐点"是美国发展经济学家威廉·阿瑟·刘易斯提出的二元经济发展阶段的转折点的论述,是指在工业化过程中,农村剩余劳动力向非农产业转移时所产生的劳动力供求拐点。由于对刘易斯二元经济理论理解不同,我国是否已经出现"刘易斯拐点",是当前学术界争议的热门话题。一种观点认为,我国农业剩余劳动力供给已经到达"刘易斯拐点";另一种观点则认为,我国局部地区出现的农业剩余劳动力供给的不足,仅仅是短暂的、结构性的。但是,随着我国人口结构发生历史性、趋势性的变化,劳动力供应开始从近乎无限供给逐步向短缺转变,应该是不争的事实。劳动力有限供给,以及伴随而来的劳动力成本持续上涨,都预示着"刘易斯拐点"将离我们越来越近。

(一)劳动年龄人口达到峰值,劳动力资源逐步减少

随着每年新进入劳动年龄人口的规模逐年下降并稳定在较低水平,而退出劳动年龄人口的人数不断增加,全国劳动年龄人口出现从不断上升转为逐步下降的趋势。2012年,中国劳动年龄人口在相当长上升时期后第一次出现了绝对值下降,15—59岁劳动年龄人口为93727万人,比上年减少345万人,占总人口的比重为69.2%,比上年下降0.6个百分点。新中国成立后,出现了三次人口生育高峰。其中,第一次人口生育高峰是在1949—1957年,全国社会安定、经济发展、人民的生活水平及医疗卫生条件明显改善,人口出现了恢复性增长,出生率维持在高水平,全国人口出生率平均达到36‰,年平均出生人口近2100万人。第二次人口生育高峰出现在1962—1970年,三年灾害过后,经济发展状况逐渐好转,强烈的补偿性生育使人口出生率迅速回升,人口增长进入了新的高峰期,人口出生率最高达到43.6‰,平均水平在36.8‰,年

---

① 张雪玲:《浙江人口变动与转变经济发展方式研究》,浙江省第六次人口普查资料开发课题,2012年。

平均出生人口达到 2688 万人。[①] 随着两次"婴儿潮"出生的人口开始逐步退出劳动年龄阶段,进入老年人口行列,"婴儿潮"的压力逐步转变为人口老龄化的压力。2010 年以后,全国劳动年龄人口呈现快速下降的趋势。根据北京大学乔晓春教授在第六次人口普查数据基础上的预测结果,即使适当考虑生育政策放松因素,至 2050 年,全国 15—64 岁劳动年龄人口仍将只有 73995.1 万人[②],比 2010 年时减少 25.8%,劳动年龄人口比重年均下降 0.41 个百分点,其中,2010—2020 年以年均 0.60 个百分点的速度在下降。

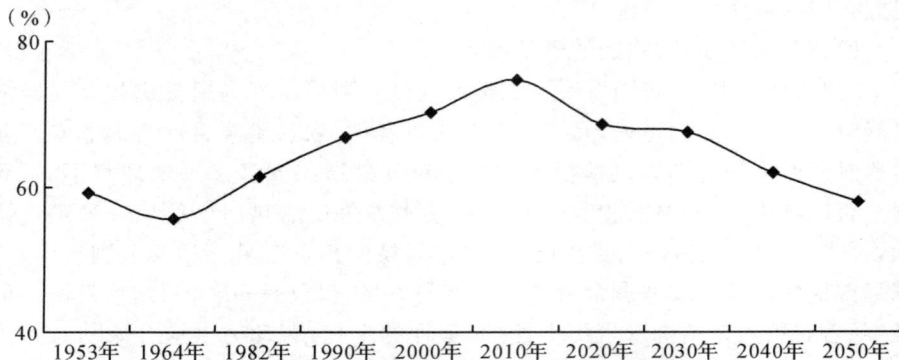

图 2　全国 15—64 岁劳动年龄人口比重发展趋势图

从浙江省来看,也出现了类似的情况。2011 年,全省 15—64 岁的人口为 4221.3 万人,占总人口的 77.27%,比上年下降 0.18 个百分点。从历次人口普查数据来看,这是自 1964 年第二次人口普查以来,15—64 岁劳动年龄人口比重首次出现下降。这对于依靠大量外来劳动力"拉低"总体年龄,才显得相对年轻的浙江来说,是非常值得关注的人口结构的重大转折。

(二)人口总抚养系数出现拐点,人口红利将逐步消失

今后一段时期,中国将进入劳动年龄人口持续下降和老年人口快速增加重合的时期,人口负担形势趋于严峻。图 3 显示,"十一五"和"十二五"时期将是中国劳动年龄人口负担最轻的时期,2010 年左右人口总抚养系数处于 U 字形的底部区域。2010 年,中国人口总抚养系数(老年人口为 65 岁及以上人口)为 34.8%。预计到 2020 年,全国人口总抚养系数将达到 46%,快速恢复到超

---

①　数据来源:《中国人口现状》,中央政府门户网站 www.gov.cn,2005 年 7 月 26 日。

②　针对不同的生育政策调整预期及其生育水平,乔晓春教授的预测分为低、中、高三个方案,本文以其中的中方案为例进行说明。

过 2000 年的水平(42.6%)。到 2030—2035 年,全国人口总抚养系数将超过 50%,人口红利的"机会窗口"[①]逐步关闭。中国的"人口红利期"只持续了 40 多年时间,就走完了发达国家上百年才完成的人口转变历程。

(%)

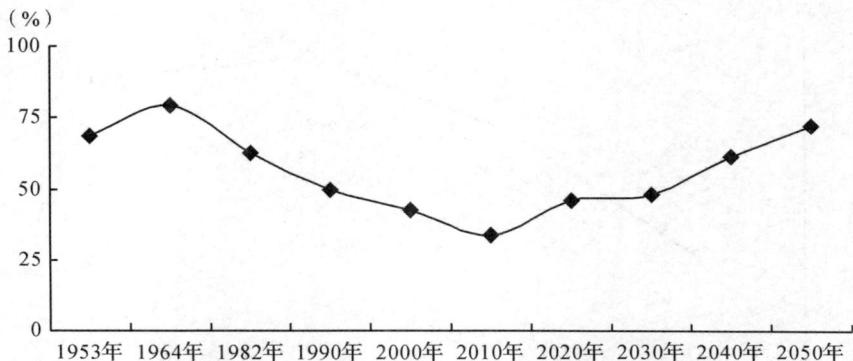

图3　全国人口总抚养系数(65 岁)发展趋势

(三)劳动者工资持续上升,劳动力成本逐步提高

随着劳动力从近乎无限供给转变为相对短缺,劳动力供需趋于紧张,劳动者工资也呈快速增加的趋势。国家统计局发布的 2012 年平均工资主要数据显示,全国城镇非私营单位就业人员年平均工资 46769 元,比上年增长 11.9%;全国城镇私营单位就业人员年平均工资 28752 元,增长 17.1%。城镇私营单位的工资水平虽然离非私营单位仍有一定距离,但其增幅已经连续三年高于城镇非私营单位,增长速度维持在较高水平,从而逐步缩小两者的工资水平差距。当前,民营企业已经是劳动者尤其是农业转移人口就业的主渠道,因此,私营单位的平均工资快速增长,对于农业转移人口有着特别重要的意义。工资水平的稳步提高,与各级政府的增资政策力度不减有着密切的关系。近年来,各级政府围绕着工资制度改革,将提高劳动者报酬在初次分配中的比重作为合理调整收入分配关系的政策着力点,采取了一系列措施。近年来,全国各地都加大了调整最低工资标准的频率和幅度,2012 年全国共有 25 个省份调整了最低工资标准,平均增幅达 20.2%。从 2013 年 1 月 1 日起,浙江省最高一档的最低工资标准为 1470 元,自 1994 年以来已经调整了 13 次。另外,

①　人口学家们将人口总抚养系数在 50% 以下划定为低抚养比。这一阶段的人口年龄结构呈"中间大、两头小"橄榄状,充足的劳动力供给和高储蓄率为经济发展提供了一个额外的源泉,因而被称为人口红利。

有 23 个省份发布了 2012 年工资指导线,基准线提高幅度多在 14％以上。在经济增长有所趋缓的背景下,各级政府仍保持了较强的增资政策力度,为工资的较快增长提供了政策支撑。

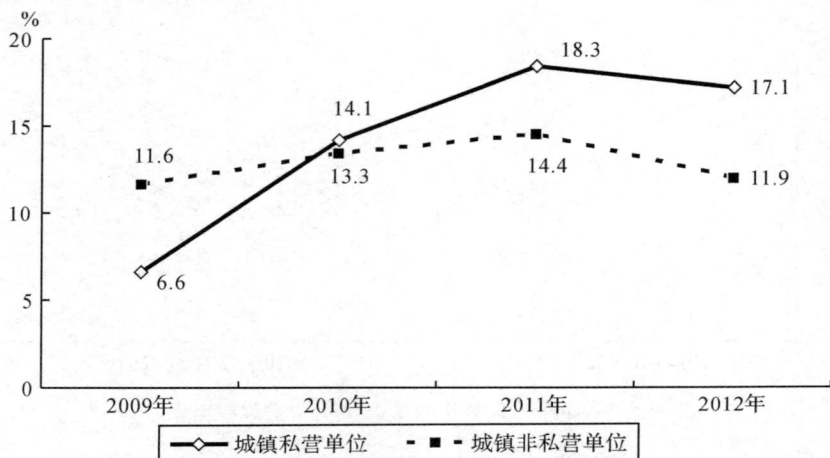

图 4　全国就业人员年平均工资增长率

（四）农村老龄化程度严重,农业作为剩余劳动力的"蓄水池"作用将难以继续发挥

在城乡二元经济发展过程中,农村劳动力的剩余为工业化提供了大量的、低廉的劳动力,农村和农业被称为城镇化、工业化发展所需劳动力的源源不断的"蓄水池"。但是,由于农村年轻劳动力大规模向城市迁移,人口老龄化的城乡倒置明显。2010 年,全国乡村 60 岁及以上老年人口比重达到 14.5％,分别比镇和城市高 2.9 个百分点和 3.4 个百分点。乡村不仅老龄化的程度最高,而且老龄化速度最快,城乡老龄化差距逐步拉大。与 2000 年相比,全国农村 60 岁及以上老年人口比重提高了 3.8 个百分点,而镇和城市仅分别提高 2.8 个百分点、1.3 个百分点。

表 2　全国分城市、镇、乡村的老年人口比例

单位:％

区　域	60 岁及以上老年人口比例		80 岁及以上老年人口比例	
	2000 年	2010 年	2000 年	2010 年
乡村	10.7	14.5	1.0	1.8
镇	8.8	11.6	0.8	1.4
城市	9.8	11.1	0.8	1.3

从农业从业人员的年龄结构来看,2010 年 40 岁及以上人口占全国农业从业人员的 61.1％,比 2000 年提高 16.1 个百分点,而新生代农民(30 岁以下人口)还不到两成(19.6％)。从浙江省来看,农业劳动力的年龄老化现象更为严重。2010 年,浙江省 40 岁及以上农业从业人员比重高达 83.4％,50 岁及以上人口比重也接近六成(58.1％),新生代农民只有 5.1％。农业从业人员的严重老化,使得农业不但难以继续发挥剩余劳动力的"蓄水池"作用,而且要考虑"明天谁来种粮"的问题。

表 3　全国及浙江农业从业人员年龄分布

单位:％

年龄段	全　国		浙　江	
	2000 年	2010 年	2000 年	2010 年
16—19 岁	5.8	3.0	2.1	0.5
20—24 岁	8.6	8.7	4.2	1.8
25—29 岁	12.4	7.8	7.5	2.8
30—34 岁	15.2	8.0	11.6	4.2
35—39 岁	13.1	11.3	12.7	7.3
40—44 岁	10.0	14.0	12.6	11.6
45—49 岁	11.6	12.6	14.9	13.7
50—54 岁	8.5	10.0	12.1	14.6
55—59 岁	5.9	11.1	7.5	17.3
60—64 岁	4.3	7.0	6.5	12.8
65 岁及以上	4.7	6.4	8.3	13.3

五、"刘易斯拐点"对农业转移人口市民化的影响

随着"刘易斯拐点"的临近,劳动力供应从近乎无限供给向短缺的转变,倒逼企业转型升级,进而减少对低素质劳动力的需求。与此同时,劳动力的稀缺性,也让政府和企业更加关注劳动者的权益,倾听劳动者的声音,劳动者的话语权逐步增大,工资收入稳步增长,社会保障和生活服务逐步与城市居民靠拢,有力地推动农业转移人口向着"市民化"目标稳步前进。

(一)倒逼企业转型升级,劳动力需求从重"量"向重"质"转变

当前,全国以及浙江经济发展的一个突出问题仍然是过多依赖低端产业、

过多依赖低成本劳动力、过多依赖资源环境消耗。劳动力从近乎无限供给向短缺的转变,使得劳动密集型行业,尤其是低技术水平、低附加值、高度依赖低成本劳动力的传统企业,不但要经常面临"用工荒""招工难"的困扰,更要承受劳动力成本持续上升的压力,不断压缩企业的利润空间。劳动力供给的这种变化,意味着传统增长方式赖以作用的条件发生了趋势性的变化,以低成本劳动力为主要竞争优势的粗放增长方式已难以为继,必然倒逼着企业主动转型升级,加快设备更新和升级,采用先进设备替换工人,以技术进步提高劳动生产率,从而减少对普通劳动力的依赖性需求,缓解劳动力成本上升的压力。通过"机器换人",大力发展现代工业和先进制造业,一方面减少了对普通劳动力依赖,另一方面对劳动力的素质和技能提出更高的要求,尤其是生产第一线的技术工人的需求日益增加。先进制造业的发展与先进技术的应用,出现了许多技术与技术、技术与管理交叉复合的职业岗位,如光机电一体化操作维护人员、集中控制室运行人员、数据系统分析员等,智力密集型劳动者越来越成为企业发展的基本力量。

(二)提升农业转移人口工资收入水平,居民收入分配结构逐步改善

"刘易斯拐点"的临近,使得企业"用工荒""招工难"现象日益加剧。浙江省人力社保厅的课题研究表明[①],目前浙江企业的用工已从"季节性缺工"逐步变成"常年性缺工",劳动力需求与供给的比值,2009 年四季度至 2011 年三季度分别为 2.11、1.95、1.89、1.99、2.38、1.87、2.06、1.97,一直处于 2 左右的高位波动。"用工荒"的持续出现,迫使雇主通过多种方式的加薪以吸引和留住员工,推动企业建立完善的薪酬奖励制度。从当前来看,"用工荒"更主要反映的是普通工人的短缺。因此,劳动密集型企业工资的不断提高,首先获益的是普通劳动者和中低收入家庭,特别是农业转移人口,有效地缩小城乡收入差距。据统计,2011 年全国外出农民工月平均收入首次突破两千元大关,达到 2049 元,比 2010 年增加 359 元,增幅达 21.2%。各种迹象表明,近几年普通劳动者工资水平上升只是刚刚开始的一个经济现象,今后相当长一个时期,劳动力成本上升将是常态趋势。建立在劳动生产率持续提高基础上的农业转移人口工资水平不断上升,是农业转移人口市民化的重要前提和保障,并成为缩小城乡收入分配差距的重要途径,为改善收入分配格局,逐步提高居民收入在国民收入分配中的比重和劳动报酬在初次分配中的比重也发挥了重要作用。

---

① 仇贻泓、任建军、陈根元:《浙江省企业"用工难"问题研究》,浙江省人力资源和社会保障厅网站,2012 年 4 月 11 日。

（三）推动劳动力回流就近就业，促进区域经济平衡发展

一般来说，发达地区资本丰富、劳动力相对稀缺，而欠发达地区劳动力丰富、资本相对稀缺。劳动力供求关系的转变和普通劳动者工资的普遍上涨，使拥有更多相对廉价人力资源的欠发达地区，劳动力禀赋的优势更加明显，也具有更大的竞争力。在劳动力要素比较优势的支撑下，随着东部地区"用工荒"加剧和劳动力成本提高，区域之间产业梯度转移的推进也就显得水到渠成了。2010 年国务院发布了《关于中西部地区承接产业转移的指导意见》，要求依托中西部地区产业基础和劳动力、资源等优势，推动重点产业承接发展，更是加快了产业梯度转移的快速推进。近年来，中西部地区加快了开发战略的实施，吸引了大量的东部地区企业，尤其是劳动密集型产业，纷纷到中西部地区投资办厂，逐步将生产制造业基地转移到中西部地区。随着中西部地区经济的迅速发展，就业岗位快速增加，许多原来到东部地区务工的劳动者，在自己家乡就能找到与原来环境类似、收入相差不大的合适岗位，并能更好地照顾到自己的家庭，促使越来越多的农业转移人口主动回流家乡，就近就业。与此同时，受宏观经济形势影响，浙江、广东等东部省份的经济近年来持续在低位运行，不少工厂减产甚至关停，计件制工人的收入大幅下降，企业用工减少。农业转移人口是受经济的周期性影响最明显的群体，企业经营困难时，低技能、低文化程度的农业转移人口往往是企业减员的首要考虑对象，进一步推动外来劳动力的回流。在中西部地区"产业转移"的吸力和东部地区"周期性失业"的推力的共同作用下，劳动力回流现象日益显现，中西部欠发达地区也由此得以加快它们的发展步伐，进而推动区域经济平衡发展。

（四）从"找工作"向"挑工作"转变，农业转移人口权益稳步提升

近年来，地区之间、企业之间"争夺"农民工的新闻频频出现，这种竞争预示着劳动力市场供需格局的新变化，反映了农业转移人口正在从"买方市场"逐步向"卖方市场"转变。同时，随着新生代转移人口走上历史舞台，比起父辈，他们的文化素质较高、维护权利的意识更强，除了劳动报酬，他们对工作环境、发展机会等也有更高的要求。新生代转移人口通过"用脚投票"的方式，逐步从"找工作"向"挑工作"转变，开始有意愿也有机会选择那些工资待遇更优厚、工作环境更健康、保障制度更健全的企业。这种转变也使得以往一些低福利的企业在招工环节失去竞争优势，面临招不到人的风险，进而倒逼他们改善用工环境，提高工人权益。许多用人单位逐渐把关怀职工、调动人的主观能动性作为生产经营和用工管理的重要内容，注重履行社会责任，不但给员工加薪和缴纳社会保险，还从改善工作环境和生活环境着手，建立了配套设施齐全

的员工宿舍,开办了职工食堂,设立了图书馆和卡拉 OK 室等,加强企业文化建设,用感情留人、待遇留人,以良好的环境拴住人心。各级政府也以保护劳动者合法权益、发展和谐劳动关系为出发点,加大《劳动合同法》等法律法规的执法力度,加强日常巡查和专项执法检查,严肃查处侵害职工合法权益的违法行为,积极推行区域性、行业性工资集体协商制度,指导劳动关系双方依法开展协商工作,积极引导广大劳动者运用法律手段保护自身的合法权益。

六、政策建议

农村转移人口是浙江经济社会发展不可或缺的重要力量,尤其在"刘易斯拐点"的背景下,劳动力资源面临短缺压力,农村转移人口的重要性更为显现。但浙江是个人多地少、资源匮乏、环境容量有限的省份,人口的大量转移,尤其是省外人口的过快流入,对浙江的人口、资源、环境可持续发展带来很大的压力。因此,我们一方面要营造良好的创业就业环境,吸引并留住优秀的农业转移人口,另一方面,也要认真研究农业人口转移的速度和质量,积极推进浙江人口与经济社会的协调持续发展。

(一)统筹兼顾,推动农业人口有序转移

目前,我省正处于城市化不断推进的过程,城镇人口快速膨胀,全省人口增长还将持续一段时期,并且今后一段时期我省常住人口的增长仍然以外来人口为主。但是受资源、环境、基础设施等条件的限制,人口规模不可能不断扩大,不能盲目扩张。因此,各级政府要加强对人口的宏观规划,将农业转移人口的管理与服务纳入整个社会发展规划之中,既要切实保障农业转移人口的合法权益,积极推进农业转移人口市民化进程,又要统筹人口数量与资源环境承受能力,统筹人口素质与经济发展需求,建立有进有出的人口流动机制,推动农业转移人口有序流动。

(二)引导和鼓励企业技术创新,加快经济转型升级,降低对低素质劳动力的过度依赖

当前,传统产业不但是我省经济的优势所在,而且在"十二五"期间乃至更长一个时期,仍将是支撑我省经济增长的主体。但是,我省传统产业还较为普遍地存在着工艺装备落后、技术创新能力不足、产品技术含量低、劳动力需求层次不高等问题。加快技术创新步伐,转变经济发展方式,推进经济转型升级,是降低对低素质劳动力过度依赖,实现农业转移人口有序流动的主要途径。

各级政府要积极发挥税收、土地、财政等手段,完善盘活存量、亩产税收等机制,着力扶优汰劣,约束低水平、低效益产业发展,加强信息技术对生产设

备、生产工艺的改造,全面推进"机器换人",以现代化、自动化的装备来提高劳动生产率和提升传统产业,努力实现减员增效和提高全员劳动生产率的目标。加强知识产权保护,引导和鼓励企业增强自主创新能力,大力发展技术密集型、知识密集型的现代服务业,大力发展高新技术产业,促进浙江从制造业大省向制造业强省发展,进而降低浙江经济发展对低素质劳动力的过度依赖。同时,对于那些过分倚重低成本劳动力并无法转型升级的企业,要顺应"刘易斯拐点"带来的劳动力有限供给的趋势,允许和引导这些低端企业逐步转移到更具有廉价劳动力优势的地区,推动产业的梯度转移,实现腾笼换鸟。

(三)建立平等向上流动通道,实现农业转移人口的"中国梦"

发展经济学的理论和现有的国际经验都表明,实现大多数农民向市民的转化,即顺利实现农业转移人口市民化,是解决农业转移人口问题的最终出路。当前农业转移人口,尤其是新生代转移人口的需求层次正在由生存取向向发展取向转变。他们中的许多人进城务工已不再单纯追求谋生,而是开始追求归属感,希望通过各种途径,实现身份的改变和人生价值的体现。就业,是实现不同群体间流动的重要渠道。建立机会平等的向上流动通道,有助于人力资源的合理配置与优秀人才的健康成长,有助于社会的和谐稳定。实现社会主义现代化建设,既要看能不能不断培养造就大批优秀人才,更要看能不能吸引并留住包括高素质农业转移人口在内的各方面优秀人才,让他们有脱颖而出、施展才华的机会。政府、社会和企业都应该通过制度安排促进公平有序的社会流动,打破各种就业壁垒,畅通晋升渠道,努力营造一个有利于向上流动的社会环境和氛围。要让所有人都能够怀有一个"中国梦",即只要是中国公民,不论是农村人口还是城市居民,只要努力向上,每个人都有平等的机会和上升的空间,都可能凭借自身的才华和拼搏,改变命运。只有这样,才会对整个社会形成正向激励,农业转移人口才有可能真正的市民化,中国未来的可持续发展才有保障。

(四)建立订单式、政府补贴、便利的在职培训体系,提升农业转移人口职业技能和素质

加强农业转移人口的职业技能培训和其他多种形式的成人继续教育,改变他们总体素质偏低的状况,提高他们的职业技能和文化素质,既是经济转型升级对技能型劳动力的客观需求,也是农业转移人口能否向上流动的必备条件,对于促进农业转移人口的市民化进程具有十分重要的意义。当前农业转移人口的在职培训体系,至少应该具备以下三方面的特点:一是课程内容的订单式设置,针对我省产业集群或块状经济的特点,根据当地企业用工需求和产

业转型升级的需要,并结合农业转移人口的自身需求,有针对性地设置培训的职业工种科目和技能;二是加大政府对在职培训的资金投入,通过培训经费税前列支、提供职业培训补贴等形式,鼓励企业自主开展技能培训,支持农业转移人口主动自觉参加相关培训,以弥补由于农业转移人口就业的高流动性而产生的企业"免费搭车"培训的心理;三是培训组织的便利性,引导有条件的企业积极开展在岗培训,在经济开发区、产业集聚区等农业转移人口集中的区域设立培训机构,并开设夜校、周末班等形式,方便职工的业余学习。

(五)改变收入分配格局,推进公共服务均等化

"刘易斯拐点"是形成一个健康的劳动力市场制度的良好契机,但如果没有制度变革和政府引导,积极向上的劳动力市场体系不会自动到来。要从初次分配和再分配领域入手,改善农业转移人口的收入分配状况,提高居民收入在国民收入中的比重,提高劳动报酬在初次分配中的比重,是提高城镇化质量,推进"人的城镇化"的关键。当前,尤其是要在不断完善和落实最低工资标准的同时,大力推进工资集体协商制度,使工资随着劳动生产率提高而不断增加,努力实现居民收入增长和经济发展同步。同时,要着力扩大农业转移人口的社会保障覆盖面,不断提高保障水平,并按照权利义务对等、梯度赋予权利的原则,逐步赋予农业转移人口与本地居民同等的最低生活保障、保障性住房、子女入学、社区选举等权利,积极推进公共服务均等化。

人口就业处　章剑卫

城镇化进程中的农民工社会保障问题研究

　　城镇化的核心是人口的城镇化,即转移到城镇的农民工享有与城镇居民同等的就业、医疗、养老、教育和住房等社会保障。2012 年浙江地域内农民工总量达到 2591 万人,大量的农民工通过职业的非农化和就业地域的城镇化完成了从农民向工人的转换,但其农民的身份并没有发生变化,保障水平与城镇居民仍存在较大差异。从农民工的市民化意愿看,希望在浙江城镇定居的农民工为 1186 万人,要实现这部分农民工的完全市民化,在未来的 50 多年中,政府需要增加的社会保障成本高达 7.87 万亿元,其中处在平均年龄段的单个农民工市民化的政府保障成本为 73.3 万元左右。随着社会保障期望与目标的不断提升,农民工市民化的政府保障成本还将扩大。化解农民工市民化的成本压力,我们需要用创新的思路、发展的眼光和审慎的原则,统筹规划农民工社会保障机制。

　　城镇化指农村人口向城镇转移,二、三产业向城镇聚集,从而使城镇人口数量增加、规模扩大的一种发展过程。积极稳妥推进城镇化,既是现代化建设的必然要求,也是扩大内需最雄厚的潜力所在,更是经济结构调整的重要内容。2013 年中央一号文件提出,要有序推进农业转移人口市民化,努力实现城镇基本公共服务常住人口全覆盖。因此,城镇化的重点是农业转移人口的城镇化,其核心内容是被称之为农民工的农业转移人口享有与城镇居民同等的就业保障、医疗保障、养老保障、教育保障、住房保障和低收入保障等公共服务。浙江农民工数量约占农村劳动力的 75％,维护这一庞大群体的利益,对维护社会稳定和保障改革的顺利进行具有十分重要的意义。

　　本文研究的重点是农民工市民化过程中政府的保障成本,基础资料主要来自两方面,一是 2009—2012 年浙江农民工监测资料;二是 2013 年 5 月在嘉兴市、桐庐县、永嘉县和绍兴县针对 650 个农民工的专题调查资料;三是人口普查资料。由于农民工市民化成本影响因素多,测算过程复杂,因此测算结果仅供参考。

一、农民工社会保障现状及城镇化意愿

　　近几年来,浙江积极推进城乡一体化,农民转移就业的制度障碍不断被破

除,农民工数量逐年增加。据浙江省农民工监测资料,2009—2012 年,农民工占农村劳动力的比重分别为 62.2％、65.8％、68.9％和 70.3％,呈逐年上升趋势。从农民工数量看,2012 年在本乡镇从业农民工 1285 万人,外出农民工(乡外省内)315 万人,省外流入农民工 991 万人。

大量的农民工通过职业的非农化和就业地域的城镇化过程,完成了从农民向工人的转换,并逐渐融入城镇。但由于缺少制度的认可和社会的认同,其农民的身份并没有发生相应的变换,与之相应的保障水平也与城镇居民存在较大差距。由于对城市生活的向往,多数农民工的城镇化意愿较为强烈。

(一)农民工的社会保障水平

浙江社会保障起步较早,2009 年起在全国率先建立城乡居民社会养老保险制度,城乡基本公共服务均等化制度逐渐完善,明确了就业公共服务、社会保障、基本公共教育、基本医疗卫生等 13 个领域的保障范围和保障标准,为浙江建立外来农民工社会保障体系提供了政策依据。尤其是最近五年来,随着浙江统筹城乡发展步伐的加快,农民工社会保障覆盖面不断提高。农民工监测资料显示,农民工医疗保险总体参保率接近 100％,医疗保险逐步从农村新型合作医疗向城镇医疗保险转移,2012 年农民工城镇医疗保险参保率为18.5％,比 2009 年的 12.7％提高 5.8 个百分点,农村新型合作医疗参保率79.7％,比 2009 年的 86.6％下降 6.9 个百分点。2012 年农民工养老保障总体参保率 65.9％,比 2009 年提高 20.1 个百分点,其中 33.8％的农民工参加农村社会养老保险,26.2％的农民工参加了城镇职工养老保险,分别比 2009年提高 14.9 个百分点和 4.4 个百分点。

在城镇工作的农民工享受单位或雇主提供的福利和保障也逐年提高。2012 年没有享受任何伙食补贴的农民工占 36.5％,比 2009 年下降 16.6 个百分点,其中 34.4％的农民工有免费午餐,41.0％的单位或雇主为农民工提供住宿或住房补贴,比 2009 年提高 3.5 个百分点。从单位或雇主为农民工缴纳的"五险一金"看,过去三年来均呈上升趋势,其中 2012 年工伤保险超过 40％,养老保险和医疗保险超过 36％(见图 1)。

但与城镇职工相比,农民工享受的社会保障水平明显偏低,养老保险、医疗保险、失业保险和生育保险的参保率均不足 50％。现行社会保险政策法规不完善,加上自身因素,是农民工社会保险参保率低的根本原因。从制度层面看,我国社会保险管理大多是市级统筹运行,且每个统筹政策不统一,难以互联互通,养老保险关系难以转移续接;从企业方面看,农民工参保会增加成本,企业积极性不高,也有少数企业无力参保;从农民工自身看,部分农民工社保

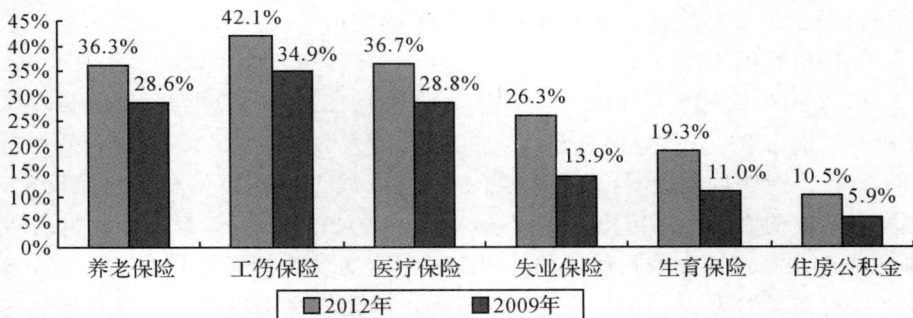

图1 单位或雇主为农民工缴纳的"五险一金"比重

意识薄弱,或者不愿拿钱参保。

农民工的社会福利保障也不容乐观,最突出的表现在住房和子女教育福利方面。现行城镇社会救助只覆盖城镇户籍人口,诸如最低生活保障等权益,农民工根本享受不到。住房保障方面,目前的住房保障体系基本上限于城镇户籍的低收入人群,农民工难以享受城镇廉租房、公共租赁房、经济适用房和限价房等保障性住房,大多农民工在城镇居无定所。专题调查资料显示,非本地户籍且在城镇从业的人员中,80%以上居住在出租房或单位(雇主)提供的宿舍中。教育保障方面,政策上普遍实行的是以居住地住房产权和户籍为基础,划区就近入学,大量农民工子女教育被排除在公办学校之外,尽管多数地区建立了农民工子弟学校,能保证农民工子女入学,但教育质量相对较差。

(二)农民工的城镇化意愿

专题调查资料显示,农民工在务工地工作三年以上的占77.2%,一年以下的只占3.9%。他们中的62.1%与配偶生活在一起,其中七成以上携带子女。县外农民工的学龄子女中,55.8%在老家上学,36.4%在务工地上学。说明城市农民工的就业融入已基本完成,部分农民工实现了生活的融入。

从城镇化意愿看,无论是城镇农民工还是在乡村从业的农民工,对融入城市的愿望都较为强烈,但不同农民工群体的城镇化意愿存在一定的差别。我们按类别分别测算农民工城镇化意愿及数量。

1.本地农民工。

本地农民工即离土不离乡的非农劳动力,其户籍所在地和居住地基本上都在农村老家。专题调查表明,本地农民工的城镇化意愿是:选择居住城市的占31.0%,建制镇的占19.0%,选择农村的占35.3%,不确定的占14.7%。据此测算,2012年全省1285万本地农民工中,定居地选择城市、建制镇和农村的分别为 398 万人、244 万人和 454 万人,不确定的 189 万人。

　　2. 外出农民工。

　　2012 年全省 315 万外出农民工中,就业地点在县级及以上城市、建制镇和乡村的分别占 84.8%、14.1% 和 1.1%,对应的人数分别为 267 万人、44 万人和 4 万人。专题调查表明,就业地点的不同,农民工的城镇化意愿差异较大。在城市就业的农民工城镇化意愿较强,意向定居城市的占 64.4%,回农村定居的只占 13.4%。而在农村就业的外出农民工定居城市的意愿只有 30.1%,选择回农村定居的为 38.4%。在建制镇就业的外出农民工城镇化意愿介于上述两者之间(见表 1)。

表 1　不同就业地点的外出农民工城镇化意愿

单位:%

当前就业地点	将来定居地选择			
	城　市	建制镇	农　村	不确定
城市	64.4	8.0	13.4	14.2
建制镇	35.9	29.6	20.2	14.3
农村	30.1	13.7	38.4	17.8

　　根据上述外出农民工相关数据测算,2012 年全省 315 万外出农民工中,定居地选择城市的 189 万人,选择建制镇的 35 万人,选择农村的 46 万人,不确定的 45 万人。

　　3. 外来农民工。

　　浙江第六次人口普查资料显示,2010 年省外流入人口 1182 万人,其中在省内县级及以上城市、建制镇和乡村的分别为 573 万人、304 万人和 305 万人。外来人口中,务工经商人员占 83.8%,随迁家属占 10.2%。近几年跨省流动农民工数量基本稳定,外来人口中的务工经商人员绝大部分为农民工,因此,我们测算 2012 年省外流入的农民工数量为 991 万人,其中在县级以上城市 484 万人,建制镇 256 万人,乡村 251 万人。专题调查表明,省外农民工意向定居地选择为:城市 47.3%,建制镇 11.8%,农村 23.2%,不确定的占 17.7%,其中在输入地定居的占 30% 左右。[①] 据此测算,省外流入的农民工中,将来居住地选择本省城市、建制镇和农村的分别为 141 万人、35 万人和 69 万人,不确

————————————

① 　根据 2012 年浙江新生代外来工专题调查和 2013 年相关调查资料估算。

定的 53 万人。

上述测算表明,2012 年浙江地域内农民工总量为 2591 万人,其中在县级以上城市就业 751 万人,建制镇就业 300 万人,乡村就业 1540 万人。这部分农民工在省内定居的意愿是:县级及以上城市 728 万人,建制镇 314 万人,农村 569 万人,还有 287 万人未确定居住意向(见表 2)。假定未确定居住意向农民工的 50% 选择城镇居住,则城镇化意愿的农民工为 1186 万人,占农民工总数的 45.8%。

表 2　浙江地域农民工分布及未来定居意向

单位:万人

	就业地点	人　数	意向定居地及人数			
			城市	镇	农村	不确定
本地农民工	本乡镇	1285	398	244	454	189
外出农民工	城市	267	189	35	46	45
	镇	44				
	农村	4				
外来农民工	城市	484	141	35	69	53
	镇	256				
	农村	251				

二、农民工保障成本

目前,城镇多数农民工处在"半城镇化"状态,实现农民工的完全市民化,需要各项经济投入,其中政府的投入主要是提供各项公共服务支出,如城镇公共基础设施和各种社会保障的费用,企业的投入主要提供稳定的工作条件和普遍的福利,作为农民工个人要在城镇定居,也要负担生存和发展费用。本文主要是研究农民工市民化过程中需要政府投入的社会保障成本,不考虑城镇基础设施投资成本(见图 2)。

(一)农民工保障成本测算方法

农民工保障成本受经济社会发展和国家保障政策等外部因素影响较大,为了便于计算,我们根据有关资料,对计算成本的条件做以下设定:

● 按照收入倍增计划,预计农民工平均工资 2013—2020 年年均增长 7%;按经济发展一般规律,假定农民工平均工资在 2021—2030 年年均增长 5%,2030 年以后年均增长 3%。

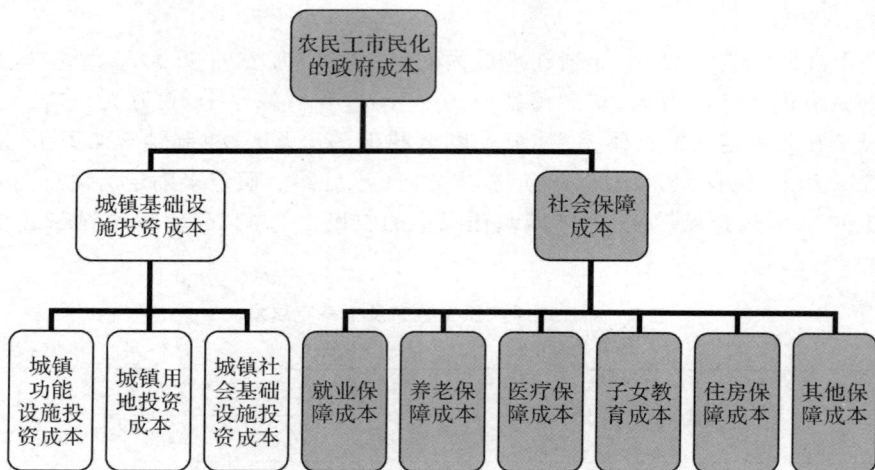

图 2　农民工市民化的政府成本结构图

- 社会保障基金每年增益目标值 4％。
- 城镇职工医疗费支出每年增长 3％。
- 农民工平均退休年龄 55 岁（男女职工平均），人口寿命为 78 岁（2012 年实际平均预期寿命 77.57 岁）。
- 纳入成本测算的人数为当前有城镇化意愿的农民工及其子女，不包括后续增加的人口。
- 养老金领取金额＝基础养老金领取金额＋个人账户养老金领取金额。其中：基础养老金领取金额＝全省上年度在岗职工月平均工资×（1＋本人平均缴费指数）÷2×缴费年限×1％（本人平均缴费指数为 2012 年农民工平均工资与全社会在岗职工平均工资比值为 0.732），个人账户养老金领取金额＝个人账户储存额÷计发月数（55 岁为 170 个月）。

根据上述设定和其他有关资料，我们分项测算农民工市民化后需要新增加的保障成本。

1. 养老保障。

目前养老保障主要有职工养老保险和城乡居民社会养老保险，两者差距较大。本文假设农民工市民化后全部参加职工基本养老保险。按照通常的统筹标准，企业和个人分别承担工资总额的 14％ 和 8％，充实到社会保障基金，短期内政府并不需要增加成本。但从长远看，养老基金不足以支付农民工的退休金,缺口部分即为农民工市民化后政府的养老保障成本。

农民工监测调查资料显示,2012 年浙江农民工的年平均工资 29340 元(月工资 2445 元),则企业为每一农民工交纳的基础养老金为 4108 元,农民工个人交纳 2347 元,并进入个人账户,即每一农民工每年统筹的养老金为 6455 元。

根据专题调查及上述资料,我们计算得出各年龄组农民工市民化后政府的养老保障成本(见表 3)。

表 3 农民工养老保障成本金计算表

年龄组	20 岁及以下	21—25 岁	26—30 岁	31—35 岁	36—40 岁	41—45 岁	46—50 岁	51 岁以上
全部养老保障人数(万人)	66	345	144	226	124	141	91	49
已享受保障人数(万人)	17	90	38	59	32	37	24	13
农民工年龄中位数(岁)	19	24	29	34	39	43	48	52
个人养老金缴纳年数(年)	36	31	26	21	16	15	15	15
人均统筹金额(万元)	119.38	85.23	58.94	38.85	23.70	18.04	13.46	9.98
1.企业交纳	41.56	32.32	24.36	17.49	11.59	9.54	7.57	5.72
2.个人缴纳	23.75	18.47	13.92	9.99	6.62	5.87	5.19	4.26
3.预期增益	54.08	34.44	20.66	11.37	5.49	2.63	0.70	0.09
开始领取养老金年份(年)	2048	2043	2036	2033	2028	2025	2020	2016
人均领取金额(万元)	215.85	160.00	113.73	78.42	49.58	36.92	28.70	22.12
人均养老金差额(万元)	96.47	74.77	54.79	39.57	25.88	18.88	15.24	12.05
养老金差额合计(亿元)	4727	19066	5807	6608	2380	1963	1021	434

2.医疗保障。

医疗保障是惠及全民的保障,目前医疗保障主要有城镇职工医疗保险和城乡居民新型合作医疗(新农合)。参加城镇职工医疗保险,一般由单位和个人分别按照工资总额的比例交纳,政府不补助。没有加入职工医疗保险的农民工,可以参加城乡居民新型合作医疗保险,由政府进行补助。假设农民工市民化前参加新农合保险,市民化后只参加职工医疗保险。根据嘉兴市资料,

2012 年城镇职工统筹的医疗保险人均 1500 元,人均实际支出 1193 元(已剔除自负部分),城镇退休职工人均实际支出 5199 元。同期新农合保险的人均筹资标准 514 元。如果农民工享受城镇职工的医疗保障,政府一方面可以节省新农合的补贴资金,但另一方面需要承担农民工退休后的部分医疗费用。假设农民工从 2013 年开始享受城镇职工医疗保险,按照养老保障测算方法,得出市民化后农民工医疗保障成本(见表 4)。

表 4　农民工医疗保障成本测算

年龄组	20 岁及以下	21—25 岁	26—30 岁	31—35 岁	36—40 岁	41—45 岁	46—50 岁	51 岁以上
全部医疗保障人数(万人)	66	345	144	226	124	141	91	49
已享受保障人数(万人)	12	64	27	42	23	26	17	9
农民工年龄中位数(岁)	19	24	29	34	39	43	48	52
平均退休年份(年)	2048	2043	2036	2033	2028	2023	2018	2017
退职前人均统筹(万元)	15.18	11.80	8.90	6.39	4.23	2.81	1.39	0.52
新农合补贴(万元)	5.20	4.04	3.05	2.19	1.45	0.96	0.48	0.18
退休前人均支出(万元)	7.78	6.14	4.74	3.52	2.48	1.74	0.94	0.38
退休后人均支出(万元)	50.37	43.45	37.48	32.33	27.89	24.78	21.37	18.98
人均医疗保障差额(万元)	37.77	33.75	30.27	27.28	24.69	22.75	20.45	18.67
医疗保障差额合计(亿元)	2032	9489	3553	5024	2495	2614	1516	745

3. 教育保障。

我国实行九年制义务教育,教育经费主要由政府负担。国家对中小学义务教育经费的投入可用学生人均公用经费来表示。2012 年,浙江小学和初中人均公用经费分别为 1333 元和 1981 元。考虑城乡教育的差距,城镇小学和初中人均公用经费分别比农村高 450 元和 650 元左右。假如农民工的生育年龄为 24 岁,每 2 名农民工有 1 名子女从 6 岁开始接受 9 年义务教育,义务教育公用事业费以每年 10% 的速度增长,则可以得出农民工子女的教育保障成本(见表 5)。

表 5　农民工教育保障成本测算

年龄组	20 岁及以下	21—25 岁	26—30 岁	31—35 岁
应享受教育保障人数(万人)	66	345	144	226
农民工年龄中位数(岁)	19	24	29	34
子女享受教育保障年数(年)	9	9	9	4
子女小学教育平均开始年份(年)	2023	2018	2013	2008
人均小学保障支出(元)	9906	6151	3022	495
子女初中教育的平均年份(年)	2029	2024	2019	2014
人均初中保障支出(元)	8170	4675	2903	2603
人均教育保障成本(元)	9038	5413	2963	1549
教育保障成本合计(亿元)	59.65	186.75	42.66	35.01

4.住房保障。

农民工市民化后的住房成本应该是城市人均居住成本,这种居住成本更接近于城市经济适用房、廉租房的平均建设成本。按照平均造价 4296 元/平方米(包含土地出让金),人均面积 30 平方米的小康居住标准,假定每 2 名农民工和 1 名子女为一个居住单元,面积 90 平方米,则每一农民工的政府住房保障成本为 19.33 万元,如果将全省 1186 万有城镇化意愿农民工中的 30% 纳入住房保障范畴,则合计成本约 6900 亿元。

5.其他社会保障支出。

其他保障成本指各地政府广泛提供的其他公共服务,主要包括低收入保障、公共卫生服务、供水供气补贴、法律援助、就业培训费用等,具体支出各地差异较大。但总体看,分摊到全部人口数额不大。以 2012 年全省人均 276 元的实际支出计算,政府每年需增加的支出 32.7 亿元。

(二)农民工保障的政府成本分析

农民工市民化是长期的过程,人口和社会形态结构变化也是动态的。本文的农民工市民化成本测算是建立在大量假设基础上的,与未来的实践结果会有一定的差距,但也能大致反映实现农民工市民化过程中政府需要增加的成本。从测算结果看,单个农民工(以平均年龄 33 岁计算)市民化政府需要增加的保障成本约 73.3 万元,完成全部有城镇化意愿农民工的市民化,政府需要增加的总成本约 7.87 万亿元,其中养老保障成本占 53.4%,医疗和住房保障成本分别占 34.9% 和 8.8%,子女教育和其他保障成本占 2.8%(见图 3)。

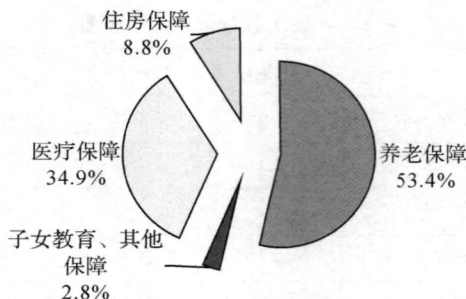

住房保障
8.8%

医疗保障
34.9%

养老保障
53.4%

子女教育、其他
保障
2.8%

图 3　农民工市民化政府保障成本构成

　　由于农民工年龄的差异和成本构成不同,尽管保障成本总量巨大,但成本分布跨度超过 50 年,各时期成本差异很大。中短期保障主要由企业和个人承担,还能补充社会保障基金,但远期保障缺口较大,其中养老保障缺口从 2053 年前后开始形成,医疗保障缺口从 2039 年前后开始形成(见图 4)。

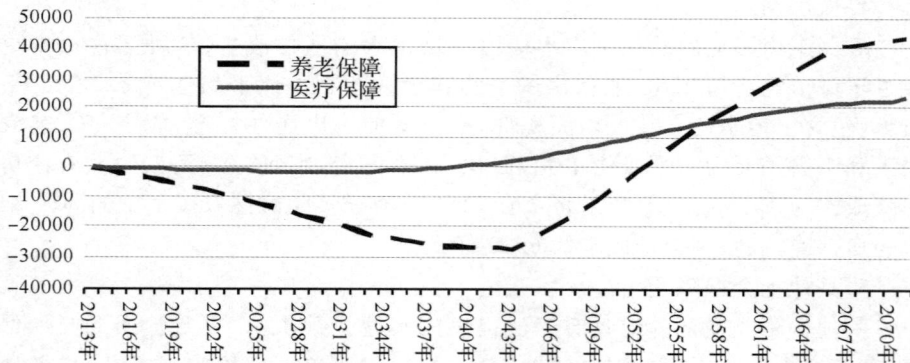

图 4　各年份政府养老和医疗保障成本累计(亿元)

　　我们以 2013、2020、2030、2040、2050 和 2060 年为节点,可以分阶段测算农民工市民化政府需增加的保障成本(见表 6)。

表 6　农民工市民化政府保障成本分布

单位:亿元

	养老保障	医疗保障	教育、其他保障	住房保障	合计
2013—2020 年	−7360	−1001	376	5520	−2465
2021—2030 年	−12273	−803	537	1380	−11159
2031—2040 年	−7985	2531	327		−5127

	养老保障	医疗保障	教育、其他保障	住房保障	合计
2041—2050 年	18985	8706	327		28018
2051—2060 年	31558	9967	327		41852
2061 年以后	19085	8068	392		27545
合计	42010	27468	2286	6900	78664

1. 短期成本（2013—2020 年）。

农民工市民化后的短期成本主要体现在居住成本和子女教育及其他成本上。住房保障按每年解决 3‰农民工家庭、每套面积 90 平方米计算，每年住房保障成本约为 690 亿元，2013—2020 年累计 5520 亿元。教育保障和其他保障成本累计分别为 114 亿和 262 亿元。从养老和医疗保障看，由于这一阶段农民工总体比较年轻，进入退休年龄的很少，因此农民工市民化在养老和医疗保障的支出少，而企业和个人缴纳的养老和医疗保险，还会充实统筹基金。农民工市民化后，2013—2020 年职工养老基金将增加 7360 亿元，医疗保险基金将增加 1001 亿元。

2. 中期成本（2021—2040 年）。

这一阶段养老保障统筹基金还将继续增加，2021—2040 年，养老统筹基金将新增 20258 亿元，而医疗基金出现收不抵支，缺口为 1728 亿元，扣除 2020 年以前积累的盈余，需要政府补贴 727 亿元。住房保障支出估算将达到 1380 亿元，教育和其他保障成本合计 864 亿元。

3. 远期成本（2040 年以后）。

2040 年以后，超过半数农民工进入退休年龄，他们享受的养老金和医疗保障的额度将会大幅度提高。测算结果表明，目前 20 岁以下的农民工退休后人均领取的养老金累计将达到 215.85 万元，人均享受的医疗保障支出累计 50.37 万元，分别是 50 岁以上农民工的 9.8 倍和 2.7 倍。2040 年后农民工养老保障金缺口总计 7.0 万亿元，扣除 2040 年以前积累的盈余，缺口达到 4.2 万亿元。医疗保障缺口也将达到 2.7 万亿元。养老和医疗保障缺口在 2051—2060 年达到峰值，2060 年以后随着死亡人口的增加，支出明显减少。2040 年以后教育和其他保障成本合计 1046 亿元。

三、农民工市民化社会保障难点

农民工市民化是一个开放与流动的过程，加之地区间、人群间和阶段间的差异大、变数多，改革与发展的难度很大。主要难点有：

（一）地区保障成本变数大

由于农民工流动受就业环境、工资福利待遇和生活成本等因素影响较大，社会保障水平高低直接影响农民工的市民化意愿，当地区间出现社会保障水平大落差时，保障水平高的地方就会成为吸引源，形成人口的大量集聚，从而造成社会保障成本的激增。如嘉兴市近几年通过设立新居民事务局，在就业、养老、医疗和子女教育等方面给予新居民一定的保障，吸引了180万左右的外来人口，占总人口的40%，其中九成以上是省外人口。如果外来人口完全享受本地居民的社会保障，将对地方财政带来巨大压力。从农民工市民化的成本构成看，短期以住房和教育保障为主，长期以养老和医疗保障为主，若考虑未来社会保障内容的增加和标准的提高，农民工市民化的远期保障成本增长更快，保障总成本存在很大不确定性。

（二）保障资金来源不稳定

从农民工市民化制度安排看，国家顶层设计上还缺乏一个明确的框架，现行的农民工市民化制度安排均来自各地的创新，但对参与其中的各级政府、企事业单位、本地居民和农民工等各个主体责任不够明确，边界不够清晰，政策与制度的历史衔接、地区衔接在很多方面仍然是空白。最终保障资金都需要地方财政来兜底，导致各地在社会保障制度创新上底气不足。并且现行的制度安排中，基本社会保障的资金来源与城镇化的扩张并不同步，地方政府的筹资能力与中央政府的保障决策要求也有距离。以浙江嘉兴市为例，1997—2012年，全市财政总收入增长了14.4倍，而同期预算内财政支出增长了22.4倍，退休金支出增长了13.7倍。随着老龄化社会的到来，我国未来劳动年龄人口不断缩小，养老保障对象不断扩大，养老金的缺口会进一步扩大，保障机制的可持续性会受到较大影响。

（三）社保基金保值增值机制缺失

受社保基金筹措模式与区域分割影响，现行社保基金在保值增值方面的管理方式各不相同，省级及以下社保基金的保值增值仍然停留在理论层面，未能使历年结余的社保基金进入要素市场实现保值增值。各地公布的养老金记账利率显示，其增值率不仅远低于同期居民消费价格的上涨，还低于同期一年期的银行利率，社保基金缩水的现象已十分突出。

（四）保障资源要素存在流动障碍

由于我国的社会保障与户籍管理高度合一，加之县级统筹的经费安排和属地管理的要素分配，使社会保障资源存在着横向流动障碍。主要表现在三个方面。首先是社保资源属地管理。在社保资源的分配上，几乎所有的社保资源都是以县为总体筹措和使用。以养老保障异地划转为例,职工只能划转个人缴纳的部分,用人单位缴纳和地方政府补助部分不随养老关系的调整而转移,这一做法虽然保持了各地养老基金运转的稳定性,但不利于农民工的流动;其次是土地权属流动障碍。受国家土地管理法的制约,在农民工市民化的进程中,土地指标并未随农民工的集聚而调整,各地为进城农民工提供的生产、生活与发展用地都来自当地,加剧了农民工流入地资源紧张程度;三是农民工对土地的依恋强。从农民工的主观意愿看,51.9%的农民工选择保留承包地,64.3%的农民工选择保留宅基地,愿意以承包地和宅基地(住房)转换城镇社会保障和城镇住房的比例低于20%。因此,保障资源要素流动问题不解决,农民保障制度改革就很难彻底。

四、农民工市民化社会保障解决方案

社会保障是实现农民工市民化的关键点和突破口,农民工社会保障体系的建立,不仅有利于解决他们进入城镇后的后顾之忧,也有利于政府其他配套措施的推进。针对当前社会保障制度安排中存在的问题,我们需要用创新的思路、发展的眼光和审慎的原则,统筹规划农民工社会保障机制。

(一)明晰各方在农民工保障中的责任

当前,对农民工保障的过程中,中央政府与地方政府之间、政府与企业和个人之间的责任和权利不够明晰,难以实现社会保障的可持续发展。因此,建立一个多方参与、责权明确的机制是关键。一是明确政府有限责任。纠正社会保障全功能和全覆盖等观念,发挥社会保障"保底线、保安全和保生存"的作用。具体地看,中央政府应该在全国范围内确定一个社会保障的最小范围和最低保障标准,作为全国社会保障的最低安全线;二是建立保障资源调节机制,促进资源要素合理流动。对农民工集聚多、城镇化水平高的地区,中央在资源的分配上应予以倾斜。地方政府之间也可以建立社会保障资源交流平台,按照国家确定的基本社会保障目录、保障标准和保障人群来源与流向,确定保障资源的流动,缓解短、中、长期的社会保障压力;三是加强个体的社会责任。可参考发达国家的做法,将个人养老金账户与基金账户分离,由个人自行管理自有账户资金,自由选择投资机构进行营运,自行承担收益与风险。同时鼓励个人增加养老金缴存比例。个人退休后分期定额支取,遗产可继承;四是引入合作机制,共同构建保障底线。如社会保障中临时救助、低收入群体帮扶等项目,可以引入慈善机构参与。

(二)建立与保障资源相适应的支付机制

农民工社会保障的实质是财力的保障,当前统筹基金收入不稳定,而支出则呈刚性增长。当支付经常性大于收入时，会形成支付危机，完全依靠地方财力托底也是不现实的。因此，政府在建立保障支付机制上可以考虑将农民工的社会保障项目与相关的预算收入结合起来，操作上按照政府当年财政保障能力与预算安排，建立年度社会保障支付的动态标准。同时，按照各地保障资源的承受能力，有序控制农民工市民化规模，并逐步提高保障水平。制度安排上，可按照城市共建、发展共享的原则，率先考虑缩小并最终消除本地农民工与城镇居民的保障差距，同时立足人口自由流动的大趋势，主动缩小外来人口与本地人口在保障上的差距。

（三）建立和完善多层次农民工住房供应体系

居住是农民工市民化后面临的首要问题，除了将农民工纳入城镇住房保障体系外，还可以积极尝试适应农民工特点的住房供应体系：一是由集体经济组织在城乡接合部利用农村建设用地建造农民工公寓对农民工出租，并限定不得出售；二是通过土地、税收等政策鼓励用工量大的企业在符合规划的前提下为农民工建造或租赁集体宿舍；三是进一步培育和规范适合农民工特点的住房租赁市场，向农民工提供具有基本功能的低租金小户型住房。

（四）加大社会保障制度创新力度

农民工市民化社会保障成本的最终消化，还需要保障制度的创新。近几年嘉兴市实施以"两分两换"土地利用制度改革为突破口的统筹城乡发展模式，不仅妥善解决了农民进城后的居住问题，还为农民进城后的就业和生活融入提供了良好的基础，其成功的经验值得借鉴。当前农民工市民化的社会保障制度创新需要做好三个突破：一是农村土地产权制度创新的突破。要充分利用国土资源部关于城乡建设用地指标动态平衡、耕地占补平衡和建设用地指标异地调剂等政策通道，将农民工进城过程中，其个人所拥有的农村土地转变为可交易、可开发的资产，提升农村土地，尤其是农民住房、农村宅基地等财产价值，为农民工城镇化的社会保障成本分担打下财富基础；二是基本社会保障资源配置的突破。将城乡居民的基本社会保障由地区义务上升为国家义务，将基本社会保障义务与中央财政的转移支付绑定起来，改变目前中央出政策，农民得实惠、地方政府贴资源的现状。国内所有城乡居民的基本社会保障成本应由中央财政列支，推进基本社会保障的国家级统筹，以提高社会保障体系的稳定性和可持续性；三是社会保障项目配置制度的突破。除基本社会保障项目实现全国统一外，允许各地设置社会保障的补充项目，以提高保障水平。

课题组负责人　陈　敏
课题组成员　张祖民　葛小娥
　　　　　　王　寒(总队综合处)
　　　　　　张全跃　李霞萍(嘉兴调查队)
　　　　　　金建华　孙宏豪(永嘉调查队)
　　　　　　王樟云　俞佳敏(桐庐调查队)
　　　　　　徐建江　陈周杰(绍兴县调查队)
课题执笔人　张祖民　葛小娥
　　　　　　王　寒　张全跃

参考文献:

[1] 国务院发展研究中心课题组.农民工市民化制度创新与顶层设计[M].中国发展出版社,2011.

[2] 国务院发展研究中心课题组,张俊伟,等.政府间转移支付制度改革的目标模式[J].发展研究,2011(6).

[3] 李明欢.20 世纪西方国际移民理论[J].厦门大学学报,2000(4):12—18.

[4] 夏荣静.推进我国农民工市民化的研究综述[J].经济研究参考,2011(11).

PPI、CPI、PMI 三大指数与宏观经济走势关联性实证研究

　　由国家统计局调查队系统调查和发布的 PPI、CPI 和 PMI 三大指数,已日益被社会各界广泛关注和接受。本文首先对各指数的基本含义和研究现状进行了阐述,定性分析了各指标的定义、作用和内在关系。然后根据全国三大指数历年数据,分析了各指数的季节性以及它们之间的相关性,再以 VAR 模型为基础,辅以 ADF 检验、Granger 因果检验、脉冲响应函数分析,定量分析了三大指数之间的相互影响情况,以及它们共同对宏观经济的监测预警作用,并尝试建立了一个综合指标对宏观经济增长进行预警。最后以浙江为例进行了验证,并探讨了本文结论对浙江的应用效果和改进建议。

　　PPI、CPI 和 PMI 是由国家统计局调查队系统进行统计调查并发布的三大指数,作为经济分析和预测中的重要指标,已日益被社会各界广泛关注和接受。但由于这三大指数的数据来源、编制方法、发布时间等都有很大区别,它们在监测或预测经济形势中也从不同角度发挥着不同的作用。因此,探讨三大指数之间的相互关系以及它们与宏观经济之间的内在规律,对于我们正确、合理地运用统计指标,提高对经济形势变动的分析和预判能力,有着十分重要的现实意义。

一、三大指数含义及研究综述

(一)基本含义

　　PPI(Producer Price Index)即"生产者价格指数"。工业生产者价格指数包括工业生产者出厂价格指数和工业生产者购进价格指数。我们通常把"工业生产者出厂价格指数"称之为 PPI。PPI 是衡量工业企业产品出厂价格变动趋势和程度的相对数,反映的是企业产品价格的变化情况。

　　CPI(Consumer Price Index)即"居民消费价格指数"。CPI 是一组具有代表性的消费品和服务项目价格水平随着时间而变动的相对数,反映居民家庭购买的消费品及服务价格水平的变动情况。编制 CPI 是为了解和掌握价格变动的基本情况,分析研究价格变动对社会经济和居民生活的影响。它是宏观经济分析和决策、价格总水平监测和调控以及国民经济核算的重要指标。居

民消费价格水平的变动率也在一定程度上反映了通货膨胀(紧缩)程度。

PMI(Purchasing Managers Index)即"采购经理指数"。PMI 是一个综合的指数体系,它涵盖了企业采购、生产、流通等各个环节。PMI 涉及制造业与非制造业等领域,是国际上通用的监测宏观经济走势的先行性指数之一,已成为经济运行活动的重要评价指标和经济变化的晴雨表。PMI 指数体系对于政府部门、金融机构以及企业在经济预测和商业分析方面都体现了它良好的应用价值。PMI 的取值范围在 0—100% 之间,通常以 50% 作为经济扩张与收缩的临界点,也称荣枯分水线。当 PMI 高于 50% 时,反映经济总体扩张;低于50%,则反映经济总体衰退。

(二)研究综述

国内外有关学者和决策部门采用了多种方法对 PPI、CPI、PMI 及其与其他经济指标的关系做了大量探索,由于选取的指标、研究的时点、采取的方法不同,得出的结论也不尽相同。具体有以下几类:

1. PPI 与 CPI 之间关系的研究成果。

Clusing(1990)研究发现,PPI 向 CPI 的传递作用比反向作用强,且两者间是单向因果关系。刘敏、张燕丽、杨延斌(2005)认为 PPI 与 CPI 具有线性相关关系,PPI 的变动,会影响 CPI 的变动,并且 PPI 对 CPI 的影响有明显的滞后期。孙建平(2004)认为 PPI 是工业品进入流通领域的最初价格,是制定工业品批发价格和零售价格的基础,PPI 的涨跌可以通过流通领域传导到 CPI,所以 PPI 在一定程度上被视为是反映通胀压力最全面的 CPI 的先行指数。桂文林、韩兆洲(2011)研究发现 PPI 与 CPI 两者间传导和"倒挂"交替出现,且呈现明显的周期性。

2. PPI 或 CPI 与 PMI 之间关系的研究成果。

张道德、俞林(2009)运用脉冲响应函数和方差分解来研究 CPI、PMI 以及消费者信心指数(CCI)之间的相关性,结果表明 CPI 对 PMI 存在负向的影响,而 PMI 对 CPI 存在正向的推动作用。方力(2012)在对我国 PMI 指标与相应的经济指标进行处理的基础上,通过相关性分析、格兰杰因果性检验等方法,得出我国 PMI 指标对预判国民经济景气程度具有一定的参考价值的结论,其中 PMI 与 PPI 的相关性最高,相关系数达到 0.73。

3. PPI 或 CPI 与其他经济指标之间关系的研究成果。

陈钰(2011)运用格兰杰因果检验和协整理论研究了 PPI、企业商品价格指数、货币供应量(M2)与 CPI 之间的关系,协整分析表明 PPI、企业商品价格指数、M2 对 CPI 存在着长期稳定的均衡关系,格兰杰因果检验表明我国企业商品价格指数是 CPI 的格兰杰原因,更适于作为分析 CPI 的前导指标。吴玉含、余成林(2010)运用计量经济学方法对 2007 年 1 月至 2010 年 7 月中国上证综合指数(SZ)、CPI 和 PPI 的价格先后传导关系进行实证检验,结果表明:在所考察期内,SZ、CPI、PPI 三者之间存在协整关系,SZ 是 CPI、PPI 变动的 Granger 原因,并且 CPI 落后于 SZ 的时滞小于 PPI 落后于 SZ 的时滞。

　　4. PMI 与其他经济指标之间关系的研究成果。

　　朱钰、李倩(2012)利用 DCC-MVGARCH 模型法对美国制造业 PMI 和 GDP 增长率的动态相关性进行了研究,通过相关系数的分析,发现 PMI 与 GDP 增长率的相关程度较高,相关系数在均值附近波动,长期看都是平稳序列。方力(2012)通过对 PMI 指标与部分实体经济指标的相关性分析,发现 PMI 数据的波动能够与工业增加值环比波动的高峰和低谷大体对应,显示出 PMI 数据对工业增加值的预测存在一定的稳定性和可靠性,PMI 虽然也能大体描绘发电量变动的方向,但并不是发电量良好的预测指标。

　　通过梳理,可以看出现有研究主要集中在这三大指标的其中两者之间关系,或是其中一个或两个指标与其他经济指标的关系。而本文将紧密围绕这三大指标,选取相应的统计模型进行实证研究,探讨它们之间的相互关系,以及它们对经济走势的影响力和关联性,并在此基础上,尝试利用这三个指标建立预警模型,对宏观经济进行监测和预判。

　　二、三大指数相互之间关系的实证分析

　　(一)数据选取与初步分析

　　由于浙江省的 PMI 调查工作起步较晚,从数据量上还不适合进行时间序列分析,因此本文实证分析所使用的样本数据为全国 2005 年 1 月至 2013 年 7 月的 PPI、CPI 的月度同比数据和 PMI 的月度数据,数据根据相关部门公布的历史资料整理得到。

　　1. 三大指数的季节性分析。

　　PPI、CPI 的月度数据具有明显的周期性和季节性,其中由于春节的影响,CPI 在 1 月、2 月的波动幅度变化尤为显著。

　　季节性的时间序列数据可以分解为季节项(SF)、趋势循环项(TC)、不规则项(IR),其中季节项会干扰我们对数据总体的分析。本文使用 PBC 版 X-12-ARIMA 季节调整软件对 CPI、PPI 的月度同比数据进行了季节调整,季节调整分解的形式为乘法,并且由于春节所在月份不定,因此季节调整时要考虑春节因素。

　　PMI 数据在公布之时已经进行了 X-12-ARIMA 季节调整,因此对 PPI、

CPI 的季节调整也让三大指数保持一致,更有利于对三者之间的关联进行实证分析。

2.三大指数走势的描述性分析。

为了便于比较三大指数的变动情况,我们将经过季节调整后的历年 CPI 和 PPI 月度同比数据分别减去 100,得到的时间序列分别记作 CPI 涨幅和 PPI 涨幅;将历年 PMI 减去 50,得到的时间序列记作 PMI 涨幅。对这三个时间序列的动态路径进行比较(见图 1)。

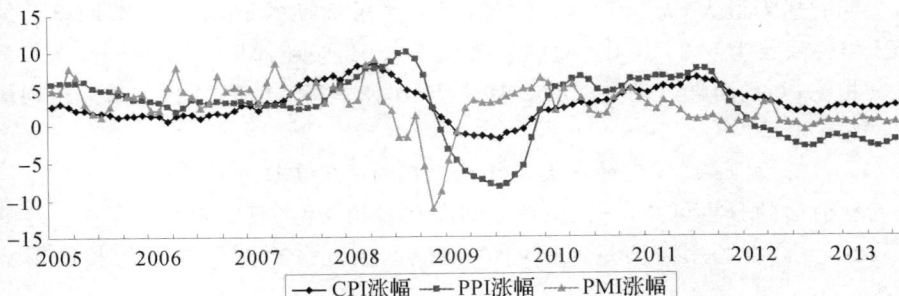

图 1 三大指数走势比较

图 1 显示,三个指数的波动走势基本相似,但 PMI 出现拐点的时间明显要早于 CPI 和 PPI,显示 PMI 指标有一定的先行性。如 2008 年 5 月开始,由于受世界金融危机影响,PMI 调头向下,直到当年 11 月跌到谷底,12 月开始止跌回升,这一轮上升一直延续到 2009 年 12 月。与此相对应,PPI 是从 2008 年 9 月开始下降,比 PMI 调头向下的时间滞后 4 个月;PPI 止跌回升的时间是 2009 年的 7 月,比 PMI 滞后 7 个月;PPI 的此轮回升延续到 2010 年 5 月,又比 PMI 滞后 5 个月。而比较 CPI 和 PPI,虽然拐点的出现时间较为接近,但 PPI 的波动幅度明显大于 CPI,2005 年 1 月至 2013 年 7 月,CPI 涨幅和 PPI 涨幅的平均值分别为 3.0% 和 2.4%,而标准差分别是 2.4 和 4.4。在这期间,CPI 和 PPI 的数值大小也出现交替变化,如在 2007 年 2 月前、2008 年 5 月至 2008 年 10 月和 2009 年 12 月至 2011 年 9 月这三个时间段里,PPI 明显高于 CPI,而在其他时间段里,CPI 高于 PPI。

3.三大指数的相关性分析。

从上述对三大指数走势的描述性分析中,可以看出它们之间存在一定的相关性。进一步运用相关分析方法,计算得到季节调整后的 PPI、CPI 月度同比数据的相关系数为 0.7069,t 检验中 p 值小于 0.01,说明 PPI、CPI 这两个变量的确存在高度相关关系。但是 PMI 与季节调整后的 PPI、CPI 均并没有表现出这么高的相关性,它们的相关系数分别为 0.1705 和 0.0638,在 0.05 水平的 t 检验下均不显著。

这并不意味着 PMI 与 PPI、CPI 不相关。考虑到 PMI 指标的先行性,我们用滞后 1 期的 PMI 与季节调整后的 PPI 进行相关分析,发现它们的相关系数为 0.3025,t 检验中 p 值小于 0.01,即滞后 1 期的 PMI 与 PPI 显著相关,并且随着滞后期的提升,PMI 和季节调整后的 PPI 的相关系数越来越高,直至滞后 7 期时达到最大,为 0.7034。同理可得,滞后 2 期的 PMI 与季节调整后的 CPI 相关系数为 0.2643,t 检验中 p 值小于 0.01,说明滞后 2 期的 PMI 与 CPI 显著相关,并且同样也是在滞后 7 期时,PMI 和季调后的 CPI 相关系数达到最大,为 0.5042。

(二)基于 VAR 模型的三大指数相互影响情况实证分析

从前面的分析可知,三大指数之间存在着相关性,但这个关联存在一定的滞后性,下面将利用自向量回归(VAR)模型实证分析它们之间的相互影响情况。

1. 平稳性检验。

建立 VAR 模型的前提是需要研究的各变量序列是平稳的。本文使用 ADF 单位根检验方法来检验季节调整后的 PPI、CPI 以及 PMI 序列的平稳性,以 SC 准则在[0,9]的区间里选择滞后期,在 0.05 水平下的检验结果如表 1。

表 1　ADF 单位根检验结果

指标序列	最终检验形式	t 统计量	p 值	结论
PPI	(c,0,1)	−3.87036	0.0032	平稳
CPI	(c,0,3)	−3.23300	0.0210	平稳
PMI	(c,0,1)	−4.09364	0.0015	平稳

2. VAR 模型建立。

由 ADF 检验结果可知,季节调整后的 PPI、CPI 以及 PMI 序列均为平稳序列,因此可以利用这三个变量建立 VAR 模型来研究三大指数之间的动态影响关系。

在[0,9]的区间里,FPE、AIC、SC、HQ 四个准则均选择了 2 阶作为 VAR 模型的最优滞后期。计算得到 2 阶滞后期的 VAR 模型(记为模型 2.2)的三个方程参数估计如表 2。

表2　模型2.2的参数估计结果

模型参数	模型方程 2.2.1	模型方程 2.2.2	模型方程 2.2.3
因变量	PPI(t)	CPI(t)	PMI(t)
PPI(t−1)的系数	1.5981	0.0436	0.2225
PPI(t−2)的系数	−0.6777	−0.0671	−0.2163
CPI(t−1)的系数	0.1656	1.1669	0.5751
CPI(t−2)的系数	−0.1130	−0.1825	−0.7185
PMI(t−1)的系数	0.0394	0.0419	0.8685
PMI(t−2)的系数	0.0189	0.0185	−0.2399
常数项	−0.3632	0.8197	33.6931
R-squared 值	0.9818	0.9596	0.6690
F 统计量	844.0003	371.8068	31.6591

模型各方程的 F 检验结果均显著,说明模型是有意义的。方程 2.2.1 与方程 2.2.2 的 R-squared 值均高于 0.95,说明模型对 PPI 和 CPI 变动的解释能力较强,而对 PMI 变动的解释能力相对要弱一些。三个方程中,PPI(t−1)、CPI(t−1)、PMI(t−1)的系数均为正,表明任一指数的变动都会对下月三大指数产生同方向的影响,而后几个月的影响情况则要通过脉冲响应函数来判断。

3. Granger 因果检验。

VAR 模型可以显示出三大指数之间的相互影响关系,但并没有揭示出这种相互影响中各指数之间的先后性和因果性,这一点需要通过 Granger 因果检验进行分析。

季节调整后的 PPI、CPI 以及 PMI 序列均为平稳序列,因此可以对各指数两两之间进行 Granger 因果检验。根据模型 2.2 中的滞后期的选取,我们选择 Granger 因果检验的滞后期为 2,检验结果如表 3。

表3　Granger 因果检验结果

原假设	F 统计量	p 值
CPI 不是 PPI 的 Granger 原因	1.8636	0.1607
PPI 不是 CPI 的 Granger 原因	3.2352	0.0437

原假设	F 统计量	p 值
PMI 不是 PPI 的 Granger 原因	2.3850	0.0975
PPI 不是 PMI 的 Granger 原因	1.8702	0.1597
PMI 不是 CPI 的 Granger 原因	5.3278	0.0064
CPI 不是 PMI 的 Granger 原因	3.3655	0.0387

Granger 因果检验结果显示：

(1)在 0.05 的水平下，PMI 是 CPI 的 Granger 原因。如果考虑 0.1 的水平，那么 PMI 也是 PPI 的 Granger 原因。这两点说明了 PMI 先行性的存在，PMI 的变化可以影响短期内价格指数的波动。

(2)PPI 是 CPI 的 Granger 原因。这表明生产者价格的变化会影响短期内的消费价格波动，这是由于 PPI 衡量的是生产者价格的变化，如果生产者的生产成本上升，那么最终产品的价格必然提高，致使 CPI 上涨。

(3)CPI 是 PMI 的 Granger 原因。这说明我国三大指数之间的相互影响并不是单向的，CPI 的变动也会影响 PMI 短期内的走势。

4.脉冲响应分析。

在对三大指数建立 VAR 模型后，可以利用脉冲响应函数来分析各指数在其他指数波动时短期内受到的影响。在模型 2.2 中，我们利用脉冲响应函数，并将脉冲响应的时间长度设定为 12 个月，根据 Granger 因果检验结果得到各指数相互直接影响的脉冲响应情况如图 2、图 3、图 4 所示。

(1)PMI 波动对 PPI 的影响。PPI 会受到 PMI 冲击的长时间正向影响。由图 2 可以看出，当 PMI 发生了一个单位的冲击时，自第 2 个月起 PPI 出现正向反应，至第 8 个月达到高峰，峰值为 0.702，然后缓慢降低。同时可以看出 PPI 受到 PMI 的影响较大且持续时间长，但其响应的速度并没有这么快，一般要到 2 个月后才出现明显反应，然后该影响会继续加强至半年以上。这个结论也与前文相关分析的情况基本吻合：PPI 和同期的 PMI 相关系数并不高；但随着 PMI 滞后期的增加，与 PPI 的相关系数不断增加；到滞后 7 个月左右时，相关系数最高。这可以推论得出 PMI 相对于 PPI 有 7 至 8 个月的先行性。

(2)PPI、PMI 波动对 CPI 的影响。CPI 也同样会受到 PPI 或 PMI 冲击的长时间正向影响。当 PPI 发生了一个单位的冲击时，从第 1 个月起 CPI 就出

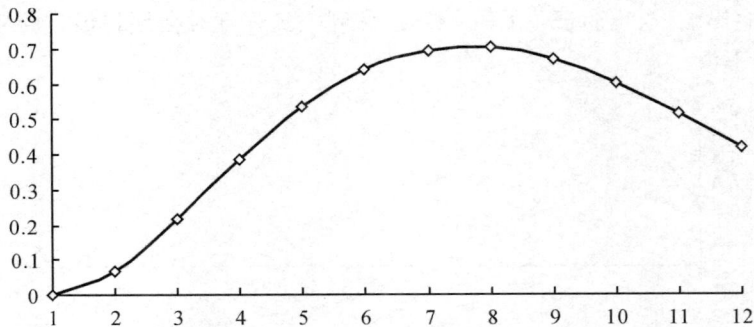

图 2 PPI 对 PMI 冲击的脉冲响应

现了正向反应,至第 5 个月达到高峰,峰值为 0.380,然后持续降低。而当 PMI 发生了一个单位的冲击时,从第 2 个月起 CPI 才开始出现正向反应,至第 7 个月达到高峰,峰值为 0.360,然后缓慢降低。短期内 CPI 对 PPI 冲击的反应比对 PMI 的大。直至第 7 个月 CPI 对 PMI 冲击的反应达到高峰时,才开始高于对 PPI 冲击的反应(见图 3)。因此,CPI 短期内受到 PPI 影响较大,之后则会受到 PMI 的长期影响,但其受到影响的幅度还是要小于 PMI 对 PPI 的影响幅度。同 PPI 的脉冲响应图类似,CPI 的脉冲响应图也很好地解释了 CPI 与不同滞后期的 PMI 的相关系数变化问题,能够推得 PMI 相对于 CPI 有 7 个月左右的先行性。

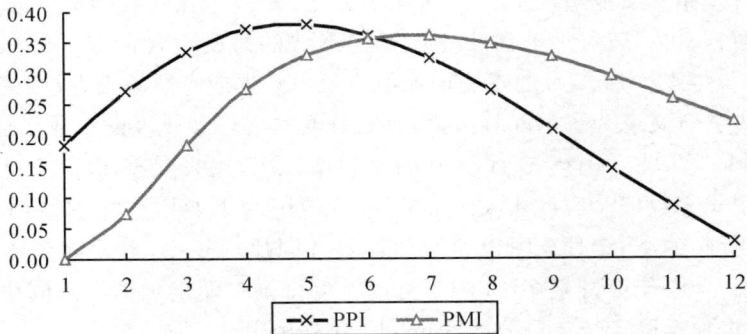

图 3 CPI 对 PPI、PMI 冲击的脉冲响应

(3)CPI 波动对 PMI 的影响。当 CPI 发生了一个单位冲击时,从第 1 个月起 PMI 就会出现一个正向反应,并在第 2 个月达到高峰,峰值为 0.477,然后一路走低,并在第 6 个月出现负向反应(见图 4)。因此,PMI 对 CPI 的波动反应较为敏感,峰值出现得较快,但是持续的时间并不长,在超过 6 个月后就出

现了负向影响,这也验证了 CPI 持续上涨到一定程度时会导致通货膨胀,从而使 PMI 下滑。

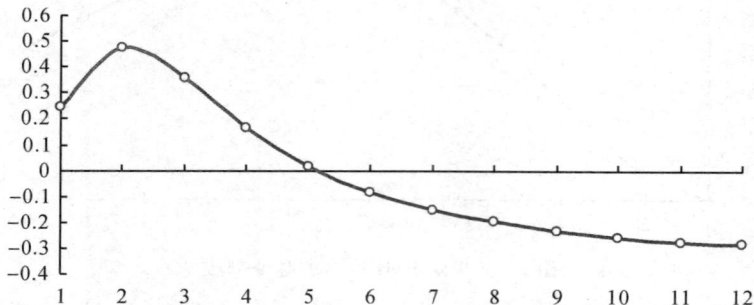

图 4 PMI 对 CPI 冲击的脉冲响应

三、PPI、CPI、PMI 与宏观经济关系的实证分析

一般来说,最能代表经济总体走势的指标是 GDP,但由于我国没有对外公布的月度 GDP 数据,本文选择了工业增加值作为反映经济景气情况的指标来进行研究。因为工业的发展是推动我国经济的主要动力之一。近年来,工业增加值在 GDP 中所占的比重相对较为稳定,工业增加值的增长情况也能在一定程度上反映出中国宏观经济的走势。

(一)数据的处理和描述分析

每月发布的工业增加值当月同比增长率,是一个按可比价格计算后得到的月度数据,可以较好地监测出中国经济形势的月度变化情况。但是由于春节因素,各年度 1 月、2 月的工业增加值增长率数据或有所缺失,或因变化幅度过大而失去意义。为了消除春节因素的影响,本文以各年度的工业增加值 1—2 月累计同比增长率作为 1 月、2 月的平均增长率,用来代替 1 月、2 月的工业增加值增长率数据。因此本文实证分析所使用的工业增长样本数据为 2005 年至 2013 年的 1—2 月全国工业增加值累计同比增长率,以及除各年 1 月、2 月以外的 2005 年 3 月至 2013 年 7 月的月度全国工业增加值当月同比增长率数据,数据根据国家统计局公布的历史资料整理得到。

为去除季节项对数据分析的干扰,与 PPI、CPI 类似,工业增加值月度增长率序列也需要先进行季节调整。季节调整分解的形式为乘法,因此需要先将工业增加值同比增长率转变为与价格指数类似的形式,即将工业增加值同比增长率加 100,可以称为工业增加值指数。计算得到去除了季节项的工业增加值月度指数序列记为 GYZS。

同样,为便于观察三大指数和工业增加值同比增长率的走势,我们作图5。从图5中可以看出,三大指数增幅和工业增加值增幅表现出了较为相似的走势,其中PMI的波动起伏幅度与工业增加值增幅更为一致,但在重要拐点处PMI比工业增加值增幅领先三个月左右。如2008年世界金融危机时,PMI率先于当年11月达到谷底,而工业增加值增幅是在次年1月达到谷底。PPI、CPI由于从理论上来说与宏观经济有着更为复杂的关系,因此在走势上也显示了复杂多变的相关趋势。

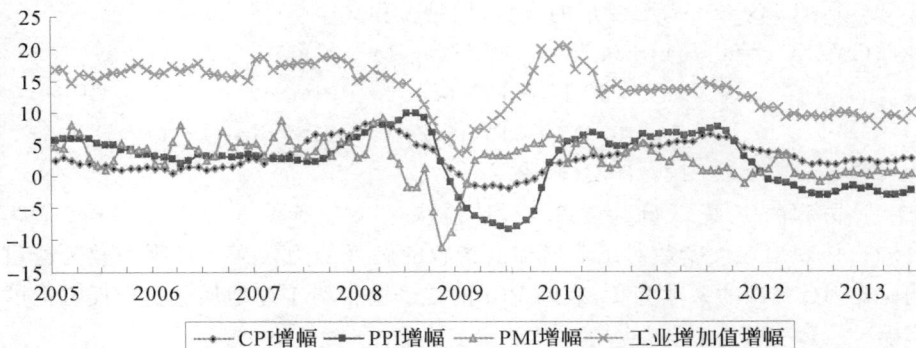

图5   三大指数与工业增加值走势比较

(二)三大指数与工业增长的相关性分析

进一步经过计算可以发现,GYZS与季节调整后的PPI、CPI数据以及PMI数据均存在高度的相关性:

1.GYZS与PPI的相关系数为0.5436,t检验中p值小于0.01,为高度相关。

2.GYZS与CPI的相关系数为0.2760,t检验中p值为0.0048,小于0.01,虽然相关程度低于PPI但仍是显著相关。

3.GYZS与PMI的相关系数为0.6897,相关程度高于PPI,t检验中p值同样远小于0.01,高度相关。

(三)VAR模型建立

在分析三大指数相互之间关联时,已经以这三个指数作为变量成功建立了VAR模型。为考察三大指数对工业增长影响,我们尝试以GYZS、PPI、CPI、PMI这四个变量序列重新建立VAR模型。

建立VAR模型前同样需要检验GYZS序列的平稳性。本文继续使用ADF单位根检验方法,并以SC准则在[0,9]的区间里选择滞后期。最终确定检验形式为(c,0,3),检验中的 t 统计量为-3.2981,p 值为 0.0176,在 0.05 水平下拒绝序列有单位根的原假设,认为 GYZS 序列是平稳的。

以季节调整后的工业增加值月度指数、PPI、CPI 以及 PMI 这四个变量建立 VAR 模型。在[0,9]的区间里,FPE、AIC 这两个准则选择了 9 阶作为最优滞后期,而 SC、HQ 这两个准则选择了 2 阶作为最优滞后期。参考三大指数之间的 VAR 模型,并考虑模型参数估计的数量后,我们仍选择 2 阶作为 VAR 模型的最优滞后期。计算得到 2 阶滞后期的 VAR 模型的四个方程(记为模型3.3),其中以 GYZS 为因变量的方程(模型方程 3.3.1)估计为:

$$GYZS(t) = 14.644 + 0.799 * GYZS(t-1) + 0.114 * GYZS(t-2)$$
$$- 0.155 * PPI(t-1) + 0.062 * PPI(t-2) + 0.274 * CPI$$
$$(t-1) - 0.311 * CPI(t-2) + 0.150 * PMI(t-1) +$$
$$0.012 * PMI(t-2)$$

该方程的 F 统计量为 133.47,F 检验结果显著。方程 R-squared 值为0.921,体现出三大指数对工业增加值指数的解释能力较强。方程中较为醒目的是 PPI(t-1)的系数为负,表明 PPI 的变动会带给工业增加值指数反方向的影响。

(四)Granger 因果检验

分辨工业增加值指数和三大指数之间的相互影响的因果性,仍需要使用Granger 因果检验。

GYZS 和季节调整后的 PPI、CPI 以及 PMI 均为平稳序列,因此可以用GYZS 分别和三大指数进行 Granger 因果检验。根据模型 3.3 中的滞后期的选取,我们选择 Granger 因果检验的滞后期为 2,检验结果如表 4。

表 4   Granger 因果检验结果

原假设	F 统计量	p 值
PPI 不是 GYZS 的 Granger 原因	9.2703	0.0002
GYZS 不是 PPI 的 Granger 原因	5.5068	0.0054
CPI 不是 GYZS 的 Granger 原因	8.0992	0.0006
GYZS 不是 CPI 的 Granger 原因	4.8082	0.0102
PMI 不是 GYZS 的 Granger 原因	8.7358	0.0003
GYZS 不是 PMI 的 Granger 原因	5.7032	0.0046

在 0.05 的水平下,表中的 6 个 Granger 因果检验原假设均被拒绝,说明 GYZS 分别与 PPI、CPI、PMI 存在两两互为 Granger 因果的关系。这体现出工业增长和三大指数之间存在显著的联动关系,它们互相影响,互为因果。

(五)脉冲响应分析

建立 VAR 模型后,同样可以利用脉冲响应函数来分析工业增加值指数在短期内受到三大指数波动的影响。在模型 3.3 中,我们利用脉冲响应函数,并将脉冲响应的时间长度设定为 12 个月,得到 GYZS 分别对 PPI、CPI、PMI 的脉冲响应情况如图 6 所示。

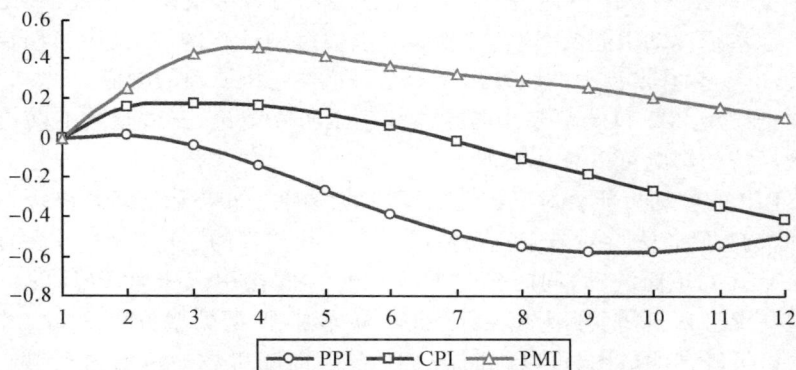

图 6　工业增长指数对各指数冲击的脉冲响应

1. 当 PPI 发生了一个单位的冲击时,第 2 个月工业增加值指数出现了一个微小的正向响应,然后自第 3 个月起出现了长时间大幅度的负向响应。这也验证了,从长期累积效应看,PPI 走高会对工业增长产生阻碍作用。

2. 当 CPI 发生了一个单位的冲击时,自第 2 个月起工业增加值指数开始出现正向反应,并在第 3 个月达到高峰,峰值为 0.169,然后一路走低,至第 7 个月开始出现负响应,到第 10 个月时累积响应已经变为负值。可以看出,CPI 上升大约能在半年内刺激工业增长,但是从长期看对经济运行仍是不利的。

3. 当 PMI 发生了一个单位的冲击时,自第 2 个月起工业增加值指数开始出现正向反应,并在第 4 个月达到高峰,峰值达到 0.462,然后缓慢下行,至第 12 个月仍然保持正响应。

工业增加值指数短期内对 PMI 冲击的响应要远高于对 PPI、CPI 的响应,说明了宏观经济对 PMI 走势的敏感性。工业增长对 PMI 的冲击在 12 个月内保持正响应则说明了 PMI 的增长是对工业经济的利好,体现了 PMI 对宏观经济影响的稳定性。综合来看,PMI 是三大指数之中对工业实际增速最敏感、也最稳定的先行监测指标,有大约三个月的先行性。

四、模型对经济监测预警的总结和应用

前文建立了模型 2.2 和模型 3.3,并且分别进行了 Granger 因果检验和脉冲响应分析,取得了较好的理论成果。各模型及其检验和脉冲响应分析最大的作用在于给予我们一个明确的思路去探索 PMI、CPI、PPI 对经济的影响方式,以便于更好地利用这三个指标对宏观经济进行监测预警。

(一)各指数波动对经济影响的总结

根据 VAR 模型的原理,各指标当期的波动可以分成两种情况:一是由上一期其他指标波动引起的,这类波动是可以被模型计算的;二是由当期自身随机的波动引起的,模型中的脉冲响应即是对这类随机波动的响应。

根据模型 2.2 和模型 3.3 的脉冲响应图研究结论,三大指数的随机波动对宏观经济的影响可以总结如下:

1. PPI 的波动可能会对经济造成反向的影响。如果 PPI 某月出现一个正向的随机波动,首先会对未来自身造成一个持续放大的正向影响,并会直接引起未来 CPI 的正向波动,同时经过 CPI 的传导间接引起未来 PMI 的正向波动。但是 PPI 对经济实际增速的影响较为特殊,根据模型方程 3.3.1 中 PPI 的系数以及脉冲响应图,可以判断出 PPI 的正向随机波动短期内对工业实际增速的影响较小,但长期会有负面影响,因为 PPI 加速上涨,企业成本增加、经营困难,势必挤压企业利润空间,利润减少,大量效益不好的企业就会加速倒闭,势必影响经济增长。

2. CPI 的波动对经济的影响则呈现先扬后抑的趋势。CPI 的正向随机波动同样会对将来自身造成一个持续正向影响,并会直接引起下月 PMI 的正向波动,并且经过 PMI 的传导引起第 2 月 PPI 的正向波动。从 CPI 对工业实际增速的脉冲响应图中可以看出,CPI 的正向随机波动在短期内会对工业实际增速产生正向影响,但对工业实际增速的长期影响仍是负向的。这也证明,代表着通胀水平的 CPI,在适度增长的情况下可以短时间内刺激经济,但持续增长后影响仍是不利的。

3. PMI 是最稳定的经济监测先行指标。PMI 的正向随机波动首先会对短期内的自身带来一个较大的正向冲击,然后会引起 PPI、CPI 缓慢持续上升,最终三者一起对工业实际增速带来长期正向影响。Granger 因果检验显示 PMI 对各经济指标都会有一定程度的影响,脉冲响应图和相关分析则说明 PMI 对各指标均保持了 4 至 8 个月不等的先行性,且产生的影响都是同向的。

PMI 对经济的影响是先行的、正向的且稳定的,从对经济监测预警作用来看要优于 PPI 和 CPI。

(二)三大指数对宏观经济的综合预警方法探讨

在实际经济中,三大指数的波动方向和幅度都存在较大的随机性,它们对经济的联合影响经常会较难判断,需要一个更加量化的综合预警指标。本文根据模型 3.3,以预测工业增加值实际增速为目标,尝试以 PPI、CPI、PMI 建立一个全新的预警指标。

1. 预警指标的建立。

在模型 3.3 中,如果记

$$XI(t)=[14.644-0.155*PPI(t)+0.062*PPI(t-1)+0.274*CPI(t)$$
$$-0.311*CPI(t-1)+0.150*PMI(t)+0.012*PMI(t-1)]/0.087$$

那么当把模型 3.3 的因变量改为 GYZS(t+1)时,模型方程 3.3.1 可以简化为

$$GYZS(t+1)=0.799*GYZS(t)+0.114*GYZS(t-1)+0.087*XI(t)$$

在这个计算式中,由于 0.799+0.114+0.087=1,因此 GYZS(t+1)的预测值可以看作 GYZS(t)、GYZS(t−1)和 XI(t)的加权平均值。XI(t)是一个仅由当月和上月 PPI、CPI、PMI 组成的指数,虽然权重不高,但也可以把 XI(t)看作预测工业增速的预警指标。

事实上,在模型 3.3 中用到的 GYZS(t)是以上年同期为 100 的指数数据。为了更方便地与工业增速做对比,我们重新记

$$X(t)=XI(t)-100$$

X(t)即为本文尝试以 t 月和 t−1 月的 PPI、CPI、PMI 建立的,以监测预判 t+1 月工业增加值实际增速为目的的宏观经济预警指标。

2. 预警指标的性质分析。

预警指标 X(t),如果严格地从 VAR 模型中的意义来看,是用 t 月和 t−1 月的经过季节调整的 PPI、CPI 数据,以及 t 月和 t−1 月的 PMI 数据建立的指标,用以预测经过季节调整后的工业增速。但是在实际中,预测季节调整后的经济指标增速显然没有太大的意义。因此 X(t)只能由实际的 PPI、CPI 同比数据来计算。

由上述季节调整因素,和本身模型系数的原因,X(t)有以下性质:

(1)预警指标可以引领工业增加值增长率的预测。X(t)是用于加权计算下月工业增加值增长率的预测值的,事实上,除被春节因素影响的 1、2 月外,工业增加值月度同比增速一般不会有过山车式的波动。因此虽然 X(t)的权重

不高,也应会对工业增加值增长率的预测产生较大影响。

（2）预警指标的灵敏度应较高。正是因为预测工业增加值增长率的增速时用到的 X(t)的权重不高,所以预警指标应会比工业增加值增速的变化更加灵敏,这样才能更好地用以预测经济的走势。

（3）预警指标波动幅度可能会较大。季节调整是利用加权平均和 ARIMA 模型去除数据周期性波动以优化数据使之更适合研究和分析的方法,X(t)也是在季节调整的基础上建立的指标。但在实际应用中,X(t)只能用现有的、未经季节调整的指数数据来计算。那么数据中周期性波动带给预警指标的波动可能会较大,特别是用和春节相关的 1、2 月数据来计算时可能会产生较大的误差。

（三）模型在浙江的应用

浙江的 PMI 调查工作才刚起步,在前文中也分析过浙江的 PMI 数据量还不足以建立稳定的 VAR 模型。虽然模型 2.2 和模型 3.3 都是建立在全国数据的基础上计算得到的,但是模型中显示出的各指标相互影响的原理无论在全国还是在浙江都应是一致的。因此可以将从模型推的以上结论应用于浙江经济实际预测中。

1. PPI、CPI、PMI 独立预警分析应用。

在对浙江 PPI、CPI、PMI 三个指标进行独立分析时,首先要根据前两个月的 PPI、CPI、PMI 指数,参考模型 2.2,对当月的三大指数做出初步的预期。然后根据当月三大指数实际值,计算各指数与预测数据的偏离情况。最终参考各模型的脉冲响应图以及前文的总结结论,对浙江 PPI、CPI、PMI 的波动分别进行理论分析,预测它们对未来经济可能造成的影响。

2. PPI、CPI、PMI 综合预警应用。

由模型 3.3 推得的预警指标也应该能够直接应用于浙江经济预警中。以浙江调查总队得到的 2010 年 1 月至 2013 年 7 月的 PPI、CPI、PMI 数据为例（其中 2010、2011 年度的 PMI 数据未公布）。首先计算得到 2010 年 2 月至 2013 年 7 月预警指标 X。由于预警指标 X 是应用于预测下月工业实际增速的,为检验预警指标的预测效果,我们将 X 滞后一期后与浙江工业同比增速做对比,如图 7。

由图 7 来看:

（1）预警指标对浙江经济走势预判有较强的参考价值。从指标趋势来看,即使是已经被滞后一期的预警指标,也存在较强的先行性。预警指标 X 与工业增加值增长率指标在趋势上保持一致甚至领先。X 一直保持在工业增长率

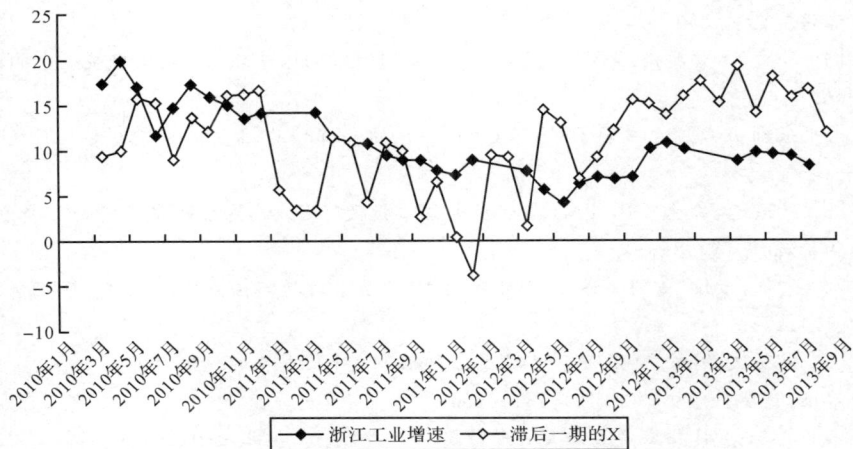

图7 滞后一期的 X 与浙江工业增速对比

指标附近波动,且幅度较大,符合我们对预警指标灵敏度较高的性质判断。当它出现连续大幅上升或下降时,总能在未来几个月工业增长率的波动中找到相应的趋势。

(2)以全国数据建模为基础建立的预警指标在量化预测浙江经济方面仍受到限制。预警指标是由模型 3.3 推导而出,其值应可以对下月工业增长率指数变化进行预测。但是详细对比滞后一期的 X 和工业增长率指标,可以发现预警指标虽然能预判出未来经济大体趋势,但在预测经济下个月份的变化方向时仍不合格,甚至经常出现滞后一期的预警指标与同月的对应实际指标变动方向完全相反的情况。这说明以全国数据建模为基础建立的预警指标虽然在原理上适合于浙江,但在各预警指标的具体参数上和浙江实际仍有脱节,因此在量化预测方面的作用受到较大限制。

3.模型应用于浙江时可能存在的不足及改进。

事实上,浙江的产业结构、经济规模等与全国相比还是有很大不同,建立的模型也会有一定的差距。目前浙江 PMI 调查仍在起步阶段,若假以时日,当 PMI 也和 PPI、CPI 一起成为浙江长期稳定的指数指标之一时,那么以浙江的数据建立的 VAR 模型应会更准确地反映出浙江的经济特色,从而可以建立更适合于浙江的预警指标,以便于更好地监测和预判未来浙江的经济形势。

课题负责人　　洪　玉

课题组成员　　施幼薇　朱卓瑶　朱一波

参考文献：

[1] 桂文林，韩兆洲. PPI 与 CPI 关系及我国通货膨胀治理[J]. 统计研究，2011(9)：49—56.

[2] 张利斌，冯益. 中国 PMI 与 GDP 关系的实证检验[J]. 统计与决策，2012(2)：143—145.

[3] 张道德，俞林. CPI、PMI 与消费者信心指数(CCI)的关系研究及实证分析[J]. 中国物价，2009(9)：8—11.

[4] 朱钰，李倩. 美国制造业 PMI 和 GDP 增长率的动态相关性研究[J]. 现代金融，2012(11)：278.

[5] 张利斌，冯益，刘龙飞，等. 制造业 PMI 对 GDP 走势的预测作用[J]. 中国民族大学学报：自然科学版，2012(9)：131—134.

[6] 方力. PMI 指数是否是可靠的经济景气指标[J]. 华北金融，2012(7)：4—7.

[7] 陈钰. PPI、企业商品价格指数、M2 与 CPI 之间关系研究[J]. 辽宁大学学报：哲学社会科学版，2011(5)：97—103.

[8] 于颖，蔡进. 中国 PMI(采购经理指数)与其他数据相关性研究(二)[J]. 社科纵横，2008(12)：68—70.

[9] 徐亚琴，徐华. 世界主要经济体 CPI 与 PPI 传导性研究[J]. 西南金融，2009(3)：17—19.

[10] 陈中涛. 中国经济发展继续保持平稳态势——从 2 月份 PMI 看经济发展[J]. 当代经济，2010(3).

[11] 尤建新. 中国采购经理指数(CFLP－PMI)的研究与应用[J]. 中国科技论坛，2006(6).

[12] 刘敏，张燕丽，杨延斌. PPI 与 CPI 关系探析[J]. 统计研究，2005，22(2)：24—27.

电子商务对浙江经济增长的作用研究

近年来,随着信息技术的快速发展,电子商务对国民经济的影响作用越来越显著,不但成为经济规模增长的重要驱动力,同时极大地促进了社会经济增长方式的转变和优化。本文从电子商务的定义、类型等方面入手,阐明电子商务对经济增长的内在机理,通过对近年来浙江电子商务发展的实证分析,研究电子商务对宏观经济的规模、结构、业态等多方面的促进作用。

一、相关概念及内在机理

(一)电子商务的定义

作为一个全新的、仍处于高速发展中的新兴事物,电子商务的内涵与外延目前仍没有主流的权威定义,不同组织、不同学者从不同的角度赋予了电子商务的概念和定义。

1997 年 11 月,在巴黎举行的世界电子商务会议将电子商务定义为实现整个贸易过程中各阶段活动的电子化,这是电子商务较早的定义,在一定程度上成为电子商务定义的基础。美国学者瑞维·卡拉克塔和安法鲁·B·惠斯顿认为电子商务是通过改善产品和服务质量、提高服务传递速度来满足政府组织、厂商和消费者降低成本需求的一种现代商业方法,是一个随着网络技术发展而不断发展的动态过程,这是西方学者中较早的也是颇富远见的一种见解。各级政府部门及一些研究机构也对电子商务做出了定义,在此不一一赘述。

综合各方面对电子商务的定义,本文认为电子商务是指以信息技术为基础的商务活动,是网络技术在商务领域的应用,其落脚点是商务,包括商贸、服务、经济事务以及行政事务等活动,手段则是当代先进的电子技术、网络技术和数据处理技术。同时,电子商务是一个动态发展的过程,是现代科技与经济活动相互影响、相互促进的螺旋上升过程。

(二)电子商务的类型

按交易主体划分,电子商务模式可以分为以下四种类型:

1. B2C 电子商务类型。B2C 即企业与消费者之间的电子商务交易模式。这是利用计算机网络使消费者直接参与经济活动的一种形式,基本等同于电子化的零售,也是普通网民最为熟悉的一种电子商务类型,参与 B2C 商务活动的主体,从卖方来看,可以是生产企业、也可以是流通企业。

2.B2B 电子商务类型。B2B 即企业与企业之间的电子商务交易模式。它是指商家在特定电子网络平台上进行信息发布、谈判签约、订货付款以及商品发送、管理等活动。根据采用的网络技术的不同,目前企业间实施的电子商务模式有三大类:一是基于增值网络和内联网的封闭电子商务模式,二是基于企业间外联网基础上的电子商务模式,三是基于 WEB 互联网络基础上的企业间电子商务模式。

3.C2C 电子商务类型。C2C 即消费者与消费者之间的电子商务交易模式,是买卖双方依托第三方提供的电子商务平台实现交易的一种方式。利用这个平台,卖家可以主动提供网上商品销售,销售方式有定价销售、拍卖销售、折扣销售等;而买方可以自行选择商品购买,购买方式有定价购买、竞价购买、促销购买等。随着互联网的普遍应用和网民数量的剧增,这类电子商务有着强劲的发展势头。

4.G2A 电子商务类型。G2A 即政府对任何交易对象的电子商务交易模式。这种商务活动覆盖了政府与政府之间、政府与企业以及其他经济组织之间的各项事务,包括政府的电子服务、电子采购、电子税收、电子商检以及法规政策颁布等。

(三)电子商务促进经济发展的内在机理

作为信息时代经济发展的一项综合性动力因素,电子商务对经济产生整体性、全面性的正面影响,它从生产者、销售者、消费者等多个方面改进或改变了传统的经济往来方式,使经济体之间的交流渠道更加顺畅、信息反馈更加快速。

首先,电子商务改变了传统的消费方式。电子商务对消费方的影响是最为直接和直观的,在网络普及率不断上升的背景下,电子商务使越来越多的潜在消费者成了实实在在的网络购物者;由于网络信息的可获得性高、成本低,它使得消费者更易于做出购买决策;与传统市场相比,电子商务中的信息不对称情况大为缓解,交易效率明显提升。

其次,电子商务促进了生产的进行。现阶段,电子商务的影响力已经跨越流通领域,开始影响生产环节。在电子商务环境下,为响应消费需求的多样化、个性化特点,企业往往自己掌握产品设计等核心环节而将其他环节外包,从而提高了响应市场的速度。在这种生产模式下,企业的内部组织结构将不断扁平化,生产流程更清晰、分工更细密且与外部组织的合作方式将更加多样化。

再次,电子商务变革了流通模式。流通是社会再生产运行系统中的中间环节,起着桥梁和纽带作用,它对生产和消费都有很大的影响。电子商务强化了流通在社会再生产系统中的功能,改变并创新了流通的模式,从而扩大了流通范围、增加了交易额并降低了流通过程中的交易成本。

最后,电子商务直接催生了一些新的产业。电子商务的应用和发展需要相应的应用环境、支撑体系和技术服务等产业来提供服务,这些产业间存在着多种复杂的联系,已经构成了新兴的电子商务服务产业。

二、浙江电子商务的发展现状

经过近 20 年的发展,浙江电子商务的发展取得了令人瞩目的成就,不论是平台的建设、电子商务的创业环境还是信息化程度都位居全国前列,各类明星企业璀璨兴起,引领了全国电子商务的发展模式和潮流,是全国电子商务界无可争辩的领军者。

(一)电商企业高速发展

电子商务在西方发达国家刚刚开始萌芽而并未在国内大行其道时,浙江的企业家和经理人们就以敏锐的商业眼光和超前的商业意识到了这一点,并较早地将电子商务引入到企业的运作中,电子商务企业不断发展壮大。

以阿里巴巴集团为例[①],从 1999 年阿里巴巴(中国电子商务公司)创立开始,在短短的十几年内阿里巴巴集团迅速成长为中国电子商务领军企业,涉足包括交易平台、支付手段、物流配送等电子商务的各个方面,在浙江服务业特别是在信息传输、软件和信息技术服务业中占有举足轻重的地位。2009 年阿里巴巴集团公司资产总计为 186.8 亿元,2010 年为 328.4 亿元,2012 年已达505.2 亿元,三年平均每年增长 39.3%;营业收入、利润、税收等经济指标更是成倍增长,其中 2012 年营业收入 361.3 亿元,是 2009 年的 5.5 倍;实现利润165.6 亿元,是 2009 年的 12.1 倍;应交所得税 9.3 亿元,是 2009 年的 7.3 倍。2012 年阿里巴巴集团资产总计、营业收入、利润总额、应交所得税及应付工资总额五项指标分别占信息传输、软件和信息技术服务业限额以上企业相关指标总额的 20.3%、23.1%、42.8%、16.5%、22.7%。

规模快速扩大的同时,阿里巴巴集团经营效益也不断上升,在各类企业中拔得头筹。资产利润率(利润总额与资产总计的比值)从 2009 年的 7.3%上升到 2012 年的 32.8%,分别比同期限上服务业企业和信息传输、软件和信息技

术服务业企业高 28.6 和 17.3 个百分点；营业利润率（利润总额与营业收入的比值）从 2009 年的 21.1％上升到 2012 年的 45.8％，分别比同期限上服务业企业和信息传输、软件和信息技术服务业企业高 30.2 和 21 个百分点；人均营业收入从 41.8 万元上升到 180.9 万元，分别是同期限上服务业企业和信息传输、软件和信息技术服务业企业的 4 倍和 3.4 倍；人均创造利润从 8.8 万元上升到 82.9 万元，分别是同期限上服务业企业和信息传输、软件和信息技术服务业企业的 12 倍和 6.3 倍。

（二）电子商务应用程度高

近年来，浙江企业大力开展电子商务活动，信息化水平不断提升。据对我省 6 万多家企业[①]的统计数据显示，2012 年涉足电子商务活动的企业有 1.1 万家，电子商务应用率[②]达到了 17.7％，比全国平均水平高 10.4 个百分点。其中有 9297 家企业有电子商务销售行为，占全部企业的 15.5％，比全国高 10.7 个百分点。

9297 家有电子商务销售行为企业的电子商务销售总收入为 4252.1 亿元，占这些企业全部营业收入的 24.6％，占所有调查对象营业总收入的 4.7％。其中，B2B 模式的电子商务销售企业有 8832 家，销售额为 3857.5 亿元，占全部电子商务销售收入的 90.7％；B2C 模式的电子商务销售企业为 4069 家，B2C 销售额为 331.1 亿元，占 7.8％。有电子商务销售企业的平均营业收入为 1.86 亿元，比全部调查企业的平均营业收入多 23.7％，由此也可以证明电子商务对企业营业收入的扩大有着明显的促进作用。

企业信息化水平较高。6 万多家企业中有 99.3％的企业在生产中运用计算机并经常使用；使用互联网的企业有 5.1 万家，占全部企业总量的 85.3％；有网站的企业有 3 万家，占全部企业总量的 50.2％。

通过互联网开展的活动中，浙江企业使用用途最多的是"收发电子邮件"，占使用互联网企业的比重为 94％；其次为"使用网上银行"，占比为 84.8％；第三为"了解商品和服务的信息"，占比为 67.1％，其他用途较多的还有"从政府机构获取信息""对外或者对内招聘""提供客户服务"等。互联网络的另一重要用途就是通过互联网进行宣传和推广，共有 30405 家企业参与此项活动，其

---

① 调查对象为规模以上的工业企业，有建筑资质的、独立核算的建筑业企业，全部房地产开发经营业法人单位及所属产业活动单位、大型批发零售及住宿餐饮业企业、限额以上服务业企业。

② 涉足电子商务活动的企业家数占全部调查对象数量的比重，下同。

中通过"独立网站"进行推广的企业有 21363 家,数量最多,占通过互联网进行宣传和推广企业总数的 70.3%;通过电子商务平台进行推广的有 10465 家企业,位居第三占比 34.4%(详见表 1)。

表 1　使用不同方式进行互联网宣传和推广的企业数及比重

用　途	企业数(个)	比重(%)
独立网站	21363	70.3
电子邮件	13718	45.1
电子商务平台	10465	34.4
互联网广告	9197	30.2
搜索引擎	6803	22.4
微博	3602	11.8
博客	1296	4.3
社交网站	1200	3.9
其他	5387	17.7

(三)信息服务业[①]高速发展

信息服务业发展水平是电子商务业发展程度的直接体现。近年来,浙江信息服务业一直处于高速发展中,增加值规模不断扩大,增速位居各行业前列,营业收入、利润等经营指标表现尤其优异,长期位居服务业各行业首位。

2004 年,浙江信息服务业增加值为 273.9 亿元,占当年 GDP 的比重为 2.35%,在服务业各行业中位居第七位。此后一直保持高速发展态势,至 2012 年增加值规模已达 918.6 亿元,不考虑价格因素平均每年增加 80.6 亿元;占当年 GDP 的比重上升为 2.65%,上升 0.3 个百分点;在服务业各行业中排位升至第六位;考虑价格因素同比增长 17.2%,增速位居服务业内部各行业之首(详见图 1)。

从以 2004 年为基期计算的各年服务业总体及内部各行业增加值指数来看,信息服务业指数增长较快,2012 年已达 336.8,八年来平均每年增加

---

① 根据 2011 年国民经济行业分类标准(GB/T4754—2011),原信息传输、计算机服务和软件业更名为信息传输、软件和信息技术服务业,统计口径略有不同。为计算方便起见,本文中凡涉及这一门类的数据均为当年口径,并在名称上统一简称为"信息服务业"。

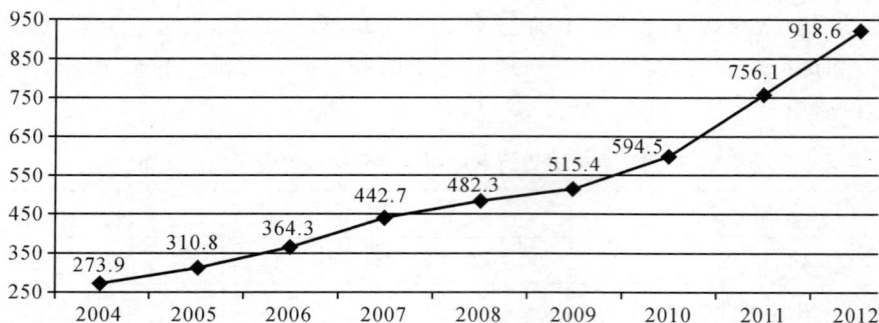

图 1　2004—2012 年信息服务业增加值（亿元）

16.4％,高于服务业总体平均增速 3.8 个百分点,位居服务业内部各行业第四位,仅在金融业、文化体育和娱乐业、居民服务和其他服务业之后(详见图 2)。

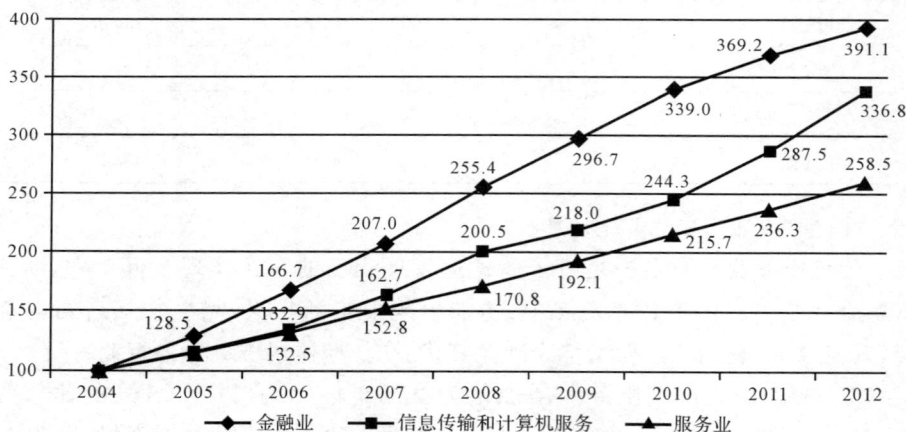

图 2　2004—2012 年服务业、信息服务业及金融业的增加值指数

　　从上图中我们可以发现,信息服务业的增长曲线呈较为明显的凹函数特征,而金融业增长曲线呈现较为明显的凸函数特征,因而我们可以预判,近几年内信息传输和计算机服务业的增长曲线会超越金融业增长曲线,即平均增速将会超过金融业而位居各行业前列。

　　企业的表现更为抢眼,各项经营指标已连续多年位居服务业各行业首位。2012 年,全省 1185 家限额以上信息传输、软件和信息技术业企业实现利润总额 373.7 亿元,对全省利润增长的贡献率位居各行业之首;资产利润率为 16.2％,远远超过其他行业,是金融业的 3 倍多;营业利润率为 28.4％,位居第二,仅在金融业之后。

三、电子商务对浙江经济增长的影响

电子商务对经济发展的推动作用主要体现在对网络经济的直接推动、对相关产业的促进及对国民经济结构的调整升级等多方面。

（一）推动了浙江网络经济的发展

电子商务交易得以开展的基础是互联网软硬件，交易中的支付程序必须通过第三方支付平台，实物交易的最终完成必须通过物流产业的配送，因此，电子商务的发展直接推动了互联网、金融、物流等关联产业的发展。

1. 极大地促进了互联网基础设施的建设。近年来，随着电子商务的高速发展，对互联网的依赖和需求也越来越大，浙江互联网覆盖面、带宽、无线接入点等一直处于高速发展阶段，互联网发展水平位居全国前列。2012 年，浙江省互联网普及率为 41.5%，开通互联网宽带业务的行政村比重已达 100%，实现

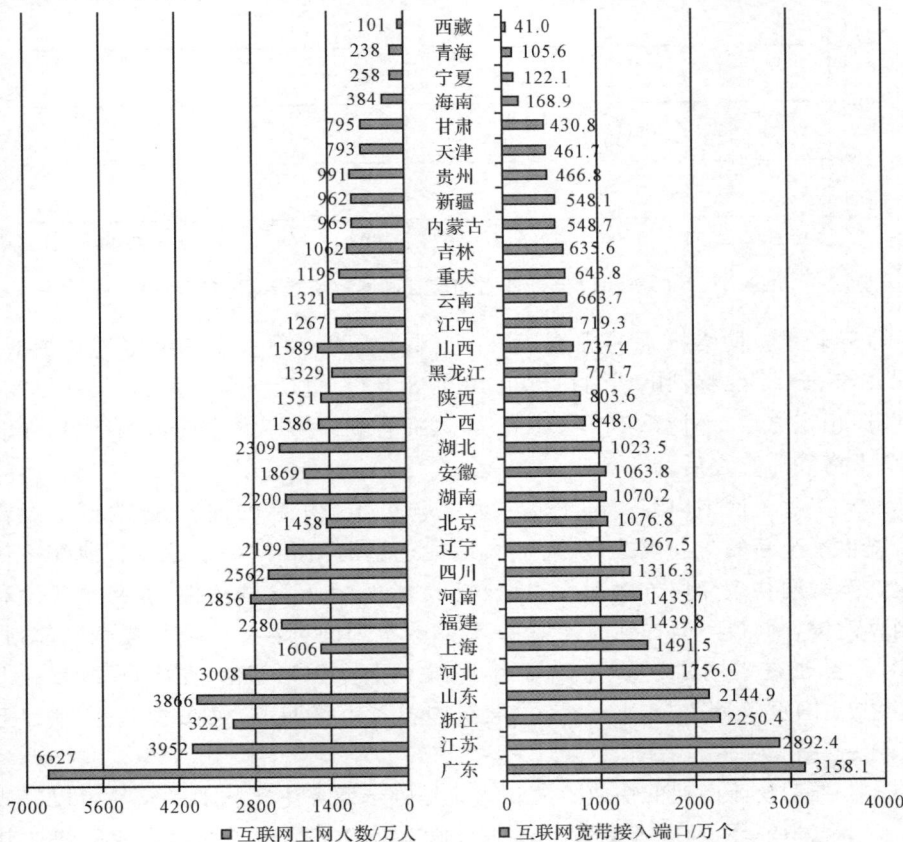

图 3　2012 年全国各省区市互联网上网人数及互联网宽带接入端口

了行政村宽带业务的全面覆盖。2012 年,浙江省互联网宽带接入端口 2250.4 万个,位居全国各省市第三位,仅在广东、江苏之后;互联网上网人数 3221 万人,位居全国第四位,在广东、江苏和山东之后(图 3);平均每 100 人中有 59 人上网,位居全国第五位,在北京、上海、广东和福建之后。

　　2003 年浙江省固定互联网宽带接入用户为 126 万户,发展至 2012 年已达到 1153 万户,居全国第四位,仅在广东、山东、江苏之后,9 年共增加 1027 万户,平均每年增加 114.1 万户,平均每年增长 27.9%(图 4)。

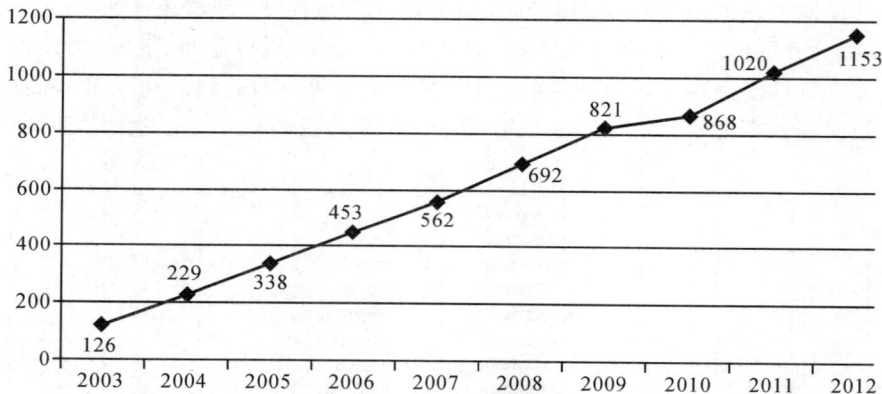

图 4　2003—2012 年浙江省固定互联网宽带接入用户(万户)

　　随着手机网络技术的成熟,手机上网已成为一种重要的网络连通模式,2012 年浙江 3G 移动电话用户数达 1328.8 万户,也位居全国第四,仅在广东、江苏、山东之后,平均每 100 人中有 24 人拥有 3G 手机,位居全国第四位,在北京、上海和广东之后。

　　2. 丰富了网络内容。电子商务为互联网增添了新的内容,还为网络经营者提供了全新的盈利模式,从而极大地促进了网站和网页的建设。浙江不仅仅在互联网物理介质方面加大建设、投资力度,在互联网软件,即网站建设和网页建设方面也不断加强关注力度,网站数量和网页数量一直位居全国前列。2012 年,浙江省网站数量为 19.6 万个,也位居全国第四位,在广东、北京和上海之后;网页数量达 95.9 亿个,位居全国各省市第四位,仅在北京、广东和上海之后(图 5)。

　　3. 推动物流产业的快速壮大。物流是电子商务中实物商品交易得以完成的必不可少的环节,电子商务产业的高速发展直接推动了物流产业的快速壮大。近年来,浙江物流产业发展极为迅速,业务量规模不断增大,业务收入

省市	网站数/万个	网页数/亿个
陕西	3.9	11.8
辽宁	6.4	18.2
湖南	4.8	18.3
江西	2.2	19.3
安徽	3.5	24.8
湖北	6.0	25.9
河北	8.6	26.0
天津	3.7	27.6
四川	8.3	28.6
山东	14.3	29.2
福建	18.9	47.0
河南	7.9	59.7
江苏	17.1	82.3
浙江	19.6	95.9
上海	27.0	108.1
广东	43.6	178.7
北京	39.8	380.9

■ 网站数/万个   ■ 网页数/亿个

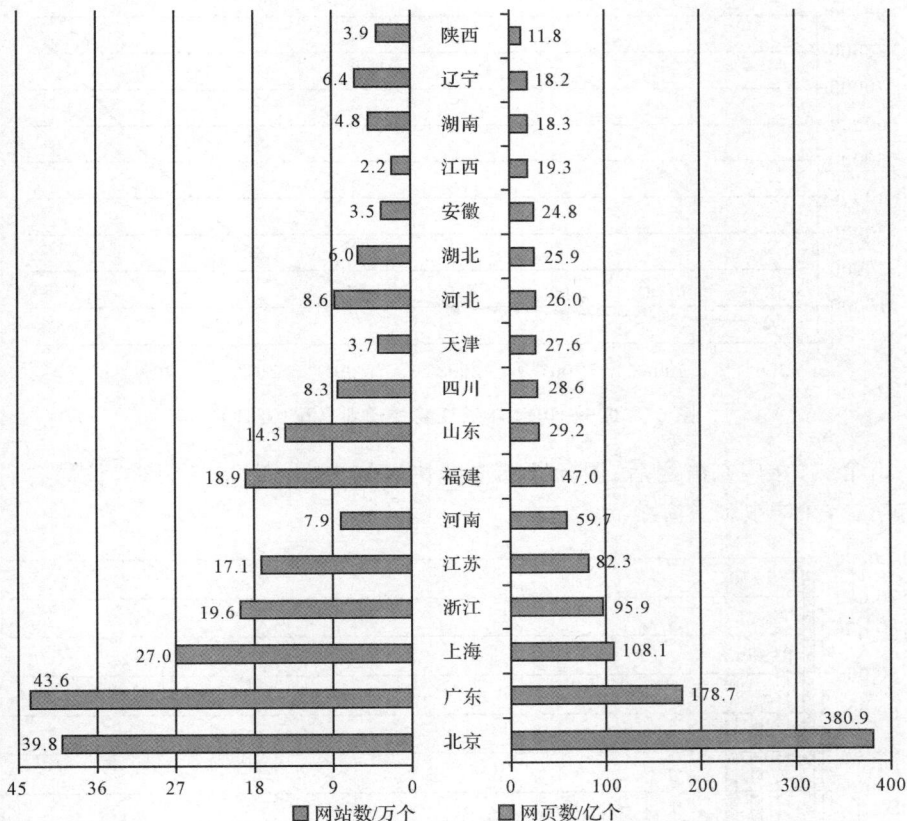

图 5　2012 年全国位居前列各省市的互联网网站数及网页数

快速增加,各项指标在全国各省市中也位居前列。2005 年浙江省快递业务量为 5835 万件,2012 年已达 8.2 亿件,增加 7.6 亿件,平均每年增加 1.1 亿件(图 6)。

2005—2012 年快递业务量每年平均增加 45.9%,远远超过其他邮电业务量的增长;2012 年邮电业务总量为 1024 亿元,同比增长 14%,而同期快递业务量较 2011 年增加 65.1%,增速是邮电业务总量增速的四倍多;2005—2010 年快递业务量平均每年增长 33.7%,而同一时间段邮电业务总量平均每年增速为 18.9%,较前者低 14.8 个百分点。

2012 年浙江省快递业务量在各省市中位居第二位,仅在广东之后,远远超出江苏、上海等省市,是江苏的 1.3 倍(图 7)。快递业务量中国内同城快递 1.7 亿件,位居各省市第三,在广东、上海之后;国内异地快递 6.3 亿件,位居各

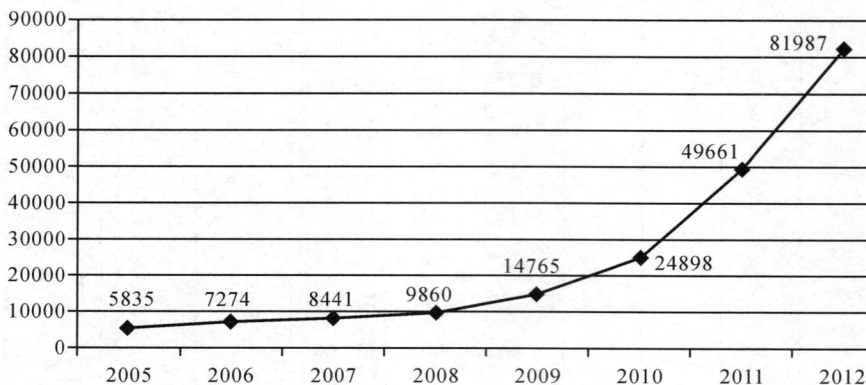

图 6   2005—2012 年浙江省快递业务量(万件)

省市第二,在广东省之后;国际及港澳台快递较少,共 1828.5 万件,位居各省市第三,在广东和上海之后。

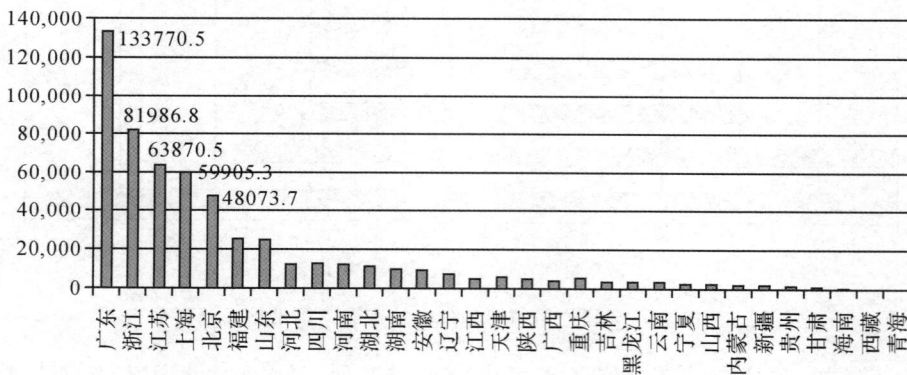

图 7   2012 年全国各省市快递业务量(万件)

2012 年浙江省快递业务收入为 119.7 亿元,在各省市中位居第三位,在广东和上海之后,与广东和上海相比仍有差距,但与江苏、北京和山东等省相比,领先优势仍较明显。不考虑价格因素同比增长 41.7%,增速在全国各省市总位居第六,比全国平均水平快 2.5 个百分点。

(二)增强产业竞争力,优化了产业结构

现阶段,电子商务已经广泛应用于农业、制造业、批发零售业、旅游业及文化产业等行业。2012 年浙江工业、住宿餐饮业、批发零售业的电子商务应用率分别达到了 26.8%、49.2% 和 26.5%,比全国总体水平分别高出 12.1、6.7 和

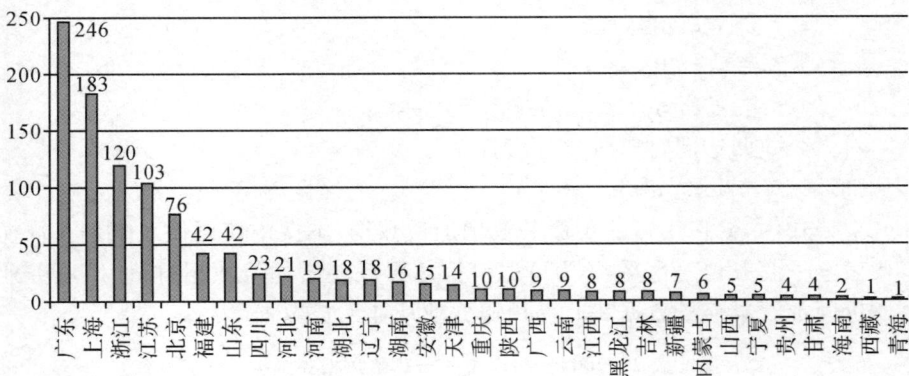

图8　2012年全国各省市快递业务收入(亿元)

8个百分点。通过电子商务所带来的融资、生产、管理、贸易等方面的优势和变化将彻底地改变其传统的交易模式,促进其向现代化、数字化、信息化方向发展和变革,降低了交易成本,增强了产业的综合竞争力。

电子商务的发展催生了很多服务业业态,新兴行业不断涌现和繁荣,如网络零售、第三方支付平台、网店装修、网络模特、网络营销、网络广告等等。2012年底全省已有互联网零售企业法人1781家。由于与电子商务相关的新兴行业绝大多数属于服务业的范畴,全省服务业的总量规模也相应地得到快速扩大,2012年浙江服务业增加值占GDP的比重达到了45.2%,比2004年提高5.3个百分点。三次产业的结构由2004年7∶53.6∶39.4提升到2012年的4.8∶50∶45.2。

(三)电子商务对浙江经济促进作用的测度

电子商务是技术和知识的载体,是两者结合后在经济生活中的具体应用,因而可以将电子商务视为一种技术因素在生产函数加以体现,考虑到电子商务对经济的作用更为直接地体现在服务业范围,因此本文只测度电子商务对服务业的促进作用。

本文将技术因素作为一个变量而不再视为常量对C—D函数进行改进,即将原有的C—D函数 $Y-AK^{\alpha}L^{\beta}$ 改进为 $Y-AZ^{\gamma}K^{\alpha}L^{\beta}$。

其中:Y:GDP;

A:除技术以外的不变因素;

Z:技术;

K:资本;

L:劳动;

α：资本产出弹性；

β：劳动产出弹性；

γ：电子商务所代表的技术产出弹性

对上公式两边同时取对数，得到：

$$\ln Y_t = A_0 | \gamma \ln Z_t | \alpha \ln K_t | \beta \ln L_t$$

上公式中，Y 使用可比价服务业增加值数据；本文中使用信息服务业规模来代表电子商务技术水平，Z 为可比价信息服务业增加值数据；K 使用服务业可比价固定资本存量数据①；L 使用服务业从业人员数据（表2）。

表2   2004—2012 年 C－D 函数相关数据

年份	服务业增加值 （亿元）	信息业增加值 （亿元）	固定资本存量 （百亿元）	人口 （万人）
2004	4584.2	273.9	266.4	907.4
2005	5280.9	313.1	410.1	943.5
2006	6076.2	364.0	546.3	1002.3
2007	7006.6	445.7	682.3	1128.9
2008	7827.8	549.2	769.2	1156.3
2009	8805.9	597.1	940.1	1208.0
2010	9889.9	669.2	1033.5	1243.8
2011	10832.4	787.5	1378.2	1270.0
2012	11850.1	922.6	1516.4	1288.3

将数据代入上公式，计算得出以下参数及统计值

$$\ln Y_t = 3.096 + 0.489 \ln Z_t + 0.162 \ln K_t + 0.247 \ln_t$$

$\overline{R_2} = 0.995$，F = 486.06，Durbin－Watson = 1.711

$\overline{R_2}$ 等于 0.995，表明此方程的设定合理，样本回归线对样本值的拟合优度较高，服务业相关技术、资本和从业人员对服务业增加值的解释力较强；$F_{0.05}(3,5) = 5.41$，F 值等于 486.06，远远大于 5.41，故此回归方程具有显著性意义；$D.W_{0.05}(3,9)$ 的 dL、dU，分别为 0.455 和 2.128，D.W 为 1.711，在 dL、dU

① 为消除统计口径调整带来的数据不可比性，表中某些年份的固定资本存量数据用前后两年的平均数来替代。

范围内,故无自相关性。另外,除参数 γ 在 0.05 的置信水平能通过 t 检验和 P 值检验外,其他参数的 t 检验和 P 值检验必须降低置信水平,这可能是由于样本量过少、忽略了其他技术因素、数据质量等问题导致的,但不影响公式的整体说明力度。

对模型进行分析,服务业增加值对技术的弹性为 0.489,分别是资本和劳动力弹性的 3.02 和 1.98 倍,以电子商务为代表的技术因素对服务业增加值的正向影响力要大于其他两个因素,电子商务对服务业的发展有巨大的促进作用。同时我们可以发现,浙江服务业对劳动力的依赖程度大于对资本的依赖,也就是说服务业的发展质量仍有待于提高。

由此我们可以得出结论,相对于资本和劳动力而言,电子商务对服务业的促进作用更大,电子商务对现阶段及未来服务业的发展有举足轻重的作用。我们要紧紧抓住电子商务蓬勃向上的势头,大力推进电子商务与服务业的融合发展,从而推动浙江经济再上新台阶。

四、电子商务发展中所存在的问题

电子商务发展时间较短,商业模式远没有成熟与完善,有许多问题需要我们加以关注。

(一)税收管理问题

税收是国家与纳税人之间形成的以国家为主体的社会剩余产品分配关系,既满足了国家的财政需要又满足了社会公共需要。电子商务的出现给传统税收体制及税收管理模式带来了巨大的挑战,直接触及现行税收制度、税收征管以及税收法律等问题。不论从纳税人角度还是税收管理部门的角度,电子商务税收的可行性问题始终没有解决,电子商务税收的流失也越发严重。现阶段浙江乃至全国电子商务税收存在着以下几个关键问题:

一是相应的监管缺失。现实中税务机关对电子商务的监管处于缺失状态,到目前为止国家税务总局没有出台针对电子商务而设立的规章制度或是实施方案。针对电子商务新增任何税种和税目,在现有税法下虽然能找到电子商务适用的税种,但现实中却没有可以遵循的有效征收办法和实施方案,总的来说我国政府对电子商务尚无明确的、针对性的具体管理措施。

二是电子商务税收存在争议。针对电子商务的税收问题,社会意见的分歧很大。一部分人认为电子商务仅是交易形式借助了信息化的手段,其交易行为的实质仍为商品交易,应该征税;而一部分人认为现在对电子商务征税,不利于促进经济发展,征税带来新的行政成本和社会成本远远大于税收带来的利益。

三是税收属地原则无法适用。在电子商务的情况下,由于确定交易人所在地、交易所在地变得十分困难,从而很难确定应由哪里的税务机构向何人征税。

四是计税依据难以获取。在电子商务的方式下,即使税务机构能够出具网上企业或个人进行交易的证据,这些证据能否满足法律法规中对证据的要求,仍不确定。

此外,电子商务交易过程中涉及的交易者所在国税收标准不一及跨国公司征税等也是一大难题。

(二)道德诚信问题泛滥

电子商务的开放性、虚拟性等特点使得交易的每一个环节都容易产生道德诚信问题,现阶段电子商务中的道德诚信问题频发,刑事案件屡见报端,需要我们加以重视。

第一是卖方的道德诚信问题。电子商务的虚拟性买卖双方的信息不对称程度远远大于实体交易,卖方掌握了远超买方的信息和先发优势,卖方的道德诚信问题是所有问题中最为严重也最需要我们加以关注的。较常见的不良行为有通过发布虚假信息提高网站点击量、欺骗性地对商品进行描述和美化、购买"刷信用"等违法服务来提高自己店面的信用度、恶劣的售后服务等等。近期淘宝专门出台了针对不良卖方的"最严打假规则",可见卖方的道德诚信问题之严重。

第二是第三方支付平台的道德诚信问题。支付平台是为减少电子商务双方交易风险而生,但支付平台本身也有可能导致一些道德诚信问题。在买方付款到货款打入卖方账户之间有一个时间差,这段时间里大量的货款会停留在第三方支付平台的账户里,第三方支付平台有能否做到"专款专用"甚至恶意侵吞资金等风险。部分第三方支付平台不需要实名认证,这就为不法分子洗钱、网络赌博、色情网站等提供了可能。2011 年暴露出的"阿里巴巴欺诈门"事件是这类问题的典型体现。

第三是买方的道德诚信问题。在电子商务交易过程中部分买方的不良行为,如滥用退货权利、填写的不真实信息、恶意利用网站规则等也给电子商务的顺利开展造成了很大的困难。2013 年,杭州市开庭审理了全国首例"恶意差评师"案,就是电子商务中买方的道德诚信问题的典型案例。

另外,物流过程中所发生的道德诚信问题也需要我们加以重视。

(三)统计方法落后

电子商务是一个新兴事物,出现时间短,统计范畴尚不明确。涉及范围跨部门、跨行业,统计实施过程中势必要打破现有的统计格局,这又为统计工作的执行增加了难度；开展电子商务的企业或实体数量繁多，如何将电子商务的产值或增加值从整体中剥离出来更是一个很大的难题。目前，浙江乃至全国没有形成规范统一的电子商务统计方法及评价指标体系。相对于电子商务产业的蓬勃发展，电子商务的统计工作明显滞后。

浙江各级统计局近年来已经尝试性地开展了电子商务统计探索和研究工作，但离建立全面、完整、规范、有可操作性的统计调查制度和体系仍有较远的距离。其他省市和一些官方或非官方机构也在开展电子商务统计调查，其中影响较大的有中国互联网络信息中心公布的《中国互联网络发展状况统计调查》、国家统计局国际统计信息中心与中国互联网研究与发展中心联合发布的《CII 中国电子商务总指数指标体系研究与指数测算》，赛迪顾问股份有限公司的《企业电子商务发展现状调查》及阿里研究中心发布《网商发展研究报告》，但这些调查方法和产业报告很少从整个产业的角度来度量电子商务发展。

在电子商务已成为浙江经济发展的重要动力和新的经济增长点的今天，为了及时准确地反映全省电子商务的发展进程、科学系统地对全省电子商务进行统计和量化评估、高效合理地规划地区电子商务的发展、全面真实地反映电子商务时代全省经济发展状况，浙江有必要尽快尽早地开展电子商务统计调查研究，建立完善的电子商务统计指标评价体系，以更好地为各级政府制定科学合理的电子商务政策提供数据支持，为电子商务的进一步发展指出方向。

（四）浙江软件产业的发展程度不高

软件在电子商务中的作用毋庸置疑，网页的制作、各类程序的编写、数据库的数据处理能力等等都是我们进行电子交易时直接面对和感受的，软件环境的友好与否也因此成为电子商务能否得以顺利开展需要攻克的第一个难关。相对信息产业较好的整体发展状态，我省软件业的发展较为滞后，各项收入指标少有出彩的地方，总体发展情况不尽如人意。

2012 年，浙江省软件业务收入为 1355.3 亿元，在各省市中位居第七，在江苏、广东、北京、辽宁、上海和山东之后，只有江苏、广东两省收入的三分之一还不到，只有山东的收入的 78%，与我省信息产业大省的地位严重不符（图 9）。

2012 年软件产品的收入有 449.3 亿元，在软件业务各项收入中位居第一，占总收入的 33.2%，在省市中位居第七位，在北京、广东、江苏、辽宁、上海和山东之后，与居前的各省市差距较大，只有北京的三分之一不到，只有山东的 79.5%（表 3）。

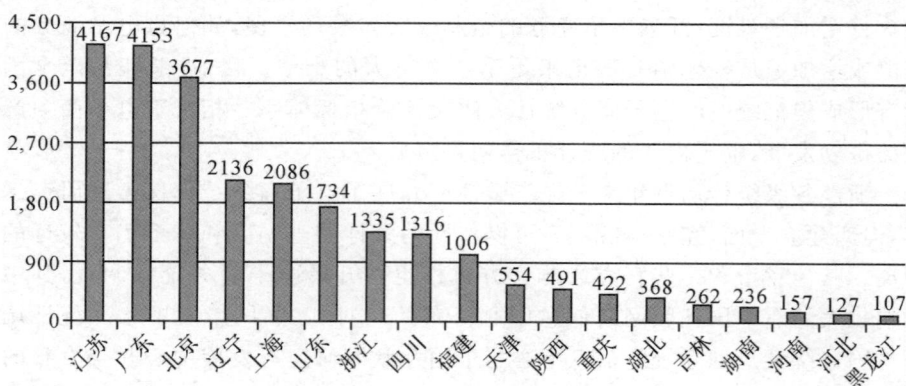

图 9　2012 年位居前列的各省市软件业务收入(亿元)

表 3　2012 年浙江省软件业务中各项收入、占比及在全国的排名

项目	软件产品	数据处理和存储服务	信息系统集成服务	嵌入式系统软件	信息技术咨询服务	集成电路设计
收入(亿元)	449.3	432.4	246.7	150.1	51.8	25.0
比例(%)	33.2	31.9	18.2	11.1	3.8	1.8
排名	7	3	9	5	11	9

除数据处理和存储服务、嵌入式系统软件两个项目外,浙江省软件业务中其他各项收入的排名都不靠前,各项收入的绝对数更是与位居前列的省市相差甚远。其中,信息系统集成服务收入只有位居第一的北京的 26.5%,信息技术咨询服务收入只有位居第一的广东的 13.5%,集成电路设计收入只有位居第一的江苏的 11.7%,软件产业的发展还有很长的一段路要走。

五、进一步发展电子商务的建议

电子商务方兴未艾,随着各种新技术、新应用的不断开发和产生,电子商务仍将会有很长一段时间的高速发展期,浙江必须抓住机遇,继续大力发展电子商务。

(一)加大对电子商务发展的要素支持力度

加大资金规模,重点支持电子商务产业园、电子商务平台及重点电子商务企业的建设。对一定规模的电子商务企业及知名电商区域性运营中心和快递企业区域性物流中心,依据其缴纳税收、吸纳就业和产业水平等情况,给予一定的奖励;对符合条件的部分小型微利企业条件的电子商务企业,减征或免征企业所得税;对符合高新技术企业和软件企业认定条件的电子商务企业,享受高新技术企业或软件企业优惠政策;对电子商务企业引进高端电子商务人才而产生的有关费用,允许其列入成本核算。鼓励地方政府、银行机构和电子商务服务商共同组建的具有独立法人资格的网络银行,专注于服务现有银行贷款体制难以覆盖的中小企业和创业者开展电子商务的需要;鼓励金融机构积极探索无形资产和动产质押融资方式,扩大电子商务企业贷款抵质押品范围。

（二）加强电子商务外部环境的建设

各级政府要努力营造有利于电子商务发展的政策和环境,完善相关法规的建设并注重社会信用的培养,严厉打击各种违法行为。政府可以组建由法律专家、信息化专家组成的电子商务法律法规制定小组,承担电子商务法律法规建设工作,将各种新情况、新问题及时反映到相关的法律法规中。除了一些基本管理经营的法律规范、网络用户权利的法律规范等基础外,还要抓紧完善各种有关电子商务统计、税收及道德诚信方面的法律法规。要加快对社会信用的培养以及企业信用评估和发布系统的建设,以建立信用浙江为契机,加快信用体系建设,提高不同群体在合作中的信用程度,降低电子商务中的信用成本。只有多管齐下才能从制度层面上保护交易各方的权益,维护商业的安全,防范各种欺诈和违规行为的出现。

（三）完善电子商务人才培养机制

电子商务作为一种全新的商务模式和理念,对人才要求更高、更专业,做好电子商务人才的培养,是我省电子商务进一步发展的关键。政府、高校及企业都应该高度重视电子商务人才的培养,共同建立浙江电子商务人才的培养机制和体系。要着力改变当前电子商务人才培养模式整合力不强的现状,构建完整的人才培养体系,既要着眼于现实需要,也要前瞻未来,努力培养出技术型、商务型和研究型三种不同类型的电子商务人才。要根据未来企业"电子商务化岗位"对人才需求的特点,从人才的基础素质、专业技能、发展潜力等方面入手,超前规划人才培养目标。此外,电子商务是一种开放性很强的商务模式,具有很强的通用性和国际性,因此开展电子商务人才培养有必要多方借鉴其他地区特别是发达国家的经验和教训,学习发达国家人才培养过程中的优点和长处。

（四）企业要抓住时机大力开展电子商务

对浙江企业而言,及时转变观念提高对电子商务的认识,是把握电子商务发展主动权的前提,谁先抢占电子商务的商机,谁就能占据主动,赢得新的竞争优势。无论是大型企业还是中小型企业,都应该认识到电子商务是未来经济发展的一个基本方向和趋势,要早作准备,务实行动。企业必须把推进信息化建设作为企业发展的重要突破口之一,要组织必要的技术攻关,购置必要的软件和硬件,加大对信息投资的力度,逐步实现企业内部信息管理的电子化,为推动电子商务的发展打下基础。开展电子商务要将已有资源和互联网有机结合起来,并不是传统经营方式向互联网的简单移植,要充分利用电子商务发展契机,提高经营管理水平和服务水平,切实增强企业的竞争力。

课题负责人　　沈　强

课题组成员　　郭慧敏　张　卫

　　　　　　　缪茶英　钱轶娟

课题执笔人　　徐文晔

参考文献:

[1] 爱德华·J·迪克.电子商务与网络经济学[M].杨青,郑宪强,译.大连:东北财经大学出版社,2006.

[2] 梁春晓.电子商务服务[M].北京:清华大学出版社,2010.

[3] 范玉贞.我国电子商务发展对经济增长作用的实证研究[M].上海师范大学,2010.

[4] 梁文光.基于浙江省经济增长要素的实证分析[J].知识经济,2010.

[5] 金鹏.基于网络中介信息的电子商务税收遵从与征管研究[D].武汉:华中科技大学,2009.

[6] 中国互联网络信息中心.第31次中国互联网络发展状况统计报告.

[7] 阿里研究中心.2012年度网商发展研究报告.

浙江快递产业发展研究

　　快递产业是融合信息交流、物品递送、资金流通等多种功能于一体的复合型新兴服务业,具有商品流通能力强、拉动居民消费作用大、吸纳就业人数多等特点,在便利民众生活、服务社会生产和推动经济社会发展等方面,发挥着越来越重要的作用。一般认为,快递是兼有邮递功能的门对门物流活动,快递公司通过铁路、公路和空运等交通工具,对客户货物进行快速投递。快递产业兴起于 20 世纪 60 年代末的美国,中国第一家快递公司邮政 EMS 成立于 1979 年。改革开放以来,中国快递产业伴随国家经济发展、人民生活水平提高、互联网技术的普及和广泛应用以及电子商务的迅猛发展经历了一个从无到有、从小到大、从弱到强的发展历程。

　　截至 2012 年末,全国纳入规模以上统计范围的快递服务企业共有 13000 多家,完成业务量 56.9 亿件、业务收入 1055.3 亿元,规模总量居世界第二,最高日处理量突破 3000 万件。2010 年 9 月 15 日,中国规模以上快递企业日处理量突破 1000 万件,成为继美国和日本之后第三个快件日处理量突破千万件的国家,拥有邮政快递(EMS)、顺丰速运、申通快递、圆通速递、韵达快递和中通速动等 6 家日处理能力超过 100 万件的快递企业,快递业务涵盖了全球主要国家和地区。

　　作为现代服务业的一个重要组成部分,国家和有关部门高度重视快递产业的发展。2009 年 10 月 1 日开始实施的《中华人民共和国邮政法》首次将快递业务纳入调整范畴,明确了快递企业的法律地位,确立了"鼓励竞争、促进发展"的原则。国家发展与改革委员会在 2011 年新修订的《产业结构调整指导目录》中将包括快递服务在内的邮政业纳入国家鼓励发展的产业目录。国家邮政管理局制定的《快递服务"十二五"规划》(2011)提出了做大行业、做强企业和做优品牌三大目标,从提升服务品质、鼓励快递与电子商务融合发展、规范市场秩序等方面对快递产业的发展做出了整体规划。交通运输部于 2013 年颁布实施的《快递市场管理办法》,对快递产业的市场主体、服务和物品安全做出了明确规定。

　　浙江经济发展走在全国前列,快递产业在全国也处于领先地位,根据国家邮政局最新统计,截至 2013 年 9 月末,全国快递业务量和业务收入排名前 50

位的城市中,浙江分别有 8 个和 7 个上榜,其中杭州和金华均居前 10。浙江电子商务发展处于全国领先地位,有发达的高速路网、飞机航线和水运航道,为推动浙江快递产业发展打下了扎实的基础。通过研究浙江快递产业发展状况,可以比较清晰地了解浙江快递产业对经济的贡献、在全国快递业中所处的地位,同时通过和广东、上海等快递产业发达地区相比较,可以查找浙江快递产业发展中存在的问题和不足,并有针对性地提出改进建议,为快递行业加强调控和管理,制定发展政策提供参考。

一、浙江快递产业发展现状

1. 总体增势强劲,异地业务占主导。总量规模不断扩大。2012 年,全省共有规模以上快递服务企业 886 家,完成业务量 81897 万件,比上年增长 65.1%;业务收入 120 亿元,增长 41.7%,快递业务量和业务收入占全国快递业务总量和业务总收入的比重分别为 14.4% 和 11.3%,日均快递业务量达到 224.6 万件,仅次于广东。[①] 从 2009 到 2012 年,浙江快递业务量和业务收入年分别增长 69.8% 和 40.6%,远高于同期浙江国内生产总值 9.4% 的年均增速。根据国际快递需求增长规律,当人均 GDP 达到 8000 美元时,该地区对快递的需求增长达到一个临界高点。2011 年,浙江人均 GDP 首次超过 8000 美元,达到 9173 美元,同期,浙江快递业务量和业务收入增速达到一个峰值,分别增长 99.5% 和 59.6%(见图 1)。从快递业务结构看,国内异地业务占主导地位。2012 年,浙江内地同城、内地异地、国际及港澳台快递业务量分别为 16669 万、63490 万和 1829 万件,快递业务收入分别为 11.5 亿、81.4 亿和 22.6 亿元;其中,国内异地快递业务量和业务收入占全部快递业务量和业务收入的比例为 77.4% 和 68.0%(见图 2)。异地业务发展迅猛,国际业务增长平稳,从 2009 到 2012 年,异地业务量和业务收入年均分别增长 73.1% 和 57.5%,同期国际业务的业务量和业务收入年均分别增长 19.9% 和 10.2%。

2. 服务网络不断完善,产品创新日益增多。2012 年,浙江快递企业拥有 5062 个营业网点、844 个独立分拣中心和 63.6 万平方米独立分拣场地,单程网路长度达到 189 万公里,快递服务覆盖了全省 929 个乡镇。浙江快递企业重视运输能力提升,拥有 15126 辆汽车和 13960 辆摩托车,杭州天豹国际货运代理有限公司拥有全省唯一的快递货机。快递企业重视信息化建设,截至

---

① 数据来源:浙江邮政管理局统计数据和《浙江统计年鉴》相关年份,下同。

说明:浙江规模以上快递服务企业以下简称为浙江快递企业,未作特别说明,本文对快递产业使用的统计数据口径均为国家邮政管理局规定的规模以上快递服务企业。

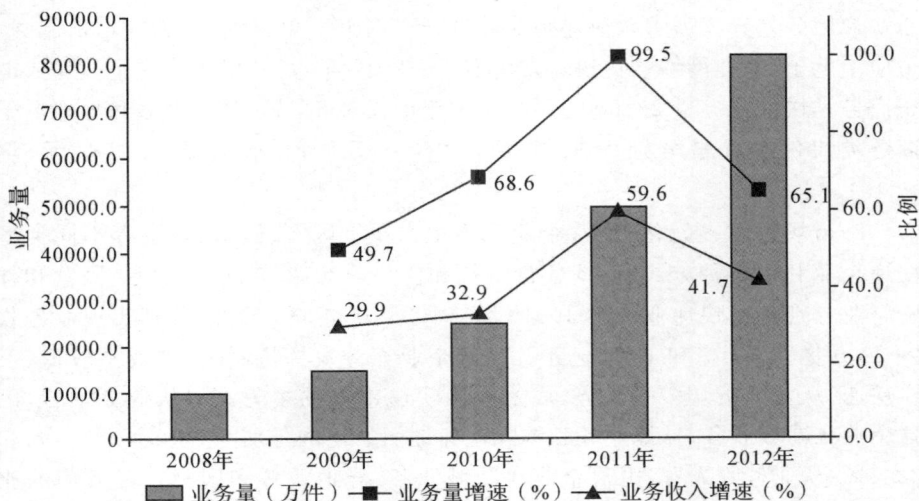

图 1　浙江快递业务量及增速

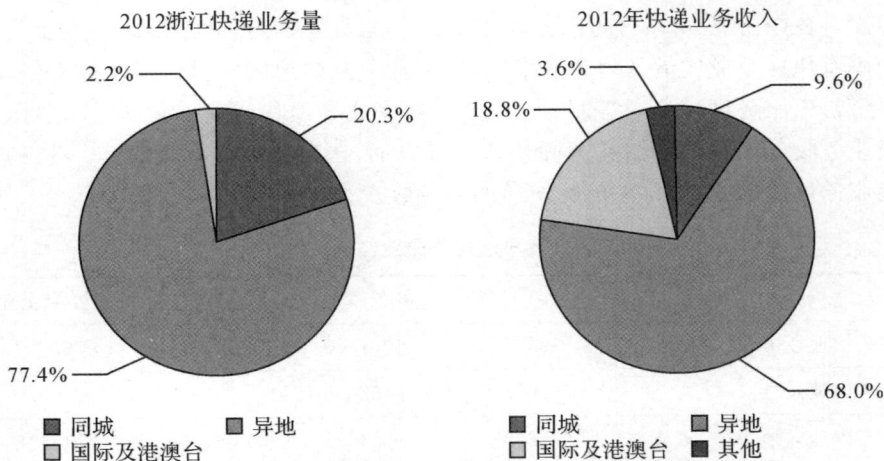

图 2　2012 年浙江快递企业按经营范围分的业务量和业务收入

2012 年末,浙江快递企业拥有计算机 18962 台,手持终端设备 34832 台,这些电子化设备有效提升了快递企业揽收、分拣、派送、查询等环节的信息化处理水平。在加大硬件保障能力的同时,更加重视对从业人员的培训,2012 年,浙江快递企业年末从业人员 6.2 万人,人均完成快递业务量 1.3 万件、实现业务收入 19.3 万元,完成培训 33.3 万人次。快递市场逐步细分,产品种类更加丰富。限时达、当日递、次晨达、次日递等服务项目不断涌现,努力满足消费者对于快递服务差异化需求。快递企业通过开办网上下单、代收货款等增值服务，适应了电子商务、网络购物快速发展需求。2012年，浙江民营快递企业完成电子商务类快件业务量 289000 万件，比上年增长 106.0％，其中同城和异地电子商务类快件业务量分别为 5011 万和 24084 万件；代收货款 49.2 亿元，增长 131.3％。

　　3. 市场主体多元化，民营企业成为主力军。国有、民营、外资等不同类型快递企业利用多种方式、发挥各自特长和优势。2012年，浙江国有、民营和外资企业分别完成快递业务量 10019 万、71035 万和 933 万件，分别实现业务收入 22.9 亿、84.2 亿和 12.6 亿元。民营企业充分发挥机制灵活、成本较低、反应快速、从业人员众多的优势，成为国内快递市场的主力军。从业务量看，民营企业在同城业务、异地业务和国际业务方面的比例分别为 90.8％、87.4％和 22.2％；从业务收入看，民营企业在同城业务、异地业务和国际业务方面的比例分别为 89.2％、81.2％和 19.3％。外资企业凭借全球运递网络以及资金、技术、管理和服务等方面优势，重点发展国际业务，外资快递企业在全省国际快递业务中占有 42.6％的业务量和 54.1％的业务收入。以 EMS 为主要代表的国有快递企业凭借品牌和网络优势，填补了偏僻地区民营快递服务空缺，实现了快递服务区域全覆盖目标，2012 年共完成异地快递业务量 7845 万件、实现业务收入 14.9 亿元；在国际快递业务方面，国有快递公司拥有 35.3％的快递业务量市场，平均每件国际快递的业务收入为 93.4 元。

表 1　2012 年浙江快递业经济类型分类

	合　计	国有企业	民营企业	外资企业
一、快递业务量（万件）	81986.7	10018.8	71034.8	933.2
内地同城	16668.7	1528.6	15140.1	0.0
内地异地	63489.5	7845.2	55489.5	154.8
国际及港澳台	1828.5	644.9	405.1	778.4
二、快递业务收入（亿元）	119.7	22.9	84.2	12.6
内地同城	11.5	1.2	10.3	0.0
内地异地	81.4	14.9	66.1	0.4
国际及港澳台	22.6	6.0	4.3	12.2
其他	4.3	0.7	3.6	0.0

4.区域集聚明显,专业市场和电子商务促进快递产业发展。浙江经济的发展有明显的区域特征,形成了萧山化纤、富阳造纸、温州鞋革服装、绍兴印染织造、台州电机与汽摩配等块状经济,区域经济发展的差异使得快递产业的发展形成了鲜明的梯队现象。杭州和金华的快递规模与全省其他 9 个市快递规模之和相当。杭州拥有淘宝、阿里巴巴等在全球同行业中处于领先地位的电子商务平台。根据杭州市工商局统计,2012 年杭州电子商务平台年度成交额突破 12000 亿元,杭州本地网购市场交易额达到 953 亿元,快递服务作为电子商务的"最后一公里",支撑作用愈加突显。2012 年,杭州快递企业完成业务量26159 万件,占全省快递业务量的比重为 31.9%,业务量比上年增长 60.1%,实现业务收入 42.9 亿元,占全省快递业务收入的比重为 35.8%,业务收入比上年增长 40.4%。金华有中国义乌小商品城、中国科技五金城等一批专业市场,市场产品遍布全国并远销国外,专业市场和电子商务的发展带动了当地快递产业的发展。2012 年,金华快递企业的业务量和业务收入分别为 17352 万件、17.8 亿元,比上年分别增长 78.7%和 55.3%,占全省快递业务量和业务收入的比重分别为 21.2%和 14.9%。宁波、温州、嘉兴和台州四个市合计的快递业务量和业务收入占全省快递业务量和业务收入的比重分别为 36.7%和39.3%(图 3)。

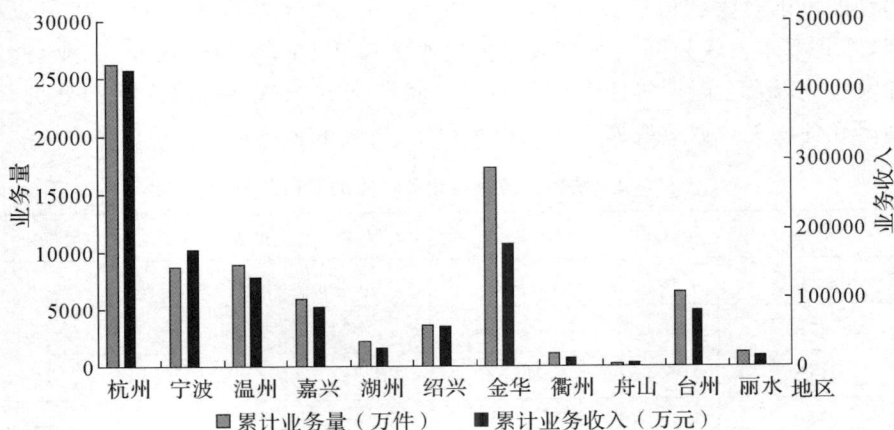

图 3　2012 浙江分地市快递产业发展情况

二、浙江快递产业关联因素分析

快递产业作为现代服务业的一个重要组成部分,将信息传递、物品递送、资金流通和文化传播等多种功能融合在一起,关联生产、流通、消费、投资和金融等多个领域,通过创造时间价值促进商流、物流、信息流和资金流的快速流动,降低企业的生产和运输成本,并直接推动交通运输业、电子商务等多项相关产业的联动发展,为经济发展和产业升级提供了重要支撑,是现代社会不可替代的基础产业。

1.快递产业与关联产业的相关性分析。根据产业关联分析,交通运输业、金融业、制造业、批发零售业等行业与快递产业发展密切关联。交通运输业和金融业作为快递产业的水平关联产业,为快递产业的发展提供支撑服务。航空、高速公路以及高速铁路的发展,为现代快递业的发展提供了坚实保障;金融业为快递产业的发展提供了强大资金基础。制造业、批发零售业和电子商务作为快递服务的主要对象,是快递产业的前向关联产业,这些行业的发展促进了快递产业的结构优化。快递服务保证了生产性企业零部件和原材料的准时快捷供应,并通过提供召回瑕疵品等逆向物流服务,维护了企业声誉,而制造企业为缩短上架时间和提供更具个性化的产品,对快递服务需求也大大增加。批发零售业采取自营为主的物流模式,成本较高,时效性不佳,为了实现即时配送满足顾客、抢占市场、降低成本、提高效益,对快递服务需求很大。快递服务为电子商务实现了"虚拟到现实"的可能,是电子商务得以发展的有力保障。包装业、交通运输设备制造业等快递产业的后向关联产业,为快递产业的开展提供必要的硬件设备和材料支持。由于电子商务不是独立的行业类别,因此不作关联分析。本文选取快递业务量、GDP,交通运输业、工业、批发和零售业以及金融业等四个行业的增加值,用 SPSS 软件做线性回归分析,分别研究各相关行业对快递产业的影响程度,主要数据结论见表 2。

表 2　快递业务量与相关行业的回归分析

指标	GDP	交通运输业	工业	批发和零售业	金融业
相关系数	0.947	0.919	0.935	0.965	0.888
调整后的 R^2	0.862	0.794	0.831	0.907	0.717
F 值	25.957	16.380	20.731	40.177	11.143
Sig	0.015	0.027	0.020	0.008	0.044
t 值	5.095	4.047	4.553	6.339	3.338

数据显示,GDP、交通运输业增加值、工业增加值、批发和零售业增加值、金融业增加值等五个解释变量分别与快递业务量这个被解释变量之间的拟合优度(调整后的 R^2)大于 0.7,可以认定为解释变量与被解释变量之间高度正

相关；在 5% 的置信区间下，F 值和 t 值显著性水平的临界数值分别为 5.05 和 2.571，本文 5 个解释变量的 F 值和 t 值均大于临界值，可认定解释变量与被解释变量之间存在真实的、显著的线性关系；同时，Sig 值也均小于 0.05。以上检验表明，5 个解释变量分别与被解释变量之间存在高度线性正相关，特别是批发和零售业增加值数据的拟合优度和各相关检验指标均最为理想，表明批发零售业与快递产业之间的关系最为紧密，这与实际情况相符合。数据表明，GDP 每增长 1 个百分点，可以促进快递业务量增长 0.947 个百分点、快递业务收入增长 0.962 个百分点。交通运输业增加值、工业增加值、批发零售业增加值以及金融业增加值均增长 1 个百分点时，快递业务量分别增长 0.919、0.935、0.965 和 0.888 个百分点。根据相关系数从大到小排序，对快递产业的影响程度分别为批发零售业、工业、交通运输业以及金融业。

2. 快递产业关联的灰色关联分析。在线性回归分析的基础上，本文使用灰色关联模型分析方法来确定关联产业对快递产业发展的影响程度。灰色关联分析的基本思想是根据序列曲线几何形状的相似程度来判断其中的关联是否紧密，分析的目的是厘清系统中各因素间的主要和次要关系，从而找出主要影响因素，把握矛盾的主要方面，确定有利于系统发展的主要影响因素。本文采用邓氏关联系数分析法，主要的运算公式如下。

$$\xi_i(k) = \frac{\min\limits_i \min\limits_k |y(k) - x_i(k)| + \rho \max\limits_i \max\limits_k |y(k) - x_i(k)|}{|y(k) - x_i(k)| + \rho \max\limits_i \max\limits_k |y(k) - x_i(k)|}$$

记 $\triangle_i(k) = |y(k) - x_i(k)|$，则 $\xi_i(k) = \dfrac{\min\limits_i \min\limits_k \triangle_i(k) + \rho \max\limits_i \max\limits_k \triangle_i(k)}{\triangle_i(k) + \rho \max\limits_i \max\limits_k \triangle_i(k)}$

其中 $\zeta_i(k)$ 为 $X_0(k)$ 与 $X_i(k)$ 的关联系数，$\rho \in (0, \infty)$ 为分辨系数，通常取 $\rho = 0.5$。$X_0(k)$ 与 $X_i(k)$ 分别为参考序列和比较数列。关联度 r_i 的计算公式为：

$$r_i = \frac{1}{n} \sum_{k=1}^{n} \zeta_i(k), \ k = 1, 2, \Lambda, n$$

本文参考序列为快递业务量，比较数列为交通运输业增加值、工业增加值、批发零售业增加值以及金融业增加值，根据上述公式计算，快递产业与交通运输业、工业、批发和零售业、金融业的邓氏关联度分别为 0.6863、0.6846、0.7020、0.7010，因此，快递产业与相关产业的关联度由大到小的排列分别为批发和零售业、金融业、交通运输业、工业。该结论与 SPSS 分析的线性相关系数虽有一些差异，但均能反映出所考察产业与快递产业之间存在较高的关联程度。

批发和零售业与快递产业的关联度为 0.7020,说明批发和零售业对快递产业的发展影响最大。批发零售业与电子商务的发展关系密切,很多电子商务出售的商品都属于这个行业,批发零售业单位也在大力发展电子商务,开拓市场。浙江快递产业要进一步发展,应该加强与批发零售企业的合作,通过提供快速、高效和安全的快递服务,降低批发零售企业的运输成本,在促进批发零售企业减少库存降低成本的同时提升自身的服务水平。金融业与快递产业的关联度为 0.7010,说明浙江快递产业要注意与金融业的合作,作为快递产业的支撑服务性产业,金融业为快递企业提供结算或资金支持,在未来快递产业扩张网络布局、购买运输设备、提升信息技术水平时,需要金融业的资金扶持,加强金融业对快递产业的配套支持能力,可以有效地为快递企业提供融资等服务,减轻快递企业的现金压力,加速快递企业自动化水平,促进快递产业优化发展。交通运输业和工业与快递产业的关联度分别为 0.6863、0.6846,浙江拥有公路、铁路、航空和水路等多种运输方式,运输网络发达,特别是近年来开通的沿海高速铁路线,为浙江快递产业的发展提供了强大的硬件保障;浙江工业属于"小狗经济",大量中小型制造业企业没有很好地认识到物流对降低企业经营成本的重要性,相对于其他行业,工业与快递产业的关联程度最低。

三、浙江快递产业存在的问题

浙江快递产业发展良好,但仍存在整体发展不平衡,低价格竞争和同质化现象严重,快递企业科技应用能力不强,信息化程度不高,从业人员整体素质偏低,高技能人才严重匮乏,专业技术和经营管理人才不足等问题。

1. 行业竞争激烈,经济效益较低。2012 年,从业务量看,广东、浙江、江苏和上海分列全国前四位;从业务收入看,广东、上海、浙江和江苏居全国前列。浙江的快递业务量和业务收入居全国前列,但平均每件快递产生的业务收入较低,经济效益不高。从平均快递业务单价看,浙江平均单价为 14.6 元/件,居全国 31 个省市区之末,排除西藏、新疆、青海等因交通不便等因素造成平均快递业务单价偏高的地区,上海平均快递业务单价为 30.5 元/件,比浙江高1.1 倍,广东和江苏的平均快递业务单价分别为 18.4 和 16.2 元/件(见图 5)。从营业利润分析,浙江快递企业的平均营业利润率为 7.3%,其中,外资企业、国有企业和知名民营企业(汇通、申通、顺丰、圆通、中通和韵达)的营业利润率分别为 22.1%、9.2% 和 7.6%,民营企业的利润率相对较低。民营快递企业提供的大多为技术含量低、产品同质性高的大众化服务,各家快递公司之间的可替代性强,特别是圆通、申通等大型民营快递企业主要为淘宝卖家提供服务,与 2011 年之前快递市场属于卖方市场相比,近年来电子商务的快速发展使得快递市场转为买方市场,淘宝大卖家有较大的议价权,通过比较不同快递公司提供的运费单价选择价格最低的快递公司。因此,快递企业只有低价才能吸引客户、维持市场份额,从而导致企业间价格战愈演愈烈、各快递企业利润不断下降、经营压力不断增加。

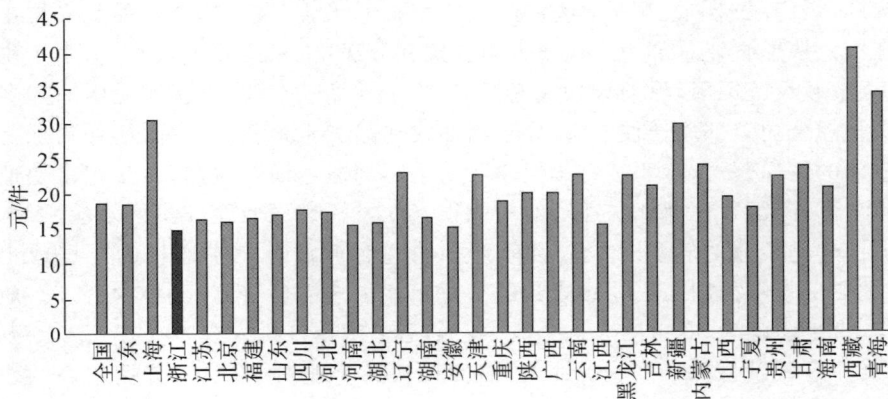

图 5　分省 2012 年平均快递业务单价

2. 经营管理水平较低,缺乏专业化人才。目前,浙江快递产业还处于粗放型发展阶段,大多数企业还停留在简单货物运输状态,而且提供的运输服务单一、技术含量低,缺少能够提供生化药品运送等科技含量较高、差异性较大的专业快递服务企业。企业管理水平不高、科技投入不足和物流领域专业人才缺乏是制约浙江快递产业升级发展的重要因素。根据省邮政管理局 2012 年数据计算,浙江快递企业管理人员和专业技术人员占全部年末从业人员总数的比例分别为 9.3% 和 9.5%,其中,高级专业技术人员占全部技术人员的比例为 2.4%,高级快递业务师占全部技能人员的比例为 0.1%。快递产业进入门槛低,除少数大型和国际连锁快递企业对从业人员的学历要求比较高、人员招聘比较规范、员工待遇相对较好之外,许多中小快递企业的从业人员主要从社会招聘,基本上没有文化要求,初中水平即可上岗,缺乏系统、正规的专业培训,专业素质明显偏低。2012 年,浙江快递企业从业人员中,拥有大学及以上学历的人员比例为 5.2%,高中学历人员比例为 52.5%,初中及以下学历的人员比例为 26.4%。高中学历从业人员最多,和其他行业相比较,快递行业的学历水平相对偏低,这也和目前浙江快递产业劳动密集型发展、机械化程度低相吻合。快递产业的人均职工薪酬也相对较低,2012 年,浙江快递企业人均职工薪酬为 43584 元,比交通运输、仓储和邮政业 58364 元的平均工资低 25.3%,也比城镇单位在岗职工 50813 元的平均工资低 14.2%。

3. 土地因素制约快递产业品牌本地化和自动化程度。浙江作为快递之乡,诞生了申通、圆通、中通、汇通、天天、韵达等众多知名快递品牌,全国 80%以上民营快递企业老板是浙江人。2012 年百度网站中国十大快递公司排行分别为顺风、EMS、圆通、申通、宅急送、韵达、中通、天天和汇通,浙江品牌占据半壁江山。快递企业总部一般包含大型分拣和分拨中心,需要大量土地,由于税收、土地政策等原因,除天天快递总部依然位于浙江外,其他浙江诞生的知名品牌快递公司总部均迁往上海,导致浙江快递品牌本地化程度降低;作为加盟或直营的快递公司,需要按每单快递收入给总部缴纳面单费用,由于很多快递品牌总部外迁,致使浙江快递产业不能很好地发挥规模效应和集聚效应,影响了浙江快递产业的转型升级。目前众多快递企业没有自主产权的厂房或土地,主要依赖于租用工厂仓库或其他工业用地搭建简易分拣、分拨中心。一般而言,占地面积为 30 亩的分拣分拨中心的运输带设备投入在 800 万—1000 万元之间,这些设备基本为一次性投入,因此快递企业对于分拣、分拨中心的建设都是采用简单的传输带人工作业模式,鲜有引入半机械化或机械化作业机器,快递产业机械化程度相对较低。机械化程度低导致快递人为损坏现象时有发生,快递分拣正确率不高;一些规模较小的快递公司信息化建设水平落后,没有建立运单查询追踪流程,存在快递包裹遗失或不能按时送货上门等情况。

4. 经营成本高,阻碍企业进一步发展。快递企业缺乏健全的管理制度,使得大部分员工对公司没有归属感,导致人员流动性较大。根据中国快递协会的调查,中国快递人员年更替率平均约 80%。快递企业人员流动性大,再加上有些快递员服务意识差,存在偷窃快递包裹等行为,增加了快递公司的管理难度和管理成本。销售费用、管理费用和财务费用高、税收负担重、人力资本投入大严重影响了企业的经营。2012 年,浙江快递企业的三费合计、缴纳税金和应付职工薪酬三项合计占营业收入比例为 33.1%。进城难、停车难、用地难等问题制约了快递产业的发展。由于车辆客改货现象严重,按照现行的道路交通管理法,快递企业使用的小客车无法取得交管部门颁发的货物营运证,也无法取得公安部门的道路通行证。道路上没有专门的快递临时停车区,快递车辆因为送货不得不临时违规停车,经常受交警和城管处罚。快递企业用于运输的大型货车因城市道路管理等原因,有规定的通行时间和路线,不能随意进城。快递企业分拣和分拨中心建设需要平整的空旷地,但浙江本就存在地少人多的现实情况,分拣和分拨中心产生的土地经济效益不高,城市的不断扩张使得周边乡镇的土地价格快速上涨,再加上出于城市整体规划的考虑,快递企业拿地的成本不断推高,用地难的问题越来越严重。由于没有自主产权的土地,不能行进有效融资和整体规划,限制了快递企业的发展。

四、促进快递产业发展的建议

1. 规范市场秩序,加强政府监管和行业自律。进一步完善浙江快递产业的地方法规,完善市场准入机制,为规范快递市场提供法律保障。针对浙江快递市场发展状况,健全快递服务标准体系,建立完善有序的市场竞争机制,引导浙江快递产业向规范化、标准化方向发展。政府职能部门要强化快递服务监管,加大执法检查力度,坚决依法查处扰乱市场经营秩序、侵犯消费者合法权益等违法违规行为,重点解决积压延误、丢失损毁、投诉赔偿难、服务态度差等重点问题。快递行业协会要搭建平台,加强快递企业自律管理,为快递企业搭建沟通政府和消费者的桥梁,积极举办快递服务洽谈会等多种形式的商务会议,鼓励快递企业之间加强联系和学习,推广先进企业的发展经验。

2. 鼓励快递企业做大做强,实现资源有效利用。发挥快递产业的规模和协同效应,鼓励浙江有实力的大型民营快递企业实行兼并重组,进行资源有效整合,发挥路网配送和网络建设优势,提升服务质量,做大做强本土品牌,提高市场占有率。快递企业要深挖服务内涵,实施差异化战略,抓住细分市场,拓展物流服务对象,提高服务技术含量,提供专业医疗器械类等专业性、高价值产品服务。拓展服务功能,把快递服务向前、向后延伸,提供集采购、生产、销售、售后服务为一体的全程物流服务。抓住电子商务发展的有利时机,针对电子商务服务需求的特殊性,拓展快递网络覆盖面,提供可让顾客选择产品递送方式的外包递送服务,满足不同客户需求,培养客户忠诚度。加强成本控制,建立相对灵活的价格机制,通过服务分级收费等方式,给顾客更多选择,满足快递市场不断变化的各类需求。

3. 加强人才培养,提高行业管理和服务水平。引导快递企业改善市场竞争格局,深化企业管理模式改革,积极与国际快递公司开展深层次的合作,引进国外成熟快递企业经营理念,并结合本地市场特点,改进浙江本土快递企业经营理念和管理模式,优化业务流程。加强对快递从业人员的岗前和在职培训,提高从业人员业务素质和能力。教育和人力资源部门要重视对快递业专业人才的培养,通过与国内各大专院校开展合作,开设快递方面的专科及以上学历的专业教育,为快递产业提供专业化、高素质人才。快递企业要重视企业文化建设,让员工有归属感、方向感和凝聚力,并通过开展经验交流会等形式,树立榜样提升员工的从业素质,提升快递企业的软实力。

　　4.加大扶持力度,促进快递产业升级发展。推进城市快运企业与快递企业之间的车辆市场化租赁行为,扩大快递企业用车渠道,规范快递车辆运营,对快递车辆通行时间和路段给予一定优待,交管部门可仿效目前全国已有的19个省市降低限制条件的措施,对快递车辆开放通行证。落实快递企业发展用地、税收优惠等多方面的政策支持,为快递企业提供交通便利的土地资源建立分拣分拨中心或物流园区,为快递产业发展创造良好的发展环境。鼓励快递企业加强配送网络和信息化建设,政府相关机构可综合运用财税、金融等政策手段,重点支持骨干快递企业完善配送网络建设、提高信息技术应用水平,鼓励有实力的大型企业建立智能仓,推进自动化水平。设立快递产业发展专项基金,加大对中小快递企业技术创新扶持力度,培养打造一批管理模式直营化、企业发展信息化、生产操作标准化、生产作业机械化的浙江快递企业,实现浙江快递产业转型升级发展。

课题负责人　郎初华
课题组成员　胡国良　吴　珺
执　　　笔　吴　珺

中国房地产市场顶层设计研究

房地产市场的存在和发展,对整个国民经济有着非常重要的影响。它既能直接推动经济的增长,又能产生资产泡沫促使经济衰退;既能改善人民居住环境,过高的房价又会使低收入者无房可居。因此,房地产市场顶层设计的科学性和前瞻性,是房地产市场健康发展的必要前提。本文分析了当前我国房地产市场亟待解决的问题,剖析了产生这些问题的深层次原因,在借鉴主要发达经济体房地产市场制度成功经验的基础上,对我国房地产市场定位、法制保障、税制改革、住房保障体系、住宅租赁市场调控、房地产市场信息平台建设等方面的系统的顶层设计进行了探讨。

当前我国房地产市场快速扩张发展,房地产价格大幅上涨,房地产泡沫比较严重,社会贫富分化加剧。之所以出现一系列的问题,重要的一点就是以往的房地产政策,总是针对当时房地产市场的突出问题,零敲碎打地解决,而缺乏应有的整体思路,头痛医头、脚痛医脚,缺少全面规划。所以进行房地产市场顶层设计不仅重要,而且非常紧迫,这既是中国房地产政策走向成熟完善的标志,也是未来房地产业发展的制度保障。

一、当前我国房地产市场亟待解决的问题

2003年8月,国务院颁发《国务院关于促进房地产市场持续健康发展的通知》(国发18号文件),中国房地产业进入高速发展阶段,居民住房条件得到明显改善。但在此过程中也暴露出一系列不和谐因素:住宅定位过度商业化、房地产市场宏观调控频繁,房价收入比过高、保障房建设力度难以满足中低收入居民需求、房地产市场发育不完善等问题,这些因素都极大地制约中国房地产市场健康稳定可持续发展。

(一)保障性住房建设不足,住宅定位商业化过度

2003年"国发18号文件"中保留"多层次住房供应",但已经明确规定要"逐步实现多数家庭购买或承租普通商品房",结果是保障房供给很快萎缩,经济适用房占住宅的销售面积比重,从2000年的22.7%,急降至2010年的2.9%,近几年也持续维持在低比重,使得住宅市场过度依赖商品房市场。而且保障性住房类型繁多、保障覆盖面狭窄,投融资渠道单一、政府预算不足,相

关配套政策不完善、缺乏统一有效的管理体制,地方政府执行力度不够、监督机制不健全等问题,使得整个房地产市场商业气氛有余,保障性住房活力不足,中低收入者的住房需求成为当前房地产市场亟待解决的问题。

（二）房地产市场发展不成熟,市场宏观调控频繁

我国过于频繁的调控政策,增加了市场发展的不确定性,造成市场较大波动,影响房地产市场主体正常的投资和消费。2004 年为解决投资过热,将房地产市场作为调控重点,关闭土地和金融两道闸门,带来市场供应量和预期供应量将大幅减少的信号,引发房价在第三季度非正常上涨,全年全国房价涨幅达到 14.4%,远高于 1998—2003 年年均上涨 3.6% 的水平。2005 年,由于房价不断攀升,中央开始进行房地产市场宏观调控,出台了提高房贷门槛和房地产投资成本等一系列调控措施抑制房地产投资过快,打击供给环节和消费环节的炒作行为。2006 年部分城市房地产价格上涨过快,中央出台了"国六条",规定新开工商品住房建设、套型建筑面积 90 平方米以下住房面积所占比重,必须达到开发建设总面积的 70% 以上。由于 70% 以上所占比重计算政策细节模糊,致使很多城市半年多没有批出新开发项目,影响市场供应和预期,成为 2007 年 4 月开始新一轮房价上涨的一个因素。为规避政策,一些房地产商采取一房多证的违规手段,实际住宅的有效供给并没有增加。2007 年,CPI 突破 5%,为控制通胀,除强化土地及金融政策外,还推出了房地产交易环节的税收政策（土地增值税）。2008 年世界经济危机呼啸而来,房地产调控政策来了个 180 度大转弯,调控转眼变成了救市。2008 年底我国货币政策由"从紧"向"适度宽松"转变,加上 2009 年"4 万亿"经济刺激政策推出,使原本有望回落的房价,转眼间变成大幅度上涨,2009 年是房价振幅最大的一年,几年的宏观调控努力化为乌有。2010 年"稳物价、控通胀"成为调控首要政策目标,"新国十条"和"国八条"出炉,限购、限价和限贷等严厉的行政调控手段相继推出,房价上涨势头才得到遏制。2013 年 3 月突击出台的新"国五条",重申"对出售自有住房应征收个人所得税,应依法严格按转让所得的 20% 计征",引得全国各地楼市震动。由于政策缓冲期短,北京、上海、广州、天津、南京、杭州等地的房地产交易中心,过户办证场面火爆,严重搅乱了正常的二手房市场交易秩序。

（三）全国部分地区房价过高,房价超出当地城镇居民购买能力

2004 年开始,全国部分地区房价快速上涨。根据 2011 年全国每套 90 平方米房屋成交均价和每户 3 人的城镇居民家庭可支配收入进行测算,全国商品房房价与收入比在 7.4,就是说一户家庭需要 7.4 年不吃不喝,才能买得起一套 90 平方米的城镇住宅,北京、上海等城市房价收入比更高,这些城市的住

宅销售价格往往是普通居民家庭收入的十几倍(表1)。因此,高房价严重挤压了其他生活消费空间,即便考虑城镇居民未来收入增加因素,也难以承受当前的高房价,城镇居民购房压力越来越大。

表1 2011年全国及部分省市房价收入比

	商品房平均销售价格(元/平方米)	城镇居民可支配收入(元)	房价收入比
全国	5357	21810	7.4
北京	16852	32903	15.4
天津	8745	26920	9.7
上海	14603	36230	12.1
浙江	9838	30970	9.5
福建	7764	24907	9.4
广东	7879	26897	8.8
海南	8943	18368	14.6

(四)城镇居民收入分配、财产配置差距拉大,影响社会和谐安定

全国房屋销售价格节节攀升,大量的资本流入房地产业逐利,一些房屋被购买来单纯用于投资甚至是投机,加大房地产业泡沫的积累,严重扭曲了房地产市场实际购房主体的结构。根据2012年5月,西南财经大学和人民银行共同发布的《中国家庭金融调查报告》数据统计,有0.5%的中国家庭年可支配收入超过100万,10%收入最高的家庭收入占整个社会总收入的57%,我国家庭收入不均等的现象已经较为严重。中低收入者无房屋居住或居住条件不佳,另一部分人却一人拥有多套房子,全国城市家庭拥有两套以上住房的家庭占19.1%,财富分配不公,贫富差距扩大。在马太效应下,房价的快速上涨,使持有多套物业者,可以通过自有物业的价格上涨,大大抵消购买新物业的额外增加成本,一个高房价下的"购买力循环体系"便初步形成了。由于"多套物业的持有者"与"财富的拥有者"高度重叠,由此带来的直接后果是,地价和房价的不断被推高。所以,房价上涨使社会财富越来越多地集中到少数高收入群体手中,进一步加剧了贫富差距的扩大,影响社会和谐稳定。

(五)城镇化进程中的"移民城市"特性,对解决外来人口住房需求的保障有局限性

回顾我国区域经济发展的历程,不难发现在区域上它并不是均衡发展的,

主要体现在东部沿海地区发展较为迅速,中西部地区发展较为缓慢;特大城市发展较为先进,中小城市较为滞后。这就带来了明显的梯度效应:一线城市居住需求火爆,二线城市居住需求繁荣,三四线城市居住需求相对平淡的状况。因此在城市化进程中,大量人口进入北京、上海等一线城市,这些城市已经成为"移民城市",人口流动性高。以北京为例,北京市"总体规划"到 2020 年时,总人口控制在 1800 万人。但是,到目前为止,北京市的常住人口和外来人口的总和已经超过 2200 万人,已经提前十年达到发展规划中的目标。大量的外来人口,短时期内给北京、上海等一线城市带来巨量的住房需求,加上地方政府财政紧张,无力独自解决廉租房和公共租赁房建设,单靠地方政府自身解决外来人口保障性住房问题显得捉襟见肘。

(六)住宅租赁市场发育不完善,市场秩序比较混乱

目前住房租赁市场体系尚不健全,住宅租赁市场构成以个人分散出租为主,除廉租房、公有住房是由政府或企业提供外,住宅租赁市场上没有形成产业化运营的机构,企业对住宅租赁市场的参与程度偏低。此外,政府监管制度尚不完善,个人住房租赁行为不规范,住房租赁法规和相关政策缺乏对承租方利益的有力保护,解决纠纷的法律成本往往要高于所获得的赔偿;租赁双方的权益无法全面得到维护,增加了人们对租房居住的顾虑,客观上减弱租赁市场对解决居住问题的作用。2011 年 2 月份《商品房屋租赁管理办法》开始施行,其中虽然规定了房屋租赁合同期内出租人不得单方面随意提高租金水平的表述,但市场实践中依然没有得到有效落实,房东随意提高房屋租金价格的情况仍然有所发生,"二手房东"、中介吃差价等现象屡禁不止,中介机构鱼龙混杂,房地产中介市场从业人员素质较低,行情好时遍地开花,行情差时销声匿迹。

二、对房地产市场存在问题的深层次原因分析

近年来,我国房地产业在国民经济中占据重要的地位,2012 年的房地产投资在国内生产总值(GDP)中的直接比重逾 13.8%,相关的上下游产业高达40—50 个,包括水泥、钢材、玻璃、家具电器以及装饰材料等等,其本身和相关产业的就业人数庞大。经过十年发展,我国房地产市场发展迅猛,根据 2012年《中国家庭金融调查报告》数据统计,当前我国城市人均建筑面积为 38.9 平方米,人均使用面积为 33.8 平方米,城镇居民总体已经告别住房紧缺时代,居住环境明显改善。但在这些成绩背后,房价过高等当前我国房地产市场制度下亟待解决的问题也很突出,引发这些问题的深层次原因,主要有以下几点。

（一）住房的功能定位失误，重经济投资轻民生保障

自住房改革以来，中国的房地产投资一直保持着较高的增长态势，强有力地拉动了中国经济的增长，这也奠定了房地产作为支柱产业的重要地位，本身无可厚非。但是，从1998年我国住房制度改革到现在，政府一直把发展房地产业作为一种经济手段，服务于宏观经济和微观经济。房价涨还是不涨，政府在初期并没有特别关注，政府更关心的是房价的高低对经济的拉动或者抑制作用，住房的投资功能被放大。按照市场"二八"法则，房地产市场的需求量和供给量自然而然是为占有绝大多数社会财富的人群服务，不可能是以掌握社会小部分财富的低收入户为目标，建造的住宅高端化，从而获取高额利润。住房的居住基本功能逐渐被有意无意地忽视，保障房建设投资比重一路下滑，致使房地产投资的民生属性被付之阙如。长此以往，这种越演越烈的倾向，不但使得住房功能发生异化，也使得经济发展的目标被扭曲。近年来，虽然各级政府有心加以限制，但在保增长的政策考量下也总是难以下手，造成了调控对市场供求关系的平衡和改善始终考虑与把握不够，经济过热，房价攀升势头过快，房地产调控就严，房价上涨势头得到遏制，但还没回归到合理价格，经济出现下行迹象，房地产调控就放松，房价随之报复性反弹，且价格反弹得比调控前还高。在保增长的大旗指挥下，中央政策到地方未能做到很好的落实。

（二）房地产市场的保障方式错位，中低收入者的保障性住房目的应从"居者有其屋"向"居者有其所"转变

1.建设廉租房比经济适用房更能体现保障功能。经济适用房，是指具有社会保障性质的商品住宅，由于免收土地出让金、对各种经批准的收费实行减半征收，前期财政投入压力较大。由于经济适用房个人拥有部分产权，因此在当前社会环境下，审核监管难度极大，骗取购房资格等各种经济适用房乱象频发，部分地区甚至用"经济适用住房"之名行"福利分房"之实，完全违背了保障性功能。相比较而言，廉租房产权归政府所有，没有资产财富问题，保障外群体不会冒风险占用租赁资源，对于低收入者来说，才能够得到真正的实惠。而且廉租房主要通过租赁方式实现社会保障，不涉及房屋产权问题，政府可以用四两拨千斤的办法，利用一部分财政资金，对中低收入户提供租赁服务的社会房屋，提供一定的补贴。建议用个人无产权、性价比更好的廉租房保障方式替代经济适用房保障方式。根据2012年全国城镇住户相关居住租赁等支出，当前建造一套60平方米经济适用房的全国平均投入成本（地价加造价），3口之家的中等收入户靠财政租赁补贴可以解决18年的居住问题。随着保障群体

的收入变化,18 年的时间完全能够帮助大部分中等收入户度过购买商品房的
"奋斗期"。

2.以增加物质财富资产的保障方式有失社会公平正义。正常的商品房销
售价格,不可能让大部分中等收入者的购房行为一步到位,更不可能让低收入
者也买得起商品房。人们的消费和收入,都会有一个随着年龄、知识、技术、经
验的增长而逐步发展的过程。当收入提高时,消费的能力也逐步提高,一般会
经历先租后买、先旧后新、先小后大的梯次升级过程,这样整个社会就形成了
一个良性梯次消费的市场生态。从全球情况看,没有任何一个国家可以实现
全民的住房财富拥有的目标,世界平均住房自有率也只有 63%,各发达经济体
的住房保障目标是实现公民的居住权利,一般不会附加中低收入户财富增加
这一保障。

所以,以拥有部分产权的经济适用房作为我国政府保障体系的主要形式,
在我国的实际国情下,对中低收入者的住房保障作用有限,却极易产生社会不
公。我国应该将保障性住房制度改革到让"居者有其所"这一切实可行的轨道
上来。

(三)房地产相关税制错位,是造成土地财政等房地产市场发展"顽疾"的
重要原因

1.分税制下地方政府财政缺口巨大,财权与事权并不匹配。所谓分税制,
是 1994 年按税种划分中央和地方收入来源的一种财政管理体制,背景是扭转
中央政府财政收入下降的趋势,实质是在中央政府与地方政府之间进行了事
权与财权的重新划分。这对加强中央财政实力,加强中央对中国经济的区域
统筹协调能力和转移支付能力,促进发达地区财政收入向欠发达地区转移,推
动区域平衡发展,起到了重要的作用。分税制实行前的 1993 年,中央和地方
财政收入占总收入的比重分别为 22% 和 78%;支出比例分别为 28.3% 和
71.7%。中央财政收入明显少于地方财政收入,且支出大于收入,财政处境困
难。从分税制实施的第一年,即 1994 年开始,中央财政收入稳定在五成以上,
但中央财政支出总体却呈现出下降的趋势,中央获取了大量的财政盈余;地方
财政收入同样稳定在接近五成,但地方财政支出却总体呈现出了上升的趋势,
地方政府存在着巨大的财政赤字(图 1)。从 2012 年的情况来看,中央和地方
财政收入分别为 5.6 万亿元和 6.1 万亿元,占总收入比重分别为 47.9% 和
52.1%,但中央财政支出仅为 1.9 万亿元,占总支出的 14.9%,而地方政府财
政支出却高达 10.7 万亿元,占总支出的 85.1%,分税制使地方财权与事权严
重不相匹配,地方财政收入与支出之间存在着巨大的缺口,地方财政出现了基

层困难、隐性负债、土地财政等问题。所以,预算外收入的土地出让金,及契税、城镇土地增税、耕地占用税等所有的房地产业有关税种,作为地方政府唯一大宗的主体税费,就成为地方政府弥补财政缺口的自然选择,根据财政部披露的数据显示,2012 年全国国有土地使用权出让收入 28517 亿元,占全国地方财政收入比例为 46.7%。只有当地房地产市场升温,通过土地批租,在"招拍挂"中力求把价位冲得很高,才能使土地收益和房地产交易税费收入最大化,导致地方政府的"本位利益"行为直接对房地产宏观调控政策效果起淡化作用,地方政府对于保障房建设也没有积极性。当前的土地财政问题,不仅扭曲了经济发展方向,而且带来了巨大的系统性风险,社会财富分配失衡等社会成本和隐性成本开始呈现。

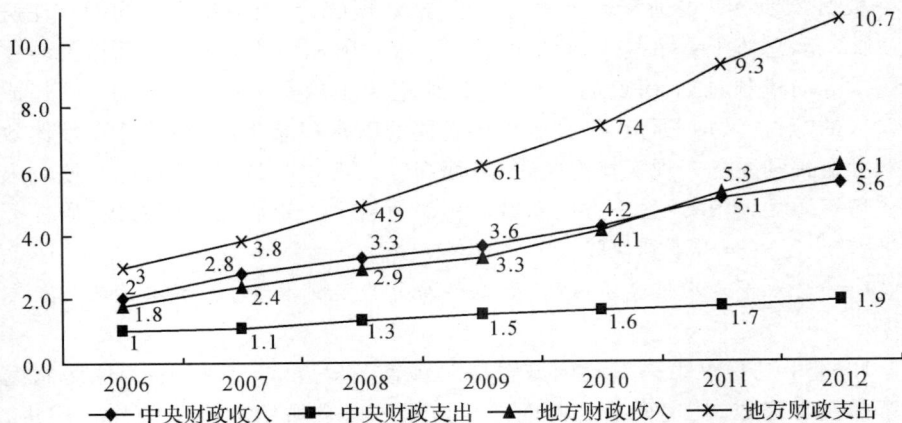

图 1　2006—2012 年中央与地方财政收支图(万亿元)

2. 房价中税负的比例较重,税种结构也不合理。我国的直接税(指直接向个人或企业开征的税)比重偏低,间接税(指对商品和服务开征的税)比重很高,在全部税收中占比近 70%,形成了中低端消费大众的"税负痛苦"。在市场繁荣期,政府的各项间接税的税收,房地产企业常用提价等方法把税收负担转嫁给购房者,所谓"羊毛出在羊身上",推动了房价的"虚假"上涨。初步测算,我国对企业征收的各项税费,要占房地产企业销售收入的 16% 左右,占房价成本太大,房地产业变成了"暴税"行业,不利于房地产市场健康发展。

(四)住宅需求过度集中在销售市场,租赁市场被边缘化

租赁和销售是住房市场中两种基本的流通和消费方式,住宅租赁市场与住宅交易市场,应该是两个并重发展的市场。一个成熟的市场经济体,劳动人

口拥有高流动性,为适应这种流动性,非常需要有一个健康、良性发展的住宅租赁市场。但我国实际情况却相反,2012 年《中国家庭金融调查报告》数据显示,我国城市人均使用面积为 33.8 平方米,城市家庭自有住房拥有率高达85.4%,远超世界 63% 的水平。另外,受房价持续上涨影响,人们的住房消费超前。以单套住宅置换多增加 40 平方米的改善面积测算,由 2008 年一步到位和先 90 平方米再到 2012 年置换为 130 平方米两种方式,住户一步到位可以节省投入 76342 元。所以,住房解决途径过于集中到"住自有产权房"这一独木桥上,加上住宅超前消费,住宅自有率过高,租赁市场被边缘化,整个房地产市场结构失衡,直接影响到房地产市场持续健康发展。

(五)市场投资投机过度,住宅资源分配失衡

根据 2012 年《中国家庭金融调查报告》数据统计,当前城市户均拥有住房为 1.22 套,总体上看市场上应该是供过于求。但实际上,由于缺乏相关的住房需求导向机制,加上房价的持续上涨,住宅除了满足人的居住需求外,还成为富人的"财富增加"通道,是高收入者重要的财富积累手段,导致社会整体效率和社会福利受损。现实情况是,一方面高收入者进行住房囤积待涨,使有限的住房资源大大浪费,另一方面新城市移民七八个人蜗居在一间房内,居住环境极差,人身安全得不到保障。

(六)房地产市场信息不透明,缺乏住房普查统计数据,住房保障缺乏长期规划

1984 年进行过第一次全国城镇房屋普查。但近 30 年来,随着住房制度改革的基本完成、住宅商品化制度的全面建立以及城镇化进程的快速推进,我国的城镇人口、家庭及其住房状况、城镇住房规模等都发生了巨大变化,导致我国缺乏准确的全社会房屋信息数据,没有具体的部门掌握全社会房屋的存量,商品房销售不透明,信息不全及不对称,市场的购房者处于弱势。同样政府部门也很难准确地把握具体存量住房数量、结构等实际情况而做相应的举措,对房地产市场调控的执行力影响很大,直接影响到住房保障政策的针对性和有效性。住建部的住房信息联网建设,已到 2013 年 6 月底最后期限,进展情况依旧不明朗。没有公开透明的市场信息,就没有健康的房地产市场。

三、主要发达经济体房地产市场制度的成功经验启示

尽管各个国家国情不一样,但房地产政策实施较为成功的国家和地区,都在法律保障下,通过建立完善的财政、税收、金融等政策体系,并充分发挥其作用;善于利用政府和市场两只手,确保房地产市场平稳健康运行。

（一）主要发达经济体通过制定各种相关法律，为实现房地产市场健康有序发展提供法律保障

主要发达的经济体都颁布了《住宅法》，使住房保障政策措施有法可依，进而保证政策的权威性和有效性。如美国颁布了多部有关住房的法律，对住房保障政策的制定实施提供了制度保证。《开放住房法案》帮助低收入者成为房主，规定在 10 年内为低收入户提供 600 万套政府补助住房，并禁止在购买和租用房屋时的种族歧视等。日本人多地少，住房历来紧张，首先在立法上进行了制度支持，日本住房保障法律多达 40 余部，这些法律对保证住宅建设的持续发展和解决住房问题起到了巨大的促进作用。新加坡于 20 世纪 60 年代颁布《住房发展法》，明确政府发展住房的目标、方针、政策，确立专门法定机构行使政府组屋建设、分配和管理职能，同时还颁发了《规划法》等一系列法律法规，为实现"居者有其屋"目标提供了法律保障。

（二）对低收入者进行财政补贴，分直接现金补贴和间接房屋补贴

美国实行的住房补贴政策是一种直接补贴形式。凡家庭收入未达到所在地区家庭平均收入 80％的家庭，可以申请住房补助。在过去 35 年中，美国联邦政府在帮助低收入户解决住房问题上的支出大约是 1 万亿美元。德国对低收入居民主要是实行房租补贴，保证每个家庭都能够租得起房。因此在德国有 50％以上的居民选择租房作为一生的居住方式。如《住房租赁法》等法律明确规定禁止二房东，规定房屋所有人不得因为其他租房者愿意支付更高的租金而与现有承租者解除合同，不得因为需要自用房屋而随意将租户赶走，房租涨幅三年内不得超过 15％，否则会予以高额罚款甚至可能入狱等。

（三）发达经济体住房保障覆盖面较广，标准较高，管理规范

在这些发达国家保障性住房体系发展过程中，均经历了大约 30 年的大规模兴建公房阶段。截止到 2010 年 3 月底，香港特别行政区 47.5％的人居住在公营永久性房屋中，29.7％的人租住政府提供的廉租房（公屋）。公营房屋共有 113.5 万套，平均每人居住面积 12.6 平方米。香港对租住公屋和申请居屋的资格审查是相当严格的，对弄虚作假者的惩罚也是相当严厉的，不仅取消资格让其撤出公屋或居屋，而且还要根据具体情况罚款甚至追究刑事责任。新加坡通过推行"居者有其屋政策"，有效地解决了本国居民的住房问题。截至 2010 年 3 月 31 日，新加坡人口 309.41 万人，有 82％的人住在政府修建的公寓里。法国自 1956 年建立"低租金住房制度"（HLM）以来，法国租赁市场就以廉租屋为主。按照"低租金住房制度"规定，人口超过 5 万的城镇中，廉租房占全部住房的比例不能低于 20％，否则将受到处罚。由于廉租房的租金通常

只有市场价格的 1/3,最低仅约 1/6,这使很多低收入居民首先选择租房而不是买房。

(四)通过税收的"高征低补"功能,引导房地产市场合理生产和消费

1.利用重税抑制投机行为。一是征收高额税收。如在法国,购房者除要缴纳高额地税外,还需支付住房税或空房税,这是法国人一直不把房地产市场作为投资领域的重要原因之一。二是区别对待,逐级增税。如韩国从 2007 年起,对出售第二套房产的卖主征收 50%的资本收益税,对拥有第三套住房的卖主征收 60%的资本收益税,使投机者无利可图甚至亏本。三是对房地产保有环节征收高税。美国对不动产征收的税收要占到其全部财产税收入的 80%,增加了投机者的经济风险。

2.采取税收优惠政策让低收入者能解决居住需求。一是对低收入者提供购房的优惠政策。美国政府对利用抵押贷款购买、建造和大修自己房屋的家庭,在征收个人所得税时减免抵押贷款的利息支出;日本政府颁布的《住宅取得促进税制》规定,利用住宅贷款自建、自购的居民,在 5 年内可以从每年的所得税中扣除当年的住宅贷款余额的 1%;二是运用各级税收对租房进行补贴。法国政府推行租房补贴的福利制度,社会各阶层的无房户都可在租房时享受政府相关的税收补贴,而且建造廉租房的企业也可获得中央政府在税收方面的优惠补贴。

四、中国房地产市场顶层设计的改革创新

回顾发达国家住房体制的演进历程,其完善的住房体制,对本国社会进步与经济发展起到了不可替代的、巨大的促进作用。根据我国经济发展的阶段性特点和房地产市场总体供求情况,从顶层设计入手,改革完善中国现有房地产市场体制,在房地产市场定位、法制保障、税制改革、住房保障体系、住宅租赁市场调控、房地产市场信息平台建设等方面进行改革创新,力争在较短时期内形成比较科学合理的房地产发展体制和政策体系,避免房地产市场重走报复性反弹的老路,促使房地产价格合理性回归。

(一)明确政府在房地产市场的主体地位和职责,厘清房地产市场定位

作为 18 世纪产业革命和全球性城市化产物的住房问题,几乎出现在每一个发达国家的工业化加速时期,发展住房保障体系就成为一项势在必行的重要任务。我国作为公有制为主体的国家,土地和金融等房地产市场基本生产要素都由政府掌控,政府作为经济的调控者和管理者,理应成为构建住房保障体系的主体。没有政府的管理和干预,就不可能有效地缓解尖锐的住房矛盾。发达国家和地区虽然主张自由竞争、市场调节,但在住宅建设上政府却用各种

方法进行干预。根据我国国情,应确定保障范围为低收入群体,确定阶段性目标。有鉴于此,我国房地产市场的顶层设计,首要就是解决房地产的属性问题,在继续注重其促进经济增长作用的过程中,要把民生属性放在首位,这才是房地产业发展的本意,也是中央"以人为本"执政理念的体现。目前最重要的是成立专门管理住房问题的政府机构。好的制度如果没有监督,执行过程中就会走样。建立住房问题管理机构和住房问题监督委员会相分离的制度,住房问题管理机构负责住宅市场日常管理,住房问题监督委员会负责监督管理机构和市场主体的违法行为查处。住房问题管理机构国家层面由住建部负责,地方层面成立住房问题管理局负责,住房问题监督委员会由各级人大管理,基层监督委员会可以吸收各方面人士参加,使管理机构和监督机构完全独立,以体现公正、公平。

(二)以法制作为保障,依法执政

纵观发达经济体的住房政策,无一例外地重视立法及制定住房发展规划,这比起密集出台的房地产政策要更加稳定和权威,涵盖面也更广泛。法律和规划对公众信心和预期能形成强有力的支撑,以法律和规划为基础的行政政策和绩效考核也更加有依据。作为政府公共服务的重要内容,保障性住房的弱势地位需要更有效的管理和建设体系来保护。因此,要进一步明确发展方向,编制科学长远的发展规划,并通过人大立法,纳入到法律范畴。

(三)加快财税体制改革,抑制住宅投资投机行为,盘活房地产存量房市场

财税改革对房地产市场的调控作用直接有力,就能保持住房自有率的合理水平,进而促使房价保持在一个合理水平。

1. 中央和地方的分税制改革。中国地方政府财政对房地产有着强烈的依赖,房地产市场的波动也必然影响到地方政府财政情况。我国需要加快财税体制改革步伐,调整财政收入分配关系,努力提高地方税收占税收总收入的比重,扩大地方政府理财空间和调控能力,是解决土地财政问题的根本之策。就未来改革取向而言,坚持以分税制为基础的分级财政方向,逐步建立保证各级政府财政可持续运作的长效机制。

2. 明确房产税的推出,是为了住宅居住功能的发挥,盘活市场存量房住宅资源,降低物质资产型持有的比例。要在上海、重庆试点的基础上,对房地产相关税种、税负进行重新设计,将原房产税、城市房地产税、土地使用税、土地增值税、土地出让金等项税费合并,转化为房地产保有阶段统一收取的房产税;要扩大征收范围,新增住宅和存量住宅都要纳入征收范围,充分发挥房产税调节收入分配、引导个人合理住房消费的作用,让拥有多套住宅的投资者将

空余房屋进入房地产销售或者租赁市场；在税负上要做到"有增有减"。要降低间接税的税率和税种，提高房产税等直接税的税率。通过整合后的税率，可以根据不同的房地产市场周期在 1%—5% 范围内调节，根据房改后历年商品房销售面积累计、当前市场均价计算，税率在 1% 时通过房产税每年至少能征收 4907.3 亿元，税率调节到 5% 时，每年至少能征收 24536.6 亿元，接近 2012 年全国国有土地使用权出让收入的 28517 亿元，成为地方政府一个稳定的大宗税源；缴纳方式参照商业用途房屋，两年一个周期进行汇总结算，可以按月或季申报后于年末统一清算，也可一次性缴纳全年税款，由房屋所在地税务局受理。一个周期中途发生房屋交易的，以上周期末到交易发生时为一个缴纳周期。对于逾期的，按相关税务处罚条例进行，直至房产拍卖抵税。实施合理的税制，房价并不会应声而落，单靠一个税制不可能改变中国城镇化进程中不动产价格上扬的基本趋势，但是合理的税制改革实施，会使上扬曲线的斜率降低。如重庆试点房产税，有效遏制了高档住房带动房价上涨的趋势，一定程度上还抑制了市场炒作心理，引导了合理消费。重庆高档住房成交面积在商品住房总成交面积中的占比由试点前的 9.2% 降为 2.2%。

（四）住房保障体系改革创新

1. 停建经济适用房，将保障性住房定义为廉租房。大力发展廉租房，这样更符合我国国情的公共福利，廉租房不仅适应低收入者的承受能力，而且解决了中等收入者、新就业人口、外来务工人员等"夹心层"对住房的现实需求，更重要的是，将建经济适用房的投资用于廉租房的建设，除了节约社会资源，还可以使更多的中低收入人群受益，切实减少目前对商品房的"刚需"，将一些重点城市的房价降下来。住房保障不应仅是一项社会救助工作，而更是惠民利民、稳定社会、促进发展的重要工作。

2. 政府提供的保障方式的多元化。保障方式可以归结为两种方式，一是政府直接提供大量的廉租房，以低廉的租金提供给低收入户使用。二是政府对中低收入户和提供保障房的企业采取财政补贴的方式，让房地产交易和租赁市场发挥更大的城市住房保障功能。这两种方式的供给比例，应该根据当地的房地产市场形势进行调节。当市场繁荣时，以直接大量提供廉租房为主，能有效解决居住保障问题，还能抑制房价快速上涨；当市场平稳时，更多采用财政补贴现金的方式，增加房地产交易市场和租赁市场的流动性。

3. 增加廉租房的房源供给。除了政府建设的公租房和家庭个人出租房以外，还应鼓励更多机构出租房屋。比如企业等，建设一定规模的房屋专门用于出租，也可纳入政府的公租房体系，多渠道增加房源。现在房地产公司基本都是以销售房屋为主业,拿去出租或作为公租房利益上就不合算。应该采取一些鼓励政策,像国外如果企业将房屋租给了政府制定的低收入户,就可以得到税收减免等优惠政策。切实增加市场的租赁房源,必须鼓励民营企业等机构也参与进来。

另外,借鉴法国住房保障制度,可以出台法律,规定开发商在开发住宅项目取得土地时,必须有5%的面积用于住房保障建设,并为之提供日常的管理和维护,这就在法律的高度上保证了保障性住房的市场供给。按照2008—2012年全国住宅竣工面积计算(见表2),五年累计可以向社会提供保障性住房20500.6万平方米,按每套60平方米计算,可以提供341.7万套住宅,相当于年均全国保障性住房的完成量。此举可以大大提高保障性住房工程的建设效率,也降低了背上英国式的公共住房财政包袱的风险。

表2 2008—2012年全国房地产开发企业可供应保障性住房面积

单位:万平方米

年 份	2008年	2009年	2010年	2011年	2012年
房屋竣工面积	66544.8	72677.4	78743.9	92619.9	99425
提供比例	5%	5%	5%	5%	5%
可供应房屋面积	3327.2	3633.9	3937.2	4631.0	4971.3

4.明确廉租房建设投入模式,以往保障性住房建设以地方政府为主的模式改成中央与地方政府分工合作。对于北京、上海、广州、杭州等"移民"特征显著的一二线城市,中央政府要统筹安排,在财政投入、建设用地、税费和信贷等方面给予支持,并且要建立专项资金,重点解决中东部地区一二线城市的保障性住房建设。同时要求地方政府负责提供可开发的土地,制定各地保障性住房目标的完成期限及标准,具体操作的实施要求,确保保障性住房机制的顺利运行,就可稳定房地产市场各方的预期,促使房价合理回归。

(五)进行住宅租赁市场调控,倡导良好的居住观

我国要进行住宅租赁市场调控,把租赁市场作为解决中低收入者住房需求的重要途径,要使城镇居民首先选择租房而不是买房,从而会大大降低房地产交易市场的总体需求。应集约利用现有的土地、房产资源,调整住房资源的分配方式和使用方式,全面充分地发挥住宅租赁的保障功能,还原住房居住的基本功能;要充分运用税收措施,盘活房地产市场的空置房资源;要切实改变对房屋租用的使用环境和观念,为住宅租赁市场创造良好的法规政策环境,大

力扶持住房租赁业和相关中介机构的发展,运用政策推进住房租赁业务;在增量结构中逐步扩大租赁比重,加大力度向存量市场拓展,改变长期以出售为中心的住房流通格局,宜买则买、宜租则租,同时像德国政府一样,建立租赁法,限制解约,限制租金外的手续费;加强住宅租赁市场的监管体系,建立租赁纠纷的快速法律处理机制,减少中间环节便于租赁双方进行诉求,在此基础上可以考虑规定对不备案房屋所发生租赁纠纷的,在进行处理后,还要对房屋租赁所产生的收入进行处罚以刺激出租者主动进行备案。通过住宅租赁市场调控,盘活房地产存量房,让人们租得起房、方便租房、敢于租房,从根本上遏制房地产供需压力,于国于民都大有裨益。

(六)建立房地产市场信息平台

为摸清全国城镇房屋状况和居民居住水平,提高房地产市场调控政策的针对性和有效性,建议在中央的统一部署和指导下,尽快开展全国第二次城镇房屋普查。在此基础上,建立全国统一的房地产市场信息平台,包括商品房销售平台、房屋租赁信息平台、保障房信息平台,为后续的房产税征收做好信息平台。

课题负责人　　沈健芬

课题组成员　　蒋晓红　　李　莉　　金伟刚

　　　　　　　　朱章勇　　毛昭君

课题撰稿人　　金伟刚

参考文献:

[1] 彭麟.顶层设计是改革完善中国现有房地产体制的关键[J].经济研究导刊, 2012(3).

[2] 程毕凡.房地产出路在于"顶层设计"的再改革[J].中国建设信息,2012(1).

[3] 杨红梅.现有房地产体制改革必要性及关键问题浅析[J].中国城市经济,2011 (29).

[4] 西南财经大学,中国人民银行总行金融研究所.中国家庭金融调查报告[Z]. 2012(5).

[5] 彭积龙,陈思.境外房地产政策的成功实践及其启示[J].新湘评论,2011(12).

[6] 国家统计局.中国统计年鉴[M].中国统计出版社,2002.

民营经济发展情况及省际比较研究

　　民营经济是浙江经济的显著特征和突出优势。改革开放以来,我省民营经济经历了一个从开始起步到迅速发展的过程,总量和规模不断扩大,发展水平和竞争力也逐步提高,为推动浙江由一个经济小省发展成为经济大省发挥了重要作用。目前我省民营经济发展的现状如何,与广东、江苏、山东、河南等经济总量相近的省份比较有何差异,是本课题研究的主要内容。

一、民营经济发展现状

(一)民营经济总量不断扩大,个私经济比重大幅提高

　　按所有制经济成分划分,可将国民经济划分为国有经济、集体经济、个体私营经济、港澳台和外商投资经济,我省将集体经济和个体私营经济统称为民营经济。根据这一范围界定,2012 年浙江省民营经济创造增加值 22111 亿元,占 GDP 的比重为 63.8%,其中个体私营经济增加值 20107 亿元,占 GDP 的58%,对全省经济起着举足轻重的作用。从历年数据来看,2000—2012 年我省民营经济增加值占全省 GDP 的比重保持在 60%—70%之间,尽管集体经济不断萎缩,但个体私营经济占经济总量的份额有了明显提高。除 2006—2007年,在加入 WTO 的过渡期之后,对外资的开放使港澳台和外商投资经济得到快速增长,挤占了个私经济的空间。此后个私经济在整体经济中的比重又重新进入上升通道。从发展速度来看,1979—2012 年,民营经济增加值按现价计算年均增长 18.2%,其中个体私营经济年均增长 26.4%,大大快于按现价计算的 GDP 年均增长速度(18%),是我省经济发展的重要推动力量。

表 1　2000—2012 年民营经济增加值及其比重

年　份	民营经济	总量(亿元)		民营经济	占 GDP 比重(%)	
		个　私	集　体		个　私	集　体
2000	4250	2512	1738	69.2	40.9	28.3
2001	4712	3118	1594	68.3	45.2	23.1
2002	5346	3986	1361	66.8	49.8	17.0

续表

年　份	民营经济	总量（亿元）		民营经济	占 GDP 比重（%）	
		个　私	集　体		个　私	集　体
2003	6415	5221	1194	66.1	53.8	12.3
2004	7629	6518	1111	65.5	56.0	9.5
2005	8682	7533	1148	64.7	56.1	8.6
2006	9887	8629	1257	62.9	54.9	8.0
2007	11552	10217	1319	61.6	54.5	7.0
2008	13121	11829	1292	61.1	55.1	6.0
2009	14301	12876	1425	62.2	56.0	6.2
2010	17210	15559	1651	62.1	56.1	6.0
2011	20381	18516	1865	63.1	57.3	5.8
2012	22111	20107	2004	63.8	58.0	5.8

　　与全国其他省市区比较，我省民营经济特别是个体私营经济发展处于领先地位。2011 年，我省个体私营经济增加值占 GDP 比重为 57.3%，在经济总量排全国前列的五个省份中，比重略低于河南，但远高于广东、江苏、山东三省。与 2005 年的数据相比，我省个私经济比重提高的幅度不大，相对于其他地区的领先差距则有所缩小，甚至被河南反超。这一方面说明浙江民营经济率先发展起来，在前期积累了明显的优势地位；另一方面也显示出，随着市场条件不断变化，竞争环境日益激烈，其他地区民营经济迅速发展，先发优势也会逐渐减小，必须通过再次创新，进一步激发我省民营经济发展活力。

表 2　各省个体私营经济增加值比较

	2005 年			2011 年		
	GDP（亿元）	个私经济（亿元）	占 GDP 比重（%）	GDP（亿元）	个私经济（亿元）	占 GDP 比重（%）
浙江	13418	7533	56.1	32319	18516	57.3
广东	22557	8827	39.1	53210	23336	43.9
江苏	18599	6423	34.5	49110	20158	41.0

续表

	2005 年			2011 年		
	GDP（亿元）	个私经济（亿元）	占 GDP 比重（%）	GDP（亿元）	个私经济（亿元）	占 GDP 比重（%）
山东	18367	6816	37.1	45362	19825	43.7
河南	10587	5253	49.6	26931	15511	57.6

注：由于各地对民营经济的范围定义不同，此处对个体私营经济进行省际比较（下同）。其中广东省采用了民营经济数据。

（二）民营经济产业结构逐步优化，三产发展速度较快

2012 年，浙江民营经济第一、二、三产业分别实现增加值 1668 亿元、12004 亿元和 8439 亿元，占全部民营经济的比重为 7.5%、54.3% 和 38.2%。民营经济产业结构呈现"二、三、一"格局，第二产业仍是其中份额最大的产业领域。但从历史数据来看，随着经济社会的发展，第三产业的市场空间不断扩张，个体工商户和私营企业数量规模逐步扩大，民营经济的发展逐渐向第三产业倾斜，增长速度也快于整体经济，比重呈上升态势。2006—2012 年，民营经济三次产业增加值年均分别增长 9.3%、13.7% 和 16.4%，2012 年第一、二产业所占比重分别比 2005 年下降 2.8 和 1.8 个百分点，第三产业比重则比 2005 年提高了 4.6 个百分点，经济结构不断调整优化。

与广东、江苏、山东、河南四省比较（表 3），2011 年浙江个私经济中第三产业的比重（37.7%）低于广东、江苏和山东，仅高于河南。但结合个私经济占GDP 的比重来看（表 4），我省个私经济占整个第三产业的比重为 49.3%，列第一位，说明浙江个私经济第三产业领先其他地区，但与二产（67%）相比，还有较大的发展空间。在今后一段时期，促进个体私营经济在第三产业中的发展将是我省民营经济实力进一步提升，推动产业结构优化升级的重要方向。

表 3　各省 2011 年个私经济结构

单位：%

	浙 江	广 东	江 苏	山 东	河 南
个私经济	100.0	100.0	100.0	100.0	100.0
第一产业	2.3	10.9	4.6	5.5	7.3
第二产业	59.9	43.1	49.6	56.5	69.1
第三产业	37.7	46.0	45.8	38.0	23.6

表 4　各省 2011 年个私经济占 GDP 比重

单位：%

	浙　江	广　东	江　苏	山　东	河　南
个私经济	57.3	43.9	41.0	43.7	57.6
第一产业	27.3	95.3	30.0	27.5	32.4
第二产业	67.0	38.1	39.7	46.6	69.5
第三产业	49.3	44.5	44.3	43.4	45.8

（三）民营经济单位规模较大，民营企业实力持续领先

2012 年末，浙江省登记注册的私营企业为 77.5 万户，比上年增长 7.8％；个体工商户 249.8 万户，增长 8.6％。与广东、江苏、山东、河南四省相比，近几年来我省私营企业及个体户数量增长并不快，但从户均注册资金来看，私营企业及个体户规模较大，仅低于江苏省。作为民营经济率先发展起来的地区，浙江民营企业的实力在全国处于领先地位。在全国工商联调查公布的 2012 年中国民营企业 500 强中，浙江占 142 席，连续 14 年居全国首位，比第二的江苏省多 34 家，企业平均营业收入达 150 亿元，比 2010 年增长 89.9％。但随着江苏、山东等地民营经济发展步伐的加快，浙江上榜企业数量占全国比重已从 2008 年的 37％降至 2012 年的 28.4％，特别是随着资本和技术密集型产业迅速发展，而在劳动力密集型传统产业发展减缓的趋势下，我省民企和其他省市的差距正在缩小。

表 5　各省私营及个体户数增长情况

	2005 年		2011 年		年均增速（％）	
	私营企业户数（万户）	个体户数（万户）	私营企业户数（万户）	个体户数（万户）	私营企业户数	个体户数
浙江	35.9	172.7	71.9	230.1	12.3	4.9
广东	44.9	227.4	110.8	348.5	16.2	7.4
江苏	50.7	175.3	119.8	330.4	15.4	11.1
山东	31.5	168.7	59.8	259.6	11.2	7.5
河南	13.4	128.8	35.0	199.5	17.4	7.6

表6　2011年各省私营及个体户规模

	私营企业			个　体		
	户数（万户）	注册资本（亿元）	户均注册资本（万元）	户数（万户）	资金数额（亿元）	户均资金数额（万元）
浙江	71.9	20852.0	289.8	230.1	1207.1	5.2
广东	110.8	26550.8	239.6	348.5	746.8	2.1
江苏	119.8	36197.1	302.2	330.4	2817.2	8.5
山东	59.8	15865.6	265.5	259.6	964.8	3.7
河南	35.0	8651.7	247.5	199.5	660.9	3.3

（四）民间投资表现活跃，成为拉动投资增长的主要力量。

投资作为"三驾马车"之一，是地区经济增长的重要引擎。我省民间投资规模不断扩大，占固定资产投资的比重也在持续上升。2012年，全省民间投资完成额为10565亿元，比上年增长24.1%，民间投资规模比2005年增长2.3倍，年均增长18.8%；占固定资产投资额的比重由2005年的51.6%提高到61.8%。其中私营个体投资完成4656亿元，比上年增长23.3%，占固定资产投资的比重为27.2%。从所占比重看，民间投资远远超过了国有及国有控股、其他经济类型企业投资，成为拉动投资增长的主导力量。从三次产业结构看，民间投资投向主要集中于第二、三产业，分别占2012年民间投资额的43.7%和55.4%。具体行业投向主要集中于制造业和房地产业，分别占民间投资的42.4%和43.7%；从涉及的行业范围看，我省民间投资涉足的面已相当广泛，基本覆盖国民经济的各个领域，民间投资领域不断拓展，投资形式灵活多样。但与其他四省相比（表7），浙江省民间投资的总量较小，占固定资产投资的比重也仅高于广东省。随着经济社会发展方式转变加快，民间投资的作用会越来越大，需要进一步拓宽民营企业投资领域和方式，引导民间资本更多地投入实体经济的发展。

表7　2011年各省民间投资总量及比重

	固定资产投资（亿元）	民间投资（亿元）	比重（%）
浙江	14077	8513	60.5
广东	16844	10053	59.7
江苏	26315	17078	64.9

续表

	固定资产投资（亿元）	民间投资（亿元）	比重（%）
山东	25162	19696	78.3
河南	17771	14151	79.6

（五）民营出口作用突出，对外贸增长贡献率持续提高。

浙江是对外贸易的重要省份，2012 年全省进出口总额 3122 亿美元，占全国的比重为 8.1%；出口总额 2245.7 亿美元，占比为 11%，在广东、江苏之后列全国第三位。受发达经济体复苏前景不明朗的影响，2012 年我省外贸进出口增速出现明显回落，国有企业和外商投资企业出口均为负增长，但民企仍保持优于整体经济的表现，全年民营经济出口 1410 亿美元，比上年增长 8.5%，其中私营企业出口 1300 亿美元，增长 10.6%，高于全省出口平均增速 6.8 个百分点。民营经济出口占出口总额的比重由 2005 年的 43.3% 上升到 2012 年的 62.8%，对我省外贸出口的贡献率高达 72.9%，在扩大出口方面起着至关重要的作用。与其他地区相比，浙江民营经济出口规模仅次于广东，列全国第二位；占出口总额比重则远高于广东、江苏、山东、河南四省，显示民营经济在我省对外经济中的作用非常突出。

表 8　2012 年各省民营经济出口总值及比重

	出口总额（亿美元）	民营出口（亿美元）	比重（%）
浙江	2246	1410	62.8
广东	5741	1817	31.6
江苏	3285	963	29.3
山东	1287	559	43.5
河南	297	74	25.1

（六）民营经济创造大量税收，为地方财政提供重要来源

民营经济在自身发展过程中，为国家贡献大量税收，增加了地方财政收入。2012 年，我省民营经济实现税收收入 3598 亿元，占全部税收收入的 47%。其中，个私经济实现税收收入 3465 亿元，比 2005 年增长 2.3 倍，年均增长 18.5%，比全部税收年均增速高 0.8 个百分点，占总税收的比重为 45.3%，比 2005 年提高 2.1 个百分点，是我省税收收入的重要来源。根据 2011 年税收资料，浙江省私营企业（表 9，不含混合所有制企业中的私营成分）

及个体工商户共计创造税收 1596 亿元,占全省税收收入的 23.3%,在全国各省、市、区中列第一位。民营经济的税收贡献突出,创税能力日益增强,对我省经济社会发展具有重要作用。

表9 2011 年各省私营企业及个体户税收

	税收收入(亿元)				比重(%)		
	总税收收入	私营及个体	私营企业	个体经营	私营及个体	#私营企业	#个体经营
浙江	6847	1596	1197	398	23.3	17.5	5.8
广东	11768	1393	914	479	11.8	7.8	4.1
江苏	9003	2088	1710	378	23.2	19.0	4.2
山东	6296	941	684	257	14.9	10.9	4.1
河南	2371	276	105	172	11.7	4.4	7.2

二、民营经济发展中存在的问题

从以上数据和分析可以看出,民营经济是我省经济社会持续发展的重要引擎,在国民经济各个领域发挥着举足轻重的作用;与全国其他地区相比,我省民营经济的发展处于较为领先的位置。但是,随着经济全球化、国内改革开放、市场条件变化以及各种经济成分的发展,民营经济发展的内外部条件都在动态变化当中。改革初期的体制优势、先发优势已经带动浙江民营经济获得迅速发展,成为国民经济重要组成部分和经济增长主要推动力,在进入新时期之后,竞争环境日益激烈,其他省市发展加快,浙江民营经济的领先优势正在逐步缩小,甚至在某些方面已经被其他经济大省超越;同时民营企业自身的不足也仍然存在,影响民营经济的进一步发展和提升。

(一)民营经济的行业集中度较高,总体竞争力有待提升

经过三十多年的发展,我省民营经济的产业分布日益平衡,逐步进入更多的经营领域,但从相关数据中也可看到,民营经济仍然主要集中在第二产业的制造业以及传统的第三产业。2012 年民营工业实现增加值 10147 亿元,占整个民营经济的 45.9%;其中民营制造业增加值 9934 亿元,占民营经济的 44.9%,占全部制造业的 69.8%。分行业来看,2012 年规模以上制造业总产值较大的十个行业中,私营企业产值占该行业比重均超过了 45%,特别是纺织业、金属制品业比重更是高达 60% 以上。这些行业在我国已属于高度竞争行业,容易进入和模仿,造成企业数量多、规模小、产业雷同。很多民营企业生产

的产品档次不高、附加值也较低,把量多价廉作为主要的营销策略,总体竞争力有待提升。

表 10　2012 年规模以上私营企业总产值占行业总产值的比重

行　　业	比　　重(%)
纺织业	65.5
金属制品业	62.6
汽车制造业	56.0
橡胶和塑料制品业	54.2
通用设备制造业	50.8
非金属矿物制品业	50.3
有色金属冶炼和压延加工业	47.2
纺织服装、服饰业	46.9
黑色金属冶炼和压延加工业	46.5
电气机械和器材制造业	45.1

在第三产业中,民营经济的发展仍主要集中在批发和零售业、房地产业、交通运输仓储和邮政业、住宿和餐饮业及居民服务和其他服务业等传统行业中。2012 年,这些行业民营经济增加值占其本行业的比重均在 50% 以上,其中,居民服务和其他服务业、批发和零售业的比重高达 90% 以上。而金融、邮电通信、公共设施服务等重要领域大部分还处于公有制经济垄断半垄断状态,民营经济进入门槛很高。受资本、技术等要素限制和市场壁垒、政策堡垒的限制,民营经济的成长空间还受到一定的限制。

(二)能源资源紧缺和要素价格上升使企业遭受生存压力

浙江是经济大省、能源资源小省,土地面积特别是平原面积小,各种主要矿产资源匮乏。但随着经济社会的发展,对资源能源的需求不断扩大。2012 年,全省能源消费总量已超过 1.8 亿吨标准煤,其中 90% 左右依靠外省调入和进口,能源供需形势十分严峻。土地的硬约束、能源的短缺都直接影响了民营经济的生产和扩大再生产,同时要素价格的上升也进一步提高了民企的生存压力。现阶段大量中小民营企业产品的竞争力主要靠低成本来维持,这一低成本主要来源于两个方面,一是土地政策,二是相对廉价劳动力。由于政府加强了对土地的控制,征地手续更为严格,不可能再像以往那样拿到大量低成本的土地,用地成本明显提高;另一方面劳动力价格也不断提高,用工制度和福利保障要求日益完善,都使中小民营企业难以维持原有的低成本优势。

(三)融资难仍是民营企业发展的重要制约因素

随着金融市场的发展和改革的深化,近几年浙江各级政府部门在解决中小企业融资难问题上做了大量富有成效的工作,如大力发展信用担保贷款公司,开展小额贷款公司试点,促进国有商业银行、股份制银行成立中小企业融资服务机构,探索中小企业贷款保证保险等。一些优质的民营企业对金融服务的需求确实得到了改善,但大部分民营中小企业发展过程中仍然存在着严重的金融缺口。从间接融资来看,一方面国有商业银行贷款审批程序复杂,而民营中小企业所需资金量少、频率高、时间紧,会导致单位资金借贷成本上升;另一方面大量民企的企业制度不成熟规范,信息不透明,大银行很难解决二者之间的信息不对称问题,这也导致银行不愿提供融资服务。从直接融资来看,目前主板市场主要为国企改革筹集资金服务,上市融资门槛高成本高,而能在深圳中小企业板上市的民营企业数量也极为有限,民营经济利用债券融资和股权融资的空间十分狭小。在民间融资市场中,由于其高风险以及政策上的限制,使较大规模的民间融资受到很大制约。

(四)对技术创新和人才培养的投入不足阻碍产业升级

由于创始阶段在资金、技术、管理等方面的不足,民营企业基本上是靠最初的作坊式经营,靠自有资金滚动发展。在产业选择方面,往往从门槛较低的领域进入,技术含量低,这符合民营经济最初发展的客观条件。但是在企业发展到一定规模、市场竞争日益激烈以后,必须通过技术创新掌握核心竞争力,通过树立品牌提高产品影响力,通过吸引和培养人才积累人力资本,才能实现产业升级,得到更长远的发展。虽然越来越多的民营企业逐步树立了自主创新的意识,但大都苦于人才、技术、资金等条件的严重缺乏,没有能力进行创新。同时技术创新投入大,风险却不可控,知识产权保护不足成为民营企业技术进步的重大制约因素。另一方面,民营企业人力资本短缺,对高层次管理技术人才的吸引力和稳定性不够。而企业自身对人才培养的投入却严重不足,对职工教育和培训方面,既缺乏企业的主动性也缺乏社会制度的引导和监督。

(五)民营企业治理机制上存在制度缺陷

民营企业从出资人角度来看,产权是清晰的,在初始阶段一般实行家族式管理。由于在创业初期,家族成员的目标利益高度一致,组织结构简单,管理成本低廉,使企业具有较强的经营灵活性和风险抵御度,保证了民营企业的高效运作。然而在完成了创业阶段以后,企业规模扩大,管理复杂性不断上升,家族成员的个人利益可能会与企业的长远目标不符;家族式集权管理缺乏有效的监督、反馈和制约容易导致决策失误;外来的管理人员难以真正融入企业等问题都成为企业发展的障碍。

三、推进民营经济进一步发展的建议

浙江市场化进程的路径选择是在改革开放与经济发展的过程中逐渐形成的。改革开放以来,浙江人的改革意识充分地表现在观念、体制、机制的创新上,使浙江在资源相对匮乏,经济基础较为薄弱,又缺乏优惠政策扶持等不利条件下,在国内率先走上了以民营经济为主体、以制度创新为主导的市场化改革之路。随着体制优势和先发优势的减小,浙江民营经济的发展推力也在减小。在面临民营经济的再次飞跃之时,我们同样应充分发挥这种创新精神,激发民营经济发展的新的外部推动力和内部增长动力,为其发展提供良好的基础条件和市场体制环境,从而有效地推动民营经济的大提升大发展,促进我省经济的持续发展和繁荣。

(一)加快各级政府管理创新,为民营经济发展创造良好环境

在行政管理方面,明确工商、税务、技监等相关部门的权限及职责,强调依法行政、依法管理;继续减少审批事项,优化审批流程,减少审批时间;取消不合理收费,降低企业商务成本,改进政府服务。在经济管理方面,利用税收、价格、信贷和利率等经济杠杆对民营经济的生产经营方向、收入、分配进行管理和调节,促进民营企业进行技术改造,对采用新设备、新技术、新材料、开发新产品的民营企业给予贷款、利率以及减免税等优惠。通过税收杠杆来调节民营企业的收入分配,形成国家、企业主和雇工之间比较合理的分配关系,既保护民营企业主发展非公有制经济的积极性,又做到力求公平合理。在法律管理方面,运用经济法规来确定和调整各方面的利益关系,既保证个体私营企业有一个良好的外部环境,又能够规范非公有制企业的行为准则,促使其经营行为合理化。

(二)推动产业政策改革,为民营经济提供更广阔的发展空间

按照党的十八届三中全会的精神,放宽对民营企业市场准入的限制,为民营经济特别是非公有制经济发展创造政策空间与公平竞争的环境。通过制定政策,降低市场准入标准,扩大对个私经济的开放领域,推动其由竞争性行业向传统的垄断行业拓展,允许民间资本进入法律法规未禁止的基础设施、公用事业及其他行业和领域。合理制定发展规划并做好相关的配套工作,引导民营经济更多地进入高技术产业、战略性新兴产业和现代服务业等领域。鼓励

优质民企参与国有企业改革,特别是支持实力强、产品市场前景较好、管理先进的民营企业选择灵活有效的形式兼并、收购、控股、参股、租赁、托管国有企业,从而使国有企业和民营企业在竞争性领域都增强活力,大大降低我国总体改革的社会成本。

(三)调整产业结构,进行技术创新,使民营经济发展从量的扩张向质的提高转变

浙江民营经济从总体上说还缺乏质量上科技上的优势,存在企业规模小、技术装备落后、人才短缺、产品档次低等问题和弱点,必须及时调整民营经济发展战略,切实把企业发展转到技术进步和技术创新上来。政府部门要充分发挥产业引导作用,重点扶持科技型、就业型、资源综合利用型、环境保护型、社区服务型等民营企业的发展,推进民营企业产业结构的升级和调整。要鼓励企业引进先进适用技术和高新技术改造设备、改造工艺,着力提高产品质量,不断降低生产成本,提高技术水平和产品竞争力。要严格审批,防止民营企业在国际市场上接受发达国家淘汰的低层次产业和劳动密集型的生产环节,造成产业的单一性、重复性和从属性。要增加科技投入,支持有条件的民营企业紧随高科技发展趋势和市场变化,开发一批拥有自主知识产权的核心关键技术,增强自主创新能力和市场竞争力。加强知识产权保护,加快科技成果商品化进程,推进科技成果向现实生产力的转化。

(四)改革和创新融资模式,为民营企业的进一步发展提供资金动力

一要充分利用和发挥国有商业银行的金融优势,通过相应的政策引导和鼓励,促进其转变经营观念与方式,加大对民营经济特别是中小企业信用支持的份额和力度。二要在坚持市场化商业化原则的基础上,大力鼓励区域性民营化的中小金融机构的建设和发展,形成多种产权结构、全国性与地区性结合、大中小金融机构充分竞争发展的银行金融体系。大力发展具有浙江地方民营特征的中小金融机构,提供优质金融服务,着力解决中小微民营企业贷款难和贷款成本高问题。三要加快资本市场建设,进一步解除民营企业上市的制度约束,鼓励民营企业直接融资,为中小企业上市、融资提供服务平台。四要充分发挥浙江民营资本相对充裕的优势,鼓励和引导民间资本大力发展风险投资公司,为科技含量高、产品有市场、发展潜力大的小企业提供更多融资渠道。

(五)引导民企完善治理结构,建立现代企业管理制度

推进民企制度创新,鼓励企业实行所有权和经营权分离,建立完善的现代企业制度,规范决策管理机制。要完善法人治理结构,摆脱以家族为核心的产

权安排,通过吸收新的资金、技术、管理资源来改善企业的产权结构和治理机制,如通过技术入股、管理能力入股等形式,吸收优秀人才参与民营企业的管理与决策,使企业管理者尽快完成从创业者向职业经理人的转变,从而改善、提高决策水平和决策效率。引导民营企业加强质量、品牌、安全、财务、营销等为重点的企业内部管理制度建设,推动企业从传统治理模式向现代治理模式转型、从家族式企业向现代企业跨越。支持民营企业走规模经济的发展道路,通过适当的兼并、联合等形式,做大规模,降低成本,增强企业的竞争力。

（六）形成人才培养机制,增加民营经济的人力资本存量

从战略高度上重视发展教育,进一步优化教育结构。加大教育和培训的投入力度,合理确定基础教育、职业教育和高等教育的比例关系,重视并加强职业教育和成人教育,以便在较短时间内迅速提高民营企业就业人员的素质,面向经济建设需要培养更多的实用人才,为民营企业产业结构调整提供人力保证。从政策上促进和鼓励民营经济增加对人力资本的投资。完善对人才流动和员工在职培训的服务;充分利用网络等技术手段,建立健全向全社会开放的企业信息服务体系,为民营企业获取政策、技术、市场、人才信息等提供方便;对民营企业增加员工培训方面的投入,可采取全部列入成本或部分税前抵扣等方式,给予优惠扶持,以鼓励企业增加人力资本投入。

核算处　王　娟

浙江工业性投资效率研究

工业性投资是促进工业产业升级、优化生产力布局、提高工业经济发展水平和质量的主要手段。一方面，不同的工业发展模式需要不同的工业投资模式来支撑和对应。另一方面，工业投资结构和投资效率又直接影响工业发展模式和效率。近几年来，在经历多年低位增长后，浙江工业性投资出现一定程度的回升，但工业投资效率却明显下滑，工业增加值增速处于全国最后几位。浙江工业投资总量和山东、江苏等省的差距不断扩大，工业投资效率等原有的优势也已荡然无存，工业经济在全国的地位受到前所未有的严峻挑战。在当前产业转型升级的大背景下，深入研究浙江工业性投资的发展状况，尤其是近些年工业投资效率变动趋向及其对我省经济发展产生的重要影响等问题变得非常必要。通过对这些问题的研究，揭示我省工业性投资效率下滑明显的本质，对于当前形势下提高投资效率以及为浙江经济发展方式转变提供依据，具有较强的现实意义。

一、浙江工业性投资发展历程及现状

改革开放以来，浙江经济总量快速扩大，地区生产总值跃居全国第四位，产业结构不断调整优化。2012 年，浙江工业增加值为 15338 亿元，占地区生产总值的 44.2%。从工业增加值比重变化曲线看，1999 年前基本呈现上升的态势，此后占比下降，虽在 2002—2007 年间有过一段时间的回升，但总体向下的态势并没有根本性转变。这一方面表明我省服务业发展迅速，三次产业结构在不断优化调整，但是 2007 年以来占比出现较大幅度回落也表明目前我省工业经济面临较大的困难。从当前我省工业经济发展的历史阶段看，这种大幅下滑也有其中的不合理性。总的说来，目前工业经济保持相对稳定增长对于浙江经济的转型升级，发展方式转变具有重要的意义。从浙江工业经济发展的历史经验看，保持工业投资的合理增长就是工业经济的稳定发展与加快产业结构调整的重要支撑。

（一）工业性投资发展现状及回顾

改革开放以来，浙江工业性投资规模迅速壮大。2012 年，浙江工业投资 6066 亿元，是 2003 年的 3.4 倍，年均增长 14.6%。从工业投资增速看，2003

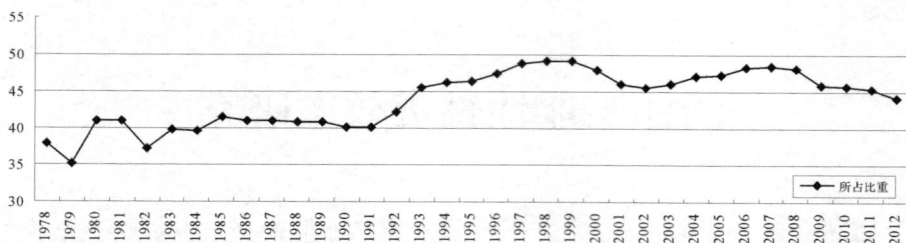

图 1　1978 年以来浙江工业增加值占地区生产总值比重变动情况(%)

年以来,浙江工业性投资增速不断下滑,至 2010 年到达历史性低点,此后受浙江扩大有效投资等相关政策的影响,工业性投资增长出现明显回升。但是从全国范围看,这一平均增速和全国平均水平还有比较大的差距。从 2003 年以来工业投资占固定资产投资的比重变动情况看,2007 年以前年份基本呈现上升的态势,而此后,随着经济转型升级的进程,浙江服务业投资力度逐步加大,工业投资占比不断下降,2012 年占比仅为 35.4%,比 2007 年回落达 11.4 个百分点。

表 1　2003 年以来浙江工业投资占固定资产投资比重变动情况

	工业投资额(亿元)	增长速度(%)	工业投资占固定资产投资的比重(%)
2003 年	1782.45		43.7
2004 年	2420.17	35.8	44.9
2005 年	2836.39	17.2	46.2
2006 年	3211.07	13.2	46.1
2007 年	3604.33	12.2	46.8
2008 年	3913.62	8.6	45.8
2009 年	4253.08	8.7	42.9
2010 年	4612.54	8.5	40.3
2011 年	5184.34	12.4	36.8
2012 年	6066.34	17.0	35.4

(二)工业性投资构成演变历程

工业性投资主要由采矿业、制造业、电力燃气和水的供应业三大部门组成。从表 2 可以看出,浙江采矿业投资所占比重一直较低,尽管近几年有所提高,但最高的 2012 年也仅有 0.54%;制造业投资比重先由 2003 年的 86.2% 下降到 2005 年的 80.5% 后,2006 年出现回升,到 2012 年比重上升到 87.5%;而电力燃气及水的生产和供应业投资比重的变动情况却和制造业相反,比重先由 2003 年的 13.4% 上升到 2005 年的 19.2%,2006 年开始逐渐下降,2012 年为 12.0%。总的来看,浙江制造业投资占工业投资比重一直保持在 80% 以上。

表 2　2003 年以来浙江省工业性投资构成变动情况

	采矿业(%)	制造业(%)	电力燃气及水的生产和供应业(%)
2003 年	0.34	86.24	13.42
2004 年	0.44	81.81	17.75
2005 年	0.27	80.52	19.21
2006 年	0.28	83.09	16.63
2007 年	0.28	83.95	15.77
2008 年	0.23	86.95	12.82
2009 年	0.41	85.96	13.63
2010 年	0.42	86.89	12.69
2011 年	0.49	87.55	11.97
2012 年	0.54	87.46	12.00

　　2012 年,浙江制造业投资 5305 亿元,是 2003 年的 3.5 倍,年均增长 14.8%。装备制造业投资增长较快。2012 年装备制造业投资 2506 亿元,2004 年以来年均增长达 20.6%,明显高于工业和制造业投资增速。在装备制造业中,电器机械及器材制造业、通用设备制造业投资分别以 10.3% 和 9.8% 的比重占据各行业投资的前 2 位,均比 2003 年有了显著提高(相关数据见附录表 1)。受产业结构优化调整的影响,传统工业行业投资发展各有异同。其中,纺织业投资占比回落明显,由 2003 年的 18.5% 回落到 2012 年的 8.0%,而化学原料和化学制品制造业投资占比仍有所提高。重点发展的食品业、皮革皮毛羽毛及其制造业等轻工业投资也保持了一定的规模和增速,投资发展态势平稳。化学纤维制造业、非金属矿物制品业等"双高"行业投资所占比重出现一定程度的下降,工业投资结构有所优化调整。

　　(三)工业性投资构成的国际和国内比较

　　与全国平均水平相比,浙江采矿业投资所占比重远远低于全国平均水平;

制造业投资比重超过 85%，明显高于 80.6% 的全国平均水平；电力燃气和水的生产和供应业投资所占比重与全国平均水平相比略高。

与部分经济发展程度相似省份相比，浙江工业性投资部门构成与上海市的情况比较接近，即制造业投资所占比重比较高，同时采矿业投资所占比重也较小；而江苏、山东等省，制造业投资所占比重相对更大，尤其是江苏省，而电力燃气及水的生产和供应业投资比重则更小一些。

表3   2012 年全国和部分省市工业性投资构成情况

单位：%

	全　国	上　海	江　苏	广　东	山　东
采矿业	8.61	0.03	0.55	1.37	4.09
制造业	80.59	86.86	94.1	81.72	90.85
电力燃气及水的生产和供应业	10.80	13.10	5.35	16.91	5.06

从国际情况看，大多国家工业投资内部构成中制造业投资比重都比较高。比如德国和韩国，制造业投资占到其工业性投资的比重都超过 80%，同时采矿业投资所占比重也普遍较低，其中韩国仅占 0.4%。而同处于工业化进程中的印度，制造业投资所占比重(74.8%)低于我省水平。可以看出，浙江工业部门投资结构与工业化程度较高的德国、韩国的程度具有一定的相似性，这表明与目前浙江工业经济发展所处的阶段是相适应的。

表4   部分国家按行业分类的工业固定资本形成总额的构成情况

单位：%

	德国(2004 年)	韩国(2004 年)	印度(2000 年)
采矿业	1.5	0.4	3.3
制造业	82.1	84.4	74.8
电力燃气及水的生产和供应业	16.4	15.2	22.0

来源：2006/2007 年国际统计年鉴。

二、浙江工业性投资效率分析

工业投资是工业发展的重要途径和基本手段。一般而言，在投资规模、结构一定的条件下，提高工业增加值就必须提高投资效率。同时，工业投资效率也可以从一个侧面反映工业投资结构是否合理。

（一）反映工业投资效率的主要指标及其内涵

通常反映投资效率的度量方法主要有三种，即资本产出比、边际资本产出比率和资本收益率,这三种方法各有利弊。其中,边际资本产出比率实际上是资本边际生产率的倒数,即近期较多研究文献采用的投资效果系数的倒数。从具体实践看,采用投资效果系数比较直观,计算方便且效果良好,操作相对容易。本文主要使用该指标并辅以工业固定资产交付使用率指标对浙江工业投资效率进行系统分析研究。

投资效果系数反映单位固定资产投资额所能带来 GDP 的增量,可以较为全面评价宏观投资效率。工业性投资效益系数就是当年工业增加值的增长额除以当年工业固定资产投资,其值愈高,单位工业投资实现的增加值就愈多,投资的经济效率也就愈好。

固定资产交付使用率又称固定资产形成率,指一定时期由投资建成投产或交付使用的新增固定资产与同期投资完成额的比率,衡量建设过程中宏观投资效果。工业固定资产交付使用率计算方法为当年工业新增固定资产除以当年工业投资。

(二)固定资产投资效率变化及与相关省市的比较

从浙江固定资产投资效果系数变动情况看,2009 年以前基本处于一个较高的水平。2009 年,为应对国际金融危机,我省也采取扩大内需即主要扩大投资以平抑经济波动的不利影响,使得当年浙江投资效果系数急剧下降,2010 年反弹到阶段性高点后,近 2 年回落明显。

从全国来看,2003 年以来,浙江平均投资效果系数高于全国平均水平(见表 5),但和具有经济先发优势的广东、上海等省市相比,差距还比较大;与江苏、山东等省份水平相当,略低于江苏,但比山东略高。2010 年以来,尽管全国及相关省市投资效果系数均出现下滑,但是相对而言浙江投资效果系数下降的更为明显,到 2012 年已经与全国平均水平持平,全面落后于上述四个省市。

表 5　2003 年以来全国及部分省市固定资产投资效果系数变动情况

	全　国	上　海	广　东	山　东	江　苏	浙　江
2003 年	0.28	0.39	0.47	0.34	0.34	0.34
2004 年	0.34	0.45	0.50	0.39	0.38	0.32
2005 年	0.28	0.33	0.49	0.33	0.38	0.26
2006 年	0.29	0.34	0.47	0.32	0.33	0.30
2007 年	0.36	0.43	0.51	0.31	0.33	0.36
2008 年	0.28	0.33	0.41	0.32	0.35	0.29

	全 国	上 海	广 东	山 东	江 苏	浙 江
2009 年	0.09	0.16	0.25	0.15	0.16	0.14
2010 年	0.24	0.44	0.44	0.23	0.32	0.38
2011 年	0.23	0.42	0.43	0.24	0.27	0.33
2012 年	0.13	0.18	0.21	0.15	0.18	0.13
2003—2012 年平均	0.25	0.35	0.42	0.28	0.30	0.29

（三）工业性投资效率变动情况分析

浙江工业投资效果系数和固定资产投资效果系数变动趋势基本相似。2008 年之前，工业投资效率始终处于较高的水平，经过 2009 年国家扩大内需政策引起的短暂调整后，2010 年反弹到较高水平，但随后出现明显回落。浙江平均工业投资效果系数高于全部固定资产投资的水平，但 2012 年出现相反的现象。浙江工业固定资产交付使用率的变动趋势和工业投资效果系数基本相似，近几年也出现了明显下降。两项指标均表明，近几年浙江工业性投资效率下滑得非常明显，在当前经济发展方式转变的关键时期，尤为值得关注。

表 6　2003 年以来浙江工业性投资效率变动情况

	工业投资额 （亿元）	工业增加值 （亿元）	投资效果 系数	固定资产交付 使用率(％)
2003 年	1782.45	4462.97	0.46	53.9
2004 年	2420.17	5491.33	0.42	65.5
2005 年	2836.39	6344.71	0.30	70.1
2006 年	3211.07	7585.47	0.39	65.6
2007 年	3604.33	9090.74	0.42	61.7
2008 年	3913.62	10328.72	0.32	60.5
2009 年	4253.08	10518.21	0.04	64.3
2010 年	4612.54	12657.78	0.46	72.4
2011 年	5184.34	14683.03	0.39	69.1
2012 年	6066.34	15338.02	0.11	64.0
2003—2012 年平均			0.33	64.7

（四）工业投资效果系数与全国及部分省市的比较

2012 年,浙江工业投资效果系数高于全国平均水平,也略高于江苏省,与山东相当,但明显低于广东。浙江工业固定资产交付使用率仅高于上海市,低于全国平均水平,更是显著落后于广东、江苏等省份。从工业投资占工业增加值的比重情况看,工业经济相对发达的上海、广东等省市较低,浙江也明显比全国平均水平、山东和江苏要低一些。

表 7　2012 年浙江工业性投资效率相关指标和部分省市对比情况

	工业投资额（亿元）	工业增加值（亿元）	投资效果系数	固定资产交付使用率（%）	工业投资占增加值比重（%）
全国	154374.6	199670.7	0.07	68.9	77.3
上海	1244	7097.76	−0.09	61.4	17.5
江苏	15687.6	23908.47	0.10	79.9	65.6
山东	13945.7	22798.33	0.11	68.5	61.2
广东	6025.5	25810.07	0.19	83.4	23.3
浙江	6066.34	15338.02	0.11	64.0	39.6

（五）各市工业性投资效率变动情况

从浙江各市工业投资效率变动情况看（数据见附录 2）,与近两年全省工业投资效果系数变动趋势相似,均出现明显下滑的态势,但回落差异较大。总体上看,杭州、丽水市工业投资效果系数回落后仍具有相对较高的水平;而 2012年,温州、宁波市回落幅度很大。投资效率低于或等于全省平均水平的为衢州和嘉兴市。随着各市有效投资力度加大,工业性投资效率均出现明显下降,并且各市工业性投资效率水平也存在较大差异,这既与各市工业的发展水平有关,也与该地的工业投资结构密切相关。

（六）工业性投资效率变动对工业经济的影响

从近 10 年数据分析,工业投资效率高的年份,工业增加值增长也高,工业增加值增长与工业投资效果系数的相关系数达到 0.843265,表现为高度相关。同时,随着工业投资效率下降,相应的工业增加值增长也会出现同向程度的回落。相关研究表明,随着工业投资效率的不断下滑,工业经济增长潜力也会出现回落。工业性投资效率对工业经济的发展具有非常重要的作用。

表 8　　浙江地区生产总值、工业增加值增长及其投资效果系数变动情况

	地区生产总值增长（%）	工业增加值增长（%）	固定资产投资效果系数	工业投资效果系数
2003 年	14.7	15.7	0.34	0.46
2004 年	14.5	17.0	0.32	0.42
2005 年	12.8	13.1	0.26	0.30
2006 年	13.9	14.6	0.30	0.39
2007 年	14.7	16.4	0.36	0.42
2008 年	10.1	10.0	0.29	0.32
2009 年	8.9	5.9	0.14	0.04
2010 年	11.9	12.7	0.38	0.46
2011 年	9.0	10.1	0.33	0.39
2012 年	8.0	7.4	0.13	0.11

三、浙江工业性投资效率明显下降的原因分析

通过上面的分析，当前浙江工业投资面临的最大问题就是投资效率的明显下滑，并使得曾经引以为豪的工业经济在全国的优势地位逐步消失。造成这种现象的原因非常复杂，既有工业投资增速明显加快的成分，也有产业层次偏低的因素；既有市场变化的原因，也有项目建设速度不快的影响。综合分析主要有以下几方面。

（一）产业层次总体不高，工业投资结构亟待升级

从产业结构看，近些年，浙江产业结构虽得到一定优化提升，但传统产业占比仍然比较大，工业投资结构还没有得到根本性转变，工业发展速度、规模和质量、效益失衡问题还比较突显。随着节能减排相关政策的进一步实施，浙江"双高"行业投资尽管比重有所下降，但是这些行业总量规模的不断扩大对浙江节能降耗、产业结构调整和优化升级将产生极其不利的影响。从产业层次看，以民营经济为主导的浙江工业经济普遍技术含量低、品牌影响力弱、利润空间小，增加值率不高。受产业层次较低的影响，工业投资仍没有摆脱这种低层次产业结构的影响，即设备比重不高，新技术设备和工艺应用水平提高不快，使得工业投资效率低下。

（二）重速度轻质量，内涵性投资不足

工业投资的根本目的是要形成效益最大化的生产能力，必须坚持以效率

为中心。浙江把发展有效投资作为扩大投资发展的重点,但从实际情况看,各市在推进工业投资发展过程中,普遍存在重速度轻质量效益的突出问题。当前,浙江工业投资增长的方式仍然属于外延型的增长,与 20 世纪 90 年代相比也没有发生根本性的改善。从投资项目建设性质看,2012 年,新建项目投资占工业投资的 38.8%,工业投资仍表现为依靠上新项目,依靠土地扩张粗放发展模式。从投资项目构成看,设备投资比重仅为 41.4%,而建筑工程及土地支付款等占比达到 58.6%,大量投资沉淀在工地、厂房等方面。调研中还发现个别项目存在着只造厂房而没有设备,长期处于闲置状态。这种内涵性投资的不足,在很大程度上降低了浙江工业投资效率。

(三)部分项目建设周期较长,造成投资效率低下

工业项目建设效率决定着建设资金的使用效率,是影响投资效率的又一个重要因素。从实际情况看,一些工业企业在进行项目运作时仍存在手续不完备、设计变更、开工率低、工程进展缓慢等问题,影响了项目的工程进度和投资效率。从资本转化效率看,近几年,浙江固定资产交付使用率出现明显回落,影响了资本转化为现实生产能力的效率。部分项目由于建设工期较长,较快的投资增速没有马上带来增加值的较快增长,造成工业投资效率较低。

(四)资源要素等条件的制约影响

浙江土地等资源要素非常稀缺,使得工业投资中的土地成本相对于其他省市高出不少,明显影响到工业投资效率。同时,浙江工业以外向型经济为主,由于国内外市场持续低迷,也使工业企业的生产活动受到影响,产值增速出现回落,最终影响到工业投资效率。

四、提高工业性投资效率的建议

当前世界经济复苏基础仍不稳固,我国经济发展正处于转型升级,发展方式转变的重要时期,这必然会导致经济增速的放缓。但同时也给浙江工业转型升级,提高工业投资效率提供了一个不可多得的历史机遇。针对浙江工业投资效率明显下降的现实和工业投资发展中存在的一些问题,提出以下建议。

(一)确保工业投资适度增长,大力提高投资质量

工业经济转型升级需要有高强度的资本投入来推动,同时经济的增长和发展也要求工业投资保持持续适度的增长,以确保工业投资对经济总量、综合实力的带动作用。目前,浙江正处于工业化中后期发展阶段,在确保工业投资适度增长的基础上,重点应放在大力改善投资质量,从而达到提升投资效率水平,推进工业增长方式转变的目的。同时,要提升地方政府推动工业投资结构优化的内源动力,即通过政府引导,使工业投资结构与产业结构动态发展的方

向一致,提高工业劳动生产率,促进产业结构的优化、升级,着力提高工业投资效率,最终实现经济发展方式的转变。

(二)推动工业投资结构持续优化,实现产业层次升级

从世界各地产业投资结构演化趋势看,正处于工业化中后期阶段的浙江工业投资应该向高新技术产业倾斜。从根本上说,浙江调整工业投资结构,要实现投资重心由传统工业为主向高新技术产业为主转变,由原材料工业为主向高附加值精深加工工业为主的转变,促进工业结构优化升级,最终实现工业产业层次升级。一是继续加大装备制造业等产业投资力度,努力提高其在整个经济中的比重,强化它们的带动作用,以再创浙江产业未来发展的优势;二是积极促进通讯、电子、信息、生物医药产业等高新技术产业投资,调整高新技术产业的内部结构,这对打破原有相对低级的产业结构、实现产业结构升级有巨大的引导作用;三是对于纺织业、化工行业、非金属矿物制品业、纺织服装鞋帽制造业、食品等传统优势行业,要加大技术改造投资力度,保持传统产业的优势地位;四是严格限制"双高"行业的投资规模,把主要资金用在能够提高生产效率、降低能耗和污染等方面的投资上,既有利于节能减排责任目标的完成,又有利于产业投资结构优化升级。

(三)因势利导,通过多方举措提高投资效率

面对要素禀赋匮乏,外向型经济受到严峻考验等实际情况,浙江工业经济要因地制宜,走出一条适合自己的工业化转型升级道路。要坚持有所为有所不为,工业投向也应该有所选择。一要提升工业创新能力。加快建立以企业为主体、市场为导向、产学研相结合的技术创新体系。引导、鼓励企业建立健全不同形式的技术开发机构,加快形成具有自主知识产权的核心技术和核心产品的开发能力,提高企业自主研发和技术创新能力,形成投资和创新的双向良性互动。二要加大"零土地"技改的推进力度。针对我省土地等资源要素及其缺乏的实际,要进一步做好企业挖潜节地工作,切实推进企业零土地技术改造。三要加快企业制度和管理创新。深化企业改革,加强企业管理,促进民营经济实现新飞跃,为推进工业投资效率提升,产业升级提供企业制度保证和管理保障。

(四)加强政府服务效能建设,提高项目建设管理水平

提高工业投资效率,政府要加强工业项目建设服务效能。政府相关部门要建立健全项目推进机制,提高项目服务水平,缩短项目建设周期,努力提高工业投资效率。一是健全重大项目协调机制。实行重大项目全程跟踪和助推服务,促使重大项目有序有力加快推进建设。加强对重大项目建成后的跟踪

服务监测,对已竣工的项目,有关部门要做好服务协调工作,争取早日投产见效。二是完善项目审批制度。要进一步优化行政审批流程,建立科学、规范、合理、顺畅的并联审批机制,压缩时限,急事急审、特事特办、提高办事效率。三是加大政策扶持力度。加强工业转型升级重大项目的申报评审管理,提高工业转型升级资金的使用绩效,加快资金拨付效率,更好地发挥资金的引导作用。促进一批好项目、大项目和高层次项目早落地、早开工、早投产。

针对当前一些项目进展缓慢、固定资产交付使用率不高、建设成本上升等现象,投资企业必须加强工业投资项目管理,注重项目建设前准备、项目建设中要素保障、项目建设后评估分析等工作,从而达到提高工业投资效率的目的。

课题负责人　　竺　　园

课题组成员　　郁志君　季　南

　　　　　　　沙培锋　杨士鹏

执　　　笔　　杨士鹏

参考文献:

[1] 浙江省统计局. 浙江省统计年鉴 2013 年[M]. 北京:中国统计出版社,2013.

[2] 国家统计局. 中国统计年鉴 2013 年[M]. 北京:中国统计出版社,2013.

[3] 李春瑜. 近年来中国工业投资结构与效率变动趋势研究[J]. 经济与管理研究,2009(9).

[4] 杨公朴. 现代产业经济学[M]. 上海:上海财经大学出版,1999.

[5] 严海龙. 上海工业投资特点及其与国内主要发达地区的比较[J]. 科学发展,2010(9).

[6] 夏宝龙. 从全局和战略高度科学把握和推进有效投资[J]. 浙江经济,2012(9).

[7] 徐传国,王奉宝. 确保固定资产投资项目管理高质高效[J]. 中国核工业,2012(2).

[8] 冯洁. 区域转型合力攻坚[J]. 浙江经济,2012(3).

[9] 康玉宝,王朝. 宁波市工业投资有效增长分析[J]. 管理学家,2011(11).

附录

附表 1　浙江制造业分行业投资占比变动情况

	2003 年		2011 年		2012 年	
	总量 （万元）	占制造 业投资 的比重 （%）	占制造 业投资 的比重 （%）		总量 （万元）	占制造 业投资 的比重 （%）
制造业	15371455	100.00	100.00	制造业	53053845	100.00
农副食品加工业	182593	1.19	1.14	农副食品加工业	723856	1.36
食品制造业	149058	0.97	0.82	食品制造业	614137	1.16
饮料制造业	156098	1.02	0.76	酒饮料和精制茶 制造业	487542	0.92
烟草制品业	23907	0.16	0.46	烟草制品业	123056	0.23
纺织业	2849898	18.54	9.62	纺织业	4231036	7.97
纺织服装鞋帽制 造业	738856	4.81	2.41	纺织服装和服饰业	1538082	2.9
皮革毛皮羽毛(绒) 及其制品业	338115	2.2	1.25	皮革毛皮羽毛(绒) 及其制品业	798690	1.51
木材加工及木竹 藤棕草制品业	175974	1.14	1.22	木材加工及木竹 藤棕草制品业	567325	1.07
家具制造业	193760	1.26	1.54	家具制造业	804572	1.52
造纸及纸制品业	541773	3.52	2.78	造纸及纸制品业	1316907	2.48
印刷业和记录媒 介的复制	195243	1.27	0.98	印刷业和记录媒 介的复制业	519037	0.98
文教体育用品制 造业	125273	0.81	1.05	文教体育用品制 造业	1062911	2
石油加工、炼焦及 核燃料加工业	160248	1.04	0.5	石油加工、炼焦及 核燃料加工业	244071	0.46
化学原料及化学 制品制造业	963529	6.27	7.24	化学原料及化学 制品制造业	4251238	8.01
医药制造业	455817	2.97	2.04	医药制造业	1254223	2.36
化学纤维制造业	532507	3.46	2.69	化学纤维制造业	1710643	3.22

	2003 年		2011 年		2012 年	
	总量（万元）	占制造业投资的比重（%）	占制造业投资的比重（%）		总量（万元）	占制造业投资的比重（%）
橡胶制品业	202186	1.32	1.26	橡胶和塑料制品业	2724401	5.14
塑料制品业	632991	4.12	3.84	非金属矿制品业	2128482	4.01
非金属矿物制品业	1037233	6.75	4.34	黑色金属冶炼和压延加工业	1229616	2.32
黑色金属冶炼及压延加工业	428036	2.78	1.85	有色金属冶炼及压延加工业	955728	1.8
有色金属冶炼及压延加工业	225383	1.47	1.4	金属制品业	3362071	6.34
金属制品业	703733	4.58	6.57	通用设备制造业	5208324	9.82
通用设备制造业	915514	5.96	9.99	专用设备制造业	2897987	5.46
专用设备制造业	487464	3.17	4.49	汽车制造业	3608141	6.8
交通运输设备制造业	816192	5.31	10.31	铁路船舶航空航天等制造业	1690756	3.19
电气机械及器材制造业	996302	6.48	12.17	电气机械及器材制造业	5485045	10.34
通信设备计算机及其他电子设备制造业	565307	3.68	3.77	计算机通信和其他电子设备制造业	2117905	3.99
仪器仪表及文化办公用机械制造业	155026	1.01	1.03	仪器仪表制造业	535361	1.01
工艺品及其他制造业	360162	2.34	2.18	其他制造业	453539	0.85
废弃资源和废旧材料回收加工工业	63277	0.41	0.31	废弃资源综合利用业	255939	0.48
				金属制品机械和设备修理业	153224	0.29

附表 2   2010—2012 年浙江及其设区市工业投资效果系数变动情况

	全 省			杭 州			宁 波		
	工业投资额（亿元）	工业增加值（亿元）	工业投资效果系数	工业投资额（亿元）	工业增加值（亿元）	工业投资效果系数	工业投资额（亿元）	工业增加值（亿元）	工业投资效果系数
2010 年	4612.54	12657.78	0.46	685.56	2502.09	0.5	619.5	2586.17	0.94
2011 年	5184.34	14683.03	0.39	747.48	2944	0.59	667.1	3019	0.65
2012 年	6066.34	15338.02	0.11	851.87	3190.32	0.29	817.2	3170.02	0.18

	温 州			嘉 兴			湖 州		
	工业投资额（亿元）	工业增加值（亿元）	工业投资效果系数	工业投资额（亿元）	工业增加值（亿元）	工业投资效果系数	工业投资额（亿元）	工业增加值（亿元）	工业投资效果系数
2010 年	275.98	1387.65	0.72	712.2	1192.96	0.29	380.5	637.57	0.22
2011 年	330.54	1556.29	0.51	765.4	1378.15	0.24	441.9	729.48	0.21
2012 年	469.29	1615.07	0.13	783	1460.76	0.11	527.84	796.54	0.13

	绍 兴			金 华			衢 州		
	工业投资额（亿元）	工业增加值（亿元）	工业投资效果系数	工业投资额（亿元）	工业增加值（亿元）	工业投资效果系数	工业投资额（亿元）	工业增加值（亿元）	工业投资效果系数
2010 年	622.5	1398.07	0.27	376.2	938.87	0.35	249.7	349.46	0.28
2011 年	744.42	1632.35	0.31	460.21	1077.25	0.3	280.59	439.66	0.32
2012 年	881.4	1738.45	0.12	565.47	1164.51	0.15	305.31	457.56	0.06

	舟 山			台 州			丽 水		
	工业投资额（亿元）	工业增加值（亿元）	工业投资效果系数	工业投资额（亿元）	工业增加值（亿元）	工业投资效果系数	工业投资额（亿元）	工业增加值（亿元）	工业投资效果系数
2010 年	150.09	218.52	0.23	421.77	1135.75	0.49	98.51	278	0.58
2011 年	169.36	267.28	0.29	422.57	1306.65	0.4	118.86	340.95	0.53
2012 年	200.29	298.29	0.15	498.67	1289.21	−0.03	156.87	381.49	0.26

专业市场带动区域经济发展的比较研究

　　庞大的专业市场是"浙江模式"形成与发展的重要动力。本文通过比较几个专业市场主导型区域经济的情况,分析专业市场在带动区域经济发展过程中所扮演的角色变化,提炼这种发展模式的成功经验,为其他区域尤其是中西部地区的经济发展提供有益借鉴。

　　改革开放以来,浙江经济迅猛发展,其发展模式大致可归纳为以专业市场为纽带,带动周边地区的工业化、城镇化,依靠民营经济大发展实现区域一体化协调发展。因此,浙江经济也可以看作一种专业市场主导型的区域经济。本文拟在几个不同的专业市场主导型区域经济中,分析专业市场如何带动区域经济发展,通过考察对比它们不同的形成机制、现状特点和发展态势,总结专业市场带动区域经济发展的规律和经验,为类似区域的经济发展提供借鉴。

一、"义乌模式"与"温州模式"的比较

　　从浙江内部各地的发展历史来看,早期的"温州模式""杭州模式""萧山模式""宁波模式",再到后来的"义乌模式""台州现象"等,各个小区域由于地理区位、要素禀赋等先天条件不同,其发展模式、发展道路各具特色。省内各区域发展模式中,杭州、宁波等区域历史上属于发达区域,其发展得益于其先天条件,如土地资源、区位优势、天然港口、外资等,而温州、义乌等区域发展完全是在先天条件较差基础之上,特别是义乌,不沿边、不靠海、交通不便、地瘠人贫、自然资源匮乏,因此具有"落后地区实现跨越式发展"的代表性,更加具有研究价值。

　　在义乌和温州两种区域发展模式中,大规模的专业市场在其形成和发展过程中起到了十分关键的作用,但专业市场在两种模式中所扮演的角色截然不同。

(一)两地专业市场的成因不同

　　义乌模式和温州模式被视为浙江模式的缩影,两者在本质上并没有大的区别,都是通过专业市场和产业集群的互动带动区域经济发展。两者的区别主要在于发展的起点不同:"温州模式"中是民间创业热情形成产业集聚,进而

催生专业市场；而"义乌模式"中则是专业市场不断做大，导致周边产业集聚。在时间上，两者也略有先后，义乌市场的形成很大程度上得益于温州市场的扩散，也就是温州商人对义乌市场的形成起了重要的促进作用。

1982 年，温州出现创业小高潮，个体工商企业超过 10 万户，约占全国总数的 1/10，30 万经销员奔波于各地。出于企业销售产品的需要，1983 年，温州创办了全国第一个专业市场——永嘉桥头纽扣市场，从此之后，一系列的专业市场如雨后春笋般大量涌现。温州的乡镇企业通过专业市场销售自己的产品，并通过市场体系来配置生产要素，借助专业市场的力量，各种生产要素得以更加有效配置，区域经济获得了规模效应以及交易费用的降低。

义乌的经商传统源于当地农民肩挑货郎担的"鸡毛换糖"行为，这一艰辛的历程铸就了义乌人吃苦耐劳的精神，也使义乌人逐步积累了较为丰富的商业经验，培养了经商技能，并养成了"不以利小而不为"以及善于发现、挖掘、把握商业机会的品质，为此后小商品市场的萌芽、诞生和发展创造了必要的商业文化基础，这也是义乌市场从薄利多销的小商品起步的重要原因。为便于货郎担在当地配货，1982 年 9 月，义乌工商部门兴办了第一代仅 705 个摊位的小商品市场，并对刚刚萌生的个体、私营工商户采取了五项优惠政策，这就是义乌小商品市场的前身。此后，义乌县委、县政府领导顺理成章地提出了"兴商建县"的发展战略。至撤县建市时的 1988 年，义乌小商品市场的摊位数量增加到 6131 个，年成交额也由第一代的 392 万元猛增至 2.65 亿元，与小商品市场配套的农村工业以及城市基础设施建设等均得到了较大发展，义乌小商品市场初具雏形。20 世纪 90 年代初中期，鉴于义乌市场的产业支撑不足，义乌市委、市政府适时提出了引导部分经商户将商业资本转向工业，由此引发了兴办小商品制造企业的热潮，大量小商品制造企业在小商品市场的周围实现聚集，工业实现蓬勃发展，为后来的"工商联动"奠定了基础。

（二）两地专业市场的功能各异

温州的专业市场，是为了解决温州企业产品销售问题而诞生的，属于原始属性的有形市场概念，是温州的数十万经销大军从全国各地带回来大量的商流、资金流和信息流汇聚到一处所形成的。尽管在合理配置要素，提高要素流动效率等方面也具有一定作用，它的功能比较单一，主要为了分销当地企业所生产的大量产品，其本质上还是一个商品市场的概念。这一点，从温州市场此后向其他区域进行扩散和扩展的方式也可以得到印证。温州商人将市场办到全国甚至全球各地，而这些市场的主要功能就是销售温州生产的各种商品。

义乌的小商品市场在诞生与发展的初期，主要也是承担商品市场功能，但随着当地政府在市场发展不同历史时期出台一系列"顺势而为"的政策措施，以及市场自身不断的制度创新，义乌小商品市场的功能被极大地丰富与扩展，不再是商品市场单一的商品销售功能，而是以小商品市场为纽带，通过提供共享式交易平台和开展来料加工这两种主要方式，将国内外众多的小商品生产者和贸易商联系在一起，形成了一个既包括前向的产品销售区域，也包括后向的产业支撑区域，辐射周边及国内外其他许多地区的跨区域分工协作网络，也就是"义乌商圈"。这些相关联的经济主体和区域或借助义乌小商品市场这一平台，将自身的产品销往各地；或通过该市场，采购来自全国各地乃至国外的小商品；或直接、间接地为前两种主体服务。义乌小商品市场在这一过程中起到了枢纽和桥梁作用。

（三）两地专业市场的命运迥然

国内外的大量历史经验表明，大部分的商品专业市场在发展到一定程度之后会逐步消亡，温州市场也是如此。20 世纪 90 年代，温州的专业市场在规模和数量壮大后面临着管理方式的调整和与同类市场竞争的压力，发展的瓶颈逐渐显现，主要是由于经商户的进入门槛很低，几乎没有任何政策限制，经营的产品良莠不齐，甚至伪劣产品充斥其中。市场对企业的生产拉动功能遭到严重破坏。另一方面，温州商人（企业家）逐步向其他区域、其他行业、其他市场进军，也让大量商品市场逐步丧失其继续存在的基础，从而走向消亡。

而义乌市场的命运却迥然不同。小商品市场在历经数十年的更新换代之后，不仅没有消亡的迹象，反而不断扩大规模，不断提升层次，形成具有强大辐射能力的区域分工网络，其中，关键性的因素有两个，即政府力量和制度创新。

温州的专业市场发展带有强烈的自组织特征，即市场力量起着自组织的作用，政府则起着促进性和辅助性的作用，具体表现为"无为而治"，因此，在市场自身的许多弊端积累到一定程度，爆发出来之时，市场的发展便遭遇严重瓶颈，从而导致专业市场逐步消亡。义乌的小商品市场虽然也是由民间力量诱致的，但纵观其改革开放以来的发展、提升过程，党委政府的主动引导、调控和规范发挥了决定性作用，是"浙江模式"所包含的"党委政府服务有为"这一特色的突出代表和成功典型。这种"有为"不是对市场规律的横加干涉，而是建立在尊重市场配置资源的主体地位和群众首创精神的基础上，更多地体现出"顺势而为""适度有为"的特点。

（四）小结与启示

温州与义乌从宏观上都是"专业市场＋产业集群"互动带动区域经济的发展模式。但两地的专业市场却遭遇了截然不同的命运。究其原因，归结起来只有一点,那就是"适时创新"。

温州的专业市场从诞生之日起,就属于传统的商品市场范畴,主要发挥了货物的流通功能,在当时从计划经济向市场经济转型的特定历史时期,它的功能符合历史潮流,因而获得繁荣发展。但随着短缺经济的终结,人们对消费品的需求从"数量"转向"质量",一方面,温州专业市场单一的商品分销功能不能满足社会需要;另一方面,由于缺乏政府有力的引导,市场创新乏力,最终走向消亡。而义乌的专业市场则适时地开展各种制度创新,使得专业市场从形态和功能上都得到了升华,从而适应了时代发展的需要,避免了以往单纯商品市场消亡的命运,并继续在区域经济发展中扮演关键性的主角。

二、义乌与临沂的比较

地处鲁南苏北的山东临沂,历史上是革命老区,自 20 世纪 80 年代开始"摆地摊、搞商业",经历了数十年的发展之后,如今形成了包括 68 处"一市一品""一场一品"的专业化市场在内的庞大的批发市场群,城市经济规模迅猛增长,经济社会结构加速转型,城市综合竞争能力迅速提升,成为淮海经济区一个引人注目的亮点,被称为"临沂现象",也是专业市场主导型区域经济的典型代表。因此,舆论界素有"南有义乌、北有临沂"之说。

(一)关于市场规模与地区专业化水平的理论框架

与包括温州市场在内的大部分商品市场不同,义乌与临沂的专业市场都属于转型升级后的市场形态,具备了深化区域分工、推动区域一体化以及辐射周边等功能。因此,本文拟借助一个新兴古典经济学的模型进行实证考察。经济学理论认为,随着专业市场的规模增大,通过降低发展一个商务关系的费用率、增加网络参与者的数量和现有每次交易的费用率,可以提高专业市场的分工可靠性。在此情况下,外围地区的专业化部门就可能得到继续深化,并不断被卷入专业市场的分工网络。与此同时,外围地区的专业化部门借助专业市场的大规模需求发展生产,收入不断增加,并通过乘数效应推动本地的经济成倍增长,当专业化部门的收入超过某一临界点时,可以引起区域经济的"向外聚爆",带来该地区经济的巨大增长,这就是专业市场带动区域经济发展的内在机理。

如图 1 所示,专业市场规模的扩大可以提高交易效率,降低交易费用,但这种规模效益并不能无限持续,当市场规模扩大到临界点时,成本的增加将超过收益,而这个临界点就是"最优点",即图 1 中的 B 点。市场规模扩大带来产业集聚。在专业市场主导型区域中,当地区专业化水平达到一定程度,便不再提高,此时市场规模达到最优。因此,通过测算地区专业化水平的变化情况,可以了解该地区市场规模是否已达到临界点,从而防止地方政府盲目扩大市场规模。

图 1 市场规模与产业集聚

为测算地区专业化水平,本文选取了地区相对专业指数和地区间专业化指数两个指标,其计算公式如下:

$$K_i = \sum_k |s_i^k - s_i^{-k}| \tag{式1}$$

其中 $s_i^k = E_i^k / \sum_k E_i^k$,$s_i^{-k} = \sum_{j\neq i} E_i^k / \sum_k \sum_{j\neq i} E_j^k$

$$K_{ij} = \sum_k |s_i^k - s_j^k| \tag{式2}$$

其中,i、j、k 分别为地区 i、地区 j、行业 k,E_i^k 为地区 i 行业 K 的产值数。式1表示地区相对专业化指数,即某一地区各行业的专业化系数与其余地区相应行业的专业化系数差的绝对值之和,测度的是第 i 地区与其余地区平均水平的产业结构差异程度,或称第 i 地区的专业化程度。式2表示地区间专业化指数,直接衡量的是两个地区间产业结构的差异程度,取值范围为0—2,数值越大代表两地区的产业结构差异越强。地区相对专业化指数与地区间专业化指数是从两个不同角度描述地区间的产业结构差异程度,可以相互佐证。

(二)义乌与临沂的地区专业化水平测算

本文在下面的计算中选择的时间节点为 2000 年和 2007 年。这里有必要对此做出说明:义乌市场中 64% 的商品是外销,临沂市场虽然以内销为主,但外销的比例也占 20% 左右。因此,1997 年和 2008 年的两次金融危机对两个专业市场辐射圈的商品生产和销售都造成了冲击,对义乌的影响尤其严重,例如,1998 年义乌市场成交额比上年大幅下降(2000 年恢复到危机前的水平),2008 年底的市场成交额增幅比上年也出现了回落,这些变化都有可能通过直接或间接的途径对专业市场辐射圈的各产业造成冲击,并且,因为各区县的主导产业不同,受到的影响程度可能并不相同,这种异常波动对各区域专业化指数的测算将带来较大的极值影响,从而对结果的分析造成误导。因此,为了尽量降低经济异常波动对于计算结果可能造成的影响,本文选取这两个时间点进行测算。

1. 义乌周边地区(金华各区县市)专业化水平测算。

根据式(1)计算出的 2000 年与 2007 年义乌周边地区相对专业化指数显示,至 2007 年,除永康市和磐安县以外的其他地区的专业化指数相比 2000 年都有了显著的下降,从 2000 年的均值为 0.66 下降到 2007 年的均值为 0.57(详见表1)。

表 1   按国民经济行业计算的义乌周边地区相对专业化指数变动

年份	市区	东阳	永康	义乌	兰溪	浦江	武义	磐安	平均值
2000	0.44	0.59	0.45	0.95	0.61	0.73	0.89	0.65	0.66
2007	0.31	0.44	0.74	0.58	0.47	0.55	0.47	1.03	0.57

数据来源:根据《金华统计年鉴》(2001、2008)计算。

根据式(2)计算出的 2000 年与 2007 年金华各区县市地区间专业化指数平均值显示,2007 年全市的专业化指数平均值比 2000 年略微下降了 0.01,总体上与 2000 年基本持平,各区县市的专业化指数平均值则有升有降。2007 年金华全市的专业化水平与 2000 年基本保持不变。意味着该区域的市场规模已经位于临界点 B 点的位置,但内部各县市的产业集群仍然在不断地调整当中,导致各个小区域的专业化水平不断变动(详见表2)。

表 2   按国民经济行业计算的金华各县市地区间专业化指数的平均值比较

年份	市区	兰溪	义乌	东阳	永康	武义	浦江	磐安	全市
2000	0.69	0.78	0.61	1.09	0.60	0.66	0.79	0.63	0.73
2007	0.63	0.62	0.74	0.75	0.62	0.67	0.62	1.14	0.72

数据来源:根据《金华统计年鉴》(2001、2008)计算。

2. 临沂地区专业化水平测算。

根据式(1)计算出的 2000 年与 2007 年临沂各县市相对专业化指数显示,2007 年除平邑外的其他地区的专业化指数比 2000 年都有了显著的提高,从 2000 年的均值为 0.28 提高到 2007 年的均值为 0.45(详见表3)。因此,可以推测,随着临沂专业市场的扩张,其辐射区域的专业化水平已有较大的提高。但是单从表3我们无法区分地区的专业化指数提高是由于所有产业都集中到了少数地区,还是各地区实现了有差异的产业结构,也就是说,我们还无法判断其是处于产业集聚的倒"U"形曲线的前半段还是后半段（B 点之前还是 B 点之后）。

表3 按国民经济行业计算的临沂各区县市相对专业化指数变动

年份	兰山	罗庄	河东	沂南	郯城	沂水	苍山	费县	平邑	莒南	蒙阴	临沭
2000	0.35	0.31	0.64	0.34	0.18	0.10	0.25	0.16	0.33	0.22	0.18	0.31
2007	0.47	1.06	0.76	0.37	0.50	0.28	0.48	0.26	0.28	0.35	0.20	0.39

数据来源：作者根据《临沂市统计年鉴》(2001、2008)计算。

根据式(2)计算出的 2000 年与 2007 年临沂各区县市地区间专业化指数平均值显示，2007 年临沂全市的地区间专业化指数平均值从 0.38 提高到 0.56，且所有区县市的专业化水平均比 2000 年明显提高（详见表4），也就是说，临沂市场辐射的区域内，专业化的分工正在加深，产业集聚正处于倒"U"形曲线的前半段。

表4 按国民经济行业计算的临沂各区县市地区间专业化指数的平均值比较

年份	兰山	罗庄	河东	沂南	郯城	沂水	苍山	费县	平邑	莒南	蒙阴	临沭	全市
2000	0.41	0.39	0.64	0.41	0.32	0.28	0.34	0.30	0.42	0.32	0.34	0.38	0.38
2007	0.62	1.12	0.75	0.51	0.52	0.42	0.50	0.41	0.46	0.47	0.45	0.47	0.56

数据来源：作者根据《临沂统计年鉴》(2001、2008)计算。

（三）基于专业化水平测算的分析

区域经济理论认为，区域一体化程度会对产业空间分布产生重要影响。对义乌和临沂两地而言，先天性的区位条件、自然资源、要素禀赋等方面，义乌并不比临沂更佳，但地区专业化水平以及区域经济发展却远远领先于临沂，通过分析，可以从政府力量的不同来寻找义乌和临沂两个市场辐射圈内专业化指数差异也就是区域经济一体化发展阶段差异的根源。

1.相关配套建设的力度不同。

出于对接小商品市场的考虑，早在 2005 年，金华（即义乌及其周边地区）就明确提出构建"大金华公路网"战略，并且为了加快专业市场与周围产业集群间的要素流动，专门建立了"共建大金华"专项发展资金，即按各区县（市）地方财政体制分成收入的 1.5% 统筹，用于一体化建设。针对境内交通等级不高、封闭运行收费公路较多等问题，金华市确立了"城际通道、疏港通道、出省通道"布局，积极构筑连接长三角经济区、温台沿海和四省九方经济协作区腹地的立体综合交通网络。目前义乌专业市场辐射圈内便捷、高效、网络化的高等级快速交通雏形已经显现,将进一步拉近各县(市)之间时空距离,为加速生产要素流动整合提供强有力的支撑。

临沂尽管也是一个交通枢纽,但是多体现在与外部省(市)的铁路和公路联系上,本辖区内的各县(市)之间的交通建设,无论在投资还是协调力度上都与金华存在不小的差距。例如,截至 2010 年底,虽然临沂全市公路通车总里程达到 22316.4 公里,但是,其中 63.5% 是 2005 年之后实现的,即 2005 年只有不到 8000 公里,而同期金华已超过 10000 公里。

2. 对专业市场相关配套制度的供给能力不同。

在义乌,专业市场虽然一开始是由民间力量诱致的,但在后来的发展进程中,政府的引导、调控、规范、服务发挥了决定性作用。义乌政府充分发挥市场在资源配置中的主导性和基础性作用,形成有利于资金、土地、人才、能源等资源要素合理配置的体制,政府全面退出了竞争性领域,但对于关系发展全局和国计民生的重大事项,政府根据本地区实际情况采取了强有力的调控手段,牢牢掌握发展的主动权。例如,在市场建设、摊位租金、联托运业、划行规市、打假治劣等方面,政府保持着强有力的权威,有效避免了区域内商户相互之间的恶性竞争。

而在临沂,政府对专业市场的控制力相对较弱,鼓励和支持群众自谋职业、自主发展,引导社会各方支持市场发展,引导村居、企业投资办市场,总体上奉行的是政府指导和多元主体协作共同发展的政策。因而,临沂的市场制度在系统性和规范化方面表现得相对滞后,例如,直到 2005 年,《中国临沂商城总体规划》才明确提出将城区的 90 多个专业市场整合提升为 13 个商品交易功能区。

三、几点结论

(一)区域经济发展并无固定模式

通过上文的比较分析,可以看到,一个大区域中的各个小区域,其经济发展千差万别,就会呈现各种不同的发展模式;而同样是"专业市场主导型区域经济"的不同区域,其经济发展的内在机理与外在表现仍然差异巨大,就像温州与义乌、义乌与临沂,都各不相同。因此,区域经济的发展并没有固定模式,必须从自身实际出发,因地制宜。

在义乌与临沂的比较分析中,我们发现义乌市场的发展阶段要高于临沂,也就是说,义乌过去一个阶段的发展经验,也许可以为临沂今后的发展提供借鉴。但这并不意味着"义乌模式"就可以在临沂复制。同样的道理,这些发展较好区域的成功经验也无法直接在其他相似的区域进行移植。通过比较分析,提炼各种模式的成功经验和失败教训,可以对其他区域的发展提供方向指引,使其少走弯路,但绝不能照搬照抄。

(二)专业市场发展不能片面追求规模

过去几十年风风火火的市场大潮,造就了一个又一个的"中国奇迹""中国速度",专业市场的发展确实对一个区域经济的发展提供了很大的拉动力,但经济学规律告诉我们,在如今的社会历史条件下,市场的规模并非越大越好,市场的生命力不在规模,而在其是否符合时代要求。在如今我国经济面临转型升级的重要关口,原有的粗放型发展模式必须向集约型转变。因此,各后发地区在发展专业市场的时候,必须避免一味追求规模,不注重品质的做法。

(三)政府力量必须"适时""适度"

我们认为义乌市场之所以持续健康快速发展,与义乌政府的"顺势而为""适度有为"有着直接关系。这里的"顺势"正是指遵循经济发展规律,顺应时代发展大势,也就是适时。

一方面,要避免政府的"不作为";另一方面,更要避免政府"过度有为"。一味奉行"无为而治",任由市场自生自灭,必然导致市场因自身的固有缺陷无法得到克服,不能健康发展甚至自行消亡。而如果"过度有为",则会人为扭曲市场运行轨迹,让区域经济误入歧途。正如市场规模扩大到一定阶段时,会出现秩序混乱、恶性竞争、结构失衡等情况,就需要政府力量去规范、协调与整治,这中间就需要把握好"度",既要调控好市场秩序,又不能打击市场的积极性,也就是要"适度"。

(四)长盛不衰的唯一秘诀是"创新"

义乌政府从最早的"兴商建市"战略,到后来的"以商带工",再到后来的"工商联动",可以说,在发展的每一个阶段都进行了一系列的制度创新,而这种创新是基于对历史潮流的准确判断,符合客观发展规律的,而非政府主观的随意创新。此外,在义乌市场几十年的发展中,无论是生产组织、交易方式还是区域分工、一体化合作等,也经历了各种形式的拓展与革新。义乌的区域分工,已经从单纯产品的块状集聚转变为服务的块状集聚。即从以前的各地方分别生产不同的产品发展到如今一个产品由各地方提供各道工序的加工服务,也就是建立在分工更加细化基础上的区域一体化。正是这一系列的创新,保障了义乌市场不断更新换代,区域经济长盛不衰。

因此,其他区域在学习"义乌模式",借鉴"义乌经验"时,不能停留在学形式,而要着重学习义乌的创新精神。"义乌模式"今后要想继续保持快速发展,不能靠吃老本,也必须靠持续创新。只有自主创新,才是所有模式真正的精髓所在。

课题负责人　　左南丁
课题组成员　　王启金　　朱飞飞　　金良家
　　　　　　　汪维薇　　王　娟　　张序旦
　　　　　　　张　琦　　任光辉
执　　　　笔　　张序旦

参考文献:

[1] 陆立军.“义乌模式”的成因及其与“浙江模式”的关系[J].财经论丛,2008(4).

[2] 刘乃全,任光辉.专业市场的产业集聚与区域分工——以两大“专业市场辐射圈”为例的分析[J].经济管理,2011(4).

[3] 赵伟.浙江模式:一个区域经济多重转型范式——多视野的三十年转型[J].浙江社会科学,2009(2).

[4] 史晋川.制度变迁与经济发展:“浙江模式”研究[J].浙江社会科学,2005(5).

[5] 韩芳.“浙江模式”研究综述[J].浙江树人大学学报,2009,9(4).

[6] 刘乃全,任光辉.专业市场扩张、特色产业集聚与区域分工深化——两大专业市场辐射圈的比较和启示[J].产业经济研究,2011(2).

能源集约水平比较分析

2012 年,浙江省全社会电力消费 3211 亿千瓦时,其中工业用电 2403 亿千瓦时。全省终端能源消费 17694 万吨标准煤,其中电力比重为 51.7%,是终端消费的主要能源。2005—2012 年,浙江电力增速与 GDP 增速的走势基本接近,个别年份差异稍大。经济增长与能源消费之间存在着密切的关系,本文主要以用电量等指标,简要比较浙江与全国及部分主要省市在电力消费与 GDP 增长关系上的差异。

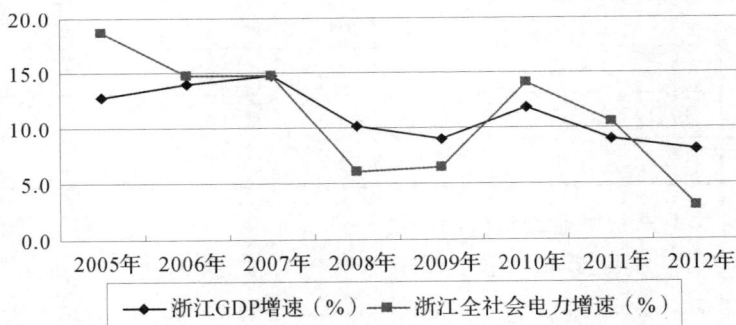

图 1　浙江 2005—2012 年 GDP 与全社会用电量增速(%)

一、每度电产出 GDP 的比较

2005—2012 年,浙江每千瓦时电力产出 GDP(现价)的水平虽略高于全国,但明显低于广东、江苏、山东、北京、上海,且差距呈扩大之势。2012 年,浙江每度电产出 GDP 为 10.8 元,比 2005 年增加 2.6 元,同期全国(10.5 元)增加 3 元,而广东(12.4 元)、江苏(11.8 元)、山东(13.2 元)、北京(20.4 元)、上海(14.9 元)分别增加 3.9、3.3、3.6、8.2 和 4.9 元。2005 年,浙江每度电产出 GDP 为 8.2 元,仅比广东、江苏低 0.2 和 0.3 元,到 2012 年已经扩大到低 1.6 和 1 元;与全国平均水平比,从高出 0.8 元到仅高出 0.3 元。2005—2012 年,浙江、江苏、山东、北京的全社会用电量占全国的比重基本保持稳定,2012 年浙江全社会用电量占全国的 6.5%,江苏、山东、北京的比重分别为 9.2%、7.7%、1.8%,广东则从 2005 年的 10.7% 下降到 9.3%,上海从 2005 年的

3.7％下降到 2.7％。虽然地区能源消费和产业结构的不同,不能简单比较,但电力作为能源消费的主要组成部分,单位电力产出比较还是能够说明,浙江单位电力消费带来的 GDP 增量要小于上述主要省市,经济增长对电力的需要较高。

表 1   每千瓦时电力产出 GDP

单位:元

年份	全国	浙江	广东	江苏	山东	北京	上海
2005	7.4	8.2	8.4	8.5	9.6	12.2	10.0
2006	7.6	8.2	8.9	8.5	9.6	13.3	10.7
2007	8.1	8.6	9.4	8.8	9.9	14.8	11.7
2008	9.1	9.2	10.5	9.9	11.3	16.1	12.4
2009	9.2	9.3	10.9	10.4	11.5	16.4	13.0
2010	9.6	9.8	11.3	10.7	11.9	17.4	13.2
2011	10.1	10.4	12.1	11.5	12.5	19.8	14.3
2012	10.5	10.8	12.4	11.8	13.2	20.4	14.9

二、每度电产出工业增加值的比较

2012 年,浙江每度电产出工业增加值为 6.4 元,比全国(5.5 元)高 0.9 元,但比广东(8.5 元)、江苏(6.7 元)、山东(7.9 元)、北京(11.1 元)、上海(9.0 元)分别低 2.1、0.3、1.5、4.7 和 2.6 元。与 2005 年相比,浙江每度电产出工业增加值的增量为 1.5 元,同期全国增量为 1.3 元,广东、江苏、山东、北京、上海的增量分别为 2.8 元、1.4 元、1.9 元、4.5 元、2.5 元,除比全国、江苏高 0.2 元和 0.1 元,工业能源产出水平差异也很大。

表 2   每千瓦时电力产出工业增加值

单位:元

年份	全国	浙江	广东	江苏	山东	北京	上海
2005	4.2	4.9	5.7	5.3	6.0	6.6	6.5
2006	4.3	5.0	6.0	5.3	6.3	6.6	7.0
2007	4.5	5.3	6.3	5.4	6.4	7.2	7.3
2008	5.1	5.7	7.2	6.1	7.4	7.7	7.7

续表

年份	全国	浙江	广东	江苏	山东	北京	上海
2009	5.0	5.5	7.6	6.3	7.3	8.1	7.7
2000	5.2	5.8	7.7	6.3	7.4	9.0	8.3
2011	5.4	6.2	8.3	6.6	7.6	10.5	8.9
2012	5.5	6.4	8.5	6.7	7.9	11.1	9.0

三、人均电耗的比较

近些年,浙江终端能源消费偏好于清洁的电力,这是好的发展方向,但人均电力消费量相对偏高。2012 年,按常住人口计算,浙江省人均电力消费量为 5869 千瓦小时,从人均电耗绝对量来看,远高出全国平均水平(3672 千瓦小时),也高于广东(4379 千瓦小时)、江苏(5792 千瓦小时)、山东(3928 千瓦小时)、北京(4278 千瓦小时)和上海(5725 千瓦小时)。2012 年,浙江省人均电耗比 2005 年(3312 千瓦小时)增长 77.2%,增速低于全国(91.9%)、江苏(98.3%)和山东(89.3%),高于广东(43.3%)、北京(13.6%)和上海(12.8%)。

表 3 人均电耗

单位:千瓦时

年份	全国	浙江	广东	江苏	山东	北京	上海
2005 年	1913	3312	3056	2921	2075	3764	5077
2006 年	2181	3795	3224	3371	2449	3897	5138
2007 年	2482	4282	3554	3839	2780	4071	5325
2008 年	2608	4481	3587	4028	2903	4002	5414
2009 年	2782	4713	3605	4256	3114	4071	5301
2010 年	3135	5262	3947	4929	3462	4238	5743
2011 年	3491	5714	4200	5431	3782	4129	5762
2012 年	3672	5869	4379	5792	3928	4278	5725

四、能源消费弹性系数分析

能源消费弹性系数,是一个国家或地区能源消费总量增长速度与 GDP 增长速度之比,反映经济每增长 1 个百分点,相应能源消费需要增长多少个百分点。弹性系数越小,则说明在产出增长一定的前提下消耗的能源越少;弹性系数越大,意味着经济增长利用能源效率越低,能源消耗越高。能源消费弹性系数的发展变化与经济结构、技术装备、生产工艺、能源利用效率、管理水平乃至人民生活等因素密切相关。随着科学技术的进步,能源利用效率的提高,经济结构的优化,能源消费弹性系数会逐步下降。

目前,世界发达国家能源消费弹性系数一般在 0.5 以下。从 2005—2012 年浙江能源消费弹性系数情况看,除个别年份外,其余年份均低于全国水平。2005 年,浙江能源消费弹性系数为 0.87,低于全国(0.93)0.06 个点。2005—2011 年,浙江能源消费年增长速度低于同期经济增长速度,各年份能源弹性系数呈不稳定的下降趋势。其中,2008—2009 年,受国际金融危机的影响,能源消费增速剧降,能源消费弹性系数小于 0.5。从总体上看,与 2005 年相比,2011 年能源消费弹性系数下降 0.24 个点,说明浙江经济增长质量和效益逐步提高,经济增长方式逐渐由粗放型向着集约型转变。

表 4   2005—2011 年能源消费弹性系数

地区	2005 年	2006 年	2007 年	2008 年	2009 年	2010 年	2011 年
全国	0.93	0.76	0.59	0.41	0.57	0.58	0.76
浙江	0.87	0.71	0.67	0.40	0.34	0.70	0.63

电力消费弹性系数是电力消费增长率与国民经济增长率的比值,是反映电力消费量增长与国民经济增长之间比例关系的指标,反映电力消费与社会经济发展的关系。弹性系数越小,说明在产出增长一定的前提下消耗的电力越少,电力利用率就越高;反之则相反。世界各国的经济发展经验表明,处在工业化加速阶段的国家和地区,电力消费增长率超过经济增长率是比较普遍的现象。按国外发达国家水平,该系数保持在 1.0—1.2 是一个比较正常的水平。2005 年,浙江电力消费弹性系数为 1.23,近年来基本与全国水平接近,2012 年下降到 0.38。由于一年的能源消费弹性系数并不能科学反映经济增长与能源消费的关系,但从横向比较看还是有一定参考意义,随着经济总量的增长,浙江对能源的需求继续保持增长态势,对能源供给带来压力。

表 5　电力消费弹性系数

单位:%

年份	全国	浙江	广东	江苏	山东	北京	上海
2005 年	1.2	1.23	0.9				
2006 年	1.2	1.17	0.9	1.2	1.3	0.6	0.6
2007 年	1.0	1.00	0.9	1.0	1.0	0.6	0.5
2008 年	0.6	0.61	1.7	0.4	0.4	0.4	0.6
2009 年	0.8	0.72	1.0	0.5	0.6	0.7	0.2
2010 年	1.3	1.18	1.0	1.3	1.0	0.9	1.2
2011 年	1.3	1.16	0.8	1.0	0.9	0.2	0.4
2012 年	0.7	0.38	0.6	0.7	0.4	0.8	0.1

　　从上述比较可看出,浙江能源集约水平相对较低,因此加快创新驱动发展也更为迫切。2012 年,浙江 R&D 经费支出占 GDP 的比重为 2.08%,比重居全国第六位,R&D 经费支出 722.6 亿元,总量规模是江苏的 56%;国内三种专利申请受理数 17.7 万件,是江苏的 50.8%,广东的 90.2%;浙江全部工业增加值率为 19.5%,比江苏(21.5%)低 2 个百分点。有关评比资料显示,2012 中国品牌 100 强名单中浙江仅娃哈哈、纳爱斯、罗蒙 3 个。"中国最具价值品牌"百强榜中浙江也只有 8 个(娃哈哈、利群、奥康、阿里巴巴、贝因美、报喜鸟、古越龙山、杉杉)。浙江发展需要加快从依靠资源消耗为主向提高资源利用效率为主转变,从低层次产业为主向高技术含量、高加工度、高附加值产业为主转变,从粗放经营为主向创新驱动和绿色制造为主转变。

表 6　2012 年 R&D 经费和占比情况

指　标	全国	浙江	广东	江苏	山东	北京	上海
R&D 经费(亿元)	10298.0	722.60	1236.2	1287.9	1020.3	1063.4	769.5
R&D 经费占 GDP 比重(%)	5.95	2.08	2.17	2.38	2.04	5.95	3.37
比重居全国位次		6	5	4	7	1	2

综合处　孔海英

浙江创新农业经营机制研究

　　农业的规模化与产业化是农业发展的方向与必然选择。伴随我国经济社会发展的不断升级,农业的发展面临新形势,一家一户经营模式逐渐被打破,农业正处在一个需要创新经营机制的关键时期。目前以农业龙头企业、大户和合作社等形式的农业生产经营方式正在形成与扩张,但在运行中还存在或多或少的问题,需要完善和创新。本文采用调研与专题调查相结合的方式,立足浙江农业发展的实际,剖析存在的问题,提出创新浙江农业经营机制的思路。

　　伴随我国社会经济的深入发展,在家庭联产承包责任制长期不变的背景下,农业经营方式面临一个新的历史时期,必须朝着规模化、集约化、专业化方向转变,这也是世界各国现代农业发展的必然规律。浙江人多地少,二、三产业相对比较发达,农业正处在一个创新经营机制的关键时期,以农业龙头企业、大户和农民自愿合作组织(合作社)带动型模式是当前农业经营机制的主要表现形式。但这些模式从运行情况看,还存在这样那样的问题,有一些只能是现代农业发展过程中的过渡模式。浙江农业经营机制需要不断探索、创新和完善,尤其是浙江农业要走专业品牌化、科技化、现代化之路,必须探索出一条兼顾当前经济增长和社会长远稳定,兼顾农业特色与强势竞争力的农业经营机制。

　　本文以浙江种植业经营模式为研究对象,通过对目前浙江农业经营模式的分析和国内外一些农业经营模式探讨研究,结合问卷形式征询当前农业经营主体对农业发展的看法和今后农业发展选择意愿的调查,提出了创新浙江农业经营机制的构想及一些意见建议。

一、浙江农业经营模式现状

　　浙江地处我国东南沿海,气候多样,农、林、牧、渔各业全面发展。历届省委、省政府都高度重视农业发展,农业农村经济呈现了持续快速发展的态势。2012 年,全省农林牧渔总产值 2658 亿元,实现生产总值 1669 亿元。近年来粮食总产稳定在 150 亿斤左右。茶叶、蚕茧、食用菌、蜂产品、花卉苗木等在全国占据重要位置。工商企业、民间资本投资农业活跃;农业产业化经营趋势明显,组织化程度不断提高;农业经营模式多样,经营主体多元。目前浙江农业经营的模式可归纳为如下几种。

（一）散户经营模式

这种模式是伴随土地家庭联产承包责任制而来的产物,它将集体土地分配由一家一户农户自主经营,土地使用权归农民家庭所有。这种模式有效激发了农民种田积极性,有力促进农业劳动生产率的提高,为增加农产品有效供给,解决温饱问题起到了历史性的作用。到目前为止,这种模式仍占主导地位。据省农业部门统计,2012 年,全省家庭承包耕地流转总面积 823.44 万亩,流转比率为 42.9%。这表明承包耕地仍由一家一户农户经营为主。

（二）大户承租模式

大户承租模式是伴随二、三产业的发展,一些农户外出打工没工夫或没精力打理自家承包地,而一些熟悉农业且有经营头脑的农户欲从规模化生产中获取效益,农户与农户之间自愿形成土地租赁契约的一种模式。即大户向普通农户承租土地,并形成口头或书面契约,普通农户将自家承包土地在契约规定的期限内交由种植大户经营,而自己从大户中获得租金或稻谷等实物。2012 年,全省共有种植业大户 11.95 万户,其中种粮大户 4.9 万户;种粮大户种粮面积 380.22 万亩,占全省粮食总播种面积的 20.3%。

（三）"公司＋农户"模式

企业（或公司）与农户订立契约,将农民和土地同时"租赁"。龙头企业（公司）来确定生产项目、提供技术、负责销售等。农户按企业统一要求负责具体生产,并把生产成果（农产品）交企业,从中取得固定的土地租赁金和相应的劳动报酬。2012 年,全省农业产业化组织中龙头企业带动型的有 7469 家。

（四）股份制（合作社）形式

通常由几个人牵头形成,联络愿意加入的农户,进行利益共享,风险共担的农业经营模式。2012 年,浙江农民专业合作社 3.2 万家。

二、现行农业经营模式的弊端和存在的问题

发展现代农业必须解决好与整个经济、社会协调发展的问题。如土地规模化如何实现、农村剩余劳动力如何有效转移、各方利益如何均衡、保护生态和粮食安全的社会责任如何承担等。多年来的农业生产发展表明,现行的各种农业经营模式或多或少还存在一些问题和弊端。

（一）散户经营模式的弊端

土地规模化是发展现代农业的基本前提,而散户经营模式是土地规模经营的直接障碍,与现代农业不相适应。这种模式的弊端在于:一是由于土地一家一户分散经营,难以对土地做出总体规划,农业机械化和科技推广难以实施,难以发挥土地整体效益;二是农户自身经营风险较大,抵御市场风险能力弱,不利于提高收入;三是难以承载起保护生态等社会责任,现代农业的发展需要经济、社会、生态效益共同协调发展,在向土地获取经济效益的同时,还需承担保护生态和食品安全等社会责任,而作为农户个体显然难以承担这些责任。

(二)大户承租模式存在的问题

大户承租模式是现代农业的初级模式。这种模式的特点在于简单直接,为减少土地撂荒、提高土地利用率起到了积极作用。但这种模式在目前运行中存在以下几方面弊端。一是土地租赁关系不稳定。有些直接向普通农户租地的种植大户反映,普通农户因租金高低等原因,出租的随意性较大,说不租就不租或是随时要求提高租金。如瑞安市马屿镇一种粮大户直接与 18 个村的 970 多户农户签订耕地承包合同,感到比较"头疼",往往要花费很多精力做协商工作,有时矛盾还难以调解。这些因素直接影响了土地租赁关系的稳定性。二是土地承租期较短,难以长远规划。据对全省 107 户种植大户问卷调查,有 59 户(占 55%)流转合同在 5 年以下,最短的为 1 年或 1 季。流转期限短,难以对农业基础设施等作长远规划,种一年算一年,长远看也与现代农业发展不相适应。三是大户素质与现代农业不相适应。107 户被调查种植大户有 65 户(占 60.7%)的文化程度在初中及以下,大都靠经验从事种植,在应用现代技术、信息化等方面存有差距。

(三)"公司+农户"模式存在的问题

理论上说,这种模式是现代农业发展中的一种代表性模式,公司具有企业经营理念,对农产品质量的控制、品牌的建立和营销具有优势,而农户实际上就是农业产业工人。这种模式运行得好,是一种好模式。但这种模式在目前运行中存在以下弊端。一是利润和风险不平等,受行情波动影响较大,容易造成心理不平衡。通常情况下,公司与农户签订产品包销协议,当该农产品价格行情极差时,农户的损失很小,而公司的亏损则较大,甚至有可能导致公司倒闭。当该农产品价格行情好时,公司赚大头,农户赚"零头"。这些情况的存在,容易导致心理不平衡。此外,还存在相互毁约的情况。行情好时,农户自行销售;行情不好时,公司压级压价等。二是不确定因素较多。由于一些公司具有"超前"意识,有时候会钻一些政策的空子,出现"圈地""圈山"现象,短期看,为村集体、农户带来一定的好处,但长期发展,农户收益可能难以得到保障,不确定因素较多。

（四）股份制（合作社）存在的问题

这种模式通常是农户在实践中摸索出来的优于一家一户分散经营的模式，也比较有代表性，如能不断加以完善，也是一种好模式。但这种模式在目前运行中存在以下弊端。一是稳定性不够。由于这种模式通常是一家一户农民自愿组合，制度上缺乏保障，管理上缺乏人才，往往会出现虎头蛇尾现象，甚至到最后名存实亡，难以为继。二是一些合作社没有发挥实质性的作用。一些合作社的成立仅仅是为了套取国家补贴，并没有实质性内容。

三、农业经营主体的意愿实证分析

针对现行农业经营机制的弊端和存在的问题，如何完善现行农业经营机制和创新设计出更符合现代农业发展的农业经营机制，需要集中各方智慧。而农业生产经营主体作为农业生产经营机制的具体实施者，对目前农业发展中存在的问题有着更深刻的体会，对今后农业如何发展也有一定的想法和意愿。为此，国家统计局浙江调查总队组织全省 21 个市、县（市、区）调查队抽选 107 户种植大户和 126 户普通农业种植户进行了问卷调查，深入了解不同农业生产经营主体当前的经营状况、对农业发展的看法及经营意愿等。

（一）经营现状

1.普通农户劳动力总体就业不充分。在调查的 126 户普通农户中，18—70 岁的人员数为 435 人，平均每户 3.45 人，其中外出打工 194 人（包括在家附近工作），平均每户 1.54 人，参与农业生产活动的 217 人，平均每户 1.72 人。这些普通农户 2012 年共经营耕地面积 897.39 亩，平均每户 7.1 亩，2012 年全年用于从事农业的天数总共为 18618 天，平均每户 148.75 天。假设外出打工人数全部不参与农业生产劳动，参加农业生产活动的 217 人，按每人每年工作日 200 天计算，存量劳动天数总计为 43400 天，与从事农业生产劳动花费天数相差很远，仅占不到 43%（这还不包括外出打工人员兼业从事农业生产活动的人员）。

2.多数农户不愿意放弃土地经营权。外出打工的不稳定性以及农村社会保障总体处于低水平等原因使得农户不肯轻易放弃土地控制权和经营权。从 126 户普通农户调查结果来看，尽管只有 21.4% 的家庭认为种地是家庭收入的来源之一，63.5% 的农民家庭还是愿意继续耕种土地（包括自有和从亲戚朋友等流转），只有 32.5% 的人愿意将自家承包耕地流转出去。当问及如果您在城市中有固定住所、固定收入，您是否愿意离开农村定居城市时，55.6% 的家庭选择不愿意。

3.大户种粮积极性主要靠政策扶持来维持。据调查汇总，2012 年，107 户种植大户共经营耕地 48008 亩,种植粮食作物 50487 亩、经济作物 11288 亩;全年种植纯收入 4277 万元,其中种粮收入 2103 万元;共领取政府补贴 1600 万元(包括项目资金),其中粮食直补 450 万元。可见,尽管粮食作物的收益率远低于经济作物,但种植大户的种粮积极性依然较高,这主要得益于国家对粮食生产的扶持政策及种粮的规模效益。

4. 经济作物与粮食作物收益差距大。从大户调查结果来看,粮食作物的每亩纯收入平均在 400 元左右(包括政府补贴),经济作物每亩纯收入 1900 元左右。前者是后者的五分之一左右。普通农户种植经济作物每亩纯收入是粮食作物的 3.6 倍。

5. 农业生产经营者总体年龄偏大、文化程度偏低,种植大户相对年轻。发展现代农业需要一批懂技术、会经营的高素质生产经营者队伍。由于当前农业效益比较低下,大部分农村青壮年劳动力转移至二、三产业,造成农业生产经营者年龄偏大、文化程度偏低,综合素质下降,劳动力队伍断层现象加剧。在 126 户普通农户调查中,从事农业生产的劳动力年龄集中在 40—70 岁,占 85%,其中 50—60 岁人数最多,占 33.3%(三分之一)。他们的学历集中在初中以下,占 67.5%,中专及以上仅占 12.7%。107 户种植大户的年龄相对年轻,但也以 40—60 岁以上居多,占 83%,文化程度仍然以初中以下占比大,占 61.7%,高中占 16.8%,中专及以上占 21.5%。由于农业经营者年龄偏大、文化程度偏低,且大部分依靠经验种植,对农业科技新知识的掌握和接受能力弱,缺少质量控制、市场竞争、树立品牌等现代农业意识,对农业现代化的发展不利。

(二)对目前农业发展中存在问题的看法

对目前农业发展中存在的主要问题,普通农户和种植大户的看法有较多的相似之处。具体表现在:一是农业效益太低是普通农户和种植大户共同认为目前农业发展中存在的首要问题,认同率分别为 71.4% 和 57%;二是一家一户种植太分散是目前农业发展中存在的第二大问题,普通农户和种植大户认同率分别为 52.4% 和 25.2%;三是农田水利设施基础差是目前农业发展中存在的第三大问题,普通农户和种植大户认同率分别为 35.7% 和 37.7%。此外,还有 23.8% 的普通农户和 23.6% 的种植大户认为目前缺乏好的农业经营机制。

(三)对农业发展方向的选择意愿

对今后农业发展方向的选择,普通农户和种植大户的看法同样有较多的相似之处,两者选择方向的占比呈较好的正相关。普通农户选择意愿按占比从高到低排序:1.建立统一的农业服务型机构,为普通农户提供产前、产中和产后服务,普通农户交纳服务费,产品收入归农户所有(占 59.5%);2.建立各类专业合作社,农户根据自己种植产品加入(占 44.4%);3.普通农户把土地流转给大户经营(占 36.5%);4.土地集中到村统一经营(占 34.1%);5.加强农产品行业发展,增强竞争力(占 30.2%);6.土地作价入股经营(占 29.4%)。种植大户选择意愿按占比从高到低排序:1.普通农户把土地流转给大户经营(占 67.0%);2.建立统一的农业服务型机构,为普通农户提供产前、产中和产后服务,普通农户交纳服务费,产品收入归农户所有(占 54.7%);3.土地集中到村统一经营(占 53.8%);4.建立各类专业合作社,农户根据自己种植产品加入(占 42.5%);5.加强农产品行业发展,增强竞争力(占 33.0%);6.土地作价入股经营(占 13.2%)。普通农户和种植大户选择各个方向的占比的相关系数为 0.4607。

四、创新浙江农业经营机制的构想

浙江人多地少,农业现代化无法依赖土地等资源要素的投入增加,也不能靠化肥等农资投入的增加,必须用现代发展理念来引领,用现代组织形式来经营,用培育和造就大批新型农民来发展。其中农业经营机制的设计、创新是关键。如何设计和创新农业经营机制呢?一方面,要借鉴国内外成功经验和模式,省内各地之间也要取长补短;另一方面,不能生搬硬套,要充分结合当地的特点,充分尊重广大农户的意愿,充分发挥群众的首创精神,不断完善现行经营机制。我们在查阅国内外多种经营模式进行研究分析的基础上,结合自身的一些想法,提出创新浙江农业经营机制的一些构想,供决策参考。

(一)因地制宜,制订发展规划

根据各地农业自然资源特点,以全县(市、区)或乡镇、村为单位制订发展规划。科学的规划是科学发展的前提条件。早期广东的南海模式,根据当地发展需要,社区组织对集中起来的土地进行统一规划,按照土地功能,把土地分为农田保护区、工业发展区和商业住宅区等。湖州市吴兴区八里店镇正在试点的省级现代农业综合区,把园区建设与新农村建设结合起来,把生产、生活、生态一并考虑,对整个园区的土地作了统一规划,分为居住区、种养区及工业园区等,目前已取得阶段性成果,体现较好的经济效益和社会效益。美国根据各地气候环境、土壤条件等农业自然禀赋,对农业主产区因地制宜做出布局,拥有玉米带、棉花带、畜牧带等 10 个各具特色的农业带。这些经验值得各地借鉴。

（二）种养区土地以规模经营为主

专业化、规模化、集约化是发展现代农业的必然要求。一方面，土地规模化经营反映了生产经营者意愿。从问卷调查结果中也反映出广大农户认为一家一户经营太分散是当前发展中存在的突出问题之一。另一方面，规模化效益得到较好体现。一是一些地方通过土地流转减少了抛荒现象。如湖州市吴兴区八里店镇种粮大户孙梅金反映，以前由于当地个私企业较发达，有近30%的耕地撂荒，通过土地流转后，基本没有撂荒现象，不仅耕地利用价值提高，而且耕地流出的农户还可拿到租金，大户因获得更多的经营土地也乐意，多方得利。二是多地反映土地流转后，土地产出效益提高，耕地流出的农户获得的收益比自己经营更多了。如温岭市箬横镇和平村，全村90%的耕地流转后，通过水稻与经济作物轮作后，每亩土地产出效益平均比原来高出300元。土地流转费用每亩达1430元，远高于普通农户自己种植收益。大多数农户因而也愿意把土地流转出去。

（三）土地通过政府搭台进行流转比较合适

土地规模经营的前提条件是土地合理流转。现在浙江土地流转的形式多样，有种植大户直接向普通农户租赁的，有通过乡镇搭台村出面统一流转的，有以合作社形式进行流转的等。各种形式各有利弊。我们在调研中了解到，相对来说大户直接向普通农户租赁土地的这种形式存在的问题从长远看会较多些，而由乡镇搭台、村出面统一流转的问题少一点。如瑞安市种粮大户项宝荣由于直接与农户签订租赁合同，碰到问题相对较多；而温岭市箬横镇所有土地流转通过镇土地流转中心搭台，农户把土地流转给村再由村发包给大户，这种方式碰到的问题相对较少。所以，土地流转通过政府或农村基层组织搭台，先由农户把土地流转给村，然后由村出面流转给各个经营主体，这种模式较合适，可兼顾各方利益，有利于土地流转的稳定性。

（四）推进以服务型专业合作组织（或龙头企业）为平台和土地作价入股为利益风险共担机制的经营体系建设

专业化也是现代农业发展的要求之一。欧盟的农业经营模式以专业性合作经济组织最为流行。浙江也有各种专业合作社，但不少合作社的功能有待进一步完善，应逐步向服务型为主转变。如长兴县和平镇长城村一专业合作社，合作社成员全由村干部兼任，不从合作社领取报酬，纯粹为农户服务，发挥了较好的社会效益。现代农业发展过程中，一个长远的关键性问题是各方利益的兼顾问题。土地流转期限有长有短，经营主体错综复杂，经营效益有好有差等。如何从长远来兼顾各方利益？土地作价入股相对公平，利益风险共担。

126 户普通农户只有 40 户（占 31.7％）农户选择不愿意把自家包产到户的耕地作价入股，20.6％的农户要看入股价格再定，9.5％的农户要看入股方式再定，10.3％的农户要看是否政府出面组织，27.8％的农户看是否有长期保障再做决定。同时对于村集体土地作价入股也只有 27.8％的人选择不愿意。说明在土地流转过程中，只要有合理的平台、机制，土地作价入股无疑是多数人选择的方向。

（五）必须用现代信息技术来提升农业专业合作社和农业企业的管理、经营水平

党的十八大报告为今后的发展指明了道路，即坚持走中国特色创新型工业化、信息化、城镇化、农业现代化道路，促进"四化"同步发展。把信息化放在与工业化、城镇化和农业现代化同等地位，有着深刻含义。农业现代化发展过程中，必然要与信息化相融合。湖州市吴兴区八里店现代农业综合区利用现代信息技术进行管理的实践和展望，有很多启示。

以上现代农业经营机制的构想也只是初步的，也仅局限种植业经营机制。如果从"大农业"或一、二、三产业一并考虑来研究经营机制，形式和内容将更为丰富。如诸暨市的浙江永宁弟兄农业开展有限公司，创建于 2007 年，经过几年的建设，公司已创新发展出一套完善的"农牧结合、种养结合、三产联动"的现代化生态经营新模式。目前公司各项产业多头并举、相辅相成，整体经营发展迅猛，成效显著；同时，带动农户发展，促进农民增产增收。

当然，各地的情况错综复杂，环境条件也各不相同，实施的过程也是漫长的，需要在实践中不断完善、探索和创新。

五、创新农业经营机制的手段与措施

农业经营机制的创新构想提出来了，但实施还需要树立新的理念和具体的手段、措施。为此建议：

（一）对农业更需要"造血式"扶持

近年来，从中央到各级地方政府高度重视"三农"问题，不断出台惠农的扶持政策，加大对农业生产的补贴力度，每年提高粮食最低收购价等，为促进农业的发展，特别是保障粮食等主要农产品的有效供给起到了积极的作用。但从现代农业发展要求出发，政府在加大对农业的补贴力度等"输血式"扶持的同时，更需要通过政策性引导提升农业自身发展的内生动力，进行"造血式"扶持。加大对农业人才的培养和就业创业扶持力度，加强对农业科技的研究与推进农业科研成果在农业生产中的应用等。

（二）落实几项措施

在现代农业发展进程中，各级政府在树立新理念的同时，更需要落实各项措施，做好各项基础性工作，为各类农业经营主体提供更多、更好的服务等。

1. 对农业资源情况进行全面勘查。以县（市、区）为单位，组织农业、国土、旅游等部门，对本区域范围的农业自然资源情况进行全面勘查，当然也可以利用现存资料。掌握哪些地方适宜种植粮食等农作物，哪些地方适宜搞养殖，哪些地方适宜搞观光旅游，哪些地方适宜人居等，对区域范围内的农业资源属性做到心中有数，为区域规划作好必要的准备。

2. 做好农村土地确权工作。农村土地包括农民包产到户的耕地及村集体留用土地，2013 年中央一号文件明确在未来五年的时间内完成农村土地确权工作。为进一步做好长期的土地流转工作，需做好农村土地确权工作，土地确权精确到"经纬"度，为农民土地作价入股或进入土地银行打下良好基础。

3. 加强农田水利基础设施建设。农田水利基础设施是实施现代农业的基础。政府在创新农业经营机制中应发挥基础性作用。现在各地各区域的农田水利设施还有不少薄弱之处，需要各级政府加大投入加以改善。此次问卷调查中，有 37.7% 的大户和 35.7% 的普通农户反映当前农业发展中存在的问题是农田水利基础设施差。

4. 完善农村土地流转相关制度，有效指导土地规范流转。

在土地流转过程中，各级政府应切实承担相应的责任为各方铺路搭桥。具体包括：有条件进行土地流转的乡镇成立土地流转中心，建立农地评估办法和实施细则，建立统一规范的土地流转合同样本，加强对土地流转合同的审核，加强对土地流转后土地使用情况，特别是流转期限比较长的土地使用情况的监管，防止以各种借口进行"圈地""圈山"式的流转。

5. 积极探索土地作价入股方式。这种方式目前还不多，但从长远看应是发展方向，因为相对比较公平。但由于土地政策的敏感性，步子要稳，需要在广泛试点的基础上进行研究探索。

6. 不断提高信息化服务水平。现代农业的发展离不开信息化，信息化也是现代农业经营机制中重要的环节。信息化融入农业现代化的各个环节，产前信息、生产管理、质量监测、流通销售及售后服务等。浙江以农民信箱等为平台的信息化工作在不断推进中，但仍有很多事要做。

7. 建立农业生态补偿机制。现代农业必须是保护生态平衡和可持续发展的生态农业，必须做到经济效益、社会效益和生态效益同步发展。目前农业生产经营上往往忽视对资源的循环利用和环境保护，大量使用化肥、农药，很少使用农家肥,加剧了土壤、水体污染,造成土壤品质肥力退化,威胁到农产品质量安全。各级政府必须承担保护农业生态发展的责任。建议政府建立农业生态补偿机制。如成立农业生态服务公司进行企业化操作,政府出钱购买服务,将农家肥与种植户挂钩并提供对接服务,以减少化肥用量和污染排放等。

（三）协同外部发展环境

现代农业的发展不是独立的,需要与工业化、城镇化相互协调,同步发展。农业经营机制设计得最好,如果没有良好的外部环境,也难以有效运作。农村剩余劳动力的有效转移是现代农业发展过程中必须解决的问题。如果农村劳动力始终不肯放弃土地的经营权,现代农业要发展几乎是不可能的。那么如何来实现农村劳动力的转移呢？一方面,仍然要通过城镇化特别是小城镇的发展和二、三产业的发展来增加就业机会并逐步吸纳有条件的农户居住到小城镇;同时要充分发挥新农村建设的作用,把新农村作为城镇化的延伸发展。另一方面,要着重解决好土地流出农户的收益保障问题。农村剩余劳动力有效转移不能简单理解为"进城打工",应该理解为其愿意"脱离"土地经营但又能从中获得长期、合理的收益,使其真正感到没有后顾之忧,至于住在农村或城市有时候恰恰并不重要。做到这点,又恰恰需要制度和机制的创新。

课题负责人　张兴华

课题组成员　吴红卫　章公雨

　　　　　　刘小宁　汪月娇

　　　　　　许　洁(总队农业调查处)

　　　　　　张天学　郭松浩(诸暨调查队)

　　　　　　叶戴平　郑永华(温岭调查队)

课题持笔人　吴红卫　刘小宁

浙江乡村旅游统计调研报告

近年来,我省乡村旅游蓬勃发展,特别是省政府下发《关于提升发展农家乐休闲旅游业的意见》(浙政办发〔2011〕82号)等有关政策文件以来,各地把发展乡村旅游作为新时期农业转型、农民就业和持续增收的重要工作来抓。乡村民宿、休闲观光农业、休闲农庄、乡村乐园等多种旅游业态纷纷涌现,政府、商业资本、农民自筹等多种投资渠道相互融合,为促进农民创业就业增收、统筹城乡发展发挥了重要作用。

但目前我省还没有一个规范的、统一的、全面的乡村旅游统计调查方法和制度,已有的与乡村旅游有关的数据分散在各个部门,如省农办的农家乐统计数据、省农业厅的农村经营情况以及海洋渔业局的渔家乐情况等,在统计内容的设置、统计调查方法的科学性以及统计数据的准确性等方面远远不能满足各级政府和部门管理的需要,也与乡村旅游的实际发展水平有较大出入。

为全面、准确地反映我省乡村旅游发展情况,以更好地引导和促进我省乡村旅游的发展,省旅游局、省统计局组成了"浙江乡村旅游统计调查"联合课题组,以建立《浙江省乡村旅游统计调查制度》为目的,制定了分别以实地调研、调查试点、确定方案为内容的分三个阶段实施的课题工作方案。在2012年6—10月期间,赴杭州、湖州、丽水三地进行了实地调研。根据调研结果,形成此报告。

一、基本情况

根据实际情况,课题组选择了杭州市的临安市、淳安县,湖州市的长兴和安吉县,以及丽水市的缙云、云和和松阳县进行了实地走访。调研中发现,由于各地经济发展情况不一样,乡村旅游发展的特点和发展阶段不一样,统计调查的组织模式不一样,因此乡村旅游统计的情况各地差异较大。大致可分为三种调查模式。

一是以统计局、旅游局联合文件形式,共同制定调查制度并开展统计调查。这种模式以临安市为代表。临安是我省最早建立乡村旅游统计制度的区域之一,早在2005年,临安市统计局、风景旅游局就联合发文建立了《乡村"农家乐"旅游统计调查制度》(临统〔2005〕第22号),2011年又进行了修订和完善。临安市的乡村旅游统计调查对象及范围包括太湖源镇白沙村、西天目乡天目村、太湖源镇横渡村、太湖源镇梅家村、河桥镇泥骆村、浙西大峡谷镇九园村、清凉峰镇里仁村等 20 多个"农家乐"旅游特色村,涉及 9 个乡镇。调查内容包括可接待游客的床(餐位)数、经营收入、经营净收入、接待人数、从业人员等。由各村落实专门人员每月上报至乡镇统计站,再由统计站通过网络直报至市统计局和旅游局。2011 年底,这些农家乐村共有床位数 1.38 万张、餐位数 2.8 万张,从业人员 1427 人。全年收入 6689 万元,其中净收入 3241 万元,全年共接待游客 120 万人次。乡村旅游统计列入市统计局对各乡镇统计工作的考核范围,并有适当的调查补助和奖励。

　　二是以旅游局为主实施统计调查的形式。湖州市旅游局专设了乡村旅游发展处,该市所辖的大部分县(区)均成立了农家乐办公室、乡镇农家乐服务中心等,专门负责对农家乐的管理,承担统计调查职能。淳安县也专门成立了乡村旅游发展协调领导小组,办公室设在县旅游委员会内,统筹农办和旅游等部门职能,负责包括乡村旅游统计工作在内的全县乡村旅游日常工作,规定乡村旅游数据必须以县乡村旅游办公室发布的为准,做到口径统一,防止"数出多门"。各乡镇在经济发展服务中心增挂乡村旅游办公室牌子,由党委或政府分管领导兼任办公室主任,并确定专门工作人员负责本乡镇的乡村旅游统计工作。建立了《乡村旅游接待经营情况月报表》统计制度,统计对象分为乡村旅游景点、休闲观光农业园区和农家乐三类,目前共有 58 个管理单位,涉及全县24 个乡镇。统计内容主要是接待人数和经营收入。报送方式采用网络直报,由各相关旅游企业及旅农家乐村按月登录直报平台上报给县旅游委员会。制定了乡村旅游统计考核办法并列入乡村旅游工作目标考核范围,有相应的奖惩措施。到目前为止,淳安县有乡村旅游景点 15 个,休闲观光农业园区 3 个,农家乐特色村 10 个,农家乐经营户 400 余户,床位 8000 多个,餐位 4 万个。2011 年,淳安县乡村旅游接待游客 164.7 万人次,实现旅游经济收入 1.65 亿元,分别比上年增长 25.9% 和 18.2%。

　　三是以农办系统牵头,旅游、统计部门共同参与的调查模式。作为新农村建设的一个重要组成部分,大力发展农家乐等新型旅游业态是近几年来各地政府的一项重要工作,农家乐推进工作在省一级由农办归口管理,因此以农办系统牵头,旅游、统计部门共同参与的调查模式是目前各地最为普遍、也是工作力度最大的。丽水的缙云、云和、松阳等地均采用这种模式。统计调查对象以农家乐特色点的经营户为主,统计内容主要是接待人数和经营收入、从业人员等。由各旅游点(村)按一定的频率上报乡镇现汇总到县农办。到 2011 年底,云和县共有农家乐经营户 117 家,1—9 月接待游客 46.66 万人次,营业收入 2172.13 万元,分别增长 25% 和 25.7%。截至 2012 年 10 月,松阳县有农家乐床位数 523 个,餐位数 1500 个,星级农家乐户(点)80 个。

二、存在问题

一是对乡村旅游的概念、内涵、外延等尚未有一个规范性的界定,导致统计对象和内容无法明确。目前统计数据最为完整的是农家乐经营点(户)的营业收入、接待能力等资料。但事实上,"农家乐"这个概念目前全省也没有符合统计规范的表述和界定,"农家乐"的统计也没有正式建立全省统一的统计调查制度。

二是与乡村旅游相关的管理职能分散在各个部门。如农家乐由农办系统归口管理,但农家乐星级由农办和旅游系统共同评定;渔家乐由海洋渔业局归口管理,农庄由农业厅(局)管理,农业观光园区等又涉及林业系统、建设系统等,而旅游系统又被赋予统筹协调管理区域内所有旅游发展的职能。这样的管理体系给乡村旅游统计的组织模式的确定、调查方式的制定等都带来很大的困难。

三是调查内容尚不完整。吃、住、行、游、购、娱是旅游的六要素,从调研情况来看,目前已有的涉及乡村旅游的统计资料大部分仅仅只能反映其中的"吃、住"两大要素的内容,更多的如景区景点的收入、出售工艺品或农产品的收入等等,均没有反映。特别是各级党委和政府关心的旅游对农民增收、解决农村劳动力转移方面的贡献等资料更是缺乏。

四是统计调查对象的配合程度以及统计队伍的素质有待提高。目前,已有的乡村旅游统计调查的调查对象以农家乐经营户为主,业主很大部分是农村致富带头人,对于自己的收入数据上报相关部门普遍存在不信任感,怕露富,瞒报情况严重。统计队伍素质良莠不齐,缺少统计培训学习,统计专业知识缺乏,报送数据不规范。统计人员不稳定,缺乏相对的稳定性和连续性。此外,由于乡村旅游经营户多为无证个体户或摊贩,调查难度较大。

三、几点思考

1.乡村旅游的界定。根据国家旅游局在最近举行的"中国农谷·荆门国际乡村旅游论坛"上发布的资料,乡村旅游是以农村、农业为基础,以城镇居民为主要市场,以满足居民观光、体验、休闲、度假等需求为目的的旅游业态。从这个表述来看,乡村旅游应该界定为以农村为地域的旅游各相关行业的总和。即发生在农村区域内的涉及吃、住、行、游、购、娱的经营户,均为乡村旅游的统计对象,其经营收入即为乡村旅游收入。

2.调查内容的确定。乡村旅游有其特殊性,其主要统计对象的文化水平相对较低。因此,调查内容和指标设置要有针对性,既要通俗易懂,又要体现旅游发展的全貌,更要体现省委省政府各类富民政策的实际效应和效果,如农民增收情况、农村劳动力就业情况等。

3.调查组织方式。应在不打破现有统计体系的情况下,由省旅游局、省统计局牵头,联合省农办、省农业厅、省海洋渔业局、省林业厅等相关部门,制定统一的调查制度。在组织方式上充分利用农家乐的统计网络,以村为起报单位,各农家乐特色村、点采取全面调查方式,由各级农办系统负责这些村(点)报表的布置、审核、汇总以及上报。其余村(点)由旅游系统采取抽样调查的方式,以各市为总体按一定的比例进行目录抽样,制定全省统一的推算方法,由各市旅游局推算出普通村(点)的乡村旅游总量,上报省旅游局。由省旅游局汇总普通点和农家乐特色村(点)的数据后,发布全省乡村旅游发展情况的主要统计数据。

4.统计频率和上报方式。鉴于乡村旅游统计的复杂性和困难性,乡村旅游调查不宜过于频繁,考虑以季度报表为宜,有条件的地方,或者已经开展乡村旅游统计的地方,可以根据实际情况增加统计频率。为提高统计效率,省、市、县、乡镇各级均应以网络方式上报为主,有条件的地区应推广经营户网络直报。

5.利用乡村旅游统计,完善和促进服务业统计。旅游业是服务业的重要组成部分,涉及服务业中的十多个行业。目前,农村地区存在大批无证的住宿业、餐饮业、贸易业经营户,很多都没有纳入常规统计范围。如果乡村旅游统计能够建立并持续执行下去,就会积累足够的数据资料,可以作为纳入常规统计的依据,从而为核算地区经济总量提供更为全面的数据支撑。

浙江乡村旅游统计调查课题组
执　笔　张　卫

市县经济

统筹城乡发展　建设美丽杭州

城乡一体化发展是杭州市落实科学发展观,促进农民增收,加强农村社会事业发展,加速农村基础设施和公共服务建设,促进农村经济社会健康、持续、快速发展的战略。为了解杭州市城乡居民对杭州市城乡一体化发展情况的看法和意见,反映当地农村社会经济发展现状,杭州市统计局在五县(市)和余杭区的 1300 户农村居民(以下简称居民)家庭中开展了城乡一体化发展民意调查,调查结果如下。

一、居民对城乡一体化发展的认识

(一)居民对城乡一体化发展关注度较高

调查中,在问及"您对当前杭州市的城乡一体化发展是否关注"时,表示很关注的为 12.2%,较关注的为 46.2%,一般的为 33%,不太关注的为 6%,不关注的为 2.6%。

(二)电视广播是居民获取城乡一体化发展相关信息的主要途径

调查中,在问及"您会通过什么途径了解城乡一体化的有关信息"时,电视广播是居民获取相关信息的最主要途径,为 59.3%;其次是报纸,为 19.1%;第三是网络,为 14%;第四是乡镇、村发放的宣传册,为 13.1%;第五是听别人说,为 7.5%。

(三)城乡一体化发展宣传力度较大

调查中,在问及"您认为您所在区(县)在宣传城乡一体化发展方面的力度如何"时,6% 的居民认为很大,42.3% 的居民认为较大,45.2% 的居民认为一般,4.4% 的居民认为不太大,2.2% 的居民认为不大。

(四)城乡一体化发展城镇居民收益大于农村居民

在回答"在城乡一体化发展中,您认为城乡居民的收益程度如何"时,数据显示,居民认为城镇居民收益明显大于农村居民,详见下表:

表 1　居民对城乡居民在城乡一体化发展中收益程度的评价

单位:%

	大和较大合计	大	较大	一般	较小	小	说不清
城镇居民	56.4	7.3	49.1	33.3	3.4	0.6	6.3
农村居民	34.6	5.2	29.4	43.4	15.3	3.0	3.7

（五）六成多居民认为"联乡结对"对一体化发展作用明显

调查显示,65.7%的居民对"联乡结对"活动表示了解或有些了解。同时在问到"您认为'联乡结对'对一体化发展作用如何"时,8.3%的人认为很大,51.9%的人认为较大,36.6%的人认为一般,2.5%的人认为不太大,0.7%的人认为不大。

（六）五成多居民认为"区县（市）协作"对一体化发展作用大

调查显示,57.4%的居民对"区县（市）协作"政策表示了解。同时在问及"您认为'区县（市）协作'对一体化发展作用如何"时,7%的人认为很大,49.9%的人认为较大,40.3%的人认为一般,2.6%的人认为不太大,0.3%的人认为不大。

（七）"美丽杭州"建设对推动杭州市城乡一体化发展作用明显

调查中,近六成居民认为美丽杭州建设对推动杭州市城乡一体化发展作用很大和较大,其中 10%的居民认为作用很大,46.8%的居民认为作用较大,39.4%的居民认为作用一般,2.8%的居民认为作用不太大,1.2%的居民认为不大。

（八）提升乡村基础设施水平、促进非农产业发展、推进公共服务是城乡一体化发展带来的主要好处

调查中,在问及"您认为城乡统筹发展对于乡（镇）或村里发展有什么影响"时,居民认为最大的好处是提高了乡（镇）基础设施水平并拉动村级基础设施建设,为 68.8%;其次是有利于非农产业发展、扩大就业机会,为67.6%;第三是有利于推进城乡基本公共服务制度的衔接和统一,为53.3%,详见下表。

表 2　居民对城乡一体化发展带来的影响的认识

单位:%

途　径	比　例
提高了乡（镇）基础设施水平并拉动村级基础设施建设	68.8
有利于非农产业发展、扩大就业机会	67.6

途　径	比　例
有利于推进城乡基本公共服务制度的衔接和统一	53.3
有利于活跃农村消费市场、刺激农村消费	45.4
促进农村生产性服务业发展、比如农业技术、农产品销售等行业	43.0
其他	0.8

（九）提高农民公共服务保障水平（包括医疗、卫生、养老统筹等）是农村发展最为重要的任务

什么是农村发展最为重要的任务，78%的居民认为是提高农民公共服务保障水平（包括医疗、卫生、养老统筹等），其次是拓宽就业渠道，促进农民增收，比例为 74.4%，再次是完善城乡统筹政策措施，促进统筹城乡健康发展，比例是 59.3%，详见下表。

表 3　居民对农村发展最重要任务的评价

单位：%

任　务	比　例
完善城乡统筹政策措施，促进统筹城乡健康发展	59.3
拓宽就业渠道，促进农民增收	74.4
提高农民公共服务保障水平（包括医疗、卫生、养老统筹等）	78.0
加快农业产业化步伐，提高农产品价格	49.3
加快基础设施建设，提高城镇化水平	49.0
增加教育投入，改善农村学校办学条件	40.3
其他	0.6

（十）农村居民收入低是制约城乡一体化发展存在的最主要问题

在分析制约城乡一体化发展存在的问题时，80.5%的居民认为是农村居民收入低的问题，其次是农村公共设施水平低问题，比例为 62.1%，再次是农村思想观念落后问题，比例为 53.9%，详见下表。

表 4   制约城乡一体化发展存在的问题

单位:%

存在的问题	比　例	存在的问题	比　例
农村居民收入低	80.5	产业与城市化发展水平严重失调	34.0
公共设施水平低	62.1	城市功能辐射弱	16.9
思想观念落后	53.9	其他	0.3
人居环境条件差	43.8		

二、对城乡一体化发展现状的评价

(一)居民对所在地发展特色农业、农产品加工业、乡村旅游业工作的评价

发展特色农业、农产品加工业、乡村旅游业是加快发展现代都市农业,提高农民增收能力的有效途径。调查中,10.2%的居民对所在地的这项工作表示满意,26%的居民表示较满意,48.2%的居民表示基本满意,11.7%的居民表示不太满意,4%的居民表示不满意。

(二)居民对农业专业合作社服务农民、连接市场的作用的评价

农业专业合作社是发展现代农业的基础组织,是减少农业风险,促进农民增收的有效手段。调查中,在问及"您所在村的农业专业合作社服务农民、连接市场的作用如何"时,5.4%的农民认为很大,37.2%的认为较大,43.9%的认为一般,8.5%的认为不太大,5%的认为不大。

(三)居民对学校教育发展状况的评价

调查显示,有五成居民对居住地所在学区的教育发展状况表示满意或比较满意,其中表示满意的为14.7%,较满意的为39.7%。另外有37.8%的居民表示一般,6.1%的表示不太满意,1.6%的表示不满意。

(四)居民对农村文体活动的评价

调查中,在问及"您认为所在村(社区)的文体活动是否满意"时,16.1%的居民表示满意,31%的表示比较满意,41.5%的表示基本满意,8.8%的表示不太满意,2.6%的表示不满意。

(五)居民对新型城镇建设的评价

调查中,在问及"您对所在地的中心镇、中心村、风景小镇建设是否满意"时,14%的居民表示满意,27.3%的表示比较满意,45.5%的表示基本满意,10.4%的表示不太满意,2.7%的表示不满意。

(六)居民对所在村的村容村貌整治工作的评价

调查显示,61.4%的居民对所在的村(社区)"庭院整治"工作表示满意或比较满意,其中满意的为 18.5%,比较满意的为 33.2%,38.7%的表示基本满意,还有 7.3%的表示不太满意,2.3%的表示不满意。

（七）居民对就业服务的评价

调查中,在问及"您对村(社区)在提供就业服务方面如何"时,11.9%的居民认为很好,31.8%的认为较好,46.5%的认为一般,7%的认为不太好,2.8%的认为不好。

（八）居民对农村老有所养工作的评价

调查显示,12.8%的居民认为所在地区的农村最低生活保障水平很好,44%的人认为较好,37.8%的人认为一般,3.2%的人认为不太好,0.6%的人认为不好,还有 1.5%的人表示不清楚。同时,近七成农民对农村养老保障表示满意或比较满意,其中满意的为 32.3%,比较满意的为 34%,基本满意的为 26.4%,不太满意的为 6.5%,不满意的为 0.9%。

（九）居民对新型农村合作医疗的评价

调查中,在问及"您对新型农村合作医疗是否满意"时,40.9%的农民表示满意,36.2%的表示较满意,20.2%的表示基本满意,2.8%的表示不太满意,0.5%的表示不满意。

（十）居民对城乡客运一体化建设的评价

调查中,在问及"您对所在地实施的城乡客运一体化是否满意"时,14.1%的居民表示满意,28.2%的表示比较满意,39%的表示基本满意,12.1%表示不太满意,6.6%的表示不满意。

（十一）居民对农村社区建设的评价

调查中,17.2%的居民对所在地的社区建设表示满意,46.8%的居民表示较满意,39.1%的居民表示基本满意,6.6%的居民表示不太满意,1.2%的居民表示不满意。

（十二）居民对村级社区服务中心工作的评价

对于村级社区服务中心工作问题,25.3%的居民表示满意,33.6%的表示较满意,35.6%的表示基本满意,4.3%的表示不太满意,1%的表示不满意,还有 0.2%的居民表示所在村还没有建立村级社区服务中心。

（十三）居民对村务公开的评价

调查中,30.1%的居民对所在村的村务公开情况表示满意,36.9%的表示较满意,28.1%的表示基本满意,3.4%的表示不太满意,1.5%的表示不满意。

（十四）居民对杭州市缩小城乡差距成效的评价

调查中,对杭州市缩小城乡差距的主要方面进行了评价,在缩小基本公共服务差距方面评价最高,详见下表。

	好和较好合计	好	较好	一般	较差	差	不清楚
缩小基本公共服务差距	45.0	6.8	38.2	42.0	7.5	1.6	3.9
缩小城乡居民收入差距	43.5	7.7	35.8	43.7	7.7	1.1	4.1
缩小发展权益差距	33.7	4.9	28.8	47.4	10.0	0.9	8.0

（十五）居民对所在地政府或提供基本公共服务的满意度评价

调查中,在对所在地政府或提供基本公共服务进行评价时,居民对提供基础医疗卫生最为满意,其次是农村义务教育,再次是农村最低社会保障,详见下表。

项　目	比　例	项　目	比　例
基础医疗卫生	68.7	农技支持	10.8
义务教育	61.1	金融支持	6.4
最低社会保障	55.7	突发公共事件与公共危机的处理	4.2
社会治安	27.9	市场监管与服务	3.7
公共基础设施	25.9	信息支持	3.5
生态环境	27.5	法律救助	2.6
劳动力就业与培训	22.4	其他	0.1
文化事业	16.2		

三、意见与建议

加快推进城乡一体化发展,是深入贯彻落实党的十八大精神,探索缩小城乡差距的新路径、以新型城镇化为主导的城乡一体化发展模式、城乡基本公共服务均衡发展的新路径,建立新型城乡和工农关系的重要举措。调查中,居民对城乡一体化发展提出了一些意见和建议,梳理归纳内容主要如下。

（一）增加财政投入,完善农村公共基础设施和公共服务

按照统筹兼顾、适度超前、互联互通的要求,重点加强五县(市)城镇和农村基础设施建设,加快形成城乡一体、相互衔接的基础设施网络体系,率先实

现城乡基础设施建设同城化。调查中,有 62.1％的居民认为公共设施水平低是制约城乡一体化发展存在的主要问题。有居民反映:"本村坎坷的道路,建设太差了,严重影响了城乡一体化的发展。""加大饮用水工程资金投入,聘请好村级水专员,落实好人员,真正为民服务,使农民喝上放心水,同时加大河道清理整治,确保人畜用水安全和农村水田灌溉,防汛防旱,确保粮食丰收。""提高农村学校教育水平,加强乡村学校教师队伍建设。尽量就近为农村孩子提供就学机会。""建议政府加大居家养老资金投入,要以村为单位多办敬老院,居家养老基地,特别在农村无子女的老人,老有所住,老有所养,老有专人照顾,使老人过好晚年。"因此,在城乡一体化发展过程中,要加大财政投入,统筹利用资源优势,不断完善农村公共基础设施,提高公共服务水平,改善农民生产生活条件,建设更多更好的美丽乡村。

(二)强化基层组织建设,提升农村公共服务水平

一是加快村级社区建设。加强基层党组织建设,发展和完善党组织领导的村级民主自治机制,为扎实推进美丽乡村建设和"风情小镇"特色村创建活动等提供强有力的组织保障。有居民说:"我的村是整个太湖源镇居民一致认为最落后的一个村,如何改变这一现状,就要求新一届领导班子集思广益,发动群众,踏实工作,不要有私心和贪心,为改变家乡落后面貌而贡献自己的青春和力量。"二是开展充分就业行政村创建活动。就业是民生之本,行政村劳动保障室要提供有针对性、实用性的城乡劳动力技能培训,特别是农村妇女的培训,提高农村劳动力素质,让更多的农民有充分的创业和就业机会。三是加大农业合作社组织培育力度,在金融、农业补贴等方面给予政策支持,壮大农业合作社,降低农业生产风险,拓宽农业致富渠道,有效提高农民收入。有居民提出:"农村经济合作社就没有发挥应有的作用,我们是蔬菜种植户。""要求政府加大对我们贩销户的金融支持,多发放贷款,鼓励林农生产,支持贩销户收购山核桃,使农村的林农、贩销户增加经济收入。""建议政府对农特产品销售渠道加大投入力度,鼓励贩销大户,对贩销大户进行重奖。"

(三)加强农村发展规划,因地制宜发展优势农业和特色农业

农民转移出来后,最大的担心是没有收入来源。调查中,有 80.5％的居民认为农村居民收入低是制约城乡一体化发展存在的主要问题。因此,要加强农村发展规划,因地制宜发展优势农业和特色农业,拓宽就业渠道,增加农民收入。一是大力发展来料加工业,使那些转移出来、年龄较大、缺乏就业技能的农民有稳定的收入来源。二是加快乡镇工业功能区建设,吸收富余农民就业。三是大力发展"农家乐"旅游,带动当地第三产业发展。四是加快土地公

平流转,加快农业发展政策性补助力度,推进农业产业化发展步伐。五是继续强化区县市协作、"联乡结村"活动等,有效地促进区、县(市)农村的产业转型升级。六是加快淘汰劣势农业,因地制宜发展本村、本乡、本县的优势农业和特色农业,保持农业发展的优势,保障农民收入的稳定增长。有居民说:"我的村农业上大多数是以竹笋为主,但经过几年来的发展情况来看是在走下坡路,大多数竹子已经退化、老化,农民收入甚微,农业、林业部门要多关心这些问题。"

宁波市海洋经济发展问题研究

　　海洋经济是国民经济的重要组成部分。改革开放以来,我国海洋经济发展迅速,规模不断扩大,发展条件日趋完善,对我国宏观经济的影响也越来越大。党和国家非常重视海洋经济发展,十六大报告做出了"实施海洋开发"的战略部署,沿海地方都提出了开发利用海洋的战略目标。宁波地处我国海岸线中段,长江三角洲南翼,宁波市陆域面积9816平方公里,海域总面积9758平方公里。宁波发展海洋经济具有得天独厚的资源组合优势与经济区位优势,加快发展海洋产业,促进海洋经济发展,对形成国民经济新的增长点,实现全面建设小康社会目标具有重大意义。本文根据宁波市的海洋资源特色与经济发展现状,分析海洋经济发展过程中存在的问题,提出相应的对策和建议。

一、宁波海洋经济发展基础

　　宁波海洋资源丰富,区位优势突出,工作基础扎实,具备发展成为浙江海洋经济发展示范区核心区的现实基础和条件。

(一)港口优势得天独厚

　　宁波港口岸线总长为1562公里,占浙江省的30%以上,其中可用岸线872公里,深水岸线170公里。现有生产性泊位300多座,其中万吨级以上深水泊位60多座,已与世界100多个国家和地区600多个港口通航。2010年完成货物吞吐量4.12亿吨,居大陆第2位、全球第4位,完成集装箱吞吐量1300.4万标箱,居大陆第3位、全球第6位。港口岸线资源既是宁波经济社会发展的战略性、龙头性资源,也是浙江省发展海洋经济、打造"海上浙江"最为独特的优势和载体。

(二)海洋资源十分丰富

　　拥有丰富的"岛、涂、渔、景、油"等海洋资源,组合优势明显,适宜较大规模开发。岛屿资源良好,共有500平方米以上海岛516个,约占浙江省的1/5,岛屿面积524平方公里,岛屿岸线长758公里。滩涂资源充裕,拥有可围滩涂资源约140万亩,占浙江省滩涂总面积的34%,主要分布在杭州湾、大目洋和三门湾北岸等,围垦开发条件良好。渔业资源优良,紧邻中国四大渔场之一的舟山渔场,象山港是具有国家级意义的大鱼池。海洋旅游资源优越,滨海地区具有"滩、岩、岛"三大特色,主要集中在象山港内和象山县沿岸。油气储量丰富,春晓油气田探明天然气储量达 700 多亿立方公尺,开发利用潜力巨大。

(三)战略区位十分突出

宁波位于我国长江发展轴和沿海发展轴"T"字形交汇处和长三角城市群核心区,海域位于长江黄金水道入海口,紧邻亚太国际主航道要冲,是长三角地区与海峡西岸经济区的联结纽带。宁波—舟山港口一体化的顺利推进,使沿海港口物流、战略物资储运优势得到了进一步发挥。随着杭州湾跨海大桥、甬台温铁路的建成和杭甬运河通航设施不断完善,宁波由交通末端发展成为连接上海、江苏和海峡西岸地区的枢纽城市,成为浙江温台和浙西地区接轨大上海的桥头堡。

(四)特色优势比较突出

2010 年宁波市实现海洋生产总值 806 亿元,海洋产业体系比较完备。在临港工业方面,初步形成以石化、钢铁、能源、汽车、造船等行业为支柱,绵延 20 多公里的沿海临港产业带,2010 年实现总产值 7000 多亿元,基本建成华东地区重要的能源原材料基地和先进制造业基地。在港航物流方面,14 个大宗商品交易平台加快建设,2010 年实现交易总额近 2000 亿元。现代物流业实现增加值 507 亿元,现有各类物流相关企业 4000 多家。在海洋新兴产业方面,培育了浙江造船、新乐船厂等一批高端装备生产企业,2010 年实现产值 200 多亿元。

(五)海洋科教实力较强

拥有宁波大学海洋学院、生命科学与生物工程学院、宁波市海洋与渔业研究院等一批科研机构,拥有海洋与渔业领域重点实验室 9 家,海洋科技工作人员达 2000 余人,在航海航运、海洋养殖、海洋生物等领域取得一批关键技术成果。海洋科技教育实力较强,有利于提升海洋经济发展核心竞争力。

(六)体制机制比较灵活

宁波是我国民营经济发达地区,县域经济发达,在全国较早地开展了要素配置市场化、资源环境有偿使用等改革,资源要素市场化配置水平较高。近年来海洋资源开发领域的改革顺利推进,市场信用建设不断加强,民营企业积极进入海洋开发领域,成为海洋经济发展的重要力量。

二、宁波海洋经济发展情况分析

根据海洋产业行业划分标准及测算方法,我们对宁波海洋产业进行了初步的核算和分析。

（一）海洋经济发展概况

2010 年,宁波海洋业总产值达 2528.6 亿元,比 2005 年增长 64.5%;实现增加值 806 亿元,比 2005 年增长 1.4 倍,年均增长 19%(现价速度),占宁波市地区生产总值的 15.6%,三次产业结构为 6.8 : 64.4 : 28.8。2005 年以来,宁波海洋业增加值占宁波市地区生产总值的比重保持在 10% 以上,其中 2010 年 15.7% 为最高值,其次是 2007 年为 14.6%,最低的 2008 年为 10.2%。2005 年以来,宁波市海洋业增加值率有四年在 20% 以上,2008 年为最低值 16.3%,2010 年达到 32% 为最高值。与同期规模以上工业增加值率相比,除 2008 年外,宁波市海洋业增加值率均高于规上工业增加值率。海洋业从业人员逐年增加。2010 年末,宁波市海洋业从业人员为 52.1 万人,比 2005 年末净增 14.8 万人,年均增长 6.9%。

（二）第一产业稳定增长

宁波临近海域内渔业资源种类多,数量大,种群恢复能力强,尤其是象山港是我国不可多得的鱼虾贝藻等海洋生物栖息、生长、繁殖的优良场所。2010 年宁波市海洋经济第一产业完成产值 91.6 亿元,比 2005 年增长 21.6%,实现增加值 55.1 亿元,比 2005 年增长 29.0%。2010 年宁波市水产品总产量达到 85 万吨,实现渔业经济总产出 134.5 亿元。

（三）第二产业发展壮大

宁波港紧靠国际航运干线和长江黄金水道,岸线资源丰富,海域水深浪静,陆域腹地广阔,是具有全球意义的深水大港。依托深水良港,宁波主动承接国际产业转移,建设国家级能源、原材料基地,临港工业从无到有,规模不断扩大,实力不断增强,如今在北仑港区后方绵延 20 多公里的临港大工业带已经崛起,密集着数百个重量级大项目,形成了石化、能源、钢铁、造纸、修造船等五大临港工业支柱产业。2010 年,宁波市海洋经济中第二产业总产值达到 1864.9 亿元,占宁波市海洋经济总产值的比重高达 73.8%。第二产业实现增加值 519.0 亿元,占宁波市海洋经济增加值比重为 64.4%。比 2005 年分别增长 46.3% 和 1.9 倍。其中,涉海工业产值和增加值分别为 1652.8 亿元和 468.5 亿元,比 2005 年分别增长 62.7% 和 2.7 倍。

1. 石化行业高速发展。2010 年海洋油气开采及加工业完成产值 1042 亿元,比 2005 年增长 94.4%,实现增加值 302 亿元,比 2005 年增长 13 倍。其总产值和增加值在宁波市海洋经济第二产业中的比重分别高达 41.2% 和 37.5%,是名副其实的第一大行业。2010 年海洋化工业完成总产值 102 亿元,实现增加值 24.5 亿元,分别比 2005 年增长 1.8 倍和 2.8 倍。

2. 能源行业规模庞大。2010 年海洋电力业完成产值 324 亿元,比 2005 年增长 45%。实现增加值 112 亿元,比 2005 年增长 1 倍。2010 年海洋电力业产值和增加值占宁波市海洋经济第二产业的比重分别为 12.8% 和 13.9%,是第二产业中的第二大行业。

3. 船舶修造业异军突起。2010 年海洋船舶修造业完成产值 118 亿元,比 2005 年增长 3.3 倍。实现增加值 21.3 亿元,比 2005 年增长 2.2 倍。全年造船完工艘数近 100 艘,造船完成综合吨数超 100 万吨。

(四)第三产业方兴未艾

2010 年海洋经济第三产业完成产值 572.1 亿元,比 2005 增长 2.1 倍,实现增加值 231.9 亿元,比 2005 年增长 1 倍,产值为三次产业中增长最快。

1. 海洋运输、港口业是海洋经济第三产业的主导。宁波港是一个集内河港、河口港和海港于一体的多功能、综合性的现代化深水大港。主要经营进口铁矿砂、内外贸集装箱、原油成品油、液体化工产品、煤炭以及其他散杂货装卸、储存、中转业务。宁波港已基本形成高速公路、铁路、航空和江海联运、水水中转等全方位立体型的集疏运网络。2010 年新辟集装箱航线 12 条,累计 228 条,其中远洋干线 122 条,近洋支线 54 条,内支线 20 条,内贸线 32 条。月均航班 1153 班,最高月航班达 1338 班。2010 年宁波港完成港口货物吞吐量 4.1 亿吨,继续居中国大陆港口第二位,全球第四位。集装箱吞吐量完成 1300.4 万标准箱,排名突破了连续 6 年位居大陆港口第 4 的格局,首次跃居第 3 位,并进入世界港口前 6 强。2010 年海洋运输、港口业完成产值 210.6 亿元,比 2005 年增长 1.1 倍,实现增加值 130.1 亿元,比 2005 年增长 89.9%。

2. 海洋金融保险业发展水平国内领先。宁波是国家金融体制改革试点城市、金融电子化试点城市和金融对外开放城市、私募股权投资试点城市,金融业规模、金融市场发育程度、金融基础设施建设水平等均位居长三角城市中的前列,已成为名副其实的金融大市。目前,宁波市共有各类金融机构 154 家,从业人员超过 5 万人,存、贷款规模双双超过 1 万亿元。近三年,宁波金融业增加值年均增速达 16.4%,高于 GDP 增速近 5 个百分点。在中国社科院金融所发布的《中国城市金融生态环境评价》中,宁波市一直位列前三名,同时进入全国信贷资产质量 8 个 AAA 级城市行列,企业诚信排名全国第一。宁波还是长三角地区唯一享有省级经济金融管理权限的城市。在建设上海国际金融中心副中心的过程中,宁波市将加快发展航运金融业。2010 年海洋金融保险业完成产值 299 亿元,比 2005 年增长 7 倍,实现增加值 69 亿元,比

2005 年增长 1.8 倍。

3. 海洋旅游业发展潜力巨大，前景良好。宁波具有独特的海洋文化人文景观与别具一格的滨海自然景观优势，拥有河姆渡、招宝山、东钱湖等著名的旅游景观，以及松兰山、石浦渔港等具有浓郁海洋特色的休闲场所；拥有象山东门岛、渔山岛、宁海横山岛、北仑大榭岛群等面积在 500 平方米以上的海岛共 531 个，开发旅游潜力巨大。随着宁波杭州湾跨海大桥、长三角地区高速铁路网络、宁波国际机场建设以及"长三角"经济区和都市群的形成，宁波将迈入休闲旅游时代。2010 年宁波市实现旅游总收入 650.8 亿元，接待入境旅游者 95.2 万人次，入境旅游外汇收入 5.9 亿美元，接待国内游客 4624 万人次，增长 16.7%；国内旅游收入 610.7 亿元，增长 22.8%。2010 年海洋旅游业接待游客 4 千多万人，完成产值 7.6 亿元，比 2005 年增长 1.6 倍，实现增加值 2.4 亿元，比 2005 年增长 1.4 倍。2010 年末，宁波市共有星级饭店 198 家，其中五星级 14 家，4A 级以上旅游景区 21 处，其中 5A 级 1 处。

（五）宁波市与浙江省及全国海洋产业发展情况比较

"十一五"以来，宁波市海洋经济持续发展，总量规模不断扩大，产出效率进一步提高，但从收集的相关资料看，宁波市海洋经济在整个国民经济中的作用，虽好于全国、浙江省，但与拥有的地理位子相比，应有更大发展空间。

1. 海洋业增加值占比高于浙江省、全国水平。2010 年宁波市海洋生产总值 806 亿元，占地区生产总值的比重为 15.6%，高于浙江省 13.6% 和全国 9.7% 的水平。

表 1   2010 年海洋生产总值占 GDP 的比重

项　　目	宁波	浙江	全国	宁波占全国比重
海洋生产总值（亿元）	806	3775	38439	2.1%
GDP（亿元）	5163	27722	397983	1.3%
海洋生产总值占 GDP 的比重	15.6%	13.6%	9.7%	—
涉海就业人员（万人）	52.1	—	3350	1.6%

注：资料来源：中国海洋经济统计公报及浙江省统计局，下同。

2. 传统海洋产业依然是宁波市海洋经济发展主力。2010 年，宁波市海洋交通运输业、海洋渔业、海洋电力、涉海建筑业和船舶制造业等传统海洋产业增加值占宁波市海洋产业增加值的比重超过 60%。

表 2   2010 年主要海洋产业增加值构成

主要海洋产业	宁 波		全 国	
	增加值(亿元)	比重(%)	增加值(亿元)	比重(%)
合计	806.0	100.0	38439	100.0
海洋渔业	55.1	6.8	2813	7.3
海洋石油和天然气业	302.1	37.5	1302	3.4
海洋矿业	0	0.0	49	0.1
海洋盐业	0	0.0	53	0.1
海洋化工业	24.5	3.0	565	1.5
海洋生物医药业	2.1	0.3	67	0.2
海洋电力业	0.5	0.1	28	0.1
海水利用业	0.9	0.1	10	0.0
海洋船舶业	21.3	2.5	1182	3.1
海洋工程建筑业	50.5	6.3	808	2.1
海洋交通运输业	130.1	16.1	3816	9.9
滨海旅游业	2.4	0.3	4838	12.6
其他海洋产业	216.5	33.8	22908	59.6

3.海洋三次产业结构在"十一五"期间变化明显。从下表可知,宁波市海洋经济三次产业占海洋 GDP 的比重,除第一产业外,二、三产业所占比重在各年度间变化较为明显,占比最高的年份与最低年份差距分别达到了 22.5 个和 16.9 个百分点,说明产业结构波动大,稳定性差。而同期全国海洋产业结构基本没有变化,第一、二、三产业维持在 5%、47% 和 48%。浙江省海洋二、三产业占整个海洋经济比重变化区间也都保持在 5 个百分点以内。宁波海洋二、三产业发展的稳定性低于全国、浙江省水平。

表 3   2005—2010 年宁波与全国海洋增加值三次产业比重变化

单位:%

年 份	宁 波				全 国			
	合计	一产	二产	三产	合计	一产	二产	三产
2005	100	12.7	52.8	34.5	100	5.7	45.6	48.7

年 份	宁 波				全 国			
	合计	一产	二产	三产	合计	一产	二产	三产
2006	100	11.6	52.5	35.9	100	5.8	45.6	48.6
2007	100	8.9	59.3	31.8	100	5.5	45.3	49.2
2008	100	12.4	41.9	45.7	100	5.4	47.3	47.3
2009	100	10.1	54.1	35.8	100	5.9	47.1	47.0
2010	100	6.8	64.4	28.8	100	5.4	47.1	47.5

三、宁波海洋经济发展过程中存在的问题

(一)海洋经济发展水平还不高

目前宁波市海洋经济还处于快速发展的初级阶段,海洋科技水平还比较落后,特别是运用高新技术促进海洋经济发展的投入不足。在海洋经济发展速度、产业结构、政策力度等方面,宁波市与先进地区相比差距还较大。青岛市2008年海洋业增加值在地区生产总值中的比重已达22.9%,远高于宁波市的发展水平。

(二)海洋开发还缺乏宏观协调

按海洋经济的现行管理体制,海洋产业大多属于行业部门管理,就某一产业而言也许发展较快,但缺乏整体性的内部协调和外部协调。从海洋经济整体来看,这种体制则明显暴露出综合管理功能弱,宏观协调乏力,没有形成有效的协调机制,已不适应海洋经济快速发展的需要。有些地方还存在海洋资源综合开发与合理规划保护相脱节的现象,区域开发功能定位不够明确,产业布局也不太合理。

(三)海洋经济结构还有待优化调整

随着海洋生物资源的衰竭和海洋环境质量的下降,宁波传统海洋渔业发展受到限制。而目前宁波海洋科技水平还比较落后,运用高新技术促进海洋经济发展的投入不足,海洋产业结构性矛盾突出,产业链较短,产品附加值不高且深加工产品不多。

(四)海洋基础设施建设还比较薄弱

海洋基础设施建设还比较薄弱,主要表现在现代化集疏运网络不够健全,制约着港口货源腹地的大拓展;海岛及沿海滩涂养殖基地水、电、路不通,制约着旅游业、养殖业的大发展;渔港建设落后,远洋捕捞能力不足,制约着渔区经

济的振兴；海上信息服务跟不上，海洋灾害预警预报系统建设滞后，无居民海岛缺乏有效的保护与管理服务。

（五）海洋资源保护和环境污染状况不容乐观

2009 年宁波海域清洁和较清洁海域面积为 4516.2 平方公里，轻度污染海域面积为 2907.7 平方公里，中度污染海域面积为 765.5 平方公里，严重污染海域面积为 1568.6 平方公里。水体中的主要污染因子仍为无机氮和活性磷酸盐，主要受长江、钱塘江入海污染物影响。严重污染面积虽然呈逐年下降趋势，主要分布在杭州湾、甬江口及象山港等海域，减少区域主要在象山港港口，但轻度污染海域面积逐年增加，主要集中在韭山列岛附近海域。整体来看，严重污染海域在向轻度污染海域过渡，污染海域面积在扩大。宁波市主要渔业水域生态环境状况总体保持稳定，局部渔业水域污染仍比较严重，水质中主要受到无机氮、活性磷酸盐、石油类和化学需氧量和铜的污染，沉积物主要受到铜的污染。无机氮污染以三门湾和杭州湾渔业水域相对较严重；活性磷酸盐和石油类污染以杭州湾相对较严重。各渔业水域中富营养化程度仍较高，部分水域重金属含量有所增加，渔业环境受到一定的影响。全年共发生较大渔业污染事故 22 起，污染总面积为 179.2 公顷，造成渔业污染的主要原因是工业、畜禽养殖场等废水违法超标排放和农药污染等。

（六）海洋开发的深度和广度还很低

从海洋开发的深度看，目前仍集中在海洋渔业、涉海工业、海洋运输、港口、旅游等传统产业，能源、生物等海洋新兴产业的开发还很落后，海上油气勘探、开发等高新技术产业在宁波市还是空白；从海洋开发的广度看，仅限于海岸带和近海，远洋开发还只是处于尝试阶段；由于大量的生产能力集中于海岸带和近海，开发密度过大，造成一些破坏性开发和环境污染，影响海洋资源的可持续利用，此外因土地紧张，对滩涂的进行大规模围海造地，也危及海洋养殖业的生存和发展。

四、宁波发展海洋经济对策建议

20 世纪 80 年代以来，不少沿海国家把开发海洋提到国家发展战略的高度，制定海洋科技发展和海洋开发计划，并采取具体措施加快向海洋进军的步伐。开发海洋已成为全球产业进步的重要标志，海洋经济也成为国民经济的新增长点。发展海洋经济同样是增强宁波市发展后劲的战略性举措。

从海洋本身看，它是经济社会发展不可或缺的战略性资源；从世界范围看，发展海洋经济已成为重要趋势和共识；从国家范围看，发展海洋经济已成为"十二五"及更远的重要战略选择;从宁波自身看,发展海洋经济是因地制宜的现实发展路径。

（一）大力实施"科技兴海"战略,推动海洋科技水平上新台阶

实施"人才强海"战略,打造国内一流的海洋科技创新团队。强化海洋科技创新平台建设,尽快开发一批海洋科技攻关项目,支持海洋企业走科技型发展的道路。推进海洋科技产业化,制定明确有效的政策措施,促进各类海洋企业与科研单位联合,充分发挥企业作为技术开发主体的作用。建立国内海洋科技联席会机制,加强协作,促进资源整合,积极组织国际海洋科技高层论坛等国际性学术交流组织,加强国内外海洋科技的交流合作。

（二）坚持政府引导与市场调节相结合,形成多元化投资新环境

周密筛选、精心设计海洋开发项目,积极开展招商引资,引导国际金融组织、外国政府贷款和境外大企业、大财团投入海洋开发、基础设施建设、滨海旅游和海洋高新技术产业等重点领域。引进国外海洋高科技人才、项目、工艺和设备,改造传统海洋产业,提高技术、管理水平和国际竞争力。按照互利、互补、共同发展的原则,加强与内地及周边省市的合作,延长海洋产业链,扩大经济辐射面。

（三）加快海洋经济结构调整步伐,实现产业升级

加快调整海洋经济结构,要以产业结构调整为主线,以大项目、大企业为依托,发展重点产业,加强基础设施建设。产业结构调整的主线是,要形成以海洋和港口运输业为龙头,临港工业为主导,现代渔业和滨海旅游业为特色,加快海洋高新技术产业以及海洋化工、海洋制药业等新兴和未来海洋产业,形成各类海洋产业全面协调发展的新格局。大项目、大企业的依托是,实施"百项千亿"工程,即要在今后几年,围绕海洋产业、基础设施建设、区域开发等方面,坚持科学规划、分期实施、层级管理、多元投入、滚动发展的方针,大力推进投资总额超千亿元的近百个重点项目建设,尤其要建成十多个单项投资上百亿元的临港工业及港口、交通等基础设施建设大项目,增强海洋经济的发展实力和后劲。发展重点产业,主要包括港口海运业、临港工业、现代海洋渔业、滨海旅游业、海洋高科技产业等五大类海洋产业。

（四）强化海洋管理和环境保护,促进可持续发展

依法加强环境监督管理,促进海洋经济与环境保护协调发展,加强陆源污染的综合整治,推行排放许可证、总量控制、限期治理和排污收费等制度,严格控制污染物直接排放入海。建立海洋灾害预警和应急制度,将台风、地震、海啸、绿赤潮等灾害预报信息整合起来,各职能部门在统一指挥下,向社会发布

相关海洋灾害预警,启动应急救援预案。与国际组织和沿海兄弟省区市联合建立海洋环境保护的合作机制、海洋生态环境分类保护制度及海洋环境准入制度。

（五）坚持以开放促发展,推动区域海洋经济一体化

国际经验表明,对外开放是发展海洋经济的重要动力和主要突破口。宁波应进一步创新招商方式,以海洋资源和产业为依托,大力引进外资投入海洋开发。应继续实施走出去战略,发展外向型海洋产业,把更多海洋产业产品推向国际市场,特别是要大力发展外向型渔业。应积极推进"自由港区",整合北仑港、保税区、出口加工区以及集装箱码头,在该区域促成国际贸易、物流和出口加工等与国际接轨。应围绕建设浙江省和长江三角洲南翼海洋中心的目标,主动接轨大上海,推动区域海洋经济一体化,推进长江口—杭州湾海域综合发展,并以大上海为平台,主动接受国际海洋产业转移,加快海洋经济的国际化进程。

（六）创新管理体制,强化政策措施保障

创新海洋经济管理体制,首先是创新领导体制,建立综合管理协调组织体系,加强组织、管理、协调和服务工作。其次是完善海洋功能区划管理制度,对海洋区域进行必要的功能划分,严肃项目审批制度,通过法制化手段来确保功能区建设。其三是建立海域资源利用的登记、许可制度,海洋倾废、油污管理制度,生物资源增殖养护制度,等等。强化海洋经济政策措施保障,要对重点区域和重点项目在资金、土地、科技、人才和基础设施建设等方面加大支持力度。

宁波:加大粮食生产财政扶持力度
确保宁波粮食安全

根据《浙江省统计局关于要求开展粮食生产财政扶持政策调查工作的通知》(浙统函〔2014〕61号)要求,为掌握宁波市当前财政扶粮资金的情况,更好发挥财政资金服务粮食生产的作用,提高财政资金服务粮食生产的效益,近日,宁波市统计局组织市县两级农村统计人员通过走访和问卷调查方式,扎实开展了专项调查。现报告如下:

一、宁波市粮食生产财政扶持政策基本情况

（一）走访部门,了解政策情况

切实保障国家粮食安全是2014年经济工作六大任务的首位任务。宁波市通过加大粮食生产政策扶持力度、加大粮食生产功能区建设工作力度、提高农机装备和服务水平等举措,不断调动农民种粮积极性,促进粮食生产持续稳定发展,保障粮食安全。

1.宁波市积极出台各项支农惠农政策,加大对粮食生产的扶持力度。据了解,目前宁波市对所有普通种粮户有农资综合直补、良种补贴、秧盘补贴等,对种植面积20亩以上的种粮大户有市定种粮大户补贴、水稻农机作业"五统一"服务补贴、订单粮食价外补贴、水稻政策性保险补贴等10余种补贴,基本囊括了从种子、农资、收割、收购等各个环节,不少补贴在资金方面还呈现不断增加趋势。

2.加大基础设施建设投入,提升粮食生产能力。确保粮食生产功能区、高标准基本农田建设资金需求,提高农业抗风险能力,促进粮食稳产高产。

3.扶持种地主体,维护粮农利益。多举措保护粮农利益,千方百计调动粮农生产积极性,确保粮食安全真正落到实处。认真落实最低收购价,保持粮食价格合理水平,防止"价贱伤农";加大打击力度,依法严惩危害农业生产的行为;鼓励农业经营方式创新。大力发展多种形式的新型农民合作组织,培育壮大龙头企业,构建农业社会化服务新机制。

4.及时发放各项补助资金。及时发放粮食直补、综合补贴、水稻良种补贴

等专项资金;足额配套农机购置、订单粮食价外等补贴;有效实施统防统治、高产创建、有机肥推广等政策。2013 年共发放中央财政直补资金约 1.4 亿元、市级财政补贴资金约 1.5 亿元及县级财政补贴资金 1 亿多元。

(二)问卷调查,细询政策影响

有代表性地从宁波市种粮大户(种植面积 20 亩以上)和一般种粮农户(种植面积 20 亩以下)名单中选定调查对象各 20 户,采取现场走访和调查问卷相结合的方式开展调查工作。向抽中的调查对象详细询问对当前粮食生产财政补贴政策和补贴标准的满意度,了解各品种粮食最低收购价政策对种植意愿的影响,了解种粮补贴是否有助于提高种粮积极性,了解种粮户是否需要从金融机构获取用于生产的金融贷款等内容。

1.种粮户对当前粮食生产财政补贴政策比较满意。调查结果显示:17.5%的被调查户对当前粮食生产财政补贴政策满意;45%的被调查户对当前粮食生产财政补贴政策比较满意;25%的被调查户对当前粮食生产财政补贴政策反映一般;只有 12.5%的被调查户对当前粮食生产财政补贴政策不满意。其中种粮大户满意度比一般种粮农户高(详见表 1)。

表 1 种粮户对当前粮食生产财政补贴政策满意情况

	比例(%)			
	满 意	较满意	一 般	不满意
种粮大户	30%	45%	20%	5%
一般种粮农户	5%	45%	30%	20%

2.种粮户对当前粮食生产财政补贴标准反映不一,种粮大户比较满意。调查结果显示:15%的被调查户对当前粮食生产财政补贴标准满意;35%的被调查户对当前粮食生产财政补贴标准比较满意;40%的被调查户对当前粮食生产财政补贴标准感觉一般;只有 10%的被调查户对当前粮食生产财政补贴标准不满意(详见表 2)。

表 2 种粮户对当前粮食生产财政补贴标准满意情况

	比例(%)			
	满 意	较满意	一 般	不满意
种粮大户	20%	45%	25%	10%
一般种粮农户	10%	25%	55%	10%

3.种粮户对当前粮食生产补贴额度年度增长情况反映一般,觉得增幅太少。调查结果显示:只有 5% 的被调查户对当前粮食生产补贴额度年度增长感觉满意;12.5% 的被调查户对当前粮食生产补贴额度年度增长比较满意;60% 的被调查户对当前粮食生产补贴额度年度增长感觉一般;有 22.5% 的被调查户对当前粮食生产补贴额度年度增长不满意(详见表3)。

表 3 种粮户对当前粮食生产补贴额度年度增长满意情况

	比例(%)			
	满　意	较满意	一　般	不满意
种粮大户	5%	15%	45%	35%
一般种粮农户	5%	10%	75%	10%

4.种粮户反映粮食的最低收购价政策对种粮有很大影响,希望每年尽早公布。调查结果显示:有 67.5% 的调查种粮户反映粮食的最低收购价政策对种粮有很大影响,希望每年尽早公布;27.5% 的调查种粮户反映粮食的最低收购价政策对种粮有影响,但影响不大;只有 5% 的调查种粮户反映粮食的最低收购价政策对种粮没有影响。

5.种粮大户反映从各类金融机构获取用于粮食生产的金融贷款比较困难。调查结果显示:25% 的种粮大户反映从各类金融机构获取用于粮食生产的金融贷款很困难;65% 的种粮大户反映从各类金融机构获取用于粮食生产的金融贷款比较困难;只有 10% 的种粮大户反映从各类金融机构获取用于粮食生产的金融贷款比较容易。

6.种粮大户反映通过土地流转获取土地非常不容易。调查结果显示:只有 15% 的种粮大户反映通过土地流转获取土地比较容易;10% 的种粮大户反映通过土地流转获取土地感觉一般;有 75% 的种粮大户反映通过土地流转获取土地非常不容易。

二、财政资金服务粮食生产面临的问题

近年来,粮食补贴政策在确保粮食安全、促进农民增收方面的作用越来越突出,但在政策实施中,仍然存在补贴项目多、补贴标准低、兑付程序复杂、工作成本高、粮食种植效益下降等问题。

1.补贴制度设计不符农村实际,相对成本过大。目前,各种补贴项目分类很细,项目发放要求各不相同,既加大了这项工作的落实成本,又增加了农民不必要的麻烦。基层干部感觉一年四季都在为发放补贴作准备,都在发放种粮惠农补贴。而每次发放补贴,镇、村及有关部门干部都要进村入户逐户登记、逐户核实、制订账卡表册,张榜公示,层层报批、层层督查、层层验收。在各种种粮惠农补贴发放时人力、财力重复投入,行政成本过大。

2. 种粮补贴具体形式疏于体制监管,潜在矛盾较多。随着农村生产水平的不断提高,农民工转移力度加大,农村土地经营权"地下"流转现象较为普遍。一些农民把耕地转给其他农户,经营权发生转移。而在补贴发放时,因相关制度不完善、资料跟踪不到位,少数地方仍然以土地承包人为补贴对象,直接将补贴款打入"一卡通",从而出现了"未种田的领补贴,种田的没补贴"的现象。有的农户没有种植粮食作物,而是种植经济作物和其他作物,但同样得到了粮食补贴。潜在的矛盾和纠纷较多。还有政策制度因市场体制问题而引起的矛盾。如现行的农机具购置补贴是补贴经销商,不是直接补贴到购机农户。农机具购置都是定点厂商、定点产品、定点维修。经销商在农机具价格运作上缺乏有效的监控,运作空间较大,潜在市场垄断,竞争不充分。

3. 粮食生产成本增长过快,财政补贴效益下降。当前粮食生产成本过高,农资价格偏高、人工、地租价格快速上涨,加大了种植成本。调查结果显示种粮成本每年 10%—20% 增长,当生产成本的速度远高于粮食价格上涨比例时,农民从补贴中得到的收益大打折扣,这在很大程度上降低了农户对粮食生产投入的积极性,一些农民因此选择"双改单"或种植其他经济作物。

4. 土地流转机制不完善,种粮规模效益难以发挥。由于缺乏科学合理的耕地流转机制和相对健全的流转中介组织,土地流转经营十分困难。一方面,土地是获取补贴的依据,农民"惜田不丢",把耕地看作一种权益保障不愿流转;另一方面又因为种粮效益低不愿耕种。这样既造成耕地资源的浪费,又使土地难以向种粮大户集中,粮食生产很难达到规模化和专业化。

5. 粮食生产资金制约,金融扶植政策不足。农业要实现产业化和规模化经营,资金支持必不可少,部分种粮大户,由于资金的前期投入和一次性投入较大,靠自身很难筹集生产所需资金,而金融机构在对种粮大户的资金支持特别是贷款支持上,还没有出台行之有效的支持政策,土地规模经营普遍面临"贷款难"问题。

三、更好发挥财政资金服务粮食生产的建议

1. 进一步完善种粮财政补贴政策,充分发挥补贴资金作用。整合现有粮食补贴政策,将各项补贴合并,变分次发放为打包集中发放。简化补贴审批程序,优化补贴标准。一方面有利于财政部门加强对补贴资金的监管,另一方面有利于政策的延续性,便于农民领取补贴。建立补贴标准合理增长机制,确保粮食直补标准增长速度不低于生产资料价格上涨速度。改变农资综合直补发放方式,将粮食补贴按面积补贴改成按粮食产量和粮食销售量补贴,生产和销售越多,获得补贴越多,这一方面免去了每年要逐村逐户核实粮食种植面积的烦琐程序,提高工作效率,降低行政成本;另一方面能充分调动农户多种粮、多售粮的积极性;同时,能有效杜绝农户抛荒或转包耕地,不种粮也能获补贴的现象,确保补贴资金分配公正合理。

2. 补贴政策应对种粮大户和粮食合作规模生产组织更加倾斜。现行种粮补贴政策,鼓励了种粮农户的积极性,但也在一定程度上对适度规模经营发展带来不利。现在有些散户由于种粮有补贴而更为依恋土地。如此,种粮大户的面积规模难于变大,在一定程度上对规模经营造成不利。对规模经营补贴,最好是规模越大,补贴标准越高,这样既有利于减少补贴的工作成本,又有利于规模经营,提高粮食商品率。

3. 要继续加大对粮食生产基础设施的投入。要把大力支持粮食生产基础设施建设和生态环境改善作为一项长期任务,这是提高粮食生产供给能力,实现可持续发展的基本保证。要重点加强粮食功能区标准化建设和农田地力提升项目建设,切实提高粮食生产抵御自然灾害风险的能力,提升耕地的单位效益。

4. 加大支持粮食生产服务体系建设,不断提高农业现代化水平。财政要加大对粮食生产农业科技服务体系建设的投入,建立以政府为主导、财政为支撑的农业科技服务体系。重点支持健全农业技术推广网络,大力推广粮食新品种、先进种植技术、新农药、新肥料,提高粮食单产水平和产品质量,增强粮食市场竞争力。支持粮食生产信息传播系统、农资检测系统、病虫害预测预报系统建设,完善农业科技应用服务体系建设,增强粮食生产科技含量。支持加快发展粮食生产专业协会等农村合作经济组织,延长产前农资采购、产中生产耕作和产后流通加工服务链条,不断提高粮食生产的组织化程度。加大财政补贴力度,支持全面开展农业保险,建立完善覆盖农业生产的保险体系,增强粮食生产抵御自然灾害风险的能力。

5. 要提升财政资金对粮食生产的激励效应。建议出台推进农业信用担保体系建设的政策性指导意见,规定每年从农发基金中划拨一部分作为种粮大户、农机大户和专业服务组织的担保专项扶持资金,研究并实施种粮项目担保措施。有效缓解种粮大户、农机大户和专业服务组织"贷款难"的问题。

　　6.要加快建立和完善土地流转制度。加大对土地流转的支持力度,对承租土地的种粮户,给予一定的租金补贴,减轻粮农租地负担,提高粮农规模种粮的积极性。要加快完善农村土地承包流转管理服务体系。建议在基层特别是乡(镇)要建立农村土地承包流转服务中心,切实加强对农村土地承包经营权流转的指导和监管,积极引导和规范土地流转,在充分尊重农民意愿、保证农民利益的前提下,严格规范土地流转的合同程序。

温州市规（限）上企业大幅"退出"
现象需引起高度重视

近年来，市、县两级政府出台了一系列做大做强实体经济的优惠政策，取得一定成效。2013年温州市规上工业、限上贸易业和限上服务业（以下简称"三上"）新增企业数增长较快。但同时，"三上"在库企业"退出"数量也明显增加，其中规上工业"退出"企业数大于"新增"企业数，目前在库企业数比上年还有所减少，需要引起高度重视。

一、温州市"三上"企业"新增"与"退出"总体情况

（一）"新增"企业明显增多，贸易、服务业浙江省排名靠前

2013年，温州市共新增"三上"企业1412家，比上年增加313家。其中工业595家，居浙江省第6位，占浙江省的11.6%；贸易业440家，居浙江省第3位，占浙江省的13.1%；服务业377家，居浙江省第3位，占浙江省12.7%。

（二）"退出"数量大幅增长，净增情况不理想

2013年温州市"三上"企业共"退出"1134家，比上年增加571家。其中规上工业"退出"现象严重，退出企业653家，目前在库企业数比上年净减少58家；限上贸易业"退出"359家，目前在库企业数比上年净增81家；规上服务业"退出"情况较好，退出企业122家，目前在库企业数比上年净增255家。

二、温州市"三上"企业"退出"的结构情况

（一）从"三上"分类看，工业、贸易业企业"退出"现象严重

与2012年相比，工业、贸易业"退出"企业数大幅增多，其中规上工业"退出"企业家数同比增长149%，限上贸易业"退出"企业家数同比增长115%，"退出"现象严重。而服务业"退出"企业较上年减少12家，状况较好。（见图1）

（二）从分县（市、区）看，鹿城"退出"家数最多

从分县（市、区）来看，鹿城"三上"企业共退出266家，居温州市首位，乐清、瑞安和龙湾"退出"家数也超过100家；从"退出"企业占原"三上"企业比重来看，鹿城为17.3%，高于温州市平均4.8个百分点，"退出"情况严重，龙湾、开发区"退出"占比分别高出温州市平均水平1.5和4.5个百分点。

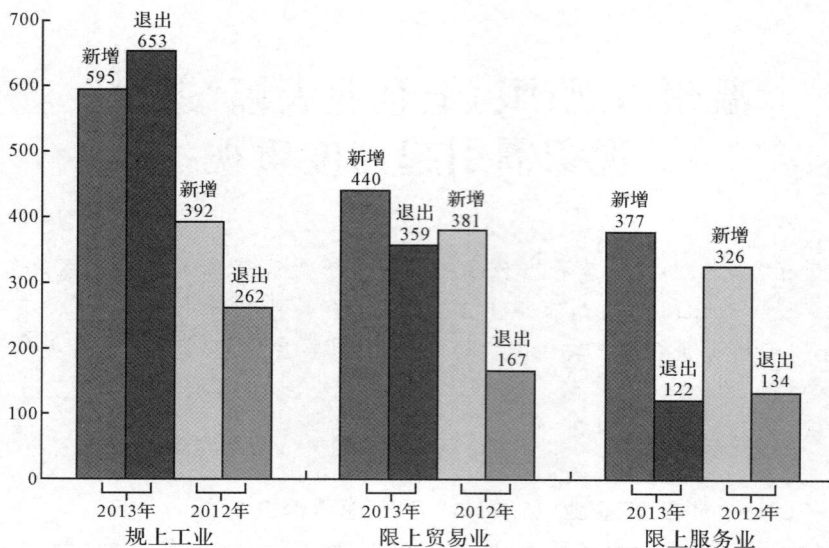

图 1　2012—2013 年"三上"企业"新增"与"退出"情况

在各县(市、区)"退出"企业中,规上工业"退出"企业普遍较多,除洞头、文成、泰顺外均超过 40 家,其中鹿城(21.2%)、开发区(19.6%)、乐清(16.1%)和平阳(15.6%)退出企业占比高于温州市工业平均水平。限上贸易业"退出"企业主要集中三区两市,以鹿城"退出"家数最多,达 136 家,龙湾、瑞安次之,分别为 52 家和 41 家。服务业"退出"企业基本集中在鹿城区(60 家),其余各地只有 10 家左右的企业退出。

表 1　2013 年分县(市、区)"退出"企业情况

	"三上"2013年初单位数	"三上"退出总数	"三上"退出占比(%)	工业"退出"家数	贸易业"退出"家数	服务业"退出"家数
全　市	9103	1134	12.5	653	359	122
鹿城区	1542	266	17.3	70	136	60
龙湾区	933	131	14.0	69	52	10
瓯海区	849	78	9.2	43	29	6
开发区	365	62	17.0	54	8	0
瑞安市	1576	178	11.3	126	41	11
乐清市	1509	189	12.5	147	28	14

续表

	"三上"2013年初单位数	"三上"退出总数	"三上"退出占比(%)	工业"退出"家数	贸易业"退出"家数	服务业"退出"家数
永嘉县	583	71	12.2	47	15	9
平阳县	553	65	11.8	43	18	4
苍南县	715	79	11.0	47	25	7
洞头县	97	4	4.1	1	3	0
文成县	96	8	8.3	5	3	0
泰顺县	76	3	3.9	1	1	1
市　直	209	0	0.0	0	0	0

（三）从分行业看，"退出"企业有一定的集中度

规上工业中，"退出"企业主要集中在鞋革（121家）、电气（93家）和通用设备（71家）三个行业，占"退出"企业总量的43.6%。尤其是制鞋企业，竞争非常激烈，有88家企业"退出"。

限上贸易业中，批发企业"退出"最多，共271家，占限上贸易业"退出"企业总数的75.5%。其中矿产品、建材及化工产品等批发业因工业生产和房地产市场不景气，引起经营萎缩，"退出"企业达132家。

限上服务业中，租赁和商务服务业，交通运输、仓储和邮政业退出较多，分别为38家和22家。从具体行业看，商务服务"退出"企业以广告业为主，达11家；交通运输业"退出"企业以道路运输为主，也"退出"了11家。

三、"三上"企业"退出"的主要原因

从调研情况来看，"退出"企业主要存在以下几种原因：

一是因市场不景气、企业经营不善等原因造成的"淘汰性退出"。这部分企业是"退出"企业的主要构成，占规上工业"退出"企业的七成左右，占限上贸易业和服务业"退出"企业的九成以上。"淘汰性退出"主要有两种情况，一是约74%的企业年内主营业务收入低于"三上"标准，变成了规（限）下企业；二是约26%的企业因停产或破产注销而"退出"。

二是因要素制约、发展瓶颈等问题引起的"外迁性退出"。这种情况主要发生在工业企业，贸易业也有少量发生。2013年温州市有30家工业企业因"外迁"而退出规上，约占工业"退出"企业的5%，据反映，一部分企业外迁至周边的丽水市，还有些企业外迁江苏、上海、安徽等外省（市）。限上贸易企业也有2家外迁至上海。

三是因担保、债务等资金链问题造成的"担保性退出"。主要分三种情况：一是资金链断裂，老板外逃致使企业停产停工甚至破产；二是因担保牵连，企业无法得到银行融资，造成经营困难；三是企业营运正常，但因其互保的企业出现危机，企业主为规避风险将生产和订单向规下企业或新注册的企业转移。"担保性退出"企业主要发生在工业企业中，约占工业"退出"企业的 5％。

四是因拆违改建、环境治理或产业调整等因素造成的"政策性退出"。如永嘉造纸业，平阳、龙湾等地皮革业和部分厂房违建的企业，受政策影响或关闭，或整合，或拆建新厂房而引起"退出"，以工业企业为主，约占工业"退出"企业数的 6％。

温州小贷行业规模继续扩大
经营效益明显下滑

　　2013年底,温州市正式运营的小额贷款公司(以下简称"小贷公司")44家,其中2013年新成立13家,小额贷款行业规模进一步扩大,温州市可贷资金接近150亿元,年末贷款余额142.62亿元,比上年增长14.3%。但是统计监测显示:2013年受温州市金融风波延续的影响,小贷行业不良放贷大幅增加,放贷更趋谨慎,从银行融资比例下降,放贷利率下降,经营效益明显下滑,全年实现的营业收入比上年下降2.3%,营业利润下降11.2%,需要有关部门引起关注,加大扶持力度,增强行业风险调控,促进小贷行业健康有序发展。

一、小贷行业运行现状及特征

　　(一)可放贷资金增多,年末放贷余额较快增长

　　2013年,温州市新成立的13家小贷公司合计注入21.6亿元注册资本,小贷行业年末可放贷资金达到145.13亿元,比上年增长13.9%,贷款余额142.62亿元,比上年增长14.3%。但从本年贷款累放来看,在当前民间借贷危机余波未平的时期,小贷公司放贷更趋谨慎,全年累计放贷仅447.27亿元,比上年下降0.4%。

　　(二)放贷利率下调,低于同期民间融资综合利率

　　2013年,受央行降低贷款基准利率影响,部分小贷公司转变经营策略,以下调放贷利率、优质放贷来避免发贷风险。2013年末小贷行业利率为18.26%,比上年下降1.54个百分点,比同期温州民间融资综合利率指数低1.91个百分点。

　　(三)资金利用率提高,单笔放贷额度有所回落

　　2013年末,温州市小贷行业可放贷资金145.13亿元,其中已放贷的资金142.62亿元,占98.3%,比上年提高0.4个百分点。小贷行业放贷结构有所改善。2013年小贷行业单笔贷款额度123.6万元,比上年下降4.4%。在全年累放贷款中,种养殖业及100万元以下金额比重有所上升,从2012年的51.7%上升到52.4%。

二、需要关注的问题

　　(一)经营效益下滑明显,尤其是市区、瑞安

　　2013年,小贷行业实现营业收入21.73亿元,营业利润14.20亿元,分别

比上年下降 2.3％和 11.2％,经营效益下滑明显。主要原因有:一是小贷公司为应对不良贷款激增而带来的坏账风险,加大提取坏账准备金,全年提取资产减值损失 2.28 亿元,增长 1.2 倍,从而提高经营成本,压缩盈利空间;二是公司放贷更趋谨慎,业务量有所收缩;三是放贷利率下调,影响经营收入。

市区、瑞安小贷行业经营效益下滑严重。2013 年,市区许多小贷公司出现逾期贷款增多、利息难以回收的现象,坏账准备金大幅提取,12 家小贷公司全年提取资产减值损失 1.11 亿元,增长 86.4％,造成营业收入和营业利润分别大幅下降 29.7％和 46.2％。瑞安小贷行业 2013 年下半年逾期贷款问题明显加重,3 家小贷公司全年提取资产减值损失 0.67 亿元,增长 3.9 倍,营业收入和营业利润分别下降 18.5％和 32.2％。其他六县一市小贷行业平稳发展,全年合计营业收入和营业利润分别增长 31.7％和 32.8％。

(二)小贷行业融资渠道收紧,从银行融资比例下降

自温州市发生局部金融风波以来,小贷行业从银行融资金额比例一直在下降,2013 年表现尤为突出,多家公司减少银行融资。2013 年末,温州市小贷行业从银行机构融资 18.87 亿元,比上年减少 9.32 亿元,占可贷资金的比例 13.0％,比上年下降 9.1 个百分点。2012 年仅减少 0.88 亿元。主要原因是 2013 年温州市银行放贷更趋紧缩,小贷公司为避免风险,更趋谨慎经营。

三、建议

(一)加强风险调控,给予扶持帮助

针对当前部分小贷公司受局部金融风波影响较大的情况,建议有关部门加强监测和风险调控,必要时适当提供帮助和扶持措施,比如为其解决诉讼难等当前迫切的一些问题。

(二)关注企业心声,提供可行举措

虽然目前部分政策制约性问题并不能完全得以解决,但政府及有关部门可以在政策允许范围内,针对企业关心的融资难、税赋高等问题采取适当可行举措,进一步拓展融资渠道、对有困难的公司提供退税优惠等等。

(三)分析县域差异,开展分类指导

2013 年不同县(市、区)小额贷款公司的发展情况开始显现差异化,一部分经济效益下滑、业务缩减、融资减少,另一部分则运行平稳、资金增加、业务扩展。所以,针对不同县域的企业,在提供政策支持、帮扶措施等方面,可开展分类指导和提供有针对性的措施,从而有利于小贷行业的长期良性发展。

温州鞋服行业电商发展状况分析

近几年来,随着网上销售平台的不断完善与网购行为的日益大众化、方便化,网上交易额急剧扩大,网购市场已成为一个不可忽视的新兴市场,温州市众多制造行业也开始了"触网"之旅。尤其是服装、制鞋等日常消费品制造企业,正开始在网络虚拟市场上掀起新一轮竞争。为了解温州市鞋服企业 B2C 电商经营发展情况,温州市统计局对 913 家规模以上鞋、服制造企业电商经营情况进行了调查,收回有效问卷 654 份,调查显示:温州鞋服行业具有发展电商的良好区域优势和品牌优势,目前已有 9.6% 的企业涉足电商领域,还有 9.8% 的企业正在准备进入。从发展时间看,近半数涉足网商企业"触网"不足一年;从发展平台看,温州市鞋服企业多数选择天猫与淘宝平台进行网商运作;从发展路径看,大品牌注重市场扩张,小企业着力转型与品牌再塑造。总的来说,温州市鞋服网商经营发展迅速,对实体经济起到良好促进作用。但是由于起步较晚,新进企业正面临较大的竞争压力。同时,部分鞋服企业对网商发展认识不足,营销意识不强,相关专业人才匮乏,对电商进一步良性发展有所影响,需要有关部门群策群力,共同指引和推进温州市鞋服行业电商发展,助推实体经济再次提升。

一、温州市鞋服企业电商发展的优势

(一)日臻完善的交通网络优势

温州市交通网络建设取得巨大的成就,境内机场、港口和高速公路纵横交错,交通便捷。以公、铁、水无缝对接联运实现物流成本的最低化。近年来,温州市以这一优势为依托,发布了《温州市人民政府关于加快现代物流业发展的实施意见》,提出了打造物流园区和物流龙头企业为支撑的现代物流服务体系,一批物流项目稳步推进,已建成了瓯海潘桥物流园区,瑞安江南物流园区等一系列依托动车线路的发展大型物流服务中心。便捷的交通和强大的物流配送是温州市工业企业进入电子商务领域的重要基础,为工业企业电子商务的发展提供了坚实的基础。

(二)较好的产业基础与品牌优势

鞋服行业作为温州市传统产业,经过多年的发展,形成了完整的产业链,创造了奥康、康奈、红蜻蜓、蜘蛛王、报喜鸟、乔顿等一系列优秀品牌。以鞋业为例,全国十大"中国真皮领先鞋王"中有一半是温州品牌,目前温州市鞋业已经拥有中国名牌产品 7 个,全国驰名商标 82 个,中国出口商品免验 3 个,浙江名牌 48 个,浙江著名商品 37 个,品牌占据全国鞋革行业前茅。截至 2012 年底,温州市规模以上鞋服企业 913 家,占全部规上工业企业个数 22%,还有大量小、微型鞋服生产企业。温州生产了全国约 10% 的服装、20% 的鞋,是有名的"中国鞋都"和服装之城,这为电子商务发展提供了良好的支撑。

二、温州市鞋服企业电商发展现状分析

（一）近一成鞋服企业涉足 B2C 电商发展,催生企业新部门

被调查的 654 家鞋服企业中,有 63 家企业已经涉足电商领域,占全部被访企业的 9.6%,其中服装企业 20 家,占被访服装企业的 12.6%,比重高于制鞋行业 3.8 个百分点。这些涉足电商企业中,90% 以上的企业没有将网络业务外包出去,而是亲身上阵,建立属于本公司或本集团的专门部门或安排专人负责网上销售工作,仅少数（服装 1 家,制鞋 3 家）企业是委托专业网商运营团队进行宣传、销售,制造企业只负责事前备货。因此,一些鞋服企业纷纷成立了新的"网络销售部门",少则 1—2 人,多则上百人,像奥康股份有限公司下属的销售部门中,电子商务部成员已经达到 150 人,比其他几个部门销售人员加起来还要多,甚至催生了新的物流部门、物流仓库和物流系统。

（二）近半数企业"触网"不足一年,电商发展进入快车道

调查显示,温州市大部分鞋服企业"触网"较迟,发展时间较短,46.9% 的企业是在 2012 年下半年以后才开始涉足网上 B2C 销售的,"触网"不足一年。从发展时间来看,2010 年以前温州市只有 3 家企业接触网络销售;2010 年与 2011 年分别新增 10 家和 14 家企业进入 B2C 网络销售领域;2012 年温州市电商发展步伐加快,当年共有 24 家企业新涉足网上销售;截至 2013 年 5 月份,新增电商企业已达 12 家,且有 9.8% 的被访企业在调查中表示企业目前已经有"触网"规划,将很快启动。因此在未来一段时间,温州市鞋服行业网上电商发展将逐步进入发展繁荣期和高峰期。

（三）淘宝平台最受欢迎,天猫旗舰店最为普遍

与一般的批发零售商业企业选择网上销售平台不同,为树立良好形象,温州市鞋服制造业更青睐在淘宝天猫平台上进行网络 B2C 销售。已经触网与准备触网的企业中,有 52% 选择淘宝天猫品牌进行销售,42% 的企业进驻了淘宝普通平台 ,选择京东、拍拍等其他平台的企业分别不到 10% 和 5%。

（四）大企业注重市场份额抢占，发展势不可挡

从发展路径来看，大品牌与小品牌在网上的发展目标有所区别，大企业、大品牌主要以扩大市场影响力、抢占新市场份额为主。通过线下品牌效应带动线上产品销售，一般采取线上线下产品分离，在款式、材料进行细微区别，通过价格优势和不定时的线下产品特价来助推网上销售，与草根"淘品牌"相比，不需要太多广告投入，便可家喻户晓。如鞋业龙头之一奥康自 2010 年 10 月进驻淘宝天猫后，第一年仅实现几十万元的销售额，2011 年便迅速达到 7000 多万元销售额，2012 年销售额达到 2.5 个亿。而 2013 年一季度就已实现销售额 7000 万元，全年预计销售额至少可完成 4 个亿，目标直指 6 个亿。

（五）小企业着力塑造品牌形象，借助网络实现转型

与大企业相比，小企业、小品牌更注重利用网络较为低廉租金、人工等成本，意在拓展销售渠道，创造品牌影响力。如人本鞋业原本产品档次偏低，主要面对农村市场、小学生层面等，在进驻淘宝天猫后，利用成熟的生产线、可靠的品质，通过良好的营销手段，更新设计、改变定位，主要面向城市年轻人、大学生，获得了巨大成功。自 2011 年下半年入驻以来，开始三个月的销售额分别达到 90 万、370 万和 750 万元，增长势头良好，预计 2013 年全年销售额可达 6000 万元，占企业销售总额的 50％以上，已经成为企业主要营运方向和利润来源。

（六）销售占比不断提高，对企业经营影响日益加大

在近几年温州市工业经济发展相对缓慢的前提下，温州市鞋服行业网商发展十分快速，对近三年一直从事网上销售的企业分析显示，近三年，温州市鞋服网上销售额年均增长近 200％，远远高于同期产值增长幅度，从比重上来看，2011 年，温州市鞋服网上销售额仅占同期产值的 1.7％，2012 年提高到 2.1％，2013 年上半年这一比重已经达到 3.6％，并仍在不断提高。从全部触网企业来看，十分之一的企业网上销售额已经占其同期产值的 10％以上，对企业的生产经营影响日益加大。

三、温州市电商发展面临的几个问题

（一）起步较晚，网上商战已经进入白热化阶段

与前几年相比，由于网店数量规模不断扩大，价格战越打越烈，近两年来网上商战已经进入了白热化阶段，不再像以前那样"随随便便"开个店就能大把赚钱。相较之下，温州市工业企业电商发展起步较晚，面临的竞争压力较大，更需要稳步经营，做好基础工作。

（二）营销意识不强，缺乏系统培训，部分企业积极性不高

与杭州、上海、广州等一线城市相比，温州市企业对网上经营的认识还十分不足，多数网店营销人员缺乏系统的培训，没有形成完整的营销理念，不少企业的网店经营还处在小打小闹阶段，抱着"试试看"的态度来进行，并没有完整的规划。还有部分企业没有意识到电商发展对实体经济带来的机遇和挑战，安于现状，仅将网上销售作为处理积压库存的一种手段，没有整体品牌维护和发展意识，影响了温州市鞋服品牌在新销售领域的发展壮大。

（三）人才匮乏，政策不足，电商发展软环境建设落后

网上营销看起来很容易，但实际上对营销、美工、推广、运营、高端物流控制人才甚至客服的要求很高，而这几类人才目前在温州市都十分匮乏。较大程度上制约了温州市工业企业电商的壮大和深度发展。同时，政府和有关部门对电商扶持政策不足，对电商发展重要性强调不够，影响了工业企业电商的发展。

四、加快发展温州市鞋服行业电商发展的几点建议

鞋服行业电商发展对拓宽实体经济销售渠道，促进产能，提升企业效益，扩大品牌影响力、增进企业实力具有重大意义，应进行重点关注，加大支持力度。

（一）加强政策支持，提升企业电商发展信心

电商发展将给企业经营发展带来重大变革，对促进温州市经济整体发展具有重大意义，有关部门要高度重视电商发展的重要性，营造良好的氛围，制定相关政策，加大扶持力度，有针对性地扶持重点行业、企业开展电商经营，提升对电商发展的信心。

（二）加强政府引导，提升企业对电商发展的认识

要学习借鉴上海、杭州、广州等省内外电商发达城市的经验，以树立典型、组团考察、讲座交流、深入培训等多种方式，提高企业对电商发展的认识，树立电商发展的正确意识。有关部门要积极组织开展电商相关知识的深层次培训，尤其是营销和整体运营方面的有关培训，加强企业之间的沟通交流，互通有无，共同发展。

（三）重视电商发展急需人才的培育和引进

一方面要建立健全企业、电商协会与温州市各高校、职校中间的沟通平台，促进双方交流合作，加强对温州市电商发展急缺的营销、美工、推广、客服等方面人才的培育。另一方面要引入淘宝大学、百度营销大学等为温州实体企业做电商人才培训。此外还要出台相关政策，吸引外地高级电商发展人才入驻温州市，助力温州企业电商发展。

嘉兴市物流产业发展现状及问题分析

近年来,嘉兴市物流产业单位数不断增加,物流企业经营规模日趋壮大,物流运输能力明显增强,物流园区建设取得一定成效。本文对嘉兴市物流产业发展现状与特点做出简要分析,探寻当前嘉兴市物流产业发展中存在的问题与不足,并就如何推进嘉兴市物流产业健康快速发展提出建议。分析表明,2012 年末,嘉兴市共有物流产业单位(包括个体户)2518 家,但个体单位 2235 家,占 88.8％;实现营业收入 23.46 亿元,占全市物流营业总收入 22.0％。但总体上产业层次偏低,盈利能力下降,需求拉动不足,创新驱动不够,亟待各方面重视扶持。

物流产业是指利用信息和网络技术、运用现代组织和管理方式,将运输、仓储、装卸、加工、整理、配送、信息等方面有机结合,形成完整的供应链为用户提供多功能、一体化服务的新兴产业。物流产业是商品经济高度发展的产物,具有专业化、规模化、信息化的特征,被誉为经济发展的"加速器"和"第三利润源泉"。嘉兴市作为浙北中心城市,水陆交通发达,制造业和商贸业发育成熟,具有发展现代物流产业的优越条件。本文利用经济普查、人口普查以及经常性统计资料,以 2012 年 6 月浙江省发改委等 7 个部门印发的《关于印发浙江省物流业统计实施方案的通知》中确定的 22 个行业作为物流产业分类标准,对嘉兴市物流产业发展现状与特点、存在的问题做出简要分析,并就如何推进嘉兴市物流产业健康快速发展提出意见建议。

一、嘉兴市物流产业发展现状

随着经济的快速增长和信息化进程的推进,嘉兴市物流产业发展迅速,2004—2012 年间,物流产业单位数不断增加,物流企业经营规模日趋壮大,交通运输能力明显增强,物流园区建设取得一定成效。

（一）限上物流企业构成物流产业的主体

2012 年末,嘉兴市共有物流产业单位(包括个体户)2518 家,占全市物流单位总数的 8.8％;物流产业从业人员达 10201 人,占全市物流从业总人数的 17.7％;年末拥有资产 18.89 亿元,占全市物流资产总计的 18.3％;全年实现营业收入 23.46 亿元,占全市物流营业总收入 22.0％。从单位构成类型看,嘉兴市物流产业单位以个体经营户居多,个体单位 2235 家,占嘉兴市物流单位总数的 88.8%;个体经营从业人员 3486 人,占嘉兴市物流从业总人数的 34.2%。从资产和营业收入看,单位数仅占 2.9% 的限额以上物流企业构成嘉兴市物流产业的主体。2012 年末,限额以上物流企业资产总量 11.04 亿元,占嘉兴市物流资产总计的 58.5%;实现营业收入 17.36 亿元,占嘉兴市物流营业总收入的 74.0%(详见表 1)。

表 1　2012 年嘉兴市物流产业单位构成表

	单位数		期末从业人数		营业收入		资产总计	
	总量（个）	占比（%）	总量（人）	占比（%）	总量（万元）	占比（%）	总量（万元）	占比（%）
合计	2518	100.0	10201	100.0	234580	100	188863	100.0
限上物流企业	74	2.9	5808	56.9	173645	74	110446	58.5
限下物流企业	209	8.3	907	8.9	28168	12	61069	32.3
个体经营户	2235	88.8	3486	34.2	32768	14	17348	9.2

注:限额以上企业指年营业收入在 200 万以上的企业,相关指标来源于 2012 年服务业年报调查数据;全部法人及个体经营户相关指标来源于 2012 年名录库快报,个体经营户资产总计以资产原值替代。

(二)物流企业经营规模不断壮大

2004 年第一次全国经济普查以来的统计资料表明,近年来嘉兴市限额以上物流企业明显增多。物流企业由 2004 年的 56 家增加至 74 家,增长 32.1%;从业人员由 3319 人增加至 5445 人,比 2004 年增长 64.1%;2012 年实现营业收入 17.36 亿元,比 2004 年增长 2.11 倍;户均资产拥有量 1493 万元,比 2004 年增加了 6.7%,户均收入比 2004 年增长了约 1.4 倍,由 2004 年的 995 万元增加至 2347 万元。营业收入亿元以上的物流企业数和从业人员增长较快,但户均资产和户均收入水平有所下降。2012 年,嘉兴市营业收入在 1 亿元以上物流企业有 4 家,比 2004 年增加 3 家;从业人员 2678 人,比 2004 年增长 40%;但户均资产 7553 万元,比 2004 年下降 83.3%;户均收入 1.81 亿元,较 2004 年下降 0.8%(详见表 2)。

表 2 嘉兴市限额以上服务业企业户均规模比较表

| | 2012 年 | | 2004 年 | | 较 2004 年±% | |
	限上企业	#亿元企业	限上企业	#亿元企业	限上企业	#亿元企业
单位数(个)	74	4	56	1	32.1	300.0
从业平均人数(人)	5445	2678	3319	1913	64.1	40.0
增加值(万元)	51457	24580	17677	9012	191.1	172.7
资产总计(万元)	110446	30211	78317	46571	41.0	−35.1
营业收入(万元)	173645	72415	55744	18242	211.5	297.0
户均资产(万元)	1493	7553	1399	46571	6.7	−83.8
户均收入(万元)	2347	18104	995	18242	135.9	−0.8
户均增加值(万元)	695	6145	316	9012	119.9	−31.8

(三)物流产业集中于道路运输业

嘉兴市物流企业主要集中于道路运输业,装卸搬运和运输代理次之,第三为水上运输业。2012 年,在 2518 家物流产业单位中,道路运输业单位数 2193 家,占比高达 87.1%;实现营业收入 14.21 亿元,占嘉兴市物流营业收入总量的 60.6%。装卸搬运和运输代理、水上运输业单位分别有 146 家和 106 家,占全部物流单位的比重分别为 5.8% 和 4.2%;两个行业营业收入占嘉兴市营业总收入的比重分别为 14.6%、3.4%。除此之外,嘉兴市邮政业对物流产业发展起到一定的支撑作用,虽然邮政单位数仅为 29 家,但其营业收入高达 4.95 亿元,占嘉兴市物流单位营业总收入的 21.1%,高于装卸搬运和运输代理、水上运输业 6.5 和 17.7 个百分点。

2004 年以来,嘉兴市限上物流企业道路运输业、邮政业发展迅速,装卸搬运和运输代理业发展平稳。2012 年末,道路运输业企业由 42 家增至 55 家,营业收入 10.22 亿元,比 2004 增长 2.8 倍;邮政业由 2 家增加至 6 家,营业收入 4.74 亿元,比 2004 年增长了约 1.5 倍;装卸搬运和运输代理单位数与 2004 年持平,营业收入 1.97 亿元,比 2004 年增长了 93.7%(详见表3)。

表3　2012 年嘉兴市物流单位分行业门类构成表

行业大类	2012 年单位数				2012 年营业收入			
	总量（家）	占比（%）	其中:限额企业		总量（万元）	占比（%）	其中:限上企业	
			总量（家）	占比（%）			总量（万元）	占比（%）
合计	2518	100.0	74	100.0	234580	100.0	173645	100.0
铁路运输业	1	0	0	0	20	0	0	0
道路运输业	2193	87.1	55	74.3	142121	60.6	102197	58.9
水上运输业	106	4.2	2	2.7	7996	3.4	4370	2.5
航空运输业	1	0	0	0	60	0	0	0
装卸搬运和运输代理业	146	5.8	11	14.9	34297	14.6	19711	11.4
邮政业	29	1.2	6	8.1	49493	21.1	47368	27.3
包装服务	42	1.7	0	0	593	0.3	0	0

（四）物流园区建设加快推进

目前,嘉兴市拥有 2 个物流园区——嘉兴综合物流园、嘉兴现代物流园。其中,嘉兴综合物流园区位于嘉兴市西部,总占地面积约 3980 亩,是集专业市场建设、仓储、码头运输等于一体的大型综合现代物流基地,现在水果批发、蔬菜批发、水产肉食、粮油土特产、建材陶瓷、物资调剂六大专业市场已建成并正常运行。

嘉兴现代物流园位于主城区西南侧,2009 年底被列为浙江省与交通运输部"省部共建"五大重点物流基地,规划拥有物流运营中心、高端配送功能区、制造业物流功能区、钢材加工配送功能区、服务配套功能区,简称"一心四区"。截至 2012 年,该园区累计投入资金近 15 亿元,开发面积约 2.9 平方公里,不仅引进了沃尔玛华东配送中心、玛氏食品全国配送中心等商贸配送企业,还引进了盖世理、安博等世界知名物流设施供应商,DHL、顺丰等国内外快递物流龙头企业,浙江川山甲等物资供应链管理企业,浙江宇石等国际货运企业以及浙江通创等第四方物流企业,共计 50 余家企业,形成了较为完整的物流产业链。

（五）交通运输能力领先其他五县

近年来,随着区域面积不断扩张,嘉兴市基础设施建设日趋完善,交通运输能力领先于其他五县。2012 年末,嘉兴市公路通车里程达到 1596 公里,是2004 年的 3.25 倍,其中境内高速公路通车里程 115 公里,比 2004 年增长了

44.9%;内河通航里程 448 公里,比 2004 年增长 2.1%。

2011 年,嘉兴市完成货物运输总量 3976 万吨,占全市总量的 23.6%,比 2004 年货物运输总量增长了 1.05 倍。其中,铁路货运量 21.95 万吨,公路货运量 2381 万吨,水路运输量 1573 万吨,公路、水路运输量分别比 2004 年增长了 1.81 倍、50.2%。嘉兴市内河港口货物吞吐量(规模以上)2291 万吨,占全市总量的 21.4%,比 2004 年增长了 75.0%。总体而言,2011 年嘉兴市铁路、公路货物运输能力均强于五县,铁、公路货运量位居五县首位,但水路货运能力(全市占比 18.6%)相对于桐乡(占比 20.8%)、嘉善(占比 19.4%)较弱,位居第三位(详见表 4)。

表 4　2004、2012 年嘉兴市物流产业主要指标比较表

指标名称	2012 年			2004 年			嘉兴市较 2004 年	
	全市	嘉兴市		全市	嘉兴市		±%	占比±(%)
		总量	占比(%)		总量	占比(%)		
铁路货物运量(万吨)	33	22	67.4	96	43	44.3	-48.4	23.1
公路货运量(万吨)	8378	2381	28.4	2360	848	35.9	180.9	-7.5
水运货运量(万吨)	8458	1573	18.6	5463	1047	19.2	50.2	-0.6
沿海港口货物吞吐量(万吨)	5258	—	—	1554				
内河港口货物吞吐量(万吨)	10690	2291	21.4	6554	1309	20	75	1.5
境内等级公路里程(公里)	7578	1510	19.9	2063	492	23.9	206.7	-3.9
境内高速公路里程(公里)	348	115	33.1	150	80	53.2	44.9	-20.1

注:表中铁路、公路、水路货运量、内河沿海港口货物吞吐量及等级公路里程为 2011 年数据。

二、嘉兴市物流产业存在问题

尽管近年来嘉兴市物流产业发展较快,但总体上发展水平不高、优势较弱。

(一)产业层次偏低

从嘉兴市物流单位行业分布看,物流单位主要集中于传统的道路运输业、装卸搬运和运输代理业及水上运输业,这三个行业单位数占嘉兴市物流单位总数的 97.1%,营业收入占比达 78.6%,其中限额以上企业中三个行业单位

数占比 91.9％,营业收入占比达 82.8％。相比较而言,在电子商务快速发展的今天,邮政业占比较低,嘉兴市邮政业单位数、营业收入占嘉兴市物流单位总量的比重仅为 1.2％ 和 21.1％;包装服务单位虽然有 42 家,但经营规模偏小,营业收入占比仅为 1.7％,经营规模都在 200 万元以下。总体而言,嘉兴市物流企业功能相对单一,物流服务水平偏低。

(二)盈利能力下降

近年来,尽管嘉兴市物流产业规模不断壮大,但仍属于粗放式经营模式,由于物流产业自身运营成本较高,企业盈利能力不强。2005—2012 年嘉兴市限上物流企业营业收入年均增长 15.3％,营业成本年均增长 16.0％,而利润总额年均仅增长 2.9％。从嘉兴市限上物流企业相关效益指标,净资产利润率由 2004 年的 3.76％ 下降至 2012 年的 3.35％,而成本费用利润率由 5.74％ 下降至 2.25％,4 年下降 3.49 个百分点。户均盈利规模下降,户均利润由 2004年的 52.5 万元下降到 50.1 万元。

(三)需求拉动不足

从微观主体上看,生产企业和销售企业对物流市场缺乏认识,仍以企业内部自给自足为主,很少需要市场提供的物流服务,大多建立自己的配送中心,没有考虑依靠专业性的物流企业。据 2012 年对于工业、商贸企业信息化调查结果看,在 4293 家规模以上工业企业、20 家大型批发和零售企业中,分别有 11.1％、50.0％ 的企业拥有自己的物流配送管理系统,可以初步判断嘉兴市物流市场还停留在发展的初始阶段,物流产业发展才刚起步,潜力巨大。

(四)创新驱动不够

物流产业是新兴产业,其服务水平往往与新技术应用、物流人才的配备结合在一起。从物流企业信息化程度看,物流企业自身信息化基础水平较低。据 2012 年企业信息化调查结果统计,在 292 家物流企业中,运用信息化系统进行物流配送的有 90 家,占比为 30.8％,同时运用电子商务采购和销售的分别有 2 家和 3 家,占比仅为 0.7％ 和 1.0％;从物流从业人员文化素质看,该行业受教育程度整体偏低。据"六普"资料显示,2010 年该行业中从业人员平均受教育年限 9 年,低于第三产业平均水平 1.1 年,比浙江省平均水平低 0.3年;其中学历为小学及以下的占 25.8％,初中水平的占 53.9％,高中及以上的仅占 20.4％,比浙江省平均低 6.4 个百分点。

三、几点建议

当前,嘉兴市经济正处工业经济向服务经济转型升级的关键时期,加快发展服务业特别是物流产业对嘉兴市经济转型升级的速度与质量有着至关重要的意义。下阶段,嘉兴市要充分利用良好的区位优势,进一步加快现代物流产业发展。具体建议如下。

(一)科学规划引导,提高物流资源配置效率

按照大流通的思路,合理规划布局综合物流中心或物流基地,建设交通设施导向型、货源地导向型、城市生产生活配套型物流园区,完善嘉兴市物流基础设施系统;不仅要鼓励物流中心、仓库、公路、铁路和港口等固定物流设施的投资,也要鼓励运输工具、运输设备等流动物流装备的投资,更要建立推动建立健全物流公共信息平台,通过互联网整合物流资源,拓展物流管理的时间和空间范围,降低物流管理成本。通过促进第三方、第四方物流发展,整合和带动第一方、第二方物流从主业中分离,推动物流产业向集聚化、联合化、规模化方向发展,推动物流产业实现跨越式升级。

(二)转变经营方式,提高物流企业核心竞争力

第一,运用现代物流技术和管理方式,利用较少的物流资源完成尽可能多的物流量。如采用先进的物流组织技术和现代信息技术,实现设施自动化和经营网络化,一方面通过条码技术、射频识别技术、全球卫星定位技术、地理信息系统等技术实现货物的自动识别、自动分拣、自动装卸、自动存取,从而提高物流作业效率;另一方面通过信息通信技术实现企业内部管理和对外联系的网络化。第二,物流产业是集劳动密集型、知识密集型于一体的产业,现代物流产业的发展更需要高技术、高素质人才来支撑,因此,加快嘉兴市物流产业发展,必须动员政府、企业、社会各方面力量加强人力资本投资,完善物流培训体系,缓解高级物流人才的短缺瓶颈。此外,各类生产、商贸企业要转变意识,助推物流产业发展。工商企业是物流需求的主要来源,要从根本上转变"大而全""小而全""万事不求人"的观念,支持、促进专业化物流企业的成长与发展。

(三)加强法制宣传教育,营造诚实守信发展环境

物流产业承担着客户货物流动的安全与时效,诚实守信是物流产业发展的基础条件。加快物流产业,必须有健全的法制环境。因此,我们要加快完善物流产业的法治环境,建立健全司法、仲裁机制,及时有效地处理物流经济纠纷,为物流产业的健康快速发展营造良好的法治环境。

湖州市工业企业自主创新与
结构转型升级分析研究

　　工业是实体经济的基础、国民经济的支柱。近年来,湖州工业经济保持平稳、较快增长,但长期积累的素质性、结构性矛盾依然存在。加快推动湖州工业转型升级,培育区域竞争优势,根本出路在于改革创新,关键要靠科技力量。本文根据一定时期内湖州市工业发展和科技创新的相关数据来分析工业企业自主创新与结构转型升级中呈现的特点、存在的问题,并给出相关建议,为湖州市委市政府决策湖州市工业和科技发展规划等提供一定的参考依据。

一、工业转型升级和创新驱动发展战略背景

　　欧美发达国家和包括中国在内的发展中国家,都从世界金融危机中得到一个重要启示:必须高度重视实体经济对于一个国家的经济安全和经济发展的重要意义。基于这样的共识,2011 年年底我国的中央经济工作会议指出要牢牢把握发展实体经济这一坚实基础。

　　到 20 世纪末 21 世纪初,中国已经是工业经济大国,但不是工业经济强国,不"强"主要表现在工业现代化水平低、国际竞争力弱。因此,将我国发展成为一个工业强国就成为中国经济发展的战略目标。与工业强国的特征相对应,我国推进工业现代化进程、实施工业强国战略应该至少包括两个方面的任务:一是建立现代的产业体系——工业转型升级,二是建立先进的技术体系——科技创新。

　　(一)积极推动工业转型升级,实现产业结构高级化,建立现代的产业体系

　　我国在向工业强国转变阶段,产业结构转型升级的任务很重。具体表现在:我国企业长期处于全球价值链分工的低端,较少涉及产品设计、高端制造、品牌经营等高附加值环节;工业结构还没有完成从资本密集向技术密集转型;劳动生产率、工业增加值率、工业能耗水平等综合效率指标远远低于美、德、日等发达国家。在这个背景下,2011 年我国颁布了《工业转型升级规划(2011—2015)》。该规划提出:着力提升自主创新能力,推进信息化与工业化深度融合,培育壮大战略性新兴产业,改造提升传统产业,加快发展生产性服务业,全面优化结构,不断增强产业核心竞争力和可持续发展能力。

（二）大力开展科技创新，实现科学技术现代化，建立先进的技术体系

一个工业强国，必然要求是一个技术强国。我国研发强度不断加强，科技创新活动日趋活跃，工业创新能力稳步提升，但与美、德、日等国家相比，技术水平还比较落后，创新能力还有待加强，尤其是核心技术突破还是制约我国科技现代化水平、技术体系先进性提高的瓶颈因素。实施工业强国战略，必须首先通过科技创新、实现科技现代化，建立先进的技术体系。因此，党的十八大明确提出：科技创新是提高社会生产力和综合国力的战略支撑，必须摆在国家发展全局的核心位置。

二、湖州市工业经济和企业自主创新发展现状

（一）进入新世纪以来，湖州市工业发展速度明显加快，工业总量逐年稳步提高，企业自主创新能力明显增强

2012 年，湖州市全部工业增加值 796.75 亿元，是 2000 年的 5.2 倍，按可比价格计算年均增长 14.7%；规模工业企业共有 2428 家，是 2000 年的 3.2 倍，年均增长 10.1%；实现工业总产值 3333.83 亿元，是 2000 年的 9.4 倍，年均增长高达 20.5%；工业企业从业人员年平均人数 34.12 万人，与 2000 年相比，年均增长 5.0%；专利授权量 9870 件，是 2000 年的 68.5 倍，年均增长高达 42.2%。

（二）工业经济结构调整稳步推进，产业基础提升空间很大

从投入来看，2012 年湖州市六大特色产业投资占工业投资比重 56.1%，比 2006 年提高 35.3 个百分点；装备制造业投资占比 40.6%，提高 16.3 个百分点；八大高耗能行业投资占比 37.7%，下降 3.3 个百分点。工业投资结构的稳步调整，极大地调整了工业经济结构。

2012 年，六大特色产业工业总产值占全部规模工业比重 43.5%，比 2006 年提高 10.0 个百分点；高新技术产业工业总产值占比 26.4%，提高 0.7 个百分点；装备制造业工业总产值占比 28.2%，提高 8.5 个百分点。

（三）企业投入强度处于浙江省中等水平，新产品开发能力和劳动生产率逐步提升

2012 年，企业 R&D 经费支出 35.89 亿元，比上年增长 36.5%，相当于主营业务收入的 1.07%（此比例即为投入强度，下同），列浙江省第五；R&D 活动人员 1.45 万人，是 2000 年的 32.7 倍，年均增长 33.7%；工业新产品产值率为 23.7%，比 2000 年提高 4.8 个百分点；规上工业全员劳动生产率 16.08 万元/人，比上年增长 15.3%，比浙江省平均水平高 7.9%。

三、创新环境不断优化，氛围基本形成

（一）政府投入稳步增加，创新工作扎实推进，但投入力度还有待加强

近几年，湖州市政府财政科技投入不断增加，努力引导企业开展自主创新活动，创新工作扎实推进。2012 年，湖州市本级财政科技拨款 1.93 亿元，比上年增长 6.0%，占本级财政经常性支出 5.2%，总量居浙江省第 6，占比居浙江省第 5；人均科普活动经费 3.08 元，人均提高 0.19 元，总量居浙江省第 3。与此同时，以国家创新型试点城市的创建为契机，全面推进"国家知识产权示范城市创建市""国家十城万盏半导体照明示范试点城市""国家科技和金融结合试点城市"和"省农业科研与技术推广体制创新专项改革试验市"建设，科技创新工作扎实推进。

在看到积极一面的同时，我们应该看到，2012 年市本级财政科技拨款增幅仅列浙江省第 8，本级财政科技拨款占本级财政经常性支出比重比上年下降 0.5 个百分点；人均科普活动经费提高幅度仅列浙江省第 9 位。从一定程度上说，湖州市政府科技投入在稳步增加，但近年来投入力度有所减弱。

（二）企业科研投入力度不断提高，科研实力逐步显现，但核心竞争力还不强

进入新世纪以来，湖州市企业研发意识逐步增强，科研投入不断提高，人才队伍日益壮大，资金的投入和人才的积累将为湖州市企业今后的持续健康发展奠定良好坚实的基础。2012 年，工业企业投入强度为 1.07%，比 2000 年提高 0.67 个百分点；科技活动人员 2.12 万人，是 2000 年的 5.37 倍，年均增长 15.0%。

随着企业研发投入强度的不断提高，企业的科研实力也逐步显现出来。2012 年，湖州市专利申请量和发明专利申请量分别为 12656 件和 2224 件，是 2000 年的 127.8 倍和 48.3 倍；每千个国家标准中为主或参与制修订指数由 2011 年的 3.45 提高到 16.29，提高幅度列浙江省第 2 位。

但在高新技术产品出口和科技产出等方面暴露出的问题显示出湖州市工业企业自主研发能力欠缺，产品核心竞争力不强。2012 年，湖州市高新技术产品出口额只有上年的 61.4%，增幅列浙江省末位；万人专利授权指数提高幅度列浙江省第 9 位；工业新产品产值率低于 2011 年。

（三）创新环境逐步优化，社会参与度提升明显，创新基础工作日益夯实

以推进科技成果转化和高新技术产业化为目标，湖州市大力引进大院名校，深化政产学研合作，让社会力量和资源积极涌入创新发展中，营造良好的科技创新氛围。筹建了市高新技术企业协会；新引进中科院系统上海硅酸盐

所、武汉水生所两个创新中心;新引进大院名校共建创新载体 28 家,累计达 143 家;网上技术市场录入上网企业 85 家,总数达 4336 家,发布技术需求 334 项;成功举办"科技外交官湖州行暨国际科技合作项目推介大会",为湖州市今后开展国际科技合作打下坚实基础。

以平台为基础,集聚科技人才和技术,创新基础工作日益夯实。湖州市科技企业孵化器面积已达 93.1 万平方米,6 家孵化器在孵企业达 407 家;南太湖科技创新中心一期已有中科院工业生物、农业生物、营养健康、生物制造、新能源、高原特色生物等 8 个中心和其他 13 家研发中试机构入驻;新增吴兴物流装备、德清数控装备、长兴"即热式"水家电及安吉生物医药 4 家省级高新技术特色产业基地,基地累计达 18 家,同时积极筹建省级现代物流装备高新技术产业园区;新认定省级企业研发中心 19 家,省级企业研究院 4 家,累计分别达到 149 家和 14 家。

四、工业经济结构转型升级分析

(一)2000 年以来,湖州市工业经济发展总体情况良好,行业发展较平稳,重点行业变化较明显;产业结构调整积极推进,六大特色产业和高新技术产业发展平稳,但调整步伐还需加快

1.行业发展总体平稳,重点行业结构变化较明显。

以 2000 年为基期,2012 年 34 个行业产值年均增幅低于 10.0% 的只有 4 个行业,煤炭开采和洗选业(年均增长 3.2%,下同)、农副食品加工(8.4%)、石油加工、炼焦和核燃料加工业(0.1%)、医药制造业(4.7%)。

2012 年,总量居前十的重点行业工业总产值 2445.42 亿元,占全部比重 73.4%,比 2000 年低 5.5 个百分点。其中,电气机械和器材制造业工业总产值 528.61 亿元,取代纺织业(452.80 亿元)跃升为行业首位,总量第十的金属制品业突破百亿大关,达到 106.93 亿元,比 2000 年排行业首位的纺织业还多 6.93 亿元。与 2000 年相比,总量居前十的行业发生了不少变化,黑色金属冶炼及压延加工业、通用设备制造业和家具制造业挤进前十,而农副食品加工业、医药制造业和纺织服装服饰业跌出前十,重点行业发展偏向重工业化,详见表 1。

表 1　2000 年和 2012 年产值排名前十的行业

排名	2000 年	排名	2012 年
1	纺织业	1	电气机械和器材制造业
2	电气机械和器材制造业	2	纺织业

排名	2000 年	排名	2012 年
3	非金属矿物制品业	3	黑色金属冶炼和压延加工业
4	农副食品加工业	4	非金属矿物制品业
5	医药制造业	5	木材加工和木竹藤棕草制品业
6	木材加工和木、竹、藤、棕、草制品业	6	化学原料和化学制品制造业
7	电力、热力生产和供应业	7	通用设备制造业
8	化学原料和化学制品制造业	8	家具制造业
9	金属制品业	9	电力、热力生产和供应业
10	纺织服装、服饰业	10	金属制品业

2.六大特色产业发展总体平稳,主营业务收入占比稳步提高,木地板和特色纺织产业发展放缓。

2010 年,湖州市整合特色产业资源,从原先提出的十大制造业中心调整为六大特色产业,进一步加强特色产业发展,打造本地区的特色产业集群。2012年,六大特色产业 726 家企业主营业务收入 1521.01 亿元,占全部规上45.2%,比 2010 年提高 6.7 个百分点,比 2011 年提高 3.2 个百分点。

分县区来看,德清、长兴和安吉三个县主营业务收入年均增幅分别快于湖州市 1.2、11.5 和 16.6 个百分点,吴兴、南浔均低于平均水平,尤其是南浔区,年均增幅低于平均水平 15.3 个百分点;分产业来看,新能源产业和金属管道及不锈钢产业主营业务收入年均增幅高于平均水平,分别达到 33.0% 和25.0%,其余四大产业中木地板产业发展最慢,年均增幅仅为 8.4%。

电气机械及器材制造业:以天能集团、超威电源、江森自控、诺力电源和晶日照明为代表的新兴能源企业发展较好,带动了整个行业的快速发展,2012 年电气机械及器材制造业产值增长 30.6%,比规上平均水平高出 14.7 个百分点。

黑色金属冶炼及压延加工业:永兴特钢、久立集团、金洲集团、富钢金属和金冶实业的稳步较好发展,极大地推动了该行业的良好发展,2012 年黑色金属冶炼及压延加工业产值增长 23.7%,高出平均水平 7.8 个百分点。

纺织业、纺织服装服饰业、木材加工业及木竹藤棕草制品业、家具制造业和医药制造业发展偏慢,2012 年增幅分别低于平均水平 6.5、10.2、5.9、2.5 和9.2 个百分点。五大行业的缓慢增长直接使六大特色产业发展步伐减速。

3.高新技术产业发展总体偏缓,主要指标年均增幅低于规上平均水平。

2012 年,湖州市高新技术产业企业 529 家,比上年增加 39 家,增长 8.0%;主营业务收入 958.67 亿元,利税总额 67.23 亿元,其中利润总额 43.77 亿元,与 2005 年相比,年均增长分别达到 21.1%、15.3%和 14.6%,与同期规模工业相比,年均增幅低 0.5、5.1 和 8.9 个百分点,高新技术产业发展总体偏缓。

分县区来看,长兴县、安吉县的三个指标年均增幅高于平均水平,吴兴区均低于平均水平;分产业来看,光机电一体化和新能源产业发展较快,年均增长高达 35.%和 54.7%,其余四大产业不同程度地低于平均水平,电子信息产业和生物医药产业发展较慢,主营业务收入年均增长仅为 8.6%和 6.9%。

(二)私营企业发展速度较快,总量占规上近半,但户均水平偏低;大中型企业扩张不快,总部经济培育缓慢,产业集聚力、向心力较弱;新增企业近半数为高耗能企业,产业发展引导需进一步重视

十多年来,湖州市私营企业的发展实现了量的飞跃,总量占据全部规上的半壁江山,但质的"文章"还有待提升。2012 年,湖州市私营企业家数 1533 家,占全部规模工业的 63.1%,比 2000 年提高 43.6 个百分点;工业总产值 1558.48 亿元,占比 46.7%,比 2000 年提高 38.1 个百分点;户均产值 1.02 亿元,比 2000 年提高 0.82 亿元,但低于湖州市规上平均水平 25.8%。

而对于大中型企业的发展,量和质的"文章"均需提升。2012 年,湖州市大中型企业 216 家,其中大型企业 25 家,中型企业 191 家,分别仅占湖州市的 1.0%和 7.9%,低于浙江省平均水平 0.6 和 4.8 个百分点;大型企业户均产值 15.32 亿元,低于浙江省平均水平 43.0%,大型企业的户均产值处于低层次,且家数较少,说明湖州市工业企业总部经济培育缓慢,严重影响了湖州市产业的集聚力和向心力。

从新增企业的角度来看,产业发展的引导作用需进一步突出。与 2011 年度数据相比,2012 年湖州市新增 119 家规模工业企业,其中八大高耗能行业新增 56 家,占新增企业数量的 47.1%。近半数新增企业"落户"高耗能行业,不仅对湖州市引导产业发展方面敲响警钟,同时产能过剩问题需引起相关部门重视。

(三)工业总量逐步做大,工业经济质量却没有同步提升,销售利润率和工业增加值率近几年出现下滑,量与质不同步,反映出工业经济结构亟须升级

2012 年,湖州市规模工业销售利润率 5.0%,比 2000 年提高 0.8 个百分点,却比 2005 年低 0.1 个百分点,为近四年来最低水平,销售利润率出现下滑

态势。从 2012 年行业销售利润率来看,湖州市有 10 个行业低于 2000 年的水平,有 16 个行业低于 2005 年的水平,有 24 个行业低于 2011 年的水平。

从工业增加值率来看,情况亦不大理想。2012 年,湖州市规模工业增加值率为 16.5%,低于浙江省平均水平 1.8 个百分点(列浙江省倒数第二),比 2011 年下滑 0.2 个百分点,低于 2005 年 3.0 个百分点,工业增加值率呈逐步回落趋势。

从县区来看,2012 年除安吉县工业增加值率列浙江省第 29 名外,其余两县两区均列 67 名开外;从行业来看,2012 年工业增加值总量居前 15 的行业工业增加率低于平均水平的有 7 个,分别是纺织业、电气机械及器材制造业、黑色金属冶炼及压延加工业、木材加工业、化学纤维制造业、金属制品业和有色金属冶炼及压延加工业。

五、企业研发投入与工业经济发展关系分析

(一)企业科研活动日趋活跃,开展 R&D 活动的企业发展速度相对较快

当前,工业经济发展整体环境比较低迷,外部和内部都存在一定困境,企业要想在市场竞争中真正拥有一席之地,就当加大科研投入,增强自主创新能力。近几年,湖州市工业企业创新意识逐步增强,科研活动日趋活跃。2012 年,湖州市开展 R&D 活动的工业企业有 525 家,比上年增加 106 家企业,增长 25.3%,增幅比浙江省平均水平快 5.8 个百分点;设立科研机构 416 个,比 2011 年多 120 个,增长 40.5%。企业创新意识的增强,是自身核心竞争力提升的基础,是拉开与同行业"纠缠"的关键。

2012 年,开展 R&D 活动的企业实现主营业务收入 1329.35 亿元,利润总额 85.33 亿元,分别比上年增长 19.2% 和 16.4%,高于湖州市规模工业平均增幅 2.9 和 16.2 个百分点;R&D 经费支出超过 1000 万元的 79 家企业实现主营业务收入 588.63 亿元,利润总额 39.40 亿元,比上年分别增长 23.3% 和 16.9%,高于湖州市规模工业平均增幅 7.0 和 16.7 个百分点。

(二)行业投入差异明显,主要集中在机械、冶炼、设备和医药化工等高新领域,工业与科技"相濡以沫"

2012 年,湖州市制造业 R&D 经费支出 35.76 亿元,占企业 R&D 经费比 99.6%,比 2000 年提高 12.4 个百分点;有 11 个行业投入超过亿元,其中 4 个行业超过 3 亿元,11 个行业投入总额占全部 82.8%;投入最多的是电气机械和器材制造业,达到 8.09 亿元,占 22.5%,高出位居第二的黑色金属冶炼及压延加工业占比 11.8 个百分点。

从行业投入强度来看,有 15 个行业高于平均水平,其中五个行业达到

2.0%以上水平,分别是医药制造业(4.02%)、仪器仪表制造业(3.03%)、计算机、通信和其他电子设备制造业(2.36%)、专用设备制造业(2.33%)和化学原料及化学制品制造业(2.17%);从行业投入绝对额来看,电气机械和器材制造业、黑色金属冶炼和压延加工业、化学原料和化学制品制造业、通用设备制造业、金属制品业、专用设备制造业和医药制造业等投入均超过一亿元,总投入22.81亿元,占比63.6%,说明科研投入主要集中在机械、冶炼、设备和医药化工等高新领域,为湖州市工业经济结构调整和改善创造了基础。

(三)科研投入与企业收益总体上正相关

2012年,开展R&D活动的企业工业增加值率17.1%,比规模平均水平高0.6个百分点;主营业务收入比上年增长19.2%,高于规模平均水平2.9个百分点;销售利润率6.4%,高于规模平均水平1.4个百分点。

从户均投入与收益来看,2012年有R&D活动的企业户均R&D经费支出673万元,比2011年提高33万元,户均收入提高600万元;R&D经费支出超过1000万元的企业户均R&D经费支出2638万元,比2011年提高317万元,户均收入提高1.66亿元。

从2012年主营业务收入居前十的行业来看,有6个行业投入强度超过平均水平1.07%,主营业务收入年均增幅基本在10.0%左右或以上水平,另外4个行业投入强度均低于0.85%,主营业务收入年均增幅在8.6%以下,低于平均水平3.6个百分点以上;从2012年全部工业行业发展来看,主营业务收入年均增幅在10.0%以上的行业,其投入强度大部分在1.0%以上的水平,综上可知科研投入与企业收益总体上呈正相关关系。

六、对几个主要指标实现程度的测算和几点建议

为切实提高工业发展的质量和水平,加快建设创新型城市步伐,湖州市积极谋划,早作布局,制定《湖州市工业强市建设规划(2012—2016年)》,下发《中共湖州市委关于全面实施创新驱动发展战略加快建设创新型城市的意见》,为湖州市提前基本实现现代化目标提供基本的政策保障和智慧支撑。但是近几年受内外环境影响,湖州市工业经济增长放缓,且增长的基础并不牢固,出口低迷、实体经济投资意愿下降,预计今后一段时期内,湖州市保持较高的工业增长速度难度很大。工业经济将会处于一个平稳且注重质量的发展期,这主要基于以下三点考虑:一是我国工业发展正处于转型期,今后一段时期内国内整个环境不会唯量的增长,而更加注重发展的质量和效益;二是湖州市工业发展平台建设不够集中,项目引进吸引力有限,大中型企业培育需要一定时日;三是近几年企业投资意愿不强,鲜有真正的大好高项目,增长缺乏后劲。

下面对相关数据进行分析：

规上工业增加值：2012 年规上工业增加值比上年增长 13.9%，考虑到今后工业发展注重质量和效益以及价格因素，今后几年规上工业增加值增速在 11%—12% 的可能性较大，若以年均增长 12% 来推算，则 2016 年规上工业增加值可达 870 亿元左右，即使以每年 13.9% 的速度增长，2016 年也只有 920 亿元左右，离目标还有相当一段距离。

工业增加值率：近几年来，工业增加值率呈持续下滑趋势，2012 年比 2010 年低 1.7 个百分点，预计 2013 年工业增加值率水平与前两年不会有太大变化，考虑到当前整个工业发展环境一般，再加上湖州市工业企业核心竞争力不强的因素，短时期内工业增加值率不可能有太大幅度的提升，2016 年实现 20% 的目标基本上不大可能。

基于以上分析，我们来预测另外两个指标。

战略性新兴产业占比：2012 年湖州市战略性新兴产业增加值比上年增长 21.0%，但 2013 年大幅回落，预计增长 11.0% 左右，若后三年以 11.0% 速度增长，则 2016 年占地区生产总值比为 8.5% 左右，即使以年均 21.0% 的速度来测算，2016 年占比也只有 12.0% 左右，离目标相差太大。

高新技术产业占比：2010—2012 年，湖州市高新技术产业增加值年均增长 11.7%（预计 2013 年增长水平与此相当），2012 年则增长 18.6%，若按年均 11.7% 的速度增长，则 2016 年湖州市高新技术产业增加值占规模工业的比重在 23%—25% 之间，要完成 28% 的目标任务难度也不小。

从以上分析我们可知：《湖州市工业强市建设规划（2012—2016 年）》中规上工业增加值、工业增加值率和战略新兴产业等 3 个指标完成的难度相当大，高新技术产业占比通过一定努力将有可能完成，但难度也不小。这充分说明湖州市工业经济发展的质和量水平还偏低，离预期目标还有一段距离。

（一）努力营造发展和改革氛围，牢固树立时不我待精神

湖州市地理位置虽优越，但缺乏经济发展所需的"鲶鱼效应"，多年来流动人口增加缓慢，本地竞争意识不够强烈。建议湖州市委市政府强化公共服务职能，切实提高政府"服务企业、服务基层"的能力，以十八届三中全会召开为契机，大力渲染发展和改革氛围，引导社会舆论与价值取向，借高铁站开通运行、启动轨道交通建设和全力打造"四区一市"等为平台，营造浓厚的创业氛围，引进和留住人才，让发展理念深入人心，牢固树立时不我待精神。

（二）积极把握工业发展新机遇，做大做强工业实体经济

发展主要靠实体经济，而实体经济主要在工业。从湖州市工业实际出发，

建议首先完善产业发展导向目录,建立产业指导信息发布制度,严格项目准入标准。加快建立和完善优秀企业的激励机制以及落后产能的淘汰、退出机制和配套政策。其次,深入实施以"南太湖精英计划"为龙头的系列引才计划,力争在国内外高端人才引进上实现突破。大力实施"南太湖特聘专家计划",建设院士工作站和博士后工作(流动)站,加快引进和培养学科领军人才。第三,加强重点企业的上市培育工作,提高企业金融市场融资比例,为企业运用各类新型金融工具创造良好条件。鼓励龙头企业通过兼并重组、资本运作搞活实体经济,促进转型升级,努力开创从"只会制造"到"智慧制造"转变的新局面。

(三)进一步优化创新环境和平台,狠抓落实注重实效

国家富强靠自主创新,靠技术和人才,科技是国家强盛之基。增强企业自主创新能力建设是湖州市打造成工业强市和创新型城市的内在要求。首先,大力推进平台建设。科学规划、整合提升各类开发(功能)区、南太湖产业集聚区和省际承接产业转移示范区等,着力集聚创新资源和高层次人才,全面提升内生发展能力和辐射带动能力。其次,强化企业创新主体地位。不断突破体制机制障碍,推动企业真正成为创新需求、研发投入、技术开发和成果应用的主体。建立以企业为主体的产业技术创新战略联盟和基于产业链协同创新的重点产业技术联盟,鼓励企业与高校、科研院所和央企等联合共建研发机构。第三,着力激发企业创新活力。完善政府对企业创新的财政投入机制,充分利用财政、税收、金融等政策,鼓励引导企业加大创新投入,激发企业创新活力。

绍兴:打造"设计绍兴"助推转型升级

绍兴作为首批历史文化名城,文化底蕴深厚,文化事业繁荣,近年来绍兴市委、市政府高度重视文化产业发展,各地发展步伐加快:2012 年绍兴市实现文化及相关产业增加值 134.43 亿元,占地区生产总值比重 3.7%;相比五年前,规模扩大了 1.8 倍,比重提高了 1.3 个百分点。尽管离发展的目标,与浙江省平均、省内先进地市相比还有差距,但发展中的一些新变化、新动向令人振奋,为助推形成地方发展新亮点、新动力做出了积极贡献。

一、打造设计绍兴,倾力"以文化人"

8 月 15 日浙江省文化产业发展大会提出,下一阶段浙江省发展文化产业要"坚持一个原则、明确一个目标,找准五个着力点",绍兴作为工业转型升级综合配套改革省级试点地,结合地方实际,"增强文化创意的拉动力,实现制造业转型升级",尤为重要。一直以来,绍兴文化发展以越剧艺术表演和名仕故居、古城风韵文化旅游等为代表的文化传扬更多地熟稔于外界印象,从目前态势看,悄然兴起的"设计绍兴"正以一种新型的"以文化人"地方个性逐渐显露,与传统文化传扬交相辉映,互生互长。

(一)"设计绍兴"悄然兴起

近年来,一股创意设计风悄然升腾于绍兴这方传统产业集聚地,为沉淀了 2500 年历史文化的江南古城平添了一抹亮色:位于绍兴市北柯桥的"纺织工业创意设计基地",目前已集聚创意设计机构 180 多家、工业设计人员 1500 多人,2012 年实现设计服务收入 7425 万元,带动相关企业销售 75 亿元;市区金德隆园区,背靠绍兴这个建筑大市"好大一棵树",以 16 栋设计时尚且风格迥异,既随性自由又有条不紊的个性化现代办公楼群,吸引了"形尔尚""三顾茅庐"等业内领先建筑设计及相关配套企业 61 家,设计人员 260 人,2012 年实现设计服务收入 1.4 亿元,加上园区外另一家目前业内翘楚"华汇设计",市区建筑装饰设计服务规模已逾 3.5 亿元,市场覆盖各省(市、区)。此外,还有诸暨山下湖的珍珠饰品、嵊新地区的丝绸文化等,尽管整体还不大,绍兴创意设计已渐成一定"气候":按国家《文化及相关产业分类》界定,绍兴市现有文化创意类法人单位 1106 家,约占绍兴市文化产业单位总数的二成多。

（二）良好的基础是"沃土"

不同于周边杭州等地,绍兴文化创意设计产业兴起的一个重要特征是其根植于地方传统产业的"内生性"。开放背景下,加快新兴产业形成的主要路径:招商引资"嫁接",或立足基础衍展——无论何种,前提是"生机"。绍兴产业基础良好,块状特色明显,2012年绍兴市实现地区生产总值3654亿元,居浙江省第四,其中第二产业增加值1962亿元,居浙江省第三;转型期,传统产业比重高,既对"稳增长、优结构"形成了巨大压力,从经验看,也为孕育新兴产业提供了"沃土"。相比其他地区,绍兴坐拥日产5600万米印染布的"国际纺织制造中心"、年成交额近千亿元的"国际纺织贸易中心",以及每年两次国际纺织品博览会,大量纺织面料、服装花样信息在此交汇,构建"国际纺织设计中心"更具"地利"。作为国内多个"单打冠军",2012年绍兴市已有纺织、印染、袜业、衬衫、珍珠、伞业、化工、机电、领带、厨具、医药、胶丸、轴承等较大特色产业区块37个,其中年销售收入百亿元以上的15个,为加快研发、设计、营销等前后端环节产业化提供了良好基础。

（三）果断决策助力成长

新兴产业发展初期通常具有一定外部性从而盈利难,且对人力资源要求较高,尽管有潜在"地利",自发形成进程慢,尤其如绍兴这样一个在沪杭甬等"大树"下的夹缝地,集聚优质资源难。面对产能扩张、竞争激化,尤其2008年全球金融危机以来日益复杂严峻发展环境,地方党委政府果断决策更多致力于地区经济的转型升级。以绍兴县为例,"十一五"期初,该县提出"611工程",用六年时间建造100幢15层以上企业总部大楼和现代商贸大厦,促进贸易公司化和发展总部经济,其中之一即为纺织创意设计中心,为入驻者减免租金、提供相关政策辅导、供求信息对接等公共服务,营造共同创业的良好氛围——政府这一决策行动以及持之以恒的优化、推进,无疑为绍兴纺织创意设计产业的形成,助推了一臂之力。

（四）"创意设计"促进提升

从理论看,按照"微笑曲线"价值链递升规律,研发、创意设计及品牌营销等环节处于价值链高端,价值增值率高且对产业链的"话语权"强——文化创意促使"法人"层次提升。绍兴产业分工主要处在价值链低端的制造环节,随着要素禀赋和发展环境变化,需要加快向价值链高端递进。从经验看,较早时期产业结构与发展路径都和绍兴当前相近的韩国,1995年人均GDP超过10000美元,2011年进一步翻番至2.4万美元,其成功跨越中等收入陷阱的一条重要经验是致力于创新:20世纪80年代初确立"科技立国"战略,大力发展高新技术产产业;1998 年提出"设计韩国"战略,大力发展文化创意产业,从制造国家转身为设计创新国家,"韩流"倾袭各地,三星、LG 等享誉全球。从实践看,绍兴近年来加快发展文化创意设计等新兴产业,三次产业构成不断优化,"十一五"以来三产比重平均每年提高一个百分点,2012 年首次超过 40%,达到 41.2%。

(五)"设计绍兴"渐行渐近

随着探索实践成果逐步显现,打造"设计绍兴"的轮廓日益清晰、信心日益坚定。党的十七届六中全会以来,2012 年初,绍兴在 2004 年首次提出建设文化强市的基础上进一步做出"加快文化强市建设的决定"(绍市委〔2012〕2 号),提出要"切实加大轻纺、珠宝、领带、袜业、家具、食品饮料等文化创意力度","推进建设一批创意设计……等区域性产品市场",并出台政策,从 2012 年起市本级每年由市财政整合统筹安排 5000 万元财政性文化发展专项资金。年中,又专门发布文件,明确"推进特色工业设计示范基地建设加快块状经济转型升级的意见"。2013 年,绍兴市委市政府做出全面实施创新驱动发展战略的决策部署,任务首条便是"推动新兴产业加快发展",提出强化新兴科技手段应用,培育工业设计、工程设计等新行业,为积极打造"设计绍兴"营造了良好氛围。市场有界创意无限,设计无处不在,在上下齐心的共同努力下,越来越多的企业开始关注以"文"化"人",逐步转移渐失劳动力优势又面临环境困境的低端环节,更多致力于创意创新。

二、当前主要困难与问题

尽管已现雏形,打造"设计绍兴",以文化创意创新助力转型升级,还面临诸多困难与问题:

一是主体队伍还较单薄。相比绍兴市年印染 200 亿米、全国年产 670 亿米布的产能,相比绍兴市近 2000 亿元的二产基础、49 个亿元市场年成交额共近 2300 亿元的交易,相比绍兴市年销售面积逾 480 万平方米的商品房成交量以及行走国内外的绍兴建筑大军,目前仅千余家的创意设计公司远不足服务广泛的潜在需求。现有主体除个别外,总体单体规模也还较小,不利于争取更多市场机会。

二是比较劣势不容忽视。尽管有多个全国"单打冠军"块状集聚的先天地利,但随着信息网络与物流日益便利,经济学上的"运输成本"在特定产业选址上的作用日渐式微,加之绍兴毗邻沪杭甬,优质要素集聚力相对劣势。随着分工细化,创意设计本身自原创至配套也已形成产业链,不同环节有不同的需求,如何扬长避短,需要正视现实、正确定位。

三是发展氛围有待增强。尽管发展共识已形成,目标与方向日益清晰,从工作层面看,还有诸多不足,影响集聚力:一些部门和基层对包括创意设计在内的文化产业具体内容还不甚熟悉,缺乏对主体识别的敏感性,影响合力推进;促进发展的平台,包括集聚区硬件投入,以及城市环境、便利性,促使业务交流与服务供求的高层次展会、论坛等软平台还相对不足,影响创意设计主体尤其优质人力资源集聚。

三、措施建议

作为历史文化名城和长三角经济活跃地区,绍兴市利用科技手段促进地区经济的文化渗透,增强软实力,前景广阔。遵循规律、借鉴经验,加快绍兴特色文化创意产业发展,着力打造"设计绍兴",提出若干措施建议如下:

(一)增进共识

加大各级各有关部门对包括创意设计在内的文化产业界定分类国家标准及有关政策、动态的培训交流,增强对文化产业主体识别与相关政策的敏感性,增进加快发展的自觉性和推进力。

(二)加强引导

进一步加强对本地要素资源比较优势的调研分析,更加科学定位发展目标、重点和与周边地区的合作。进一步梳理国家、省、市有关政策措施,优化举措,并分类指导,增强政策辅导落实的针对性与有效性。完善对各级各有关部门的考核办法,增进考核导向作用。

(三)培育主体

进一步优化用地、融资、税收减免等方面政策措施,推进文化领域的营改增,促使更多已具有一定服务提供能力的主体主辅分离,加快成长。进一步加大对文化领域尤其创意设计主体和人力资源的引进力度,促使幼稚产业加快发展。

(四)搭建平台

借鉴上海"部市合作"做法,积极争取更多权威指导,高水平建设特色文化创意产业基地、集聚区,促使更多主体、资源集聚;借鉴广交会、北交会以及义博会、深博会等展会经验,积极为文化创意、设计等新兴产业搭建更多信息技术与服务供求的公共平台,争取一些高层次、特殊性展会、论坛落户本地,营造浓郁的发展氛围,增进便利。

以"电商换市"推动绍兴经济转型升级

　　随着信息技术的快速发展,电子商务对国民经济的影响作用越来越显著,不但成为经济规模增长的重要驱动力,同时极大地促进了社会经济增长方式的转变和优化。浙江是国内电商最活跃、集聚度最高、产业链最完整的地区,在电子商务领域领跑全国。浙江省电子商务的快速发展,对绍兴经济的转型升级是难得的战略机遇。本次调研旨在阐明,通过"电商换市",把电子商务作为变革传统流通格局、创新商业模式、提升区域经济竞争力的撬动杠杆,让绍兴的市场优势和电子商务优势强强联合,推动绍兴经济转型升级。

一、特征与现状

　　近年来,绍兴市委市政府及各级领导把电子商务作为战略性新兴产业来抓,整合各方力量,明确工作职责,科学制定发展规划路径,重点支持现有平台和优势骨干企业做大做强,引导电子商务企业、电商人才在绍兴区域内集聚。通过组织电商培训讲座和网上节会,拓宽了电子商务发展思路,营造了政府引导企业合作的良好氛围,电子商务各产业形态全面发展,取得了较好的成效。

　　(一)"一核多支点"的区域发展规划已初显成效

　　绍兴的经济以民营经济为主体,传统制造业发达,特色块状经济明显,产业集聚优势突出。截至 2013 年底,绍兴市已有国家火炬计划特色产业基地 4 个,省级高新技术特色产业基地 6 个,现代服务业集聚示范区 32 个,电子商务促进会会员单位已经发展到 137 家,为绍兴电子商务发展提供了应用空间和基础。据绍兴市商务局统计,2013 年绍兴市全年网络零售总额为 99.68 亿元,在全国地级以上城市网商发展指数百强城市中位列第 35 位。阿里巴巴 2013 年县域电子商务发展报告显示,在全国的"电子商务百佳县"中,来自浙江的县市多达 49 个,县域电子商务的发展模式呈现"模式多样,特色鲜明"的特征。绍兴市 5 个县级区、县(市)全部列入前 100 强,其中:柯桥区(原绍兴县区域)排名第 29 位,诸暨市排名第 40 位,上虞区排名第 52 位,新昌县排名第 69 位,嵊州市排名第 73 位。绍兴的家纺产品、黄酒,上虞的伞业、童装,诸暨的珍珠、袜业,嵊州的领带绸巾、厨具,新昌的茶叶、丝绸家纺,这些直接面向消费者非常适合网络零售的传统优势产业,正借助电子商务手段,升级打造产业供应链,创新销售渠道,获得了新的发展动力。纺织、机械、医药化工等中间品产业集群也正在借助电商手段"重整"生产流程和经营模式。绍兴市"一核多支点"的电子商务发展规划已经初步显效。

(二)电子商务园区发展初具规模

据浙江省商务厅和省发改委等十部门联合印发的《浙江省电子商务产业基地规划建设实施意见》(浙商务联发〔2014〕12号),绍兴市"网上轻纺城网商聚集区、汤浦中国针织童装电子商务创业园、娥江商城大学生创业园、天龙大厦、天利电子商务园区、大唐长连电子商务园区、店口电子商贸港、暨阳电子商务园区、嵊州市领带园区"等9个电子商务园区被确定为浙江省电子商务产业基地规划建设名录,园区家数列杭州、金华、温州之后,位居浙江省第4位。另外还有高新区的网络经济科技园、绍兴港现代物流园、锦亿电子商务产业园、新昌县的中国茶市等一批电子商务园区逐步形成。其中网上轻纺城网商聚集区重点扶持集聚区内的51家企业成为纺织行业电商标杆,网上轻纺城入驻商户数6万多家,2013年度交易额6826万元;汤浦中国针织童装电子商务创业园开辟出6000平方米的场地,现已入驻42家电商,娥江商城大学生创业园入驻企业运行已进入正常,开业至今创销售8200万元,利税120余万元;天利电子商务园区总建筑面积40000平方米,已有58家电商企业入驻,大唐长连电子商务园区已有70余家企业入驻,暨阳街道与阿里巴巴公司共同组建阿里巴巴·诸暨产业带平台落户暨阳电子商务园区;嵊州市电子商务产业园目前有意向入驻产业园的企业达70家,筛选后已入驻35家企业。电商集聚意识日益增强,园区企业入驻率不断提高。

(三)网络交易第三方平台发展迅速

近年来,绍兴市依托传统产业和发达的实体交易市场,发展了一批具有地方特色的电子商务交易平台,包括网上轻纺城、新昌轴承网、中国袜业网、中国领带城、黄酒原酒交易平台、汇联贵金属交易平台、茶叶城、珍珠网、农产品交易平台等电子商务平台初现成效;还有提供连锁加盟创业咨询服务为主的讴盟网、设计装饰一条龙服务的诚城网、转化印花创意作品的优图网、提供特种纺织原料信息的轻纺原料网等平台成功运作。

(四)轻纺产品线上推广线下交易是B2B主要模式

由于轻纺原材料及各种产品的多样性、复杂性,在B2B模式中很难做到网上确认、网上下单、网上支付。从调研情况看,网上轻纺城、优图网、轻纺原料网等与纺织相关的电子商务平台大部分业务采用了网上提供贸易信息服务、发布联系信息,网下交流确认订单采购,线上线下结合并行的电商模式。

（五）"私人订制"模式成为企业电子商务的发展方向

对工业企业电子商务发展情况调研发现，绍兴市规模以上工业企业已纷纷涉足电子商务，开始由实体销售向网上交易转变，在淘宝、天猫、京东、凡客、唯品会等平台开设网络 C 店或旗舰店，以 B2C 模式进行商品销售；一批知名企业如古越龙山、长生鸟、洁丽雅等自建网络销售平台开展电子商务活动。在第三方交易平台的选择上，企业大部分选择了天猫作为 B2C 模式的交易平台，产品在以提供标准化消费品为主的同时，逐渐向小批量个性化服务转变，如服装、窗帘等产品将逐步实现"私人订制"模式。据不完全统计，截至 2013 年底，绍兴市共有 900 余家"四上企业"开展电子商务活动。

（六）电子商务配套体系日趋完善

目前，以三大电信运营商为代表的网络运营企业，为电子商务提供了互联网接入和数据中心运营服务，绍兴市互联网用户达到 527 万户，近 40 家规模以上软件企业为电子商务提供软件服务；绍兴市 84 家快递企业，为电子商务提供配套物流配送服务，邮政快递实现了绍兴市农村网点的全覆盖，电商园区的仓储物流、美工摄影、后勤保障等配套设施不断完善；阿里巴巴支付宝公司与绍兴建立了区域战略合作关系，将支付宝引进绍兴专业市场，改变了原先绍兴电子商务平台只能"线上成交、线下支付"的交易模式。这些都为绍兴电子商务发展提供了有力的技术和配套支撑。

二、问题与不足

（一）自建第三方平台影响力不足，电商园区及企业盈利困难

目前的电子商务第三方交易平台主要集中在淘宝、天猫、京东等大型网站，在电商产业"只认老大，不认老二"的现状下，绍兴市的第三方交易平台无法占领制高点，面临难以发挥应有作用的困境。同时，从大型电商第三方交易平台的竞争趋势看，今后"烧钱"办平台将越来越明显，从组织团购到品牌宣传，因盲目"烧钱"而退出的企业将会不断增加。在价格战和广告战的双重压力下，企业有可能趁着电商行业的媒体红利一飞冲天，也有可能因为不堪重负遇到资金难题。对于绍兴电商企业经营而言，如此大体量的市场投入也是巨大考验。目前，电商园区与电商企业共同在承担成长成本，电商普遍处于不赚钱的状态，纯电商及创意电商盈利困难，有些企业不断以实体经营贴补电商运营。

（二）电商园区呈现"两小两少"的短板现象

通过对绍兴电子商务园区的实地调研，绍兴市的电商园区普遍存在起步晚、规模小的状况，电商园区用房大多利用闲置工业厂房、仓储用房等存量房

产转型改造,占地面积及仓储面积偏小,即园区规模"小";同时入园企业以小微企业居多,即入园企业"小";建成的电商园区大部分为综合类园区,专业化电商园区较少,即专业园区"少";园区内电商应用类的企业较多,提供配套服务的企业不足,即服务企业"少"。总体而言,电商园区的规模效应、产品结构与配套服务仍有待提升。

（三）政策扶持力度与电商企业的需求存在偏差

在政府扶持的层面,绍兴市先后出台了《绍兴市人民政府关于加快绍兴市电子商务发展的实施意见》《绍兴市人民政府办公室关于促进市区电子商务发展的意见》《绍兴市"电子商务进万村工程"实施意见》等一系列政策意见,从财政、金融、税收以及人才培养等多方面入手,加大对电子商务的扶持力度。从调研电商园区了解到,对于电商园区及电商企业而言,一是小型电商企业、创意型电商企业的直接补助政策较少,符合补助政策的多为规模型电商企业,真正急切需求发展的小型电商企业实际获得扶持力度小;二是电商园区在政府与电商企业之间面临"入不敷出"的窘境,一方面政府对于园区的补助条件较高,扶持力度不足,另一方面园区为培养商户给予很大的优惠扶持,电商园区与电商企业共同承担成长成本;三是政府政策中弱化了中小电商企业最关心的房租方面支持需求,而强化了税收贡献,忽视了社会效益,对于创意电商和中小电商,税收扶持在其发展现阶段的迫切性不及房租支持。

（四）缺乏高端电商人才及营销团队

从全国总体上看,由于我国电子商务教育体系仍处于初步建立过程中,且电子商务本身发展迅速等因素共同影响,使得我国电子商务人才缺口很大,在运营成本、薪酬保障、文化氛围等因素的共同作用下,在实际探索中成长的新一代电商人才大多集中在大城市、大型第三方平台或大型电商服务企业,导致中小城市、中小电商企业缺乏高端管理、营销和技术人才。同时,由于电商管理模式和管理体制都还出于对传统商业模式和海外先进经营模式的抄袭、模仿的水平上,结合绍兴市实际的电子商务创新模式发展缓慢,新型电子商务营销团队缺乏。

（五）统计方法制度滞后,统计调查困难

目前我国的政府电子商务统计尚未形成统一的统计方法制度,各地处于探索试点阶段。浙江省在 2013 年基本确定了以商务部门为主牵头、多部门部署实施的《浙江省电子商务行业统计实施方案》（浙商务联发〔2013〕19 号）,对电子商务统计工作确定了原则性要求。在调研中,从统计的角度看主要存在以下困难:一是生产型企业的电子商务交易额难以区分;二是线上推广线下交易额界定不明确;三是许多以网络销售为主的个体经营户为无证经营者,无固定经营场所,隐蔽性强,即使全面的经济普查也很难发现,这给全面客观地统计反映电商运行态势造成了一定的困难,容易产生统计遗漏问题;四是现阶段电子商务统计基础薄弱,统计人员缺少。

三、对策与建议

(一)按一区一品建设网上展馆,促进专业市场转型升级

在电子商务发展实践过程中,几乎都体现出当地特色产业集群的独特优势。比如义乌的小商品、乐清的低压电器、苍南的印刷、武义的五金、余姚的塑料、桐乡的羊毛衫、海宁的皮革、永康的电动工具、慈溪的小家电、遂昌的农产品、太仓的自行车、常熟的服装、晋江的鞋、石狮的服装、安溪的铁观音、清河的羊绒、舒城的童车、博兴的手工艺品等等。2013 年,在阿里巴巴等电子商务平台上基于各地产业集群形成的"线上产业集群""线上产业带"等超过 150 个。绍兴是市场大市,轻纺、五金、黄酒、珍珠、袜业、建材、茶业、领带、伞业等专业市场非常发达,经过多年的发展,形成了自己的比较优势。随着国家电子商务产业导向的明确,绍兴市应依托专业市场形势,整合各专业市场、产业链上下游和相关电子商务服务企业资源,因地制宜地探索适合当地的电子商务发展道路,形成具有绍兴特色的电子商务应用与服务模式,使线上线下两个市场融合发展,相互促进,使网上市场成为开拓国内外两个市场的在线平台,充分发挥市场在产业链上下游及国内外产业资源配置的纽带作用,促进市场升级。

(二)依托九大产业基地规划建设,引导电商快速有序发展

电子商务园区作为产业聚集平台,通过制定配套的产业政策,完善配套的基础设施,可加快汇聚优势企业和人、财、物等方面的优势资源,为电子商务企业提供公共服务的创业孵化平台。根据《浙江省电子商务产业基地规划建设实施意见》,绍兴市各级政府相关职能部门要结合当地实际,加强对电子商务产业基地建设的管理和引导,统筹规划基地,合理设置功能,推进特色发展,强化配套支撑,加大政策支持,优化电子商务布局,实现绍兴市一盘棋,同时避免重复投入,重复建设。鼓励各类企业开展技术创新、模式创新,弥补区域内电子商务支撑体系中的短板,推出新产品、新服务,努力开拓国际国内市场。确保绍兴市电子商务发展继续走在前列。

(三)鼓励校企对接培养电商人才

电子商务的发展,离不开专业的电子商务人才,特别是高级管理人才、高端运营人才、网络核心技术人才。为更好地促进绍兴市电子商务的发展,今后要依托各高职院校已有的电子商务专业人才的培育体系,加强对电子商务专业人才的培育,一方面实行校企对接建立大学生实践基地、电子商务人才培育中心,利用高校师资力量和企业高级电商人才,培养一批实用型电子商务人才;另一方面对于纯电商企业和创意型电商企业,我们应积极营造电子商务发展氛围,加大人才引进政策支持力度,引进人才、用好人才、善待人才、留住人才。

(四)支持传统优势产业发展电商,促进传统产业转型升级

一是支持大中型骨干企业利用自身品牌销售网络优势,优化上下游供应链,塑造和提升品牌价值,建立线上销售渠道,开拓国内外市场;二是重点考虑小微企业电子商务应用需求,引导轻纺、机械、珠宝等产业小微企业向电商园区集聚,以点带面,普及电子商务应用;三是要将电子商务从一产二产中剥离出来,提升三产比重,体现转型升级的成果。

(五)及早做好电子商务法律法规及税法完善后的发展监管

尽管电子商务存在多时,但目前国内尚无一部完整的电子商务法,只在各种法律涉及电子商务时,对某一部分偶有提及,并不成熟的市场条件和多变的市场环境还需要企业和消费者的自发培育。这种状况长期存在下去,必然会影响到电子商务的健康有序发展。从目前立法进程看,电子商务相关法律法规的出台只是时间问题,电商企业的经营行为必将予以规范。为此,电商相关部门应该加强对电子商务活动的监管,引导企业在税收、合同等方面及早建立应对措施,以减少或消除在线交易双方的风险,促进电子商务信用体系建设,使之健康有序快速发展。

(六)完善电子商务统计体系,建立统计方法制度

在省级已有的统计实施意见基础上,结合本地区管理需要,以绍兴市商务局牵头联合相关部门,明确绍兴市电商发展重点,提出电商统计需求,制定相关统计方法制度,建立绍兴市电子商务部门统计体系。同时要加强部门分工合作,综合利用现有的统计资源,充分发挥行业协会作用,协同开展电子商务统计工作,切实摸清电子商务各业态及配套行业的发展阶段和水平,为政府决策和企业经营提供有效的决策依据。

金华:科技引领企业发展 创新驱动产业转型

2012 年,金华市在金华市委、市政府的正确领导下,以科学发展观为统领,以"发展城市群、共建大金华"为主线,深入贯彻落实"八八战略"和"创业富民、创新强市"总战略,牢牢把握"稳中求进、赶超发展"总基调,围绕产业转型升级,增加研发投入,转变发展方式,以科技的力量继续促进经济社会持续平稳发展。

R&D 是 Research And Development 的缩写,翻译成中文就是研究与试验发展,指在科学技术领域为增加知识总量,以及运用这些知识去创造新的应用进行的系统的创造性的活动,包括基础研究、应用研究、试验发展三类活动。国际上通常采用 R&D 活动的规模和强度指标,即 R&D 经费支出总量及占 GDP 比重反映一国的科技实力和核心竞争力。

一、金华市 R&D 经费支出情况

（一）活动规模扩大

2012 年金华市开展研究与试验发展(以下简称 R&D)经费支出活动企业共有 880 家,较"十一五"末的 2010 年提高 61.17％,有 R&D 活动企业数占企业总数比重为 27.17％,仅次于宁波位于浙江省第二位。

（二）投入力度增加

2012 年金华市全社会 R&D 经费支出 42.2 亿元,是 2010 年的 1.51 倍,占 GDP 比重 1.56％,位于浙江省第六位(见表1),较 2010 年增加 0.23 个百分点。企业 R&D 经费支出 40.6 亿元,较 2010 年提高 49.4％,占全社会 R&D 经费投入的 96.2％。企业 R&D 经费支出占主营业务收入的 1.13％,位于浙江省第三位(见表1)。

表1   2012 年浙江省各市 R&D 经费支出情况

	全社会 R&D 经费支出(亿元)	R&D 经费支出相当于 GDP 比重(%)	企业 R&D 经费支出(亿元)	企业 R&D 经费支出相当于主营业务收入比重(%)
杭州市	228	2.92	143.47	1.15
宁波市	134.46	2.04	122.20	1.06

续表

	全社会 R&D 经费支出(亿元)	R&D 经费支出相当于 GDP 比重(%)	企业 R&D 经费支出(亿元)	企业 R&D 经费支出相当于主营业务收入比重(%)
温州市	45.47	1.24	42.06	1.05
嘉兴市	67.94	2.35	66.24	1.16
湖州市	36.53	2.19	35.89	1.07
绍兴市	73.4	2.01	70.97	0.87
金华市	42.2	1.56	40.60	1.13
衢州市	10.04	1.03	9.91	0.73
舟山市	11.57	1.36	10.81	1.06
台州市	42.43	1.46	37.38	1.12
丽水市	9.23	1.03	9.07	0.60

（三）产出水平提升

2012 年金华市企业共开展 R&D 项目课题 2369 项，较 2010 年提高 73.4%。专利申请 4896 件，其中发明专利 808 件，发表科技论文 285 篇，分别提高 17%、30.5%、36.4%。工业新产品产值 934.87 亿元，是 2010 年的 1.84 倍。

（四）人才队伍壮大

2012 年金华市企业办科技机构 714 家，较 2010 年提高 23.3%，研发机构拥有科技活动人员 18429 人，提高 21.1%，R&D 人员 21334 人，提高 41.44%，折合全时当量 15361.2 人年，提高 36.1%。

二、存在问题分析

金华市"十二五"规划纲要中 R&D 经费支出占 GDP 比重目标为 2.2%，如需达到这一目标，则 2015 年 R&D 经费支出需 74.2 亿元，2013 年至 2015 年年均增幅需达到 21%，而 2012 年金华市 R&D 经费支出增幅为 17.3%。如要实现目标数，难度较大。

目前，金华市在推动科技发展，产业转型升级虽然取得了一定的成绩，但总体水平还不高，与杭州、宁波等省内发达地区相比存在一定差距，主要体现在金华市科技自主创新能力不够强，高层次人才相对缺乏，产业规模总体偏小，科技研发投入不足等。

（一）科技投入强度不足，经费渠道单一

企业、科研院所、高等学校的合计投入为全社会的科技投入，2012 年，金华市科研院所、高等学校 R&D 经费投入 1.6 亿元，占比 3.8%，仅比 2010 年增加 1.1 个百分点。另一方面企业 R&D 经费投入强度的高低反映企业的科技实力和核心竞争力。国际上一般认为 R&D 经费内部支出占主营业务收入的比重达 2% 时，企业才可能维持生存，而达到 5% 时才有竞争力，而金华市 2012 年比重只有 1.13%。近年来，金华市规模以上工业企业研发投入逐年增长，但是投入强度与先进水平相比仍然偏低。在企业 R&D 经费支出中，企业自筹资金 38.9 亿元、占全部支出的 96%，政府资金 1.09 亿元、占 2.7%，国外及其他资金仅占 1.3%，说明目前规模以上工业企业对外融资困难，资金来源单一，基本上没有社会创业资本和风险投资，不利于企业有效利用资本实现科学发展。

（二）主动创新意识欠缺，研发动力滞缓

2012 年金华市技术引进、消化吸收及改造经费支出共计 17 亿元，相当于研发经费的 41.87%，金华市纳入科技直报统计的小微企业数占所有企业的 86.3%，但有 R&D 活动企业数仅占 23.7%。这反映出目前金华市仍有部分企业缺乏技术创新意识，推进企业技术进步主要依靠引进生产线、合资生产、技术改造等方式来发展企业，片面满足于技术引进带来的短期眼前利益，不愿投入更多精力、物力，忽略了长期效益。对面向未来市场进行自主创新活动，实现技术储备的危机感不强，创新意识仍有待增强。

（三）科技创新水平偏低，人才优势不明显

R&D 活动的分类为基础研究、应用研究和试验发展。基础研究和应用研究属于科学研究范畴，这两方面的投入能够反映出较高层次的科技创新水平。然而，2012 年金华市企业的科技投入中，99.8% 的经费都用于开展试验发展，提高科技投入的层次方面明显力度不足。与此同时，尽管金华市 R&D 人员数总量不断提高，较 2010 年增长 41.44%，但其中金华市规上工业企业研究人员占 R&D 人员总数 25.3%，较 2010 年下降了 3.4 个百分点，R&D 活动人员占企业从业人员总量比重较 2010 年下降 0.68 个百分点。本科及以上学历占企业办科技机构人员数比重下降 1.9 个百分点。专业人才的培养、引进无法完全满足科技创新的整体需求。

三、相关意见建议

（一）加强政府导向力，提高科技经费投入

科技的发展离不开政府制定并实施财税、金融、法制等方面政策的支持，要建立以政府为引导，以企业为主体，社会资金多渠道参与的模式。一是加大财政投入，提高本级财政科技拨款占本级财政支出的比重，实行企业研发费用加计扣除、高新技术企业税收优惠等举措,优化财政资金对科技经费的占比结构,引导和带动更多的社会资本投入科技创新。二是通过完善相关金融政策,引导各类金融机构支持科技创新及科技成果的转化生产,满足金华市企业科技创新的资金需求,以骨干企业为龙头,发展带动一批中小型企业积极发展高新技术产业。三是加强知识产权保护力度,建立相关法律法规,强化部门职能,监管、执法并举,增强企业保护知识产权意识,鼓励企业开发具有自主知识产权的关键技术和重大产品。

(二)增强自主创新意识,营造科技创新环境

提高企业的自主创新能力,不断强化企业在自主创新中的主体地位,是企业实现发展方式转型、增强发展后劲、提高核心竞争力的重要举措。一方面促使企业成为自主创新的主体,企业研发中心是企业竞争力的核心,要鼓励有条件企业建立内部研究机构,广泛开展各种形式的自主创新活动。培养自主知识产权意识,掌握关键专利、技术,开发更多的名牌产品,在市场竞争中占据主导地位,在积极引进国外先进技术的基础上,充分进行消化吸收和再创新。另一方面完善企业自主创新体制,对企业科技人员研发创新进行奖励等长效激励机制,激发创新热情,营造敢于创新,勇于竞争的良好氛围。

(三)加强平台建设,凸显专业优势

科技公共服务平台以科技资源集成开放和共建共享为目标,通过整合、集成、优化科技资源,为高新技术研究、产业技术创新、科技创新和社会可持续发展提供支撑。因此,金华市应不遗余力建设科技服务平台,一是加大前期投入,抓好重点高新园区、重点高新产业基地建设,发挥园区、基地的集聚效应和辐射效应,完善研究设备、人员的配备,为产业转型升级、企业研发创新提供专业化技术支撑。二是加强组织、引导,制定平台相关管理办法、扶持政策,注重监督及绩效机制。发挥市场资源配置作用,建立长效运营机制,更好地完成科技平台社会化、市场化的过渡。做好宣传工作,提高全社会对科技资源共享、科技创新重要性的认识,从而积极参与科技平台发展。

(四)加强人才培养,壮大科技队伍

人才是科技创新的根本动力,是科技进步的初始源泉。科技人才队伍建设,要继续贯彻"以人为本"的精神,充分发挥各类人才的积极性和创造性。一是营造有利于人才发挥所能的大环境,弘扬科学精神,重视科学发展,鼓励研发创新、学术争鸣,为各类人才的创新活动创造更多机会。二是培养吸引人

才,重视高校、科研院所建设,提供良好教育资源,深化教育体制改革,由应试教育向素质教育发展。依托国家、省、市重点课题项目,在实践中培养更多专业技术带头人。切实解决科技人才的工资待遇以及生活等方面问题,进一步研究和制订有关政策,鼓励海外科技人员归国工作,为引进高层次人才创造良好的工作环境和创新平台。三是推进管理机制改革,促进人才合理分配流动,对科技创新等科学活动建立相应的激励机制,充分调动科技人才积极性,切实发挥科技人才的创新作用。

衢州与周边地市区域人才资源发展比较分析

人才资源是推动一个地区经济发展的力量之源。面对当今国内外竞争激烈的环境下,地方经济区域竞争力越来越表现为对智力资源和智慧成果的培育、配置、调控能力上,也越来越依赖于对人才资源的拥有和使用效能。在激烈的区域发展竞争中赢得主动、占得先机,必须紧紧依靠人才。衢州市正处在经济社会发展转型升级和全面建设小康社会的关键时期,为认真贯彻衢州市人才工作会议精神,加快建设四省边际人才强市,了解衢州市近几年来人才发展的整体情况,本文根据 2008—2012 年积累的涵盖衢州市"四上"单位(即:规模以上工业企业,房地产企业、建筑业单位,限额以上住宿餐饮、批发零售企业,限额以上服务业企业)及行政事业和群众组织等 3884 个调查对象的数据资料,并结合金华、丽水两市的区域人才发展概况进行纵向及横向对比分析,发现优势与不足,为加快推进"智·汇浙西,才·富衢州"提出建议。

一、衢州市人才资源概况

(一)人才资源数平稳增长

2008—2012 年,衢州市人才资源数随从业人员数的增长而平稳增长。2012 年,衢州市企事业单位从业人员数 43.5 万人,比 2008 年增加 13.12 万人,年均增幅为 9.4%。从业人员中,人才资源总数达 15.46 万人,占比 35.6%,比 2008 年增加 4.55 万人,年均增长速度为 9.1%,与从业人员数年均增幅接近。从人才资源结构看,企业经营管理人才 3.3 万人,占人才资源数的比重为 21.3%,年均增速为 12.2%;专业技术人才 10.7 万人,占比 69.2%,年均增速为 8.2%;高技能人才 1.46 万人,占比 9.5%,年均增速为 9.2%。三类人才中高技能人才数最少,专业技术人才数的年均增幅最低。但从绝对数上来看,专业技术人才数最多,在五年间增加 2.9 万人,是增量最多的一类人才(见表 1)。

表1   2008—2012 年衢州市人才资源数

单位:万人

	2008 年	2009 年	2010 年	2011 年	2012 年
从业人员数	30.38	32.55	36.06	41.50	43.50
企业经营管理人才	2.08	2.41	2.60	3.39	3.30
专业技术人才	7.80	8.32	8.94	9.65	10.70
高技能人才	1.03	1.08	1.17	1.46	1.46
人才资源数合计	10.91	11.81	12.71	14.51	15.46

从人才资源的横向对比分析,衢州市人才资源数增长情况优于丽水市、逊于金华市。2008—2012 年,金华市人才资源数年均增幅为 17.0%,高于衢州市 7.9 个百分点。丽水市人才资源数年均增幅为 7.4%,低于衢州市 1.7 个百分点。从人才资源结构上看,三个地市人才结构一致,均为专业技术人才最多,企业经营管理人才次之,高技能人才数最少。但金华市高技能人才数占比在三市中最高,达 14.7%,分别高于衢州市和丽水市(6.5%)5.2 和 8.2 个百分点。

(二)区域人才密度明显提高

人口人才密度是反映一个地区人力资源丰富程度的一项指标,它是指每万人人口拥有的人才数,即人口人才密度=人才资源数/人口数(万人)。本文利用 2008—2012 年衢州市常住人口,计算出各年份该市人口人才密度,总体呈现上行发展态势。2012 年衢州市人才密度为 729 人/万人,比 2008 年提高 218 人/万人,年均提高速度为 9.3%(见图 1)。人才密度提高主要基于两点原因:一是衢州市人才资源数的增速明显高于常住人口。衢州市常住人口多年来一直呈现下降态势。尽管 2012 年常住人口比上年有所回升,但增幅仅为 0.5‰,与人才资源数的增幅相比微乎其微。二是企业越来越重视对人才的引进和使用,2012 年衢州市企事业单位从业人员中大学本科以上占比 14.9%,比 2008 年提高 2.2 个百分点。同时,企业对单位内部已有员工的继续教育和技能培训力度不断加大。从区域人才密度横向对比分析,衢州市的人才密度低于周边两个地市:2012 年金华和丽水市人才密度分别为 1051 人/万人和 744 人/万人,分别高于衢州市 321 人/万人和 15 人/万人。

我们将人才密度的定义进行狭义使用,计算企事业单位中从业人员的人才密度[即人才资源数/从业人员数(万人)]。2012 年衢州市企事业单位从业人员的人才密度为 3555 人/万人,比 2008 年减少 38 人/万人。从整体上看,2008—2012 年间衢州市从业人员的人才密度起伏变化较大,呈现倾斜的"Z"字形态势(见图 2),主要是由于人才资源数增长稳中较缓,低于从业人员增长速度。从单位从业人员人才密度横向对比分析,衢州市处于三个地市的中间水平。2012 年丽水市从业人员人才密度为 3785 人/万人,高于衢州 230 人/万人。金华市从业人员人才密度为 2994 人/万人,低于衢州 561 人/万人。

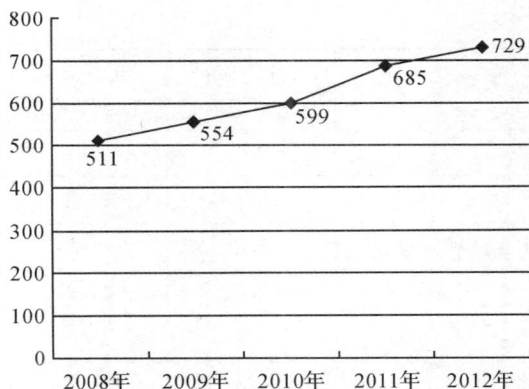

图 1 2008—2012 年衢州市人才密度(人/万人)

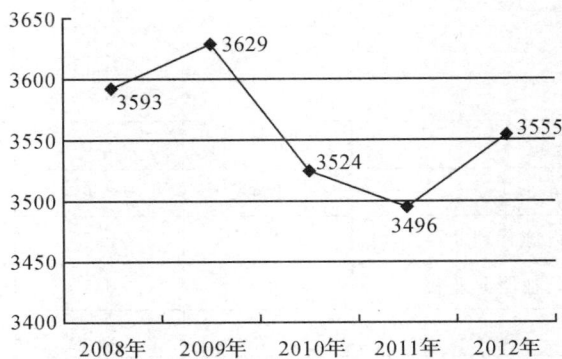

图 2 2008—2012 年衢州市从业人员人才密度(人/万人)

(三)人才资源行业分布不均匀

由于第一产业的所属单位数量较少,本文主要针对 2012 年衢州市第二、三产业人才资源分布进行比较分析。从人才资源和从业人员的行业结构分布看,人才资源与从业人员的行业分布趋势基本一致,即吸纳就业人员多的行业其人才资源也相对丰富。如制造业和建筑业,吸纳就业人数相对较多,人才资源比较丰富,分别占人才资源总量的 26.1％ 和 29.9％。但从人才资源占从业人员数的比重看,建筑业和制造业从业人员的人才含量明显偏低。人才含量较高的是卫生、教育、科研和文体这些对从业人员文化知识技能等素质要求较高的行业(见表 2)。

表 2　人才资源行业分布情况

单位:％

行　业	人才资源行业结构数	从业人员行业结构数	人才资源占从业人员数的比重
采矿业	0.1	0.1	31.0
制造业	26.1	34.8	26.6
电力、热力、燃气及水生产和供应业	2.3	1.3	63.4
建筑业	29.9	34.2	31.0
批发和零售业	2.8	3.0	32.6
交通运输、仓储和邮政业	1.3	1.8	26.7
住宿和餐饮业	0.6	0.9	23.6
信息传输、软件和信息技术服务业	0.9	0.7	50.9
金融业	4.6	3.2	51.4
房地产业	1.5	0.9	63.1
租赁和商务服务业	0.8	1.0	27.3
科学研究、技术服务业	1.4	0.6	77.5
水利、环境和公共设施管理业	0.6	0.6	33.5
居民服务、修理和其他服务业	0.1	0.1	43.8
教育	13.8	5.6	88.3
卫生和社会工作	7.5	3.0	89.6
文化、体育和娱乐业	1.0	0.5	69.8
公共管理、社会保障和社会组织	4.5	7.7	20.8

(四)人才资源配置效率有所提高

为了进一步研究一个地区人才资源的配置效率、了解人才利用情况,本文引入人才效能概念,定义为人才效能＝人才总量(人)/GDP(亿元)。该指标主要是从要素投入角度反映经济活动中人才发挥的作用,指标值越低,则表明同样的产出所消耗的人才要素越少,人才资源配置效率就越高,人才结构相对较为合理。引入此概念主要是用来说明人才实际作用发挥的程度,既非精确的人才作用度量,也不应该理解为人才创造的精确经济价值或人均 GDP 的计量数值。通过计算,衢州市 2012 年人才效能值为 159 人/亿元,比 2008 年降低29.1 人/亿元。2008—2012 年期间,人才效能值总体呈现下行趋势,说明衢州市人才在经济活动中发挥的作用逐步明显,人才资源配置效率不断提高(见图3)。从人才效能横向对比分析,2012 年金华市人才效能值为 209.2 人/亿元,高于衢州市 50.2 人/亿元。丽水市的人才效能值 176.2 人/元,高于衢州市17.2 人/亿元。可见,衢州市人才资源的配置效率略优于周边两市,人才在经济活动中发挥的作用高于周边地区。

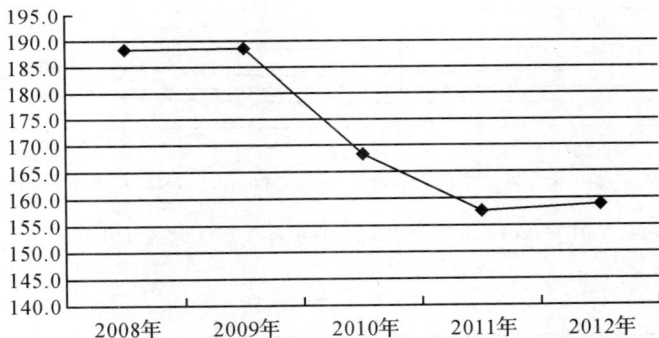

图 3　2008—1012 年衢州市人才效能趋势图(人/亿元)

(五)人才资源中高学历、高年龄段人群占比逐步提高

根据 2010—2012 年衢州市非公有制企业人才资源调查结果显示,人才资源中高学历者占比逐步提高(见图4),2012 年研究生学历人才 0.08 万人,占非公有制企业人才资源数的 0.4％,比 2010 年提高 0.2 个百分点。大学本科学历者 1.68 万人,占比 7.7％,比 2010 年提高 1.9 个百分点。大学专科学历者 3.46 万人占比 15.7％,比 2010 年提高 1.5 个百分点。中专及以下学历者16.75 万人,占比 76.3％,比 2010 年下降 3.5 个百分点。从人才资源的年龄分布看,从业人员主要集中在中低年龄段,因此中低年龄段的人才数相对较多。2012 年非公有制企业中 35 岁以下的人才数为 7.22 万人,36—40 岁人才数为 4.3 万人,40—50 岁人才数为 7.5 万人,55 岁以上人才数为 2.94 万人。

但 40 岁以下的人才在非公有制企业人才资源中的比重呈现下降趋势,而 40 岁以上的人才比重呈现上升趋势(见图 5)。出现这类趋势的原因有:一是衢州市经济发展与本省其他城市相比较为缓慢,低年龄段人才出于自身发展前景、家庭生活压力等原因,比中高年龄段人才更愿意向外流动;二是企业在引进人才方面主要还是侧重于有丰富工作经验、熟练工作技能的人才,而这些人才多集中在中高年龄段。

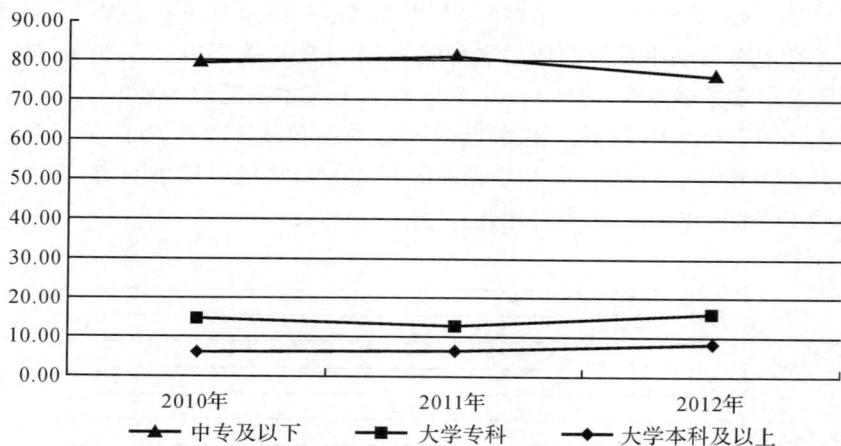

图 4　2010—2012 年非公有制企业中各学历人才占比趋势图(%)

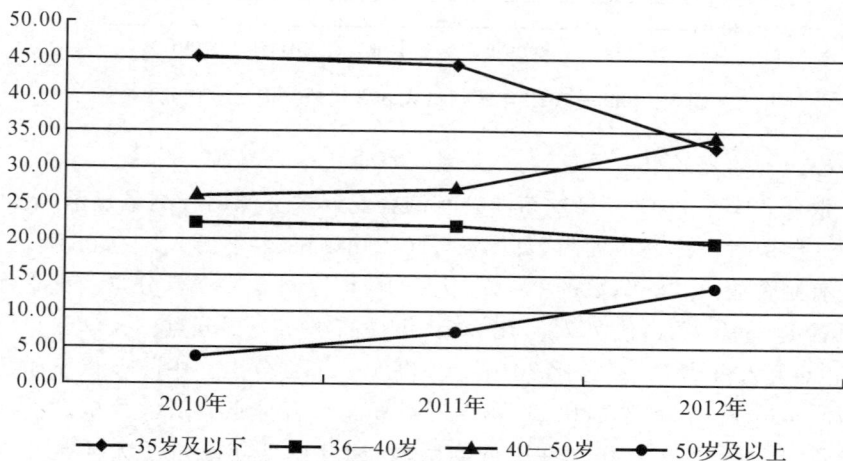

图 5　2010—2012 年非公有制企业中各年龄段人才占比趋势图(%)

（六）高级人才比重高于周边地区

从衢州市人才资源的内部结构看，除了经营管理类人才的年平均增速高于从业人员，其他两类人才均小于从业人员，其中专业技术人才增速最低，高技能人才的总量最小。尽管衢州市高级人才总量不多，但比重与周边地区相比略有优势。2012 年衢州市专业技术人才中，高级专业技术人才占专业技术人才的比重为 6.9%，分别高于金华市和丽水市 1.2 百分点和 0.3 个百分点；高技能人才占技能人员的比重为 11.9%，与金华市相同，高于丽水市 0.1 个百分点。

二、衢州市人才资源存在的问题

（一）企业人才吸纳能力不足，人才资源数增长缓慢

衢州市作为浙江省内相对欠发达城市，传统产业较多，产业转型升级速度较缓，生产工艺相对落后，科技含量不高，企业的人才吸纳力不足，人才资源数增长缓慢。从上文看，单位从业人员中人才资源数增长不快，从业人员的人才密度变化趋势不稳定，每万名从业人员中人才资源数尽管比金华市高出 561 人，但仍旧比丽水市少 230 人。衢州市人才资源年平均增速低于从业人员增速。与周边两个地市相比，人才资源增长速度低于金华市 8 个百分点，却仅比丽水市高 2 个百分点。区域常住人口的人才密度在周边地市中也处于落后位置。虽然近年来工业快速发展吸引了一定的外来人口，但大部分企业仍以生产型为主，只有三成左右的工业企业开展研发活动，吸纳的就业人口主要以中低学历、低技能或无技能者为主，而企业通过内部培养等方式发展技能人才队伍需要一定长度的时间。此外，衢州市服务业发展相对缓慢，第三产业从业人员数少于二产，且主要集中在低附加值行业，属于高附加值行业的服务业企业较少，一些企业还处于发展初期，吸纳高端人才的能力有限。

（二）非公有制企业人才资源老龄化趋势明显

随着全社会人口老龄化进程的推进，地方人才资源的老龄化趋势也日益明显。从上文分析看，衢州市非公有制企业中 40 岁以上，尤其是 50 岁以上的人才资源占从业人员的比重呈现明显上升趋势（见图 5）。2012 年 35 岁以下非公有制人才占从业人员比重为 32.9%，该比重自 2008 年以来下降 22.1 个百分点。从人才资源的结构看，2012 年经营管理人才中 35 岁以下人员占比 33.7%，自 2008 年以来下降 17.9 个百分点，降幅高于浙江省 14.7 个百分点。专业技术人才中 35 岁以下人员占比 40.5%，自 2008 年以来下降 14 个百分点，降幅高于浙江省 13.4 个百分点。技能人才中 35 岁以下人员占比 29%，自 2008 年以来下降 27.8 个百分点，降幅高于浙江省 20.1 个百分点。衢州市非

公有制企业 35 岁以下人才资源的降幅明显,与本市多年来因外出务工、学习等原因的人口流出多于流入有一定的关系,但人才结构趋于老龄化是未来衢州市人才资源发展中需要面临的重要问题。

(三)人才结构有待进一步优化

一是人才学历结构有待优化。从非公有制企业人才资源情况看,尽管高学历者占比已经有所提高,但提高的幅度不明显,且与浙江省平均水平相比仍属于偏低水平。2012 年衢州市非公有制企业人才资源中本科及以上学历者占比 8.1‰,低于浙江省 2.2 个百分点。二是人才专业结构有待优化。人才和产业结构升级相辅相成,产业结构升级能使企业对人才吸引力增加,而人才的专业知识更新及丰富亦能加快产业结构升级。衢州市人才知识结构的完善和更新不够,从上文人才的行业分布情况看,传统产业的专业人才数量较多、高新技术人才相对较少。尽管高附加值行业从业人员的人才密度较大,但人才数量在从业人员中的占比仍不高。

三、促进人才资源发展的几点建议

(一)以对接中关村为契机,通过项目对接营造人才资源高地

龙头骨干企业不仅仅是增强产业和区域竞争力的核心主体,更是培育和引入人才的有效载体。要抓住机遇,依托与中关村的对接为契机,大力引进具有发展潜力的新兴项目,不仅优化衢州市的产业结构,更能充分利用中关村的科技力量和人才量,为衢州市引入高层次人才、高附加值行业人才提供坚实基础和有效保障。

(二)鼓励企业以科技创新带动人才发展

产业优化升级是衢州市工业化发展中后期的必行之路,科技创新更是产业优化升级的根本推动力,而高新技术产业对人才资源量和质的需求远远高于传统产业。因此,加快发展衢州市高新技术产业,鼓励企业积极开展科技创新活动是发展衢州市人才资源的重要途径。一是要加强对企业的政策引导和扶持,充分发挥绿色产业集聚区的载体作用,着力培养和壮大已经开展科技创新活动并有一定科研基础的企业。二是夯实主导产业、优势产业的科技基础,加强企业科技创新成果的转化,促进其科技创新逐步上升至更高层面,并步入良性循环轨道。三是有效引导金融机构和民间资本投资高新技术产业,探索引进科技风险投资机构,扶持科技型中小企业做大做强。

(三)制定有针对性的人才发展计划,加强人才培养

人才发展计划要有阶段性、针对性和持续性。一是人才吸纳计划。针对不同行业制定不同的人才发展计划,根据各个行业的规模和发展成熟状况对

人才需求做出具体规划。除了通过产业内部培养、充实以外,还要面向行业间吸纳有经验、素质的优秀人才。同时,要加大对应届毕业生的吸纳力度,尤其是衢州本籍的优秀毕业生和专业技能人才,不仅仅要求专业对口,更应该重视其综合贡献能力。拓宽引进人才和智力的渠道,加大选拔优秀的青年人才,储蓄后备力量,推动人才队伍的持续发展,保证人才队伍的新旧更替。二是人才培养计划。对于不同岗位、不同层次的人次做出不同的区分,有针对地制定不同的培养计划。重视人才培养与行业实际相结合,根据行业发展动态,及时组织从业人员开展在职培训,提高其职业化水平和经营管理能力。

（四）完善人才、科研服务平台

努力保证人力资源市场的公平竞争,通过发展行业协会来沟通产业人才流动的客观要求和人才流动政策,通过完善中介服务组织来建设统一的人才交流市场,整合各方资源、优势来服务人才发展。建立能够促进企事业单位进行项目开发、成果交流、资源共享的科研平台,整合科研资源、聚集科研力量,促进科研单位之间的业务交流和合作,拓展科研机构对衢州市优势、特色产业的科技支撑及技术服务空间,促进衢州市重点产业技术进步。扶持一批科技项目成果推广企业,及时将科研成果转化为实际经济效益,一方面调动人才研发热情,一方面服务地方发展。

（五）优化人才发展环境,保证人才政策的持续性

人才的生活、工作环境直接影响了人才流动的方向。继续加大对集聚区的基础设施、公共交通建设力度,同时大力开展人才公寓的建设和完善工作,适当放宽人才公寓或者廉租房的准入机制,对于那些学历不高但技能过硬的人才开通人才公寓入住的绿色通道。要做好衢州市 2012 年出台的《人才新政30 条》的宣传和落实工作,保证人才政策实施的透明度和持续性,从而提高已有人才对政策的信心。

2013 年舟山海洋产业集聚区统计监测情况简析

　　2013 年,浙江舟山群岛新区海洋产业集聚区面对复杂经济环境,攻坚克难,在招商选资、要素保障、合力推动等方面不断加大工作力度,聚集区(综保区、开发区)管委会体制机制进一步健全,服务环境持续改善,一批重要的基础配套设施和重大产业项目顺利推进,经济运行较为稳定,但是特色产业增长乏力,企业经营效益不佳,需进一步提高产业集聚能力。

一、开发建设情况

　　(一)集聚区开发建设稳步推进

　　集聚区重点规划面积 98 平方公里,分布在中国(舟山)海洋科学城、金塘岛、六横岛、舟山岛西北部、岱山岛西部、泗礁岛、朱家尖岛、衢山岛、洋山岛、长涂岛、虾峙岛等,形成"一城诸岛"格局。2013 年底,已开发建设面积为 31.4 平方公里,其中已建成投产面积 12.1 平方公里,比年初增加 0.9 平方公里。

　　(二)入区企业数增加较快

　　2013 年底,集聚区已有入区企业 981 家,比年初增加 219 家,其中,重点规划区内新增了中浪环保股份有限公司、浙江天禄光电有限公司等 22 家"四上"(四上指规模以上工业、有资质的建筑业、限额以上批发零售和住宿餐饮业、规模以上服务业,下同)和房地产企业。重点规划区内"四上"和房地产企业总数达到 129 家,其中,有金海重工股份有限公司、浙江天禄光电有限公司、浙江舟山安邦护卫有限公司 3 家大型企业,有中海石油舟山石化有限公司、舟山瑞邦投资有限公司等 15 家总部企业。

　　(三)招商引资力度不断加大

　　2013 年,集聚区实际引进内资 49 亿元,比上年增加 18.8 亿元,增长62.0%,其中,单项资金投入 1 亿元以上的内资项目 14 个,比上年增加 5 个;实际到位外资 2.1 亿美元,比上年增加 0.5 亿美元,增长 34.0%。

二、经济运行情况

　　(一)固定资产投资增长较快

　　2013 年,在浙能舟山六横电厂和长宏船舶再生利用、宁波—舟山港衢山港区鼠浪湖岛矿石中转码头工程、黄泽山石油制造工程项目等项目拉动下,集聚区完成固定资产投资 288 亿元,比上年增加 74.7 亿元,增长 35.0%,高于全市增速 14.4 个百分点。其中,第二、第三产业投资分别为 135.5 亿元和 152.4 亿元,增长 52.9%和 24.9%;基础设施投资 153.2 亿元,增长 87.0%;国有控股投资额为 114.5 亿元,增长 107.3%。

(二)工业生产形势好转

2013 年末,集聚区内有规模以上工业企业 53 家,全年实现工业总产值 474.8 亿元,比上年增长 15.7%,高出全市 5.4 个百分点。其中,规模以上工业企业新产品产值 16.0 亿元,增长 7.0%;战略性新兴产业产值 165.2 亿元,增长 12.3%;出口交货值为 132.3 亿元,下降 7.2%。

(三)服务业营业收入小幅回落

2013 年末,集聚区内有限额以上批发零售和住宿餐饮业、规模以上服务业、房地产企业共 66 家,全年共实现服务业营业收入 231.5 亿元,比上年下降 0.6%。其中,限额以上批发零售业营业收入 211.7 亿元,增长 4.9%,限额以上住宿餐饮业营业收入 0.8 亿元,下降 27.6%。

(四)从业人员稳定增长、结构优化

2013 年底,集聚区内"四上"和房地产企业从业人员数达到 1.98 万人,同比增加 0.25 万人,增长 14.2%。其中,第二产业从业人员数 1.5 万人,增长 16.3%,服务业从业人员数 0.48 万人,增长 10.7%;具有大专以上从业人员数 0.63 万人,增长 18.9%,具有中级以上职称人数 1048 人,增长 53.0%。

(五)企业科技活动稳步推进

2013 年,集聚区内"四上"和房地产企业科技活动经费支出 7.7 亿元,比上年增长 18.5%;科技活动人数 1482 人,增长 59.4%,其中本科以上毕业人数 226 人,增长 7.1%;企业办科技机构数 11 个,新增 2 个;发明专利数 31 个,增加 15 个。

三、需要关注的几个问题

(一)集聚区内企业经营效益不佳,利税总额大幅下降

2013 年,受需求不足、市场疲软、生产经营成本上升等影响,企业效益下降明显,129 家"四上"和房地产企业实现利税总额 18.1 亿元,比上年下降 37.1%。其中,利润总额 8.7 亿元,下降 42.2%。

(二)主导特色产业增长乏力,产业聚集能力降低

2013 年,聚集区 5 大主导特色产业主营业务收入占全部企业主营业务收入的比重为 87.7%,比上年回落 2 个百分点,其中,船舶制造业占聚集区全部企业主营业务收入比重为 26.9%,回落 4 个百分点;港口物流业占 36.6%,海

洋石化业占 23.1%,海洋工程和海洋能源仅占 1.1%和 0.1%。从 2013 年新增的 22 家"四上"和房地产企业的产业分类看,属于主导特色产业的仅 5 家。

(三)加大招商引资力度,重视现有企业的培育和扶持

要千方百计加大招商引资力度,加快项目落地并及早建设投产。将聚集区打造成新区建设主战场和产业集聚主平台,为全市经济"进中求快,快中求好"做出积极贡献。此外,要重视对现有企业培育和扶持。截至 2013 年底,聚集区内入园企业数已经达到 981 家,但是重点规划区的"四上"和房地产企业数才 129 家,仅占入园企业总量的 13.1%。以主导特色产业为导向,在加强招商引资的同时,有针对性地培育和扶持一批现有入园小微企业,做好做实、做专做优,积极参与到主导产业和龙头企业对接的项目中,形成精细分工、密切合作的产业组织网络。

台州汽车零配件制造业发展
现状与升级路径研究

　　台州作为全国首批汽车零配件出口基地,汽车零配件产业已经成为当地重要产业,为繁荣台州经济做出了较大贡献。当前,随着全球化竞争的加剧和经济下行压力加大,台州汽车零配件制造业转型升级迫在眉睫。本文剖析了台州汽车零配件产业存在的主要问题,结合针对性的问卷调查和台州实际情况分析了问题症结所在。在此基础上,本文根据全球价值链理论,研究了台州汽车零配件产业转型升级的路径,最终提出了促进台州汽车零配件产业升级的政策建议。

　　汽车零配件制造业是汽车工业的基础,如果没有强大的零配件制造业作为后盾,就不可能有具备国际竞争力的汽车工业。随着全球化竞争的加剧,汽车零配件制造业的国际化步伐逐渐加大,当前,汽车零配件制造业已经成为国际化程度很高的产业之一。在这种趋势下,汽车零配件产业在汽车产业中的地位越来越显著,同时汽车零配件制造业面临机遇和挑战也越来越多,因此汽车零配件产业转型升级备受业界关注。

一、前言

　　台州汽车零配件制造业起步于 20 世纪 70 年代初,早于汽车整车制造业的发展。经过三十多年的发展,台州汽车零配件产业在质量上、技术上以及市场上取得了很大的进步。特别在"十一五"期间,台州汽车零配件制造业在政府的大力扶持及企业的共同努力下得到了快速发展,已成为台州市重点优势制造业之一。一直以来,台州制造的优势在成本,但目前这种优势随着劳动力成本的上升而变得微乎其微了。而且随着近年来发达国家对中国的贸易壁垒越来越多,国外经济下行压力不断加大,以及全球兼并重组盛行,台州市汽车零配件制造业生产经营形势不容乐观,转型升级迫在眉睫。

　　为深入了解台州市汽车零配件制造业发展现状以及转型升级情况,本课题组设计了问卷调查表,在台州市范围内开展台州汽车零配件制造业转型升级问卷调查。问卷调查内容包括企业经营状况,影响企业转型升级的内外部因素,企业转型升级的目的和途径,以及企业对地方政府促进转型升级政策的评价等。调查样本企业按照随机抽样原则,抽取了 62 家规模以上工业企业和

77 家规模以下工业企业。调查方式以上门调查以及电话调查相结合。剔除 6 份废卷,最后回收 133 份有效问卷用于分析。

二、台州汽车零配件制造业发展状况

根据台州市第三次经济普查规范单位基础信息调查显示:截至 2013 年 12 月底,台州市共有汽车零配件工业企业 2967 家,汽车零配件个体工业单位 1330 家,共有 4297 家,比第二次经济普查的家数增长 32.5%。

(一)产业规模不断壮大,产值比重逐步提高

台州汽车零配件制造业生产起步较早,经过近 30 年的发展,取得较大进步,产业规模不断壮大。台州市年主营业务收入在 2000 万元及以上[①]的汽车零配件制造企业从 2000 年的 13 家发展到 2012 年的 274 家,年均增长 28.9%;工业总产值从 2000 年的 6.7 亿元增加到 2012 年 234.89 亿元,年均增长 34.5%;从业人员从 2000 年的 4595 人增加到 2012 年 57983 人,年均增长 23.5%。台州市年主营业务在 2000 万元及以上的汽车零配件制造企业工业产值占台州市工业总产值比重从 2000 年 1.8%提高到 2012 年的 6.7%。

(二)产品种类较齐全,国内市场知名度较高

汽车的零部件又可以分为发动机配件、传动系配件、制动系配件、转向系配件、行走系配件、电器仪表系配件、维修设备、车身及附件、电动工具、综合配件、安全防盗、汽车改装等十余类配件,具体再细分下去则可多达 3000 余种。课题组在浙江台州玉环汽摩配行业协会调研时了解到,目前仅台州玉环生产的汽车零配件产品涵盖了汽车零配件各个品种,全国市场占有率为 10%左右。台州的汽车零配件产业已经基本形成门类齐全的产品格局。生产的汽车冷却器、刹车管、齿轮、轴承、减震器、方向盘等产品在国内外市场均有较好的知名度和影响力;汽车用皮带轮、橡胶密封件、紧固件、高强度螺栓、摩擦片、离合器、传动轴、气门推杆、微型车凸架总成、汽车水泵、刹车泵、空调压缩机等也形成了一定的规模,在国内汽车零配件市场占有一定地位。发动机、变速器、制动器、方向助力器等汽车关键零配件已经批量生产,发展较快,配套范围不断扩大。如浙江银轮机械股份有限公司主导产品是冷却器和中冷器,目前国内市场占有率分别达到 45%和 35%,是国内知名汽车制造公司和国外汽车制造公司的战略合作伙伴;台州法雷奥温岭汽车零配件有限公司是中国知名的雨

---

① 2011 年执行新的工业企业限额的划分标准(年主营业务收入在 2000 万元及以上的工业企业为规模以上工业企业),为了同口径对比,文章此段落涉及的工业企业都是指年主营业务收入在 2000 万元及以上的工业企业。

刮器生产厂家,生产的雨刮器销往欧美及世界各地;浙江骆氏减震件股份有限公司生产的减震器出口欧美、中东等地,为大众、宝马、奥迪、本田等世界知名品牌汽车公司进行配套生产。其他知名企业情况见表1①。

表1 台州市主要汽车零配件生产企业一览表

产品名称	代表企业	主要配套厂家
摇臂等动力系统	浙江和日摇臂有限公司	德国及国内
	浙江汇丰汽配制造有限公司	
变速器	中马集团有限公司	国内各大汽车生产厂家
	台州吉利豪达汽车电器有限公司	
制动器	浙江福林国润汽车零配件有限公司	国内各大汽车生产厂家
	浙江泰鸿机电有限公司	
冷却器、中冷器等冷却系统	浙江银轮机械股份有限公司	康明斯、珀金斯及国内一汽、二汽、玉柴、五十铃等
	浙江银帆机械有限公司	
减震器	浙江申林汽车部件有限公司	美国通用、马来西亚及国内
	浙江骆氏减震件股份有限公司	
	浙江正裕工业股份有限公司	
	浙江中兴减震器制造有限公司	
刮雨器	台州法雷奥温岭汽车零配件有限公司	各大汽车生产厂家
方向盘等转型系统	浙江利中实业有限公司	意大利、一汽、上海通用、吉利、南京长安
	台州宏利汽车零配件有限公司	
	台州永安转向器有限公司	
汽车管路	浙江铁马科技股份有限公司	一汽、二汽、厦汽等
汽车齿轮、轴承	浙江佳豪精密锻造有限公司	国内外知名汽车工业生产厂家
	浙江双环传动机械股份有限公司	
汽车座椅	浙江江森鹤达汽车座椅有限公司	客车、工程车等司机座椅
	浙江俱进汽摩配件有限公司	

① 本表资料通过整理《2011—2012台州工业发展报告》和各企业网站信息得到。

（三）产业聚集度较高，块状产业布局明显

与台州汽车优势制造业一样，台州汽车零配件产业的块状经济产业布局明显，产业聚集程度较高。表2①是2013年台州汽车零配件制造单位分布情况。从表2可以看出，台州市汽车零部件生产单位主要集中在台州玉环县。玉环县汽车零配件制造企业家数占台州市总家数68.7%，个体单位家数占台州市总家数73.3%。玉环汽车零配件生产企业主要集聚在省级汽摩配专业产业园区内，该行业形成较完整的配套协作体系，从原料配送、铸（锻）造冷墩、精加工、热处理、电镀、装配、包装、产品运输等各个环节衔接完整，专业化程度较高。

表2　2013年台州汽车零配件制造单位分布情况

单位：家

地　区	企　业	个　体	单位数
玉环县	2038	975	3013
温岭市	305	247	552
路桥区	209	69	278
临海市	115	4	119
三门县	96	1	97
椒江区	81	11	92
黄岩区	57	21	78
天台县	42	0	42
仙居县	24	2	26
合计	2967	1330	4297

（四）相关制造业基础好，互相带动作用大

台州汽车零配件产业迅速发展，一个重要条件是台州的通用设备制造业、橡胶和塑料制品业、模具制造业、电气机械和器材制造业、金属制品业等相关制造产业实力较强，配套能力较好。如通用设备制造业中汽车水泵和齿轮是汽车零配件制造业的上游产品，通用设备制造业是台州市第一产业，水泵和齿轮制造业发展较好，台州的温岭和玉环聚集较多水泵和齿轮生产企业，为市内

---

① 根据台州市第三次经济普查规范单位基础信息调查资料整理得到。

汽车零配件企业提供配套产品。再如大部分汽车零配件由模具成型制造,台州拥有庞大的模具产业和密集的生产企业,这就为汽车零配件制造业提供坚强的后盾,反过来汽车零配件产业持续健康发展也会显著带动为其提供装备的模具行业的高速发展。台州几个重要行业大部分零配件都能够就近实现配套,互相带动作用较大,上下游产品市场联系紧密,构建了完整的产业链条。

三、台州汽车零配件制造业转型升级存在的问题及原因分析

改革开放以来,台州汽车零配件制造业虽然有了较快发展,但与国内外的汽车零配件制造企业相比仍有很大的差距。台州汽车零配件制造业受到规模、技术、创新、生产要素等方面制约,转型升级迫在眉睫。

（一）汽车零配件产业升级存在的问题

1. 生产经营能力减弱,出口回落明显。近几年,受国内外市场疲软,市场竞争愈来愈烈,用工成本不断上升等因素影响,台州市汽车零配件制造业呈现低迷态势。据台州市汽车零配件制造业转型升级问卷调查(以下称:问卷调查)结果显示,2012年国内订货量有所下降的企业家数和国外订货量有所下降的企业家数分别占受调查企业家数的比例为63.2％和76.4％。2012年台州市规模以上汽车零配件制造企业实现工业总产值(当年价格)234.89亿元,实现工业增加值51.55亿元,比上年下降2.6％；全年实现销售产值222.39亿元,较上年下降3.3％,其中完成出口交货值52.73亿元,比上年下降4.3％。实现利润总额10.02亿元,比上年下降23.1％。

图1[①]是入世后至今台州市汽车零配件出口增幅情况。从图中可以看出,入世后台州汽车零配件出口大幅增加,2002—2008年增幅均超过30.0％以上,2004年增幅最大,达到209.8％。2008年金融危机爆发后,大部分行业产品出口下降,台州市汽车零配件产品也不例外,2009年台州市汽车零配件出口比上年下降11.5％。2010年随着国外经济有所复苏,台州市汽车零配件出口呈现增长态势,但是由于全球经济下行压力加大,2011年以后出口增幅回落明显,2012年台州市汽车零配件出口增幅仅为2.7％,较上年下降28.8个百分点。

2. 民营企业为主体,企业规模偏小。台州汽车零配件制造企业基本是民企为主体,是依靠民营资本滚雪球式积累发展,因此大部分企业在开始发展阶段难以形成较大规模,企业规模普遍偏小。表3[②]是2012年浙江省规模以上

---

① 数据来源于台州海关。

② 本文只选取浙江省汽车零配件企业家数前六名的地市进行分析,数据来源于浙江省统计局工业统计处。

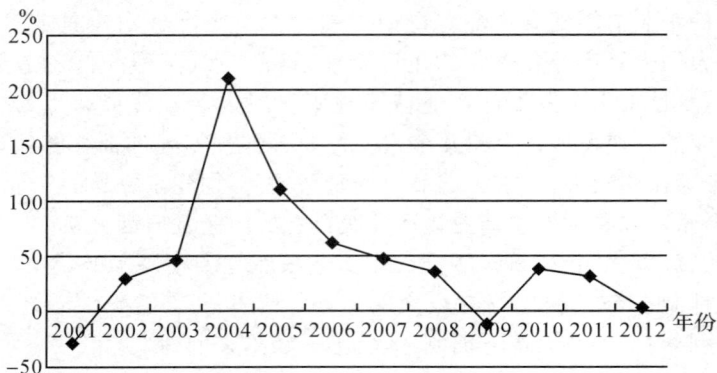

图 1   2001—2012 年台州市汽车零配件出口增幅情况

汽车零配件生产企业主要分布情况、实现工业总产值情况以及规模状况。由此表可知 2012 年台州规模以上汽车零配件制造企业家数占浙江省的 19.8%，而实现的工业总产值只占浙江省的 9.6%。平均每家企业实现工业总产值 0.86 亿元，而浙江省平均每家企业实现工业总产值 1.77 亿元，最高的是杭州市平均每家企业实现工业总产值 6.98 亿元。台州规模以上汽车零配件制造企业户均产值为浙江省平均水平的 48.5%，仅为杭州市户均产值的 12.3%。可见，台州市汽车零配件制造企业规模与浙江省其地市差距较大。

表 3   浙江省汽车零配件制造企业分布及规模情况

地区	单位数（家）	工业总产值（亿元）	户均产值（亿元）
杭州	155	1082.05	6.98
绍兴	81	191.89	2.37
金华	59	108.27	1.84
宁波	394	508.73	1.29
台州	274	234.89	0.86
温州	221	129.65	0.59
浙江省	1381	2441.73	1.77

3.创新不足，处在价值链低端。汽车制造业在国外已经有一百多年的发展历史，配套的汽车零部件制造业在这一百多年的发展中基本已经形成了稳定的格局，全球技术领先的汽车零部件企业主要集中在欧洲、美国和东

亚的日本、韩国等国家地区。表 4① 为世界主要零部件生产国家的代表性企业。

表 4　世界主要汽车零部件生产企业

国　家	龙头企业	特　点
日　本	株式会社电装	成立于 1949 年,是世界顶级汽车技术、系统以及零部件的全球性供应商。
	爱信精机	成立于 1949 年,是丰田汽车零部件的主要供应商,其汽车零部件制造技术闻名于世。
德　国	博世	成立于 1886 年,是全球第一大汽车技术供应商,是宝马、奔驰、奥迪、保时捷和法拉利等世界名车的零件供应商。
	大陆集团	成立于 1871 年,在降低油耗方面有较强优势,实现技术包括高效燃油喷射系统、低滚动阻力轮胎和混合动力系统等。
美　国	江森控制	成立于 1885 年,是世界最大的汽车部件和座椅的独立供应商,在汽车配件方面居世界领先地位。
	德尔福	成立于 1890 年,全球领先的乘用车、商用车及其他细分市场的电子与技术供应商,所生产的产品几乎涵盖现代汽车零部件工业的主要领域。

　　发展中国家的产业集群嵌入全球商品链主要有低端道路和高端道路两种途径。低端道路倾向于"贫困化增长",以"向下竞争"为主,而高端道路以"追赶竞争"为主。通过表 1 和表 4 对比发现,日本、美国、德国等地区的汽车零部件龙头企业所提供的产品多数为高档汽车的零部件、汽车核心的操作系统、驱动系统等零部件,在追求市场占有率的同时也关注产品的技术升级。其提供的产品具有附加值高、技术含量高、进入门槛高、同质性低等优势,属于价值链的高端位置。而台州汽车零部件制造企业虽然拥有部分名优产品,但还是缺乏国际知名品牌,在国际市场缺乏议价能力。台州汽车零配件企业所出口的产品变速器、制动器、冷却器等零部件重在生产制造,而不重在技术创造,具有同质性高、附加值低、技术含量低、进入门槛低等劣势,属于价值链的低端地位。2012 年台州有技术研究开发费用的规模以上汽车零配件制造企业有 86 家,仅占台州市规模以上汽车零配件制造企业的 31.4%。86 家企业共投入技

---

　　①　本表资料通过百度百科各企业介绍得到。

术研究开发费用 3.42 亿元,占规模以上汽车零配件制造企业工业总产值的 2.5%。研究开发投入不足,创新力不强,产品附加值低已严重影响台州汽车零配件制造企业转型升级。据问卷调查结果显示:被调查企业中认为企业技术储备不足、研发投入不足、产品附加值低制约了企业转型升级的认同率分别为 40.7%、40.6% 和 42.9%。

这样的发展模式,使得台州市汽车零配件产业呈现"有规模扩大、无收益增长"的状况。2012 年台州市规模以上汽车零配件制造企业实现营业利润 9.50 亿元,比上年下降 13.9%,每百元营业收入实现营业利润 4.46 元,比上年减少 0.45 元,总体上处于微利经营状态。据问卷调查结果显示,只有 24.8% 的企业认为 2012 年企业盈利能力明显增强。

4.生产要素不足,转型升级面临挑战。企业发展需要各种不同生产要素的合理搭配,既要技术、人才,也需要资金和土地等基本要素支持。

首先资金是第一要素,企业发展或者转型升级都需要足够的资金作为支撑。企业资金的来源主要还是依靠贷款和自筹来实现,但并不是所有需要资金的企业都能够获得所需的资金。台州汽车零配件企业是以民营企业为主,中小型企业占大部分,除少数几个已上市的企业外,大部分汽车零配件企业还不具备从资本市场上获取资金的能力,资金不足成为制约台州汽车零配件制造业发展以及转型升级的一个重要瓶颈。据问卷调查结果显示,受调查的企业中银行贷款完全能满足融资总需求的比例仅为 2.3%,有 70.8% 的企业连一半的融资总需求都得不到满足。

其次是专业人才严重短缺,人才素质跟不上产业发展需求。早期汽车零配件制造业的发展,对于专业技术的要求相对不高,随着产业的发展和全球化步伐的加快,产业对人力资源的条件有了更高的要求。无论是技术研发人才、企业管理人才,或者是高素质的产业工人都非常的紧缺,在很大程度上制约了企业转型升级。据问卷调查结果显示,认为人才匮乏制约着企业转型升级的认同率高达 63.2%,认为员工队伍不稳定影响了企业转型升级的认同率为 39.8%。值得注意的是,台州市目前还没有具有较强实力和较高研发水平的汽车及汽车零配件专业科研院所,难以专门培养汽车零配件设计、制造及技术管理人才。高素质的产业工人培养体系依然不够完善,导致了台州汽车零配件制造业缺乏人才的支持。虽然近些年政府和企业已关注这个问题,对于专业技术人员、经营管理人才的引进与培养力度也有所加大,但问题依然存在。

再者是土地资源,台州市地处丘陵地带,人口密集,土地资源相当匮乏。目前,台州企业用地成本较高,企业发展空间受限。据走访企业反映,台州有些县市区的部分出租土地出现亩均价格超过 100 万元(租期为 50 年),这样的价格已经远远超过国内其他大城市郊区的工业用地价格。据问卷调查结果显示,认为获取土地较难影响企业转型升级的认同率高达 53.4%。在宏观调控的"倒逼"下,空间不足已是企业发展的最大障碍,导致企业用地成本大幅上升。

(二)汽车零配件制造业位于全球价值链低端原因分析

1. 先天不足。国外许多优秀的汽配企业都是从大型的整车生产企业脱离出来的嫡系企业,例如日本的电装和爱信两家企业都是丰田的嫡系企业,这些企业在成立初期已经掌握了汽车零部件生产的核心技术,在起步阶段就拥有了雄厚的资金优势。台州的汽配企业是以民营企业为主,以前店后厂的生产模式为基础,围绕路桥的汽配件商城,以简单的零部件加工生产为核心发展起步。与国外企业相比较,存在技术落后、资金不足、研发能力薄弱等先天不足。

2. 发育缓慢。在全世界排名靠前的汽车零部件生产企业中,有一半创立于 19 世纪末,创立时间最短的日本电装也已经有六十多年的历史。而台州汽车零配件企业发展最长的只有三十年。按照企业发展规律,在企业建立的初期阶段,企业一般以模仿创新逐步学习掌握必要的技术、经验和人才,进一步进入自主创新的阶段。拥有全世界顶级汽车零部件企业的日本,在 20 世纪 80 年代的日本汽配企业还处于技术追赶的位置。据问卷调查显示,被调查的 133 家台州企业中只有 13 家企业为国家级或省级高新技术企业,占比不到全部企业的 10%。从发展阶段来看,台州的汽车零部件制造业还处于早期的模仿创新阶段,进入自主创新阶段的条件还不够完善成熟。

3. 后天环境不好。台州汽车零部件产品主要面对的对象是国内的汽车制造厂商,迈出国门实现出口贸易的历史也比较短。国内的汽车制造厂商以生产低端的经济车型为主,采用与国外汽车企业合作方式,其核心配件与系统一般都从国外引进。所以国内汽车制造厂商的订单一般以基础配件为主。日系和韩系的汽车厂商都有其御用的零部件企业,其商品链几乎不对中国的零部件企业开发,德系和意系的汽车厂商因为其较高的技术要求和品质要求,台州汽车零部件产品难以进入其采购名单,渗入高端的商品链。国内商品链的低端化以及国际商品链的封闭性使得台州汽车零部件企业失去了与优秀整车企业同步发展的机会。

四、台州汽车零部件制造业的升级路径

经济发展中的一个普遍问题是,原先的比较优势淡出后,新的比较优势还未形成,成为一个"空档"期,导致经济发展的瓶颈。一直以来,低廉的劳动力和原材料成本是中国产品成功融入国际产业链的一个重大优势,台州汽车零部件制造业也不例外。根据调查显示,在影响企业转型升级的内部因素中认同度最高的就是成本上升问题,其中劳动力成本上升的认同率高达84.2%,原材料成本上升认同率高达65.4%。在成本优势逐渐隐退后,台州汽车零部件企业急需完成转型升级,以获得新的比较优势。

(一)工艺和产品升级条件成熟,企业应适当转移低端产品

据问卷调查显示:生产企业认同自身存在生产设备陈旧的比例只占全部受访企业的22.6%,是所有影响企业转型升级的内部因素中认同率最低的,表明台州汽车零部件企业的技改投入已初见效果。选择生产工艺升级和产品升级来实现转型的认同率分别高达76.7%和80.5%。综合可见,台州汽车零部件制造业企业目前转型升级的普遍方式还是通过购买生产设备,以实现生产工艺和产品的升级。工艺升级和产品升级条件已经较为成熟。

工艺升级和产品升级是产业链升级中难度最低的两个阶段,通过一定的资金投入和技术学习就可以实现。在实现工艺升级和产品升级之后,优秀企业应该利用企业间的发展不平衡,转移部分低端产品的生产制造。此举一方面,可以为实现新的产业升级腾出物资、技术的空间,强化对价值创造能力更强的下游阶段的控制;另一方面,也可以通过外包生产带动落后企业的成长,促进产业环境的优化。认同自身存在生产设备陈旧的企业则应通过承接外包,完成对企业设备的更新升级,并通过合作学习优秀企业的生产技术。

(二)培育和引进新人才,实现功能升级

功能升级是指企业沿着微笑曲线向产业链中具有更高附加值的环节升级,注重的是功能的跳跃升级,需要更高级的人力资本投入。根据调查问卷显示:在影响企业转型升级的内部因素中,对人才匮乏的认同率达74.3%,是除成本问题外,影响企业转型升级的第二大类因素,对企业附加值低选项的认同率也达到42.9%。而对于产业链升级是转型升级的途径的认同率为61.7%。

在完整的汽车产业链中,具有高附加值的有汽车系统设计、汽车技术研发和品牌汽车服务等环节。现今国际市场上比较有影响力的汽车零部件生产企业的利润主要来自其提供的汽车技术支持和汽车安全系统、行车系统等高附加值产品。这些高附加值产品不仅提高了企业的议价能力,还能提高整车价格。如博世研发的预测性紧急制动系统,因能够有效降低汽车的追尾风险、缓解事故后果而被奥迪和大众选中,并成为奥迪A5的卖点之一。

实现功能升级,最先要解决的问题是人才匮乏。台州汽车零部件企业应该通过解决人才匮乏的问题,来实现产品附加值的提高。在人才问题上,台州

企业不仅要依托市政府的优秀人才引进计划,还要注重自身的人才培养。作为二级城市,台州在人才问题上一直存在"难引进、难留住"的尴尬局面,企业可以通过对现有人才的继续教育和培训,来完成对人力资源匮乏的应对。

(三)通过兼并收购,创造跨产业升级条件

根据调查问卷显示:对于产业转型升级的目的是寻求新的产业的认同度为 61.7%,而对于产业转移是企业转型升级的途径选项的认同度只有 28.6%,是所有升级途径中认同度最低的选项。台州汽车零部件企业就跨产业转型升级的意愿和实际选择之间存在严重的不匹配性。

在国际市场疲软、国内行业竞争加剧的环境下,国内汽配行业已经成为一片"红海",台州汽配企业已经意识到过度的市场集中性,难以抵抗系统性风险,企业寻求新产业、探索新"蓝海"、实现跨产业升级的意愿较高。但企业进入新的产业会面临信息不对称、生产技术缺乏、商品链不连续等风险,因此大部分台州汽配企业未将产业转移列入产业升级途径选择,造成了意愿和选择的不匹配性。台州汽配企业可以通过海外收购相关企业,先获得原公司的技术和市场,并逐步渗入其全球价值链,以实现跨产业升级。国际上也有不少成功的先例,如美国的江森公司在成立初期是做电子温控系统的,虽然也有提供防扎轮胎等基础汽车配件,但真正实现飞跃是在 1978 年收购一家汽车电池制造商后。

五、加快促进台州汽车零配件产业升级的政策建议

繁荣的民营经济给台州汽车零配件制造产业的发展带来了巨大的活力,但是在企业的进一步发展过程中越来越受到土地资源短缺、融资难、税费负担加重、市场秩序混乱等因素制约。这些问题如不能很好解决,将会影响到该产业的进一步健康发展。根据问卷调查结果显示:企业希望地方政府进一步在扩大税收优惠、提供融资服务、减轻企业负担和提供人才服务上给予帮助的认同率都超过了 40%。所以政府应该在以上这些方面有所作为,加快推进台州市汽车零配件企业转型升级。

(一)完善金融体系

政府要抓住台州作为浙江省小微企业金融服务改革创新试验区(以下简称试验区)和争创国家级民间投资改革创新示范区的机遇,完善小微企业金融服务体系,创新小微企业金融服务模式,健全小微企业融资保障机制,深化金融对小微企业的服务,建立多渠道的产业融资体系为台州市汽车零配件企业经济转型升级提供金融支撑。鼓励、扶持有条件的大中型汽车配件企业发行企业债券或股份到一级市场上募集资金。以财政贴息的形式帮助具有发展潜力的中小汽车配件企业获取银行的信用贷款。积极为增长型企业牵线搭桥，引入风险投资基金。优化财税政策，在土地购买、设备引进、出口退税等方面予以汽车配件企业更多的优惠政策。

（二）推动园区建设

针对目前台州汽车零配件企业规模偏小、用地紧张的现状，应构建更为专业的汽配产业园区作为集群载体，增加土地供应量，进一步提高台州汽车零配件产业集中度，扩大产业集群的溢出效益，增强台州汽车零配件产业在全球生产网络中区域品牌吸引力和市场竞争力。通过推动产业园区建设，增强企业间的协同能力，降低创新风险，提高企业工艺创新能力。在推动园区建设过程中，政府还应在协调"整零"关系中发挥纽带作用。目前台州已有 5 家民营汽车整车企业，但在品牌、技术创新方面还比较弱。因此，政府除了鼓励当地整车企业与零配件企业在技术等方面进行紧密合作外，还要加大招商引资力度，引进一部分知名的整车企业，构建整车企业和零配件企业之间的战略合作关系。通过整车企业来带动台州汽车零配件企业的技术升级。

（三）支持技术创新

除汽车零配件制造企业自身需要加大技术创新投入外，政府还应加大对企业技术创新的支持。一是加快企业技术中心建设。支持大企业、行业龙头企业建立自己的技术中心，采取引进来、走出去的战略，吸引跨国汽车公司、大企业集团以及国内汽车相关科研院所来台州设立研发中心。同时支持市内企业到汽车科研相对发达的城市设立技术中心。鼓励企业与高等院校、科研院所建立开放、稳定的研发合作关系。建立面向中小汽车零配件企业的技术服务中心。开发、推广应用面广及具有行业共性、关键性的技术，为中小企业发展提供技术支撑，解决中小企业创新能力不足问题。二是加大对企业技术创新的激励力度。地方政府可以建立汽车产业发展专项资金，重点支持汽车整车和汽车零配件制造企业技术进步项目。技术进步项目包括技术创新项目、高新技术产业化项目、技术改造与升级项目、火炬、星火计划项目等，由于这些项目均涉及技术的公关与应用，具有溢出效应，因此政府应给予一定的资助。尤其是面向整个产业的行业共性技术，政府应加大对开发与研究的资助力度。三是完善技术信息体系。及时向社会发布技术政策、科技成果、公开招标、新产品介绍和技术供求信息。政府相关部门和行业协会要积极引导和大力支持国际先进信息化技术手段在企业的推广应用，以提升企业的设计、研发和创新能力。

（四）保障人才需求

人才是推动汽车零配件产业发展的助动器。国外成功经验告诉我们,丰富的人力资源与产业相配套的培训,都能推动汽车零配件产业的快速发展。一是建立人才培训基地,保证高级技术工人的需求。政府应推动汽车零配件企业与当地高中等职业技术学校开展校企合作,如台州电大、台州职业技术学院等,招入定向就业的学生,保证企业可以获得充足的高素质技术工人。二是完善人才激励机制,帮助引进高层次人才。进一步加大高层次人次引进的奖励力度,健全人才引进的配套制度,如住房、子女的入学和配偶的就业,等等,做到职业留人,环境留人,感情留人。通过在异地举行高层次人才招聘会等形式,积极帮助企业引进国内外高级管理和技术研发等方面的人才,实现先进理念、知识和经验的间接引入,为企业的技术创新提供智力支持。三是加强与有关方面合作,强化企业已有人才的培养。政府要为企业及时提供相关培训信息,定期或不定期地组织开展企业高层次人才培训活动。鼓励企业将高级人才送出去培训,并给予一定的经费补助。此外,在条件成熟的时候,政府可以考虑组织本地整车企业、零配件企业、高等院校和研究院所等多方共同合作组建汽车技术专门培训学校,实现产学研无缝对接。

台州市制造业转型升级研究

推进产业转型升级，谋求经济稳定发展，是当前各级党委政府和企业应对全球金融危机、确保经济增长的现实问题。2012 年，台州制造业增加值占 GDP 比重达 40.2％，因此制造业的转型升级是产业转型升级的重中之重。为了解台州市制造业转型升级的现状以及面临的困难和问题，为地方政府决策提供参考，台州市统计局、台州市统计学会和台州学院经贸管理学院联合在台州市范围内开展了制造业转型升级问卷调查，同时组织人员到部分企业进行实地走访调研，综合分析各方面情况，我们认为近几年台州制造业企业在技改投入、产品质量、资源利用效率、品牌建设等方面的转型升级取得一定成效，但制造业企业转型升级还面临企业研发能力和核心竞争力不强、人才和资金紧缺、产品附加值低、管理机制转型滞后等困难和问题。面对机遇与挑战，我们认为，加快推进台州制造业企业转型升级，政府、企业两者必须形成合力。政府层面要以建立服务型政府为目标，加快相关职能转变，切实为制造业企业发展服好务、护好航；企业自身要进一步推进机制转型，实施品牌战略，增强自主创新能力，提高产品科技含量，提升企业产品质量。

为了解台州市制造业转型升级的现状以及面临的困难和问题，为地方政府决策提供参考，台州市统计局、台州市统计学会和台州学院经贸管理学院联合在台州市范围内开展了制造业转型升级问卷调查。调查内容包括企业基本信息，经营状况，影响企业转型升级的内外部因素，企业转型升级的目的和途经，以及企业对地方政府促进转型升级政策的评价等，调查内容采用多项选择的形式。调查样本是在 2012 年台州市 3046 家年主营业务收入 2000 万元及以上制造业企业中，按照随机抽样的原则抽取的，共选取 987 家企业进行调查，调查样本占全部规模以上制造业单位数的 32.4％。调查方式以上门调查和网上调查相结合的方式开展，其中上门调查 217 家，网上调查 770 家。从行业分布看，调查单位比较集中的行业有电气机械及器材制造业、塑料制品业、金属制品业、交通运输设备制造业、医药化工、通用设备制造业、工艺品以及专用设备制造业等主要行业，这些行业的样本量达 576 家，占全部调查样本单位数的 58.4％，与台州产业分布基本一致，因此，调查问卷中反映的情况和问题对台州制造业具有较强代表性。

一、台州制造业转型升级的现状

（一）企业家对企业转型升级的意愿比较强烈

随着近年来国内外经济环境发生的深刻变化，劳动力、原材料、土地成本的上升、人民币升值、融资难等因素影响加大，台州市制造业企业普遍采取的依靠低成本竞争、低附加值加工出口的生产经营模式，受到越来越严峻的挑战，这种形势倒逼着台州市的制造业企业进行转型升级。据台州市制造业转型升级问卷调查（以下称：问卷调查）结果显示：57.2％的企业家具有转型升级的意愿，企业家对企业转型升级的意愿较强。从具体的目的来看，认为"企业转型升级是迫于竞争压力"的认同率为 62.5％，认为"企业转型升级是为了缓解成本压力"的认同率为 60.8％，认为"企业转型升级是为了破解微利困局"的认同率为 51.9％。

（二）企业转型升级的内容以改进装备、工艺为主

目前台州制造业转型升级的方式主要是通过增加投入，购买更新生产设备，引进节能环保技术、在原有产品基础上进行部分创新改进。据问卷调查结果显示：企业转型升级通过产品升级、技术升级和工艺升级的认同率分别为76.4％、76.1％和 71.4％；通过拓展新市场的认同率为 72.4％；通过产业链升级、供应链转型和管理转型的认同率分别为 54.2％、40.6％和 55％；而通过产业转移的认同率仅为 28.6％。

（三）制造业企业转型升级取得了一定的成效

受整个经济环境大气候的影响，近几年来台州市上下都比较重视转型升级，随着转型升级的展开，企业也取得了一定的成效。一是技术改造投入增加，装备水平改进。据问卷调查结果显示：有 45.7％的企业认为"科技创新能力明显增强"，大多数企业的装备水平有所提高，仅有 20.3％的企业反映生产设备陈旧。二是产品质量不断提高。2012 年，台州市规模以上工业企业产品质量指数为 99.09％，比 2009 年提高 2.5 个百分点。三是能源利用效率不断提高。2012 年，台州市规模以上工业能源消费量为 388.6 万吨标准煤，比上年下降 3.7％，能源消费量增幅低于规模以上工业增加值增幅 10 个百分点，万元工业增加值能耗比上年下降 9.4％。四是品牌建设不断推进。2012 年末，台州市被国家工商总局认定的驰名商标达到 40 件，拥有中国名牌产品 19 个，浙江名牌产品 241 个。

二、台州制造业转型升级中存在的主要困难和问题

(一)部分企业家对转型升级的重要性认识不足

企业转型升级都会面临困难和风险。台州市制造业企业负责人,很大一部分是农民企业家,受年龄、知识层次以及生活经验等条件的局限,有胆识、敢冒险,但有的企业家眼光不够长远,比较注重近期利益等。据问卷调查结果显示:仍有 42.8% 的企业家没有转型升级的意愿。表明这部分企业对转型升级重要性的认识不足。从企业转型升级的目的看,台州市制造业企业进行或准备进行转型升级的初衷大多还停留在应对原材料、劳动力成本上升、用工紧张、汇率上升等导致企业利润下降的眼前困难,很少是站在企业长远发展的角度,通过详细的市场调研、论证以及自身的研发能力,主动规划企业未来生存之路。从企业转型升级的途径选择看,企业转型升级大多集中在改进企业装备工艺等代价相对较低的途径上,很少有通过自主创新、开发全新产品、进入高层次产业以及品牌战略等形式的转型升级。这些在很大程度上影响企业转型升级的进程和效果。

(二)研发能力不强,产品核心竞争力偏弱

研发能力、产品核心竞争力是企业立业之本。提高企业的核心竞争力是企业转型升级的核心内容。长期以来,台州制造业企业凭借改革开放先机,较低的生产要素和环境污染成本,依托专业市场,赢得比较优势。随着市场经济的发展,生产要素约束不断加剧,由于多数台州制造业企业产品技术含量不高,核心竞争力不强,品牌意识较弱,比较优势不明显,企业利润空间不断缩小。2012 年,台州制造业企业每百元营业收入实现利润总额为 5.12 元,每百元资产总计实现利润总额为 4.78 元,总体上处于微利经营状态。2012 年,台州市规模以上工业企业有 R&D 投入的工业企业有 910 家,占全部规上工业企业的 26.9%,七成多的企业没有开展自主创新活动。大中型工业企业有 R&D 活动的企业占比也只有 43.6%,开展自主创新的企业占比太低。从 R&D 占 GDP 比重来看,2012 年台州市比重仅为 1.4%,低于浙江省平均水平 0.5 个百分点,创新投入不足严重影响着制造业转型升级。据问卷调查结果显示:台州市 987 家被调查企业当中,认为企业技术储备不足、研发投入不足、产品附加值低制约了企业转型升级的认同率分别为 32.7%、31.4% 和 35.4%。

(三)企业转型升级所需资金紧张

资金是企业转型升级必须具备的重要条件之一。台州市制造业企业以中小企业为主,中小企业转型升级一般采取引进和消化新技术、添置先进生产线、增加研发投入等策略,提高生产过程的环保水平和资源利用水平,提高产

品技术含量和竞争能力等。企业必须投入一定量的资金,仅靠企业自身筹集资金往往难以解决,而中小企业从国家金融机构贷款又十分困难。因此,资金紧张问题在很大程度上制约企业转型升级。据问卷调查结果显示:认为资金不足影响了企业转型升级的认同率为 36.8%,认为受到银行信贷紧缩影响了企业转型升级的认同率为 33.5%,认为受到融资渠道不畅影响了企业转型升级的认同率为 28.3%。银行贷款能完全满足企业融资总需求的比例只有 7.6%,有 59% 的企业连一半的融资总需求都得不到满足,而已有银行贷款占融资总需求的比例在 20% 以下的企业高达 32.5%。

（四）企业转型升级所需人才紧缺

企业实施技术改造、提高研发能力需要技术人才。企业体制与机制创新、提高资产重组力度、加强企业间合作等都需要高素质管理人才。由于台州市的地域优势不明显,长期以来,台州市制造业企业招工难问题一直比较突出,而企业的技术骨干人员和管理人才更为紧缺。2012 年,台州市城镇单位（含规上私营）从业人员中,高级和中级专业技术人员占比仅为 5%。台州市规模以上工业企业中从事科技活动的人员占全部从业人员的比重仅为 6.3%。企业提高管理水平、顺应市场需要,需要各种人才来驾驭,转型升级是企业发展的内在要求,对人才将更加渴求。据问卷调查结果显示:认为人才匮乏制约着企业转型升级的认同率为 47%,认为员工队伍不稳定影响了企业转型升级的认同率为 34.6%。

（五）企业管理机制转型滞后

台州市制造业企业绝大多数是民营企业,尽管工商注册登记为有限责任公司或股份有限公司,但在管理模式上仍是家族式管理,机制上存在缺陷。特别是企业达到一定规模后,家族式管理将严重影响企业的生存与发展。主要表现为:一是缺乏科学的现代企业管理制度,企业经营决策容易出现非理性,决策失误的概率增加。二是缺乏有效的管理机制。一些企业的管理不是靠健全的制度、机制和客观事实,而是凭经营者的经验和常识,或建立的制度不完整、不细致、不严密,不注重制度的实施和管理,使得制度无法起到应有的作用。三是缺乏科学的用人机制。企业的很多重要部门,如营销、财务经理都是由自家人担任,任人唯亲,难以发挥外来人才的作用。据问卷调查结果显示:认为企业管理方式粗放制约了企业的转型升级的认同率为 31.7%。

（六）商务成本偏高,区域经济发展环境趋紧

经济市场化程度的日益提高,必然使资本在地区之间的流动更趋频繁,而商务成本的高低已成为影响资本流动的重要因素。商务成本包括两方面的内

容,一是硬性成本,主要指生产要素投入成本,包括土地成本、劳动力成本、水电煤气价格以及当地生活费用等;二是软性成本,主要指为获得生产要素和组织生产的成本,主要受政府服务效率、政府政策(如税率政策)和区位条件等因素的影响,包括税负、行政性收费、政府的效率、市场的规范程度、人才的使用情况、产业的配套能力、社会的治安状况、地区的文化氛围等。随着经济的发展,产业结构的优化以及增长方式的改变,以土地成本、劳动力成本为代表的硬性成本趋于不断上升,软性成本则能够伴随着市场经济的不断深化和法律、制度的日趋健全完善得到下降。调查显示,台州市的商务成本总体偏高,一方面硬性成本居高不下,另一方面税负、市场规范能力,人才使用情况等软性成本也比较高。据问卷调查结果显示:共有 38.1% 的企业反映台州市商务成本偏高,认为获取土地较难制约企业转型升级的认同率为 40.7%,认为劳动力成本上升制约企业转型升级的认同率为 73.7%,认为原材料成本上升制约企业转型升级的认同率为 63.6%,认为税费负担过重制约企业转型升级的认同率为 56.9%,认为竞争环境恶劣制约企业转型升级的认同率为 54.2%,认为人才匮乏制约企业转型升级的认同率为 47%。与此同时,周边地区则开出了低成本出让土地、免费使用标准厂房、贷款融资优惠、税收减免、保证电力供应等优惠措施吸引企业和劳动力,使得台州市的区域经济发展环境更加趋紧。

(七)政府促转型升级的政策知晓率有待提高

近几年来,台州市委市政府高度重视转型升级工作,出台了一系列鼓励企业转型升级的政策措施,但是从此次调查结果看,企业对于政府所出台的各项优惠政策措施的认知度总体偏低,影响了政府各项政策措施的有效贯彻和落实。此次调查,我们共对地方政府在降低土地成本、增加土地供给、扩大税收优惠、增加技改贴息、加大研发补助、减轻企业负担、规范市场秩序、降低商务成本、加强创新保护、提供产业指导、提高行业准入标准、提供信息服务、提供融资服务、提供技术服务、提供人才服务等 15 个方面出台的促进制造业转型升级的相关措施的认知度进行了评价。据问卷调查结果显示:仅有 21.4% 的企业表示对政府促转型升级的相关政策措施熟悉或非常熟悉;39.3% 的企业表示知道政府的相关措施;30% 的企业表示想知道政府的相关措施但无从获知;有 9% 的企业表示根本不知道政府的相关措施。

三、台州市制造业转型升级面临的机遇和挑战

(一)面临的机遇

从全球看:一是国际经济技术合作日益深化。经济全球化继续深入发展,全球科技创新孕育新的突破,国际经济技术合作日益深化,国内外两个大局相互联系日趋紧密,为台州制造业企业充分利用国际高端要素、在全球范围提高配置资源能力、拓展外部发展空间提供了难得机遇。二是新一代信息技术发展较快带来的契机。以物联网、下一代互联网、云计算等为主要内容的新一代信息技术发展不仅能形成主导产业,对其他产业内和产业间的融合发展具有重要的促进作用,能催生出新型业态,为企业提高生产效率和产品附加值,为台州信息化和工业化深度融合、产业结构优化升级提供了良好的契机。三是全球产业转移趋势将进一步延续。从转移内容上看,传统加工制造业持续减少,先进制造业、现代服务业及区域性研发中心等持续增多。从转移方式上看,直接投资方式持续减少,项目外包方式转移不断增加;整个产业转移减少,部分生产环节转移和多个国家共同承载成为重要形式。通过引入扩链、补链、提链企业,将加强台州产业间的联动和产业内的融合。

从国内看:一是"五化"深入发展的机遇。我国工业化、信息化、城镇化、市场化、国际化深入发展,人均收入稳步增加,市场需求结构不断升级,科技和教育整体水平提升,基础设施日益完善,有利于推动台州制造业发展再上新台阶。二是浙江海洋经济发展示范区上升为国家战略。2011年3月初,国务院正式批复《浙江海洋经济发展示范区规划》,要求浙江海洋经济发展示范区成为我国东部沿海地区重要的经济增长极。作为浙江省发展海洋经济的主要节点,台州可以以此为契机,大力推进海洋经济发展,成为实施"海洋强国战略"和"东部地区率先发展战略"的先行先试者。

从台州实际看,台州制造业发展正处于"三个有利时期":一是"十二五"时期,我国仍处于加快新型工业化进程、促进制造业由大变强的关键时期,台州制造业需抓住这一战略机遇期,保持制造业平稳较快发展。二是国家加快实施新一轮沿海大开发,浙江推进温台沿海产业带建设,台州市委、市政府提出主攻沿海战略,经济发展和生产力布局重心将进一步向沿海地区转移,为台州制造业发展提供了更广阔的平台和全面开发的良机。三是创新转型已越来越成为台州市上下的共识,成为企业的自发行为,加快推进创新转型,为台州制造业发展提供了强大的动力,将推动台州经济社会发展实现新的跨越。

(二)面临的主要挑战

从全球看,面临的挑战:一是世界经济增长和市场需求面临不确定性。引发国际金融危机的深层次矛盾还没有根本解决,世界经济不确定性仍然较大,各种形式贸易保护主义有所抬头,围绕市场、能源资源等方面的竞争更趋激烈。为应对新兴国家崛起给美国带来的压力和挑战,美国力推排斥中国的两大地区性的贸易体系——跨太平洋伙伴关系协议(TPP)和跨大西洋贸易与投资伙伴关系协议(TTIP),如果这两大体系正式建立,必将给我国制造业的发展造成更大外部压力。二是对产业和科技制高点的争夺日趋激烈。发达国家纷纷在下一代信息、生物、可再生能源等新科技领域进行战略布局,力图抢占未来科技创新和产业发展的战略制高点,继续谋求未来全球发展的主导权,将可能对台州形成新的制约。三是我国国际分工的"低端锁定"亟待突破。跨国公司充分利用全球化的生产方式和组织模式,以科技研发、知识产权、标准制定、品牌、渠道等方面掌控着全球价值链的布局。技术、品牌、服务等要素正日益成为阻碍我国制造业提升国际分工地位的重要障碍和瓶颈。而其他发展中国家和我国中西部劳动密集型产业正在快速崛起,台州制造业发展面临"双重挤压"。

从国内看,面临的制约:一是资源能源环境等约束趋于强化。我国资源能源自我保障能力严重不足,石油、铁矿石、铝土矿、铜矿等重要能源资源的进口依存度都超过 50%;生态环境恶化趋势尚未得到根本遏制;节能减排任务十分艰巨,中央明确提出到 2020 年我国国内生产总值二氧化碳排放比 2005 年下降 40%—45%,台州制造业发展面临的节能减排压力增大。二是内生动力和内在活力面临不足。要素成本不断上升,劳动力年龄结构和供需结构明显变化;民间投资意愿和活力不强,民间投资渠道不畅,政府投资对就业的带动作用未充分发挥;内需对经济的拉动作用尚未充分发挥;国民收入分配格局调整、社会保障制度等方面还需要完善,台州制造业发展整体上没有完全脱离这些环境,面临内生动力和内生活力有所弱化的问题。三是体制机制障碍有待进一步消除。在企业兼并重组、淘汰落后产能等重点领域,规划、产业政策及相关法律法规与实际尚有脱节,市场机制还不健全;在行政管理体制、财税体制、投融资体制等多方面还需进行深层次调整。

四、加快台州制造业转型升级的对策建议

台州制造业转型升级任务艰巨,面临困难不少,除了经济发展环境因素影响外,我们自身还存在着一些素质性、机制性的矛盾和问题。政府、企业两者必须形成合力,政府层面要以建立服务型政府为目标,加快相关职能转变,切实为制造业企业发展服好务、护好航;企业层面要加快体制和机制转型,实施品牌战略,增强自主创新能力、提高产品科技含量、提升企业产品质量。

(一)进一步转变政府职能,不断提高服务水平

根据问卷调查结果显示:希望政府能够减轻企业负担的认同率为 50%,希望政府能够完善信息服务的认同率为 48.1%,希望政府能够完善技术服务的认同率为 47.7％。因此,政府在企业转型升级过程中要做好"减法"和"加法","减法"是指各级政府部门应尽可能简政减负,进一步清理规范行政审批制度,取消各类行政性收费,严控增加行政性收费项目,降低企业生产经营的成本,切实减轻企业负担,帮助企业在转型升级中实现轻装上阵,让企业有更多的财力投入转型升级。"加法"则是指各级政府部门应积极主动为转型升级提供服务。一要充分发挥行业协会作用,成立专门服务机构,建立企业转型升级网络服务平台,通过专门机构或平台,宣传转型升级对企业生存与发展的意义,让更多的企业进一步认识转型升级作用。二要进一步宣传台州工业企业转型升级的税费减免优惠政策。三要为企业转型升级涉及的政策法规问题解惑,为技术问题提供咨询,为企业间合作、寻求科研机构和大专院校技术指导牵线搭桥。

(二)进一步完善促进企业转型升级的各项政策措施

各级政府部门应当进一步完善促进企业转型升级的各项政策措施,积极引导企业转型升级。要从税收、融资、用地、知识产权保护、行业自律、鼓励技改创新等方面加快建立相对完善的政策措施,加强管理,根据企业转型升级的力度进行鼓励,切实从制度上促进和保证企业转型升级进程顺利实施。根据问卷调查结果显示:企业对政府的各类激励措施认同率最高的是扩大税收优惠,达 57.9％;其次是增加技改贴息、加大研发补助的认同率分别为 57.7％和57.6％;希望政府部门在企业融资政策上进一步开放、务实、有效的认同率也较高,为 51.8％;此外,希望政府加强知识产权保护的认同率为 49.6％;希望政府规范市场秩序的认同率为 47.5％;希望政府在推进企业转型升级上给予土地政策倾斜的认同率为 40.9％。

(三)进一步营造吸引人才、留住人才、培养人才的环境

根据问卷调查结果显示:希望政府能够提供人才服务的认同率为 49.2％。人才是社会的稀缺资源,是企业转型升级成功的必备条件。各级政府部门要努力营造一种重视人才的环境,通过建立相应制度,为人才提供良好的生活条件、创业环境和政治待遇,形成尊重人才、爱护人才、关心人才的良好风尚,造就吸引人才、留住人才、并使人才充分发挥作用的外部环境。除大力引进、留住人才外,还应加大人才培养力度。各级政府部门应制定企业转型升级人才培养规划,大幅增加人才培养经费投入,以转型升级成功企业家的现身经验为蓝本,充分利用高校、科研机构以及国内外教育资源,梯度培养企业转型升级的实用人才。一是分级分批开展企业家增强创业创新和现代经营管理能力轮训,提高企业家队伍素质。二是引导企业加快构建一批以企业创新领军人才

为核心的创新团队和一支以高层次企业经营管理人才、中高级专业技术人才为骨干的工业高层次专业人才队伍。三是深入实施高技能人才培训工程,积极推动校企合作,大力发展职业教育;依托中高职院校、技工学校、大型企业,加快建设一批高技能人才实训基地;督促企业加大员工培训的投入,广泛开展各种形式的岗位练兵和职业技能竞赛,抓紧培养一支以中高级技工为骨干的高技能人才队伍。

(四)进一步增强自主创新能力,提高产品科技含量

企业要坚持把技术创新作为调整产业结构,转变增长方式的中心环节,切实增强自主创新能力。努力实现从低成本战略走向差异化战略,从拼劳力、拼资源、拼低价向追求高附加价值的模式转变。从偏重规模扩张走向注重质量提升,实现粗放式的发展方式向创新驱动的集约式的发展方式转变。从追求"做快"的跨越式发展逐步向寻求"做久"的可持续发展转变。一是要积极推进节能降耗工作,淘汰一批严重浪费资源、污染环境的产品和设备,大力推广技术成熟,应用面广,效益明显的技术。二要重视技术引进,技术引进是提升产品科技含量的另一条重要途径,在引进技术的同时还要进行充分的消化吸收。三要更加重视产品升级、工艺升级,要通过加大技改的投入实现对传统技术、传统工艺的改造与提高。四要更加重视科技成果向现实生产力的转化。

(五)进一步推进企业管理体制和机制转型升级

台州制造业企业绝大多数是民营企业,大多数采取家族制管理模式,没有建立现代企业管理制度,阻碍了企业的生存与进一步发展。因此企业自身要主动建立符合现代企业制度要求、适应本企业实际和发展需要的企业组织形式和法人治理结构,促进企业全面提高战略规划、生产组织、技术开发、财务管理、市场营销、售后服务等基础性管理水平,夯实管理创新基础。可以针对不同行业特点和企业规模,开展现代企业制度建设示范活动,培育一批管理创新示范企业,总结行之有效的管理模式和经验,及时向台州市企业推广。此外,还可以对有条件的企业开展资产重组和上市推荐,通过现代资本的运作模式推进企业建立现代企业制度,从而推动体制和机制创新,提高管理水平和层次,促进企业健康长远发展。

(六)实施品牌战略,不断提升企业产品质量

在鼓励企业大力研发新产品的同时,还要积极引导企业树品牌、创名牌,品牌和名牌的创立不仅要求产品具有较高的技术含量、稳定质量和优质服务,而且要求企业生产经营过程中注重树立良好的信誉,通过实施品牌战略,提高

企业非价格竞争力。此外,企业经营者和员工都要增强质量意识,切实加强原材料进厂检验、生产过程控制和产品出厂检验,提高管理的有效性。积极引入适用的质量管理体系,推行各种先进适用的质量管理方法,进一步实施标准化生产。对于出口产品,要引用国际标准,并狠抓标准的实施,不能让个别不符合标准的产品影响整个企业乃至整个行业的产品出口;对于内销产品,也应该参照国际标准,在质量和卫生上严格要求,组织实施严格的标准化生产。

产业结构有待优化 创新发展任重道远

——丽水产业集聚区发展概况

　　2013 年，丽水省级产业集聚区认真贯彻落实省、市决策部署，不断加大投资和招引力度，总体呈现良好发展势头。产业集聚区作为经济发展引领的重要载体和转型升级的主阵地，各级政府齐抓共管，合力推进了产业集聚区的发展。一批高端装备制造业、新材料、新能源和现代服务业为代表的战略性新兴产业发展较快，主要经济指标快速发展。

一、2013 年丽水产业集聚区发展状况

　　丽水产业集聚区重点规划区域面积 67 平方公里，至年末已开发建设面积 26.6 平方公里；建成投产面积 11.6 平方公里，投产企业 262 家，比上年增加 22 家，全年实现产业增加值 51.6 亿元，增长 31.3％；工业总产值 226.2 亿元，增长 15.8％；服务性营业收入 30.3 亿元，增长 43.6％；完成固定资产投资 96.6 亿元，增长 35.9％。实现产业增加值占全市 GDP 的 5.3％，占比较上年提高 0.9 个百分点，对丽水经济做出了积极贡献。

　　但在浙江省 14 个省级产业集聚区综合考评中，丽水产业集聚区连续三年排名末位。其中产业优化和发展效率加权指数排名末位，投入产出效率低，创新提升加权指数排名第 12 位，仅有环境保护加权指数排名并列第 2 位（见表 1）。

表 1　　2013 年浙江省产业集聚区综合评价情况

集聚区	加权指数总得分	指数得分排名	产业优化加权指数	产业优化加权指数排名	创新提升加权指数	创新提升加权指数排名	发展效率加权指数	发展效率加权指数排名	环境保护加权指数	环保加权指数排名
杭州大江东	69.79	10	26.1	9	18.6	4	17.1	11	7.8	14
杭州城西	81.3	1	27.9	3	21.6	1	23	1	8.8	8
宁波杭州湾	74.56	3	29.2	1	18.8	3	18	7	8.6	9
宁波梅山	75.2	2	27.3	4	19.3	2	20.2	2	8.5	11

集聚区	加权指数总得分	指数得分排名	产业优化加权指数	产业优化加权指数排名	创新提升加权指数	创新提升加权指数排名	发展效率加权指数	发展效率加权指数排名	环境保护加权指数	环保加权指数排名
温州	69.22	13	25.4	12	18.4	6	16.7	13	8.6	9
嘉兴	73.96	4	28.1	2	18.5	5	18.3	5	9.1	6
湖州	73.17	5	26.2	8	17.4	9	18.7	4	10.9	1
绍兴	70.11	9	27	6	17	13	17.7	10	8.3	13
金华	69.74	12	25.9	11	17.4	9	17	12	9.6	5
衢州	69.77	11	25.1	13	18.1	7	18.1	6	8.4	12
舟山	73.16	6	26.3	7	17.6	8	19.4	3	9.8	2
台州	70.59	8	26.1	9	17.4	9	17.9	9	9.1	6
丽水	67.34	14	23.7	14	17.3	12	16.6	14	9.8	2
义乌	71.82	7	27.3	4	16.7	14	18	7	9.7	4

（一）经济总量提升较快

2013年,丽水产业集聚区继续保持快速发展势头,实现增加值51.6亿元,增长31.3%,总量位列浙江省产业集聚区第11位(见表2);工业总产值226.2亿元,增长15.8%,总量在全省排名第9位;服务业营业收入实现30.3亿元,增幅高达43.6%,总量在全省排名第13位。

表2 2013年浙江省产业集聚区主要发展情况

集聚区	产业增加值(亿元)	产业增加值排名	工业总产值(亿元)	工业总产值排名	服务业营业收入(亿元)	服务业营业收入排名
杭州大江东	114	6	591	3	50	10
杭州城西	403	1	508	4	697	2
宁波杭州湾	142	3	595	2	133	6
宁波梅山	35	13	22	14	780	1
温 州	19	14	59	13	35	12
嘉 兴	60	10	143	10	163	4
湖 州	35	12	131	12	50	11

集聚区	产业增加值(亿元)	产业增加值排名	工业总产值(亿元)	工业总产值排名	服务业营业收入(亿元)	服务业营业收入排名
绍　兴	156	2	639	1	146	5
金　华	92	8	348	7	18	14
衢　州	100	7	346	8	57	8
舟　山	132	5	475	6	232	3
台　州	134	4	493	5	55	9
丽　水	52	11	226	9	30	13
义　乌	74	9	138	11	103	7
合　计	1547		4713		2548	

（二）"引资引智"力度加大

2013 年,丽水产业集聚区"双引"力度不断加大,新增亿元以上项目 29 个,全省排名第 1 位;实际到位外资 0.4 亿美元,增长 33.3%,总量全省排名第 10 位;实际引进内资 71.6 亿元,增长 6.9%,总量全省排名第 4 位。年末从业人员中,中级技术职称以上人数 871 人,引进国千、省千人才 3 人次(见表 3)。

表 3　2013 年浙江省产业集聚区招商引资情况

集聚区	新增亿元以上项目(个)	新增亿元项目个数排名	引进内资(亿元)	引进内资排名	实际到位外资(亿美元)	引进外资排名
杭州大江东	5	13	41	13	4.8	2
杭州城西	22	4	64	8	5.2	1
宁波杭州湾	7	12	93	2	1.8	7
宁波梅山	18	5	84	3	1.2	8
温　州	15	8	68	6	0.2	13
嘉　兴	4	14	27	14	2.2	5
湖　州	28	2	46	12	3.4	4
绍　兴	27	3	58	10	3.8	3
金　华	17	7	61	9	0.5	9

集聚区	新增亿元以上项目(个)	新增亿元项目个数排名	引进内资(亿元)	引进内资排名	实际到位外资(亿美元)	引进外资排名
衢　州	14	9	71	5	0.3	11
舟　山	14	9	49	11	2.1	6
台　州	18	5	65	7	0.1	14
丽　水	29	1	72	4	0.4	10
义　乌	8	11	145	1	0.3	11
合　计	226		944		26.3	

（三）产业结构有待优化

2013年，丽水产业集聚区产业集聚效应不明显。五大特色产业占总量比重61%，集聚度较低，工业新产品产值率和战略性新兴产业产值占比低。工业新产品产值45.8亿元，增长11.4%，总量居全省第9位，新产品产值率为20.3%，工业战略性新兴产业产值9.9亿元，居全省第12位，占工业总产值比重仅4.4%，比衢州低18.7个百分点（见表4）。

表4　2013年浙江省产业集聚区工业发展情况

集聚区	工业总产值(亿元)	工业总产值排名	工业新产品产值(亿元)	工业新产品产值排名	战略性产业总产值(亿元)	战略性产业总产值排名
杭州大江东	591	3	285	1	213	2
杭州城西	508	4	206	3	156	6
宁波杭州湾	595	2	252	2	272	1
宁波梅山	22	14	5	14	3	13
温　州	59	13	7	13	1	14
嘉　兴	143	10	68	8	79	8
湖　州	131	12	26	11	37	10
绍　兴	639	1	178	4	203	3
金　华	348	7	98	7	47	9
衢　州	346	8	101	6	80	7
舟　山	475	6	16	12	165	5
台　州	493	5	120	5	185	4

续表

集聚区	工业总产值(亿元)	工业总产值排名	工业新产品产值(亿元)	工业新产品产值排名	战略性产业总产值(亿元)	战略性产业总产值排名
丽　水	226	9	46	9	10	12
义　乌	138	11	40	10	21	11
合　计	4713		1448		1473	

（四）企业创新能力有待提升

2013 年,丽水产业集聚区把科技创新作为集聚区平台建设的重要支撑,以人才为引领,提升企业创新能力和综合竞争力有所增强。但跟省内省级产业集聚区比较差距仍然很大。科技经费支出和引进"国千""省千"人才数均居全省靠后(见表 5)。科技活动经费支出 1.8 亿元,增长 63.6%；年末科技从业人员 1362 人,占集聚区从业人员比重为 4.9%,比杭州城西产业集聚区低 8.7 个百分点；企业发明专利 209 项,比上年增加 136 项。

表 5　2013 年浙江省产业集聚区创新提升加权指数得分

集聚区	科技经费支出比重	科技人员比重	"国千""省千"引进数	每万从业人员发明专利	新产品产值比重	创新提升加权指数总分	创新提升加权指数总分排名
杭州大江东	3.3	3.9	3.5	3.1	4.8	18.6	4
杭州城西	4.5	4.8	5	3.2	4.1	21.6	1
宁波杭州湾	3.4	4	3.7	3.2	4.5	18.8	3
宁波梅山	4.7	3.9	3.6	3.1	4	19.3	2
温　州	3.3	3.3	3.2	5	3.6	18.4	6
嘉　兴	3.4	3.6	3.4	3.1	5	18.5	5
湖　州	3.3	3.7	3.2	3.4	3.8	17.4	9
绍　兴	3.2	3.5	3.5	3.2	3.6	17	13
金　华	3.1	3.7	3.7	3.1	3.8	17.4	9
衢　州	3.3	3.5	3.9	3.3	4.1	18.1	7
舟　山	3.4	4.3	3.9	3	3	17.6	8
台　州	3.2	3.5	3.9	3.1	3.7	17.4	9
丽　水	3.2	4	3.3	3.4	3.4	17.3	12
义　乌	3.4	3.3	3	3.1	3.9	16.7	14

二、值得关注的问题

（一）综合考评与经济总量均落后于衢州

2013年，在浙江省14个省级产业集聚区综合考评中，丽水产业集聚区排名末位，衢州排名11位。实现产业增加值51.6亿元，比衢州少48亿元；工业总产值226亿元，比衢州346亿元少120亿元，经济总量差距明显。

（二）发展质量、效率有待提升

目前，丽水产业集聚区在质量和发展效率方面还有待提升，单位土地面积投资额均在全省靠后，部分企业生产工艺落后，产出效率低。特别是产业集聚区处于从传统工业产业向新兴工业产业转变的过渡期，如何在转型升级过程中更好地实现以新促老、协调发展是新形势下考虑的重要问题。

丽水产业集聚区发展三年，经济总量虽得到较快发展，但作为创新发展、集聚引领的高地，还需进一步加快高质量发展步伐。首先要加快科技创新。区内高新技术企业和自主知识产权的企业少，高素质人才少，技术研发和自主创新能力不足。其次要加快主导产业集聚。实现错位发展，产业集聚区就要进一步做大做强特色产业与主导产业，才能实现集聚、集约发展，2013年产业集聚区最大主导产业占总量比重不足35%，主导特色产业引领作用不明显，没有形成高竞争力的产业集群。三要加快产业转型升级。产业集聚区大都是整合了原有的各类产业园区和工业园区，工业基础较好，但服务业发展相对滞后，城乡配套不完善，在产业协调发展，城乡融合发展方面还需加快发展，进一步为集聚发展、特色发展提供软环境的支撑。

（三）建设资金缺口大，融资难度大

产业集聚区成立时间短，基础设施建设任务繁重艰巨，尽管在资金筹措方面作了多方面尝试与努力，但资金不足仍是产业集聚区快速发展的主要障碍。产业集聚区前期投资均以国有控股投资为主推进，特别是基础设施建设资金筹措渠道单一，在引进社会资本投入上还存在许多条件限制，操作性不强。基础设施建设公益性强，投入成本大，收益低，引进资金怎样实现收益，收益如何分成，土地怎样开发等，都无具体政策指引和经验可循。

（四）企业经营困难

2013年受宏观经济发展速度放缓的影响，产业集聚区内外向型企业、传统产业经营出现困难，融资成本、物流成本和工资成本增大，导致企业经营成本上升甚至出现价格倒挂，企业利润空间备受挤压，经济效益大幅下滑，部分行业出现亏损。

三、对集聚区产业发展的建议

为集中要素资源,完善工作机制,引导项目(企业)按照主导产业定位集中布局,推动产业集聚区持续健康快速发展,结合丽水产业集聚区发展实际,提几点建议:

(一)体制创新

目前集聚区的管理机构主要管理核心区块的建设推进,对各片区缺少有效的统筹协调手段,对各开发主体之间的利益分配、征迁处理、产业定位与基础建设等问题很难统筹协调,影响了工作效率。集聚区管委会要在规划布局、环境保护、公共平台、对外统一宣传以及基础设施和城市功能配套等方面加强统筹协调服务,要以整体发展的理念、思维方式来谋划集聚区工作,在核心区块开发、重大项目建设和"引资引智"等关系到集聚区发展的关键问题上发挥管委会"协调平台"的功能作用,做到既统筹协调,避免恶性竞争,又资源共享、科学发展。

(二)强化引导主导产业发展

产业集聚区要按照竞争力最强、成长性最好、关联度最高的要求,细分行业领域,突出发展特色主导产业。建立产业集聚区重点项目部门会商、联审联批机制,综合运用项目准入、要素配置、税收分成、统一考核等手段,统筹推动同类和关联项目按照主导产业集中布局建设,严格限制符合条件的新建项目在产业集聚区外分散布局。积极争取国家资金,统筹运用产业发展专项资金,集中支持产业集聚区主导产业项目。

(三)提高招商引资实效

围绕特色主导产业,加强与央企、外企和行业知名企业的对接,强化跟踪服务,提高招商引资的针对性和质量。加强项目谋划,根据产业链制定招商目录,为项目对接提供依据。组织大型招商活动要以产业集聚区为主体,围绕重点领域、重点区域和重点企业开展专题招商。将产业集聚区投资 5 亿元以上和行业龙头企业招商项目纳入市重大招商项目管理范围,明确责任单位和责任人,切实提高成功率。大力推进"以商招商",设立招商引资专项资金分别对入驻企业和引资企业给予奖励。完善激励机制,加强产业集聚区招商引资考核评价,把招商引资成效作为干部任用的参考依据。

(四)加大财税扶持力度

积极争取国家、省的扶持产业发展资金,集中使用工业结构调整、战略性新兴产业发展、中小企业发展、自主创新等专项资金,用于支持集聚区主导产业项目比重 50% 以上。将财政奖补资金和税收返还资金全部作为资本金注入投融资平台,增强资本实力。整合地方土地、公用设施等经营性优质资产,注入产业集聚区融资平台,提高融资能力。

(五)提升发展后劲

集聚区早期引进的规模小、产业层次低、能耗高、附加值和技术含量低的普通产业还普遍存在。淘汰落后产能势在必行。建立落后产能退出机制,从资金安排、土地指标、目标考核等方面入手,引导各利益主体在淘汰落后产能上达成共识,合力推进。

继续鼓励各产业集聚区建设多层和高层标准厂房,对行业无特殊要求的新建工业项目不得建造单层厂房,适合入驻多层标准厂房的项目不得单独供地。加大闲置建设用地清理处置力度,推动各地依法依规将产业集聚区外"批而未征"的土地调整用于产业集聚区建设;对土地使用者依法取得土地使用权后,未经原批准用地机关同意,超过国有建设用地使用权有偿使用合同或划拨决定书等约定的动工建设日期 1 年以上、2 年以下,未动工建设的闲置土地,按出让或划拨土地价款的一定比例征收土地闲置费。全面开展集聚区土地节约集约利用评价,安排节约集约用地专项奖励资金,用于奖励节约集约用地先进企业和单位。

总之,要建立全方位有效机制,为丽水产业集聚区发展拓展空间,优化产业结构,提升发展效率,增强经济发展后劲。

上虞市服务业发展与省内部分
强县市的对比分析

　　服务业是国民经济的重要组成部分,其发展水平是反映现代社会和经济发达程度的重要标志。加快服务业发展是落实科学发展观,实现经济增长方式转变及节能减排,保障民生,促进社会和谐的重要举措。加快服务业发展对于不断提高人民生活水平,实现中国梦具有十分重要意义。本文对我市服务业发展总量、结构、主要行业情况及基础要素等方面与省内部分强县(市、区)进行比较分析,目的是比比更清楚,更能了解我市服务业发展情况与省内部分强县(市、区)之间优势和差距所在。

一、服务业发展总量比较

　　服务业增加值是反映服务业发展总体规模的主要指标。2012 年我市服务业增加值为 216.3 亿元,在我省 17 强县(市、区)中列 13 位,处于相对偏后的位次。排前三位的是萧山区 574.9 亿元、义乌市 451.3 亿元、绍兴县 389.8 亿元,从总量上来看与排位领先的强县(市、区)比较,差距还是较大的。

　　服务业比重是反映经济和社会发展水平的重要指标之一。2012 年我市服务业增加值占全市 GDP 的比重为 37.5%,在我省 17 强县(市、区)中列 9 位,名次比总量排名进 4 位。排前三位的是义乌市 56.0%、瑞安市 47.2%、温岭市 44.7%。

　　社会消费品零售总额是反映城乡居民生活消费需求和人民生活水平的重要指标,同时也是反映服务业发展的重要指标之一。2012 年我市实现全社会消费品零售总额 180.3 亿元,在我省 17 强县(市、区)中列 13 位,名次属中等偏后。排前三位的是义乌市 398.7 亿元、萧山区 394.1 亿元、慈溪市 392.0 亿元。我市与排名第 1 位的义乌市相差 218.4 亿元。

　　更多排名情况详见表 1。

表 1 2012 年省内部分强县(市、区)服务主要指标

	服务业增加值(亿元)	服务业所占比重(%)	社会消费品零售总额(亿元)
绍兴县	389.8	38.4	167.5
萧山区	574.9	35.6	394.1
余杭区	372.6	44.6	239.0
慈溪市	351.6	36.7	392.0
余姚市	243.3	34.3	305.2
海宁市	216.3	37.2	242.8
桐乡市	217.7	41.3	216.1
上虞市	216.6	37.5	180.3
温岭市	305.8	44.7	326.7
鄞州区	368.7	33.9	311.1
诸暨市	315.3	38.4	231.2
瑞安市	264.2	47.2	236.4
义乌市	451.3	56.0	398.7
乐清市	230.8	38.5	210.8
平湖市	142.6	33.7	121.6
富阳市	183.5	33.9	121.8
永康市	138.0	35.2	127.2
上虞位次	13	9	13

二、五大行业发展情况比较

在国民经济行业分类中,服务业的范围广,跨度大。在众多行业中批发零售业、交通运输业、金融业、房地产业、旅游业等五大行业在目前服务业发展中的贡献最大,批发零售业、交通运输业、金融业、房地产业等四大行业的增加值占全部服务业增加值比重达 60.0%以上。旅游业对整个服务业乃至工农业经济具有重大的拉动作用。故对五大行业进行重点比较。

批发零售业是重要传统服务行业之一,其目前在服务业中所占比重在20%以上,是目前服务业中的第一大行业。而批发零售业商品销售总额是反映该行业发展总体规模的主要指标。2012 年我市限额以上批发零售业实现商

品销售总额 174.1 亿元,在我省 17 强县(市、区)中列 15 位。排前三位的是萧山区 1483.0 亿元、鄞州区 1172.6 亿元、余杭区 637.4 亿元。我市仅有排名第 1 位萧山区的 11.7%。

金融业是国民经济重要行业之一,在现代经济发展中起着其他行业无法替代的核心作用。金融业也是服务业的重要组成部分之一,其目前在服务业所占比重在 10% 以上,是目前服务业中的第二大行业。金融机构本外币存款贷余额是反映金融业发展规模的主要指标,其规模大小不但体现了对当地总体经济发展的贡献,也体现其自身在服务业中所占比重。2012 年我市年末金融机构本外币存款余额 801.2 亿元,在我省 17 强县(市、区)中列 13 位,排前三位的是萧山区 2757.4 亿元、义乌市 1985.9 亿元、慈溪市 1586.2 亿元。2012 年我市年末金融机构本外币贷款余额 682.8 亿元,亦列 13 位,排前三位的是萧山区 2482.1 亿元、义乌市 1514.3 亿元、慈溪市 1442.1 亿元。

房地产业在国民经济中的地位和作用十分突出,是国民经济行业中重要的基础性产业之一。同时也是服务业的重要组成之一。房地产业的健康发展对于推动经济发展、保障民生、促进社会和谐具有十分重要意义。房地产业商品房销售面积和销售额是反映房地产业发展规模的主要指标之一。2012 年我市房地产业商品房销售面积为 44.9 万平方米,在我省 17 强县(市、区)中列 12 位,排前三位的是余杭区 293.7 万平方米、绍兴县 135.9 万平方米、诸暨市 130.3 万平方米。2012 年我市房地产业商品房销售额为 38.1 亿元,列 15 位。前三位为余杭区 257.4 亿元、萧山区 151.6 亿元、鄞州区 135.4 亿元。

交通运输业是国民经济基础性产业之一,也是服务业的重要组成部分之一。目前交通运输业在我市服务业中占比在 5% 以上,为目前我市第四大服务业行业。客货运输总量是反映交通运输业发展规模的主要指标之一。2012 年我市交通运输业货物运输总量为 1329.4 万吨,在我省 17 强县(市、区)中仅列 17 位。排前三位的是萧山区 7422.7 万吨、余杭区 4824.4 万吨、鄞州区 4019.7 万吨。2012 年我市交通运输业旅客运输量 2555.7 万人,在我省 17 强县(市、区)中列 15 位,排前三位的是义乌市 10574.8 万人、萧山区 8000.7 万人、余杭区 5687.3 万人。

旅游业是一个与国际接轨较为紧密的支柱产业,也是服务业的重要成分之一。其在国民经济中的作用和地位十分突出,被喻为二十一世纪的朝阳产业和无烟产业,并已发展成为当今世界第一产业,是世界经济中发展势头最强劲和规模最大的产业,旅游业在经济发展中的带动作用是任何其他产业所无法比拟,并且随着经济的发展和社会的进步,人民生活水平的提高,其作用将越来越大。根据世界国际旅游组织统计测算,一个地方每增加一元旅游净收入,大约可带动当地 4.3 元的经济产值。接待境内外游客量和旅游总收入是反映旅游业发展规模的主要指标之一。2012 年我市共接待境内外游客 570.0 万人次,在我省 17 强县(市、区)中列 14 位,排前三位的是萧山区 1499.7 万人次、桐乡市 1146.6 万人次、海宁市 1093.2 万人次。2012 年我市旅游总收入 45.5 亿元,列 17 强县(市、区)中的 15 位,前三位是萧山区 169.0 亿元、义乌市 118.6 亿元、鄞州区 110.3 亿元。

更详细的排名见表 2-1 及表 2-2:

表 2-1 2012 年省内部分强县(市、区)服务业五大行业主要指标(一)

	限上批发零售业商品销售总额(亿元)	金融机构本外币存款余额(亿元)	金融机构本外币贷款余额(亿元)	房地产业商品房销售面积(万平方米)	房地产业商品房销售额(亿元)	货物运输总量(万吨)
绍兴县	488.6	1353.4	1129.0	135.9	105.9	2572.8
萧山区	1483.0	2757.4	2482.1	104.2	151.6	7422.7
余杭区	637.4	1466.5	1132.0	293.7	257.4	4824.4
慈溪市	476.4	1586.2	1442.1	86.4	85.2	1482.4
余姚市	428.9	1096.3	1062.1	87.3	99.0	1627.2
海宁市	316.1	890.4	682.0	57.9	46.9	1921.0
桐乡市	156.4	721.4	548.8	71.3	50.0	2750.0
上虞市	174.1	801.2	682.8	44.9	38.1	1329.4
温岭市	183.9	884.3	702.2	49.5	53.5	4842.0
鄞州区	1172.6	1578.4	1342.3	102.1	135.4	4019.7
诸暨市	332.4	995.8	868.2	130.3	113.1	2242.2
瑞安市	268.0	975.2	927.7	27.9	55.8	1470.0
义乌市	255.4	1985.9	1514.3	42.1	82.9	3698.8
乐清市	181.6	1026.3	979.7	22.1	30.2	1685.5
平湖市	258.7	608.3	450.9	56.6	34.9	2903.0
富阳市	227.5	678.5	674.2	32.8	41.0	1803.0
永康市	163.2	775.7	714.9	35.9	41.3	3165.3
上虞位次	15	13	13	12	15	17

表 2-2   2012 年省内部分强县(市、区)服务业五大行业主要指标(二)

	旅客运输量(万人)	境内外游客(万人次)	国内旅游人数(万人)	入境游客人数(人)	旅游总收入(亿元)	国内旅游总收入(万元)	国际旅游(外汇)收入(万美元)
绍兴县	3999.0	985.1	964.9	202026	100.2	951401	8059.0
萧山区	8000.7	1499.7	1460.5	392002	169.0	1624300	10446.7
余杭区	5687.3	905.0	883.2	218166	89.5	861100	5338.2
慈溪市	3050.0	696.3	691.3	50541	52.5	509600	2459.3
余姚市	3197.0	886.8	871.1	156700	75.6	683600	11490.7
海宁市	3414.2	1093.2	1093.2		105.9	1059400	
桐乡市	1749.5	1146.6	1146.6		96.6	965900	
上虞市	2555.7	570.0	564.1	59000	45.5	441773	2162.0
温岭市	5386.0	851.6	846.5	51538	78.8	770270	2847.0
鄞州区	3568.0	1040.5	1030.3	101460	110.3	1082700	3275.3
诸暨市	4090.8	1001.0	991.2	97393	100.6	990251	2533.0
瑞安市	3553.5	510.3	504.6	56437	48.9	479400	1536.9
义乌市	10574.8	1026.2	967.2	590258	118.6	955888	36659.7
乐清市	5673.0	857.8	850.3	75031	82.2	807700	2192.2
平湖市	1863.0	457.5	457.5		36.2	362300	
富阳市	3158.0	822.9	817.6	52771	58.1	572100	1474.4
永康市	3309.0	330.2	326.5	36725	29.1	283023	1257.3
上虞位次	15	14	14		15	15	

三、主要基础要素比较

决定服务业发展的因素和要素有很多,从主要来看,一是取决于经济和社会发展水平、产业分工程度,二是人口总量、制造业规模、城乡居民收支和公共财政收支状况等与服务业发展高度相关的基础要素。总体来看这些基础要素我市与省内部分强县(市、区)相比较,多数处于中等偏后的位次。2012 年末我市户籍人口总量为 77.6 万人,在 17 强县(市、区)中列第 10 位。2012 年我市工业增加值为 256.3 亿元,列 13 位。城镇居民人均可支配收入 37981 元,居第 7 位,农村居民人均纯收入 17686 元,列 12 位。财政总收入 72.9 亿元,列 14 位。更细的比较详见表 3。

表3 2012年省内部分强县(市、区)服务业发展主要基础要素

	工业增加值(亿元)	户籍人口(万人)	城镇居民人均可支配收入(元)	农村居民人均纯收入(元)	财政总收入(亿元)
绍兴县	506.6	72.7	40805	21813	127.8
萧山区	825.2	123.6	40570	20790	230.7
余杭区	347.6	89.0	36322	20304	167.0
慈溪市	490.6	104.2	37711	20383	164.0
余姚市	368	83.5	37217	17977	112.9
海宁市	828.5	66.6	37634	19364	81.5
桐乡市	232	68.0	36591	18386	76.0
上虞市	256.3	77.6	37981	17686	72.9
温岭市	321.7	120.6	34444	16639	72.2
鄞州区	566.3	83.1	40607	20831	237.4
诸暨市	374.8	107.4	39950	19107	92.6
瑞安市	244.4	121.6	38988	15987	72.0
义乌市	262.3	75.3	44509	19147	101.5
乐清市	326.5	127.2	37920	17454	91.7
平湖市	234.2	48.9	37509	18547	73.9
富阳市	277.9	65.6	32739	17397	78.5
永康市	207.2	58.0	32380	14566	54.9
上虞位次	13	10	7	12	14

四、加快服务业发展的几点建议

(一)加快发展生产性服务业

1.积极发展现代物流业。依据"提升壮大一批,企业分离一批,引导发展一批"的原则,科学规划全市现代物流业发展空间布局,以先进发达的制造业和便捷的交通区位优势为依托,努力将我市打造成区域性的现代物流中心。

2.大力发展信息服务业。顺应信息化趋势,拓展信息服务领域,提高信息服务产业化水平,建成合理、高效、综合的信息服务体系。围绕产业升级要求,推动信息化和产业化改造,强化信息技术对产业的服务支撑,提高社会信息化

整体水平,努力把信息服务业打造成为我市服务业的重点产业之一。

3.创新发展金融服务业。积极引进金融机构来我市设立分支机构,包括股份制银行、保险公司、担保公司、证券公司、投资银行、期货交易公司、私募投资公司等。根据国家政策,探索鼓励发展村镇银行、贷款公司和金融合作社等各种金融组织,进一步完善我市的金融体系,在更好地支持我市经济发展同时,金融业自身亦不断获得发展。

4.不断完善商务服务业。按照社会化、市场化、产业化的要求,加快中介服务职能从政府部门向社会转移,拓展和规范律师、公证、法律援助、司法鉴定、经济仲裁等法律事项服务;规范发展会计、审计、税务、资产评估、校准、检测、验货等经济鉴证类服务;鼓励发展信息咨询、工程监理、房地产评估及经纪、环境影响评价等中介服务。支持发展市场调查、工程咨询、管理咨询、资信服务等咨询服务。

(二)加快发展新兴服务业

1.千方百计发展旅游业。如果说项目招商是一种轰轰轰烈烈的引资活动的话,那么吸引市外游客来我市旅游消费则可以称为和风细雨式的引资活动,其对拉动我市经济发展,尤其是服务业的发展具有十分重要的作用。为此我市要克服既无名山大川,又少历史古迹等震撼性旅游景点带来的不利局面,积极挖掘旅游内涵,聚集各方力量加快特色景点开发,精心设计一些如四季仙果之旅等特色旅游产品,针对游客目标市场开展一列有效的宣传推介活动。同时进一步完善激励政策制度,以推动我市旅游业又好又快发展。

2.积极发展文化创意产业。要加强文化产业资源整合。充分发挥政府引导、推动、扶持的主导作用,利用创意产业对资金、厂房、土地等有形资源要素需求相对较低的优势,大力扶持发展广播影视、新闻出版、动漫游戏等重点产业,将文化创意产业培育成新的经济增长点。同时要推进文化产业市场化运作。培育文化产业市场主体,大力发展民营文化企业。建立完善文化经纪、仲裁、服务等组织。重点发展文化策划咨询、演出、展览、艺术品销售拍卖、影视、演艺制作等机构,加强文化产品的服务和推介,通过发挥文化中介组织的作用,促进文化企业的发展和繁荣文化市场。

3.扶持发展科技服务业。以科技服务环境与能力建设为重点,全面整合、有效配置各类科技服务资源。着力发展研究与试验发展、专业技术服务、科技交流和推广服务等科技服务业,深入开展科学研究、专业技术服务、技术推广、科技信息交流、科技培训、技术咨询、技术孵化、技术市场、知识产权服务、科技评估和科技鉴证等活动,构建功能完备、开放协作、运行高效、与国际接轨的现代科技服务体系。

（三）大力提升传统服务业

1.提升壮大商贸服务业。按照稳步发展零售业,不断做大做强批发业的思路。完善零售业网点布局,运用现代经营理念和先进服务技术改造提升传统服务业态。形成统一开放、竞争有序、主体多元、业态多样、布局合理、运作有序的现代零售业新格局。与此同时,要不断做大做强批发业,要以我市较为发达的产业经济和四通八达的交通枢位优势为依托,走大贸易、大流通、大批发的发展之路,形成批发业和零售业共同发展、共同繁荣的良好格局,使我市真正成为名副其实的浙东新商都。具体发展可借鉴以下模式:一是专业批发市场模式,以块状经济为依托,培育一批具有较强辐射功能的专业批发市场,形成若干个批发业集群;二是总经销、总代理模式,以制造业大型龙头企业为依托,培育发展若干个以经营单一系列商品为主体,能够辐射全球的大型专业批发企业;三是外贸进出口模式,以外向型经济为依托,培育发展一批为外向型生产企业服务的外贸进出口公司。

2.健康发展房地产业。以平衡住房供求关系为基本目标,从改善人居环境和提高城市品位的实际出发,增加有效供给,提高人居环境质量,保持房地产市场和房地产业持续健康发展。要优化房地产开发结构,倡导"绿色建筑",推广新材料、新产品、新技术,提高住宅产业的科技含量和智能化水平,满足群众不同层次的住宅需求。同时要提高现代物业管理水平。推进物业管理的市场化、产业化。要增强物业管理企业的实力,规范物业管理市场行为。物业公司要牢固树立服务意识、质量意识,切实加强业务培训,全面提高从业人员的整体服务水平。不断充实物业管理的服务内容,运用先进的理念、手段和方法管理物业,为居民营造方便舒适的居住环境和生活环境。

（四）全面发展民生服务业

1.着力发展公共服务和社区服务业。要不断加强社区基础设施和服务体系建设。不断完善基层服务体系建设,加大基础设施投入,全面推进多层次服务中心、服务站及文化中心、老年公寓等一批设施建设。加快社区商业发展。围绕"便利消费进社区、便民服务进家庭",完善提升社区商业功能,促进商业网点布局合理化。根据居民的消费水平和生活需要,合理配置超市、便民店、菜市场、快餐店、药店、理发店、洗衣店等社区商业必备性业态和购物中心、品牌专卖店、美容美发厅、咖啡馆、酒店等选择性业态,努力满足居民日常生活的基本需求。

2.大力发展家政服务业。围绕方便居民、提高生活质量,大力发展家政、餐饮、托幼、养老、医疗、保健、文娱、维修等服务,重点培育家政、保洁、物业等与社区居民生活密切相关的行业,创办社区服务实体,扩大就业渠道。引进社区服务专业化公司,促进市场整合,充分实现社区服务资源的集约化使用,发挥规模效益。鼓励发展家庭保洁、烹饪、保姆、老年护理等多种类型的社区家政服务,重点扶持一批规模较大的社区家政服务公司。

3.推进社区信息化。采用计算机服务、数字电视、无线网络等手段,建立公共信息服务平台,向市民提供远程教育、娱乐、购物、旅游、医疗、纳税、水电、电话费用等监控自动化管理和交互式信息服务,全力打造"10分钟服务圈"。加快推进多功能智能卡普及利用,实行身份识别、医疗、教育、消费、乘车等一卡通便民措施。

4.坚持政府投入与社会共建的原则,不断提高社会救助、卫生保健、科教文体、再就业、社会治安等领域的服务水平。鼓励单位、社会团体及个人等各种力量共同兴办社区服务事业,积极探索政府鼓励、社会创办、自主运作的福利服务社会化新路子。

课题组负责人　刘金成

成　　　　员　严燕萍　潘武军　盛明琪

执　　　　笔　盛明琪